JACQUES LE RIDER
DER FALL OTTO WEININGER

W0282882

OTTO WEININGER
FARBKREIDEZEICHNUNG VON ISIDOR KAUFMANN

JACQUES LE RIDER

DER FALL OTTO WEININGER

WURZELN DES ANTIFEMINISMUS UND ANTISEMITISMUS

Mit der Erstveröffentlichung der
REDE AUF OTTO WEININGER
von Heimito von Doderer

LV
LÖCKER VERLAG
WIEN · MÜNCHEN 1985

Titel der Originalausgabe: „Le cas Otto Weininger. Racines de l'antiféminisme et de l'antisémitisme". Copyright 1982 by Presses Universitaires de France, Paris.
Übersetzung aus dem Französischen und Bearbeitung (gemeinsam mit dem Autor): Dieter Hornig.

Die deutsche Ausgabe ist gegenüber der französischen überarbeitet und erweitert.

CIP-Kurztitelaufnahme der Deutschen Bibliothek

LeRider, Jacques:

Der Fall Otto Weininger: Wurzeln d. Antifeminismus u. Antisemitismus / Jacques Le Rider. [Übers. aus d. Franz. u. Bearb.: Dieter Hornig]. –
Überarb. u. erw. dt. Ausg. –
Wien ; München : Löcker, 1985.
Einheitssacht.: Le cas Otto Weininger ⟨dt.⟩
ISBN 3-85409-054-4

NE: Hornig, Dieter [Bearb.]

Alle Rechte vorbehalten. Printed in Austria
Copyright 1985 by Löcker Verlag, Wien · München
Lektorat: Georg Hauptfeld, Paul Stein
Graphische Gestaltung: Dorothea Löcker
Druck: Novographic

Vorlesungen gehört und im zootomischen Laboratorium unter Herrn Professor Hatschek, im pflanzenphysiologischen unter Herrn Dr. Figdor gearbeitet.

Auf der medicinischen Facultät habe ich Vorlesungen über Anatomie, Physiologie, Histologie, Embryologie, Histologie, Neurologie und Psychiatrie sowie über Pathologie bei den Herren Toldt, Exner, Ebner, Schaffer, Obersteiner, Krafft-Ebing, Wagner-Jauregg und Biedl gehört und im Seciersaal sowie im physiologischen Institute des Herrn Prof. Sigmund Exner gearbeitet.

Was meinen Studiengang in meinem Hauptfache anlangt, habe ich nur anzuführen, dass ich mit dreizehn Jahren über philosophische und kosmologische Dinge nachzudenken anfieng. Am meisten Einfluss haben auf mich in psychologischer Beziehung die „biologische Methode" in Avenarius' „Kritik der reinen Erfahrung" ausgeübt, in philosophischer Beziehung die praktische Philosophie von Nietzsche und von Kant.

Otto Weininger.

Wien, am 9. Juni 1902.

Archiv der Universität Wien

INHALT

Vorwort zur französischen Ausgabe 7
Vorwort zur deutschen Ausgabe 8

I. Die Biographie Otto Weiningers: Diesseits der Legenden . 11
II. Der Selbstmord 35
III. Ein „Experimentalroman" 59
IV. Weininger und die Plagiatsaffäre.
Moebius, Fließ, Freud und andere 78
V. Die Metaphysik des Genies 102
VI. Literarische und philosophische Traditionen 121
VII. Antifeminismus um 1900 142
VIII. Noch einmal Freud und Weininger 169
IX. Ein antisemitischer Jude 189
X. Otto Weininger und die Nachwelt 220

Anstelle eines Schlußworts: Fünf Gründe,
(dennoch) Otto Weininger zu lesen 244

Heimito von Doderer: Rede auf Otto Weininger 245
Wendelin Schmidt-Dengler: Vorbemerkung 246
Rede auf Otto Weininger 247

Anhang 251
Anmerkungen 252
Bibliographie 275
Namenregister 285

ABBILDUNGEN

Otto Weininger.
Farbkreidezeichnung von Isidor Kaufmann 2
Das „offizielle“ Porträt, vom Originalverlag verbreitet 10
Der Vater Leopold Weininger 17
Die Mutter Adelheid Weininger 19
Otto Weininger als „geistiger Imperator“ 21
Letzte Seite von „Verdammnis“ 37
Photographie des toten Otto Weininger 47
Matzleinsdorfer Friedhof, Gruppe 14, Grab Nr. 126 49
Brief Freuds an Abrahamsen vom 14. März 1938 97
Brief Freuds an Abrahamsen vom 11. Juni 1939 98

VORWORT ZUR FRANZÖSISCHEN AUSGABE

Nur wenigen Generationen einer Epoche ist es gegeben, eine „Moderne“ hervorzubringen. Zwischen 1890 und 1914 entstanden in Wien, damals eine Hauptstadt des europäischen Geisteslebens, Ideen, deren Epigonen wir am Ende des 20. Jahrhunderts noch immer sind. Eine Erneuerung von Philosophie, Psychologie, Literatur, Musik, Architektur ...

Das Leben Otto Weiningers, die Arbeit an seinem Werk waren kurz und intensiv. Er nahm sich 1903 mit 23 Jahren das Leben – wenige Monate nach dem Erscheinen seines *opus magnum* „Geschlecht und Charakter“, dem man heute den Untertitel „Der Selbstmord der Menschheit durch die Philosophie“ geben möchte. Seine Zeitgenossen hielten Weininger für ebenso bedeutend wie Freud, für ein junges Genie, das die Herausforderung angenommen hatte, alles über seine Zeit zu sagen. Sein Buch stellt eine erstaunliche Summe an Bildung und Wissen dar.

Doch „Geschlecht und Charakter“ ist auch ein schreckliches Pandämonium, voll der schlimmsten Fanatismen: Antifeminismus, Antisemitismus, Begeisterung für eine irrationale Metaphysik. Vergessen wir nicht, daß dieses Wien „fin de siècle“ (oder „début de siècle“) auch einen gewissen Adolf Hitler zu seinen Schülern zählte. In „Geschlecht und Charakter“ steht das Schlimmste neben dem Besten, und vielleicht ist diese besorgniserregende Nachbarschaft charakteristisch für den Geist der ersten Hälfte des 20. Jahrhunderts.

Beim Nachdenken über Otto Weininger wurde ich bisweilen an den „Doktor Faustus“ von Thomas Mann erinnert, an diese pessimistische Meditation über das Schicksal des deutschen Genies, über dessen modernen Mephisto einmal gesagt wurde: „Der Gott von gestern hat sich mit dem Teufel von heute synthetisch vereinigt.“ Die raffiniertesten kulturellen Strömungen ergossen sich in die anwachsende Flut der Barbarei. Bei Otto Weininger geht es um ein noch ziellos scheinendes, noch „unschuldiges“, aber bereits unaufhaltsam gewordenes Quellwasser, das bald einen reißenden Strom speisen sollte.

(1982)

VORWORT ZUR DEUTSCHEN AUSGABE

Im März 1982 wurde meine „Thèse de Doctorat de Troisième Cycle" über Otto Weininger von der Universität Paris IV – Sorbonne angenommen. Dissertationsvater war Prof. Dr. Etienne Mazingue. Im Oktober 1982 erschien eine im Umfang kürzere, thematisch jedoch erweiterte Fassung meiner Arbeit in Buchform bei den Presses Universitaires de France (in einer Reihe, die von Roland Jaccard herausgegeben wird).

In den Monaten danach begann für mich – nach einigen Jahren der einsamen Arbeit – die schönste Phase meiner Auseinandersetzung mit dem Thema Otto Weininger: der Dialog mit meinen Lesern und mit anderen Weininger-Kennern. Es gab viele Rezensionen in französischen und deutschsprachigen Zeitschriften und Zeitungen, darunter auch kritische, aus denen ich viel lernte. Es gab Diskussionen mit Germanisten und Philosophen über Detailfragen, aber auch über grundsätzliche Probleme. Außerdem hatte ich Gelegenheit, mich als Mitherausgeber eines Sammelbandes über Otto Weininger, der 1984 in Wien erschienen ist, mit einem Kaleidoskop von Spezialstudien aus verschiedenen Blickwinkeln intensiv zu befassen. Deshalb finden sich in der vorliegenden, von meinem Freund und Kollegen Dieter Hornig übersetzten deutschen Fassung eine Reihe notwendiger Ergänzungen, Korrekturen sowie weiterführende Abschnitte.

Besonders eine Kontroverse hat in der deutschen Ausgabe ihren Niederschlag gefunden: Enthalten Otto Weiningers Schriften heute noch gültige Erkenntnisse, die sich inmitten des Überschwanges an Antifeminismus und Antisemitismus verbergen? Diese Frage wurde mir immer wieder gestellt, manchmal verbunden mit einer gänzlichen Infragestellung meiner Studie, in der Form: Sind Sie nun für oder gegen Weininger? Ich konnte nur antworten: weder – noch. Die Frage wurde oft auch in subtilerer Form gestellt: Kann man ein Werk ohne weiteres verurteilen, wenn es so feine Geister wie Karl Kraus, Ludwig Wittgenstein, Hermann Broch, Heimito von Doderer *e tutti quanti* für sich eingenommen hat? Eine recht biblische Einstellung: Über den Baum sollte man nach seinen Früchten urteilen. Man denkt dabei weniger an die reale Breitenwirkung (gewiß vorwiegend faules Obst), als vielmehr an exzeptionelle Rezeptionsphänomene. Die Spuren, die Otto Weininger im Schrifttum des 20. Jahrhunderts hinterlassen hat, sind unzählig. In dieser deutschen Ausgabe sind sie in viel breiterem Maße berücksichtigt als in der französischen Originalfassung. Aber ich erkläre die Fahndung nach Otto Weininger-Spuren keineswegs für abgeschlossen! Die schönste Bereicherung meines Buches verdanke ich Wendelin Schmidt-Dengler, der eine Rede auf Otto Weininger aus dem Nachlaß Heimito von Doderers in diesem Buch erstmals publiziert.

Ein weit verbreitetes Phänomen in der Literatur über Otto Weininger ist der Kontrast zwischen der beredten Offenheit, mit der das Problem der Misogynie behandelt, und der Betretenheit, mit der sein Antisemitismus erwähnt (wenn nicht überhaupt ausgeklammert) wird. Man mag darüber streiten, ob das antifeministische und das antisemitische Moment auf gemeinsame psychologische und soziologische Motive zurückzuführen sind oder ob sie nur voneinander getrennt erklärt werden können. Aber eines steht fest: Man kann, man darf nicht über Weininger sprechen, ohne sich die wesentliche Bedeutung seines Antisemitismus vor Augen zu halten. Das diesem Thema gewidmete Kapitel im vorliegenden Buch mußte ich weitgehend neu schreiben: weil diese Problematik, wie ich glaube, besonders irritierend ist, aber auch, weil sie (ich wünschte, mich zu irren, während ich dies schreibe) aktuell geblieben ist.

Tübingen, im Sommer 1985

DAS „OFFIZIELLE" PORTRÄT,
VOM ORIGINALVERLAG VERBREITET

I.
DIE BIOGRAPHIE OTTO WEININGERS: DIESSEITS DER LEGENDEN

Ohne Scheitern gibt es keinen dauerhaften Ruhm.

Jean Cocteau

Das Schicksal Otto Weiningers hat immer eine solche Ausstrahlungskraft besessen, daß manche in diesem durch Selbstmord beendeten Leben ein noch faszinierenderes Thema erblickten als in Weiningers monumentalem Werk „Geschlecht und Charakter". Für viele Zeitgenossen war der Name Weininger vor allem mit Affären und Sensationen verbunden: eine Polemik mit Freud, ein „geniales" und skandalöses Buch und schließlich der spektakuläre Selbstmord mit 23 Jahren. Einige reihen ihn aufgrund der in so wenigen Jahren angehäuften Bildung und der außergewöhnlichen Kraft seiner Einsichten und Überzeugungen unter die wichtigsten Autoren der großen Wiener Epoche. Andere wieder sehen in „Geschlecht und Charakter" und „Über die letzten Dinge" mit ihren antifeministischen und antisemitischen Exzessen pathologische Symptome.

Der Standpunkt Sigmund Freuds ist immer noch einer der gemäßigsten:

> Der Kastrationskomplex ist die tiefste unbewußte Wurzel des Antisemitismus. (...) Auch die Überhebung über das Weib hat keine stärkere unbewußte Wurzel. Weininger, jener hochbegabte und sexuell gestörte junge Philosoph, der nach seinem merkwürdigen Buche „Geschlecht und Charakter" sein Leben durch Selbstmord beendigte, hat in einem vielbemerkten Kapitel den Juden und das Weib mit der gleichen Feindschaft bedacht und mit den nämlichen Schmähungen überhäuft. Weininger stand als Neurotiker völlig unter der Herrschaft infantiler Komplexe; die Beziehung zum Kastrationskomplex ist das dem Juden und dem Weibe dort Gemeinsame. (1)

Für den Psychiater Ferdinand Probst war Otto Weininger einfach verrückt: „(...) ich halte Weininger und seine Bücher für eine hochinteressante Erscheinung, der in den Annalen der Psychiatrie wohl ein dauernder Platz eingeräumt werden wird." (2) Karl Kraus konnte unschwer über diese allzu simplifizierende Diagnose spotten: „Die Gesinnung, die einst einen gewissen Puschmann antrieb, an Richard Wagner sein psychiatrisches Mütchen zu kühlen und die sich auch an Nietzsche, Goethe usw. vergriffen hat, poltert aus jeder Zeile des Probst'schen Büchleins." (3)

In seinem Buch „The Mind and Death of a Genius", 1946 in New York veröffentlicht, lieferte David Abrahamsen eine weit ausgewogenere und genauere Pathographie Otto Weiningers: negativer Ödipuskomplex, Narzißmus, der bei Mißerfolgen sofort in masochistische Selbstvorwürfe umschlagen kann, Aggressivität, verbunden mit Hypersensibilität und Ablehnung der Wirklichkeit, Konflikt zwischen moralischem Gewissen und starken Sexualtrieben. Es steht außer Frage, daß die Schriften Weiningers eine psychiatrische oder psychoanalytische Interpretation nahelegen. Man kann sogar sagen, daß sie eine solche Interpretation provozieren.

Paul-Laurent Assoun hat die Gedanken Freuds in dessen Anmerkung zum „kleinen Hans" aufgegriffen und weiterentwickelt. Er definiert das Werk Weiningers als ein „phobisches System", dessen universelle Dimension sich aus seinem Charakter als „Gedicht (..., als) verzweifelter Gesang über die Kastration" erklärt. Die Frau – so interpretiert Assoun Otto Weininger – *„überfällt die Welt mit ihrem Mangel.* Rassismus und Antisemitismus beruhen auf dieser Erfahrung: Das Objekt der Phobie überfällt die Welt mit seiner exzessiven Anwesenheit und seinem anhaltenden Nichtsein. (...) Damit wird die Welt phobisch (...)" (4). Durch den Freudschen Ansatz kann auch die „Angst vor dem Hund" erklärt werden, die eines der rätselhaftesten Themen in Weiningers Korrespondenz und in „Über die letzten Dinge" darstellt. In „Totem und Tabu" wird der Hund als Totemtier und Ersatz für den kastrierenden Vater bezeichnet. Assoun konstatiert bei Weininger eine „Art Prozeß, der sich umgekehrt symmetrisch zu dem des Gerichtspräsidenten Schreber verhält (...)": „Bei beiden steht das Weib mit einer Unordnung der Welt im Zusammenhang. Aber Schreber verleugnet die Frau in ihm, wodurch eine Leere zwischen ihm und der Welt entsteht, bis er sie rekonstruiert und sich im Namen Gottes den Auftrag erteilt, sich in eine Frau zu verwandeln, um die Welt zu erlösen. Weininger hingegen sieht in der Frau die Unordnung der Welt und geht dann daran, Abhilfe zu schaffen. Zu diesem Zweck benötigt er eine *Ethik* (...)." Man möge nicht überrascht sein, in dieser perversen Struktur eine ethische Grundlage zu finden, denn die perverse *Weltanschauung* sei gerade durch ihren gnostischen Charakter gekennzeichnet: „Die Perversion hängt mit der Vorstellung des Sündenfalls zusammen. Sie bezieht sich implizit immer wieder auf irgendeinen Bericht von einem Sündenfall vor dem derzeitigen Weltzustand, dem ein starker Wunsch nach Erlösung entspricht, die mit Hilfe einer heilbringenden *Gnosis* einen Zustand der Allmacht wiederherstellen soll." (5) Das Paradox, demzufolge „Geschlecht und Charakter" Licht auf die „Mechanismen werfen kann, die auf der Ebene des Unbewußten den eigentlichen Gegenstand seiner Obsession bedingen, nämlich die *Weiblichkeit*", führt Assoun schließlich zu einem überraschenden Vergleich zwischen Weininger und Don Juan (6).

Auch die Jungsche Theorie der Archetypen könnte zu einer Klärung des psychologischen Falls Weininger beitragen. Der Archetyp der magna mater, der Jung zufolge für die männliche Psyche charakteristisch ist, kann eine positive, günstige Bedeutung annehmen (Heilige, Jungfrau, alma mater, mütterliche Heimat) oder eine negative, unheilvolle: „Hexe, Drachen, Riesenfisch, Schlange, jedes verschlingende und umschlingende Tier, Grab, Sarkophag, Wassertiefe, Tod, Kinderschreck; Geheimnis, Dunkelheit, Abgrund, Hölle; Verführung und Gift, schreckliche und unerbittliche Macht." (7) So gesehen könnte man sagen, daß Weininger einige deutlich erkennbare Archetypen auf die Frau projiziert hat, Archetypen, deren Tradition vom Alten Testament bis zu Strindberg führt und die seine Persönlichkeit aus dem Gleichgewicht gebracht und zerstört haben.

Der psychologische Ansatz kann jedoch zwei wesentliche Fragen nicht erfassen: War es reiner Zufall, daß sich die Persönlichkeitsstörungen Weiningers im Jahr 1903 gerade in einem philosophischen und psychologischen Buch über die Frau und den Juden manifestierten? Und vor allem: Ist Weininger nicht der Sündenbock, der *pharmakos*, der verurteilt und in den Tartaros der Ideengeschichte geworfen wird, um die Sünden seiner Zeitgenossen auf sich zu nehmen? Ist die Unvernunft von „Geschlecht und

Charakter" nicht die Vernunft seiner Zeit? Kommt in der persönlichen Krise Weiningers nicht die moralische Krise einer ganzen Generation zum Ausdruck?

Um Weininger historisch genau einzuordnen, müssen zuerst alle biographischen „Legenden" unter die Lupe genommen werden. Die zahlreichen, diesem merkwürdigen „Genie" gewidmeten Bücher und Artikel haben bisher immer nur die spärlichen Ergebnisse wiederholt, die Abrahamsen ziemlich umfassend darlegte. Warum wußte man so wenig über Otto Weininger? Die Familie hat immer mit argwöhnischer Diskretion über das Andenken des Toten gewacht. Die ersten Biographen, die gewisse, heute endgültig verschlossene Geheimnisse hätten aufdecken können, beklagen sich alle, daß man ihnen den Zugang zu unveröffentlichten Dokumenten und den Familienarchiven verwehrte. Den Vater Leopold Weininger hatten zwei unerfreuliche Erfahrungen mißtrauisch gemacht. Er selbst hatte einem berühmten Münchner Psychiater (Löwenfeld) vertrauliche Unterlagen übergeben. Dieser sollte den „Fall" Weininger genauestens untersuchen, wälzte aber die Arbeit auf seinen Assistenten Ferdinand Probst ab, dessen Studie eher ein Pamphlet als das Gutachten eines Experten genannt werden kann. Leopold Weininger sah sein Vertrauen mißbraucht, und Karl Kraus stellte ihm die „Fackel" für eine „Berichtigung" zur Verfügung.

Schon einmal hatte Leopold Weininger das Andenken seines Sohnes in der „Fackel" verteidigt. Otto Weininger hatte in seinem Testament Moriz Rappaport die Verantwortung für die Veröffentlichung der posthumen Manuskripte übertragen; dieser kompilierte den Band „Über die letzten Dinge" (1904), in dessen Vorwort er von epileptischen Anfällen Weiningers sprach. Daraufhin veröffentlichte der Vater in der „Fackel" ein auf das Gutachten des Hausarztes gestütztes Dementi. Daran anschließend griff Karl Kraus die „Neue Freie Presse" an: „In der Totenschau der im Geburtsorte des Philosophen erscheinenden ‚Neuen Freien Presse', die keinen verewigten Reporter oder Librettisten unerwähnt läßt, ist der Name Otto Weininger fürsorglich ausgemerzt. Kann man sich Groteskeres als diesen Eifer vorstellen? Nun glauben diese größenwahnsinnigen Schwachköpfe bereits, daß sie – lebendigschweigen können! Und das können sie schon gar nicht!" (8) Zum

Abschluß dieser Polemiken beauftragte Leopold Weininger den ehemaligen Freund Ottos und damals recht bekannten Philosophen Emil Lucka, ein Buch zu schreiben, das die offiziell genehmigte Version der Fakten bringen sollte. Auf diese Hagiographie kann man sich folglich nicht verlassen. Die „Verteidigung und Rühmung" Otto Weiningers war zu einer Familienangelegenheit geworden. Auch sein Bruder Richard tauschte Briefe mit Karl Kraus, spricht aber in seinen 1978 erschienenen Erinnerungen nur kurz und verschämt von Otto Weininger.

Für die Rekonstruktion von Weiningers Biographie können einige unveröffentlichte Dokumente herangezogen werden: Die Archive der Universität Wien enthalten Spuren seines Studiums, die städtischen Archive bewahren sein Testament auf, und ein Teil seines Briefwechsels befindet sich in der Handschriftensammlung der Wiener Stadtbibliothek. Ein wichtiges Dokument ist leider verschwunden, nämlich das Original seiner Dissertation – die erste Version von „Geschlecht und Charakter".

Otto Weininger hat ein einsames und zurückgezogenes Leben geführt, und kein einziger seiner Freunde hat ihn sein ganzes Leben hindurch begleitet. Bis 1902 verkehrte er mit Oskar Ewald, Emil Lucka und Hermann Swoboda. Ende 1902 entfernte er sich von ihnen und näherte sich Artur Gerber und Moriz Rappaport an. Im Jahr 1902, schreibt Swoboda, „sah er auf seine naturwissenschaftliche Epoche mit förmlicher Verachtung zurück (...). Damals schob ich Weiningers Interessenwechsel zum Teil auf den Umgang mit neuen Freunden (...)" (9). Aus den Erinnerungen Stefan Zweigs geht hervor, daß Otto Weininger bis zum Jahr 1903, dem Erscheinungsjahr von „Geschlecht und Charakter", kaum die Aufmerksamkeit seiner Studienkollegen auf sich zog: „Schließlich, ich muß es gestehen, auch meinerseits unternahm ich nie einen ernstlichen Versuch, mit ihm bekannt zu werden. Weininger, der Name sagte damals nichts, und sein Gesicht war weniger als anziehend." (10) – Man kann seine Bücher wie indirekte Selbstenthüllungen lesen, und einige Autoren haben sich an einer „fiktiven" Biographie versucht. André Spire zum Beispiel entwirft ein richtiges imaginäres Porträt: Er ist Jude. „Also bleibt er abseits. Allein. Sein Herz verschließt sich und schlägt nur mehr für das Studium. Er stopft sich mit Wissen voll, da er nicht lieben kann. Und da er nicht geliebt werden kann, wird er zumindest verblüffen." (11) – Auf den folgenden Seiten wird versucht, dieses einzigartige Leben zu erzählen, ohne die Lücken durch Rekonstruktion zu füllen.

Leopold Weininger, Ottos Vater, wurde am 31. Jänner 1854 in Wien als Sohn des Salomon Weininger, eines Händlers aus Ungarisch-Hradisch (heute: Hradište), und der Karoline Blau aus Nikolsburg (heute: Mikulov) im südlichen Mähren geboren. Leopold war das älteste von sechs Kindern und genoß keine höhere Ausbildung. Mit 22 Jahren arbeitete er als Fremdsprachensekretär bei der Bank Elias. Im Jahr 1878, dem Jahr seiner Heirat, wird er Kunsthandwerker, arbeitet zuerst mit Porzellan und dann mit Schmuck. Er wird rasch ziemlich bekannt. In Thieme-Beckers „Allgemeinem Lexikon der bildenden Künstler" heißt es: „Weininger, Leon, jüdischer Goldschmied (...) Arbeiten im Metropolitan Museum New York und im ehemaligen Winterpalais Leningrad (...)" Leopold Weininger erhielt Aufträge vom kaiserlichen Hof in Wien, von der rumänischen Königin und von Zar Alexander II. Er verbrachte die letzten Jahre seines Lebens einsam und weltabgekehrt und starb am 1. April 1922 an Krebs.

Adelheid Weininger, Ottos Mutter, wurde am 10. April 1857 als Tochter des Josef Frey, eines Alteisenhändlers aus Kaladey (heute: Kolodĕje n. Luž) in Böhmen, und der Magdalene Grünwald aus Szenitz (heute: Senica), damals Ungarn, geboren. Sie war die Älteste von drei Kindern. Otto Weiningers Schwester Rosa schreibt am 24. Jänner 1940 aus Budapest an David Abrahamsen über ihre Mutter:

> Meine Mutter war schlank, zart und klein, ein warmer Mensch, ein nachdenkliches Wesen, eine schöne Frau mit schönen, schwarzen Haaren, die selbst bei ihrem Tod noch nicht grau waren. Sie war nicht egoistisch; sie war eine gute Mutter und Frau.
>
> Doch trotz alledem hatten meine Eltern wegen der starken Persönlichkeit meines Vaters, seines scharfen Kritisierens und seiner großen Ansprüche an die Familie kein friedvolles Eheleben. Wir Kinder ließen uns von ihr verwöhnen, und wir vertrauten ihr, aber für uns war Vater der oberste Richter. (...) Ich glaube, meine Mutter hatte wegen der vielen Kinder und

DER VATER LEOPOLD WEININGER

wegen ihres wunderbaren aber schwierigen Gatten ein schweres Leben, das sie nur durch große geistige und körperliche Anstrengung meistern konnte. Sie war krank und litt jahrelang an Bronchialkatarrh. (12)

Richard Weininger, Ottos Bruder, schildert noch schärfer, wie „patriarchalisch" die familiäre Umgebung war:

Meine Mutter (...) opferte ihr ganzes Leben für die Familie. (...) Sie kochte und kümmerte sich um die Kinder, obwohl sie selbst fast immer krank war. Sie war lungenkrank und starb später, mit 55 Jahren, an Tuberkulose. (...) Es schien uns oft, daß mein Vater meine Mutter bloß als jemanden betrachtete, der den Haushalt machte und für ordentliche Kleidung der Kinder sorgte. Sie hatten kein herzliches Verhältnis zueinander. Sie hatte weder Zeit noch Lust, sich neben dem Haushalt schöpferisch oder künstlerisch zu betätigen (...). (13)

Von den sechs Geschwistern Otto Weiningers erreichen vier das Erwachsenenalter. Richards Lebenslauf ist außergewöhnlich. Rosa beschreibt ihn folgendermaßen: „(...) sehr stattlich und sehr begabt, und er ist reich. Er ist ein Epikuräer mit weiblichen Anlagen, eitel, hart und ein Frauenheld. Er lebt in Amerika. Er sieht seine Familie prinzipiell nicht. (...) Ein Athlet, Polospieler, Flieger usw." „Er war zweimal mit sehr reichen Frauen verheiratet." (14) Die Erinnerungen Richard Weiningers sind ein Meisterwerk an Eitelkeit und Selbstzufriedenheit. Alle Darstellungen Leopold Weiningers zeigen, daß Otto stark von seinem Vater geprägt war. Richard schreibt zum Beispiel:

Mein Vater war ein großer Mann, und ein sehr sittenstrenger Mann. (...) Ich erinnere mich, daß ich im Alter von acht oder neun Jahren den praktischen Arzt meines Vaters aufsuchte, einen Doktor namens Breuer, der mir über Freud sagte: „Der Mann ist so geldgierig (...)"

Mein Vater (...) erklärte entschieden, religiöse Erziehung sei völlige Zeitverschwendung. (...)

Er interessierte sich besonders für Französisch (...). Er sagte mir: „Französisch ist keine Sprache, es ist ein Kunstwerk, ein *objet d'art*." (...)

Mein Vater war ein aktiver Anhänger, wirklich ein Enthusiast der Wiener Philharmoniker. (...)

DIE MUTTER ADELHEID WEININGER

Unsere Familie liebte auch das Theater (...). Im Alter von fünfzehn erhielt ich von meinem Vater die Sondererlaubnis, einer Aufführung eines umstrittenen Stücks mit den Titel *„Die Büchse der Pandora“* beizuwohnen. (15)

Die Anekdote bezüglich Breuer und Freud muß mit Vorsicht gelesen werden, da Richard Weininger auch viele Unwahrheiten erzählt. Bei der Vorstellung des Stücks von Wedekind könnte es sich um diejenige handeln, die Karl Kraus im Mai 1905 organisierte. „Lulu“ kannte Otto Weininger anscheinend nicht.

Leopold Weininger hatte – nach einer Mitteilung von Probst – Löwenfeld anvertraut, sein Sohn Otto habe eine Seite hinterlassen, wo er den Vater lobt. Und dieser wiederum bewunderte „Geschlecht und Charakter“, wie alle Aussagen bestätigen. Anscheinend hat er sogar über bestimmte Stellen mit seinem Sohn diskutiert. Leopold fand jedoch das Kapitel über die Juden übertrieben. Rosa schreibt an Abrahamsen: „Mein Vater war hochgradig antisemitisch, dachte aber als Jude und war ärgerlich, als Otto gegen das Judentum schrieb.“ (16) Bedenkt man außerdem, daß Leopold Weininger ein überzeugter Wagnerianer war, regelmäßig die Bayreuther Festspiele besuchte (wo er wenige Tage nach seinem Sohn Otto im Sommer 1902 den „Parsifal“ hörte) und die klassische deutsche Philosophie, vor allem Kant, bewunderte, so wird klar, daß „Geschlecht und Charakter“ ihm viel verdankt.

Nach seiner Inskription an der Universität im Jahr 1898 verläßt Otto Weininger die elterliche Wohnung in der Breite Gasse 6 (heute Karl Schweighofer-Gasse). In seinen Unterlagen für die Universität gibt Weininger jedes Jahr eine neue Adresse an. Emil Lucka erzählt eine bezeichnende Episode: „Weininger liebte die Natur so sehr, daß er einmal mitten im Winter ein Gartenzimmer in Gersthof (einem westlichen Vorort Wiens) bezog, um dem Wald nahe zu sein. Allerdings ist er nicht lange dort geblieben.“ (17) Otto Weininger bleibt bis zum Ende ständig mit seinen Eltern in engem Kontakt. Während der Ferien und an bestimmten Wochentagen wohnt er bei ihnen. Er verdient etwas Geld durch Nachhilfestunden. Materielle Not hat er nie gekannt, und so läßt die Darstellung von Hans Kohn seine Verhältnisse etwas zu dürftig erscheinen: „Im Gegensatz zu Schnitzler kam Weininger aus einer (...) kleinbürgerlichen Familie. Er gehörte (...) zu den auch äußer-

OTTO WEININGER ALS „GEISTIGER IMPERATOR“

lich Unbegünstigten des Lebens." (18) In der Volksschule und im Gymnasium ist er ein außergewöhnlich begabter Schüler, aber nicht sehr beliebt bei seinen Lehrern, die er selbstgefällig und lässig behandelt. Er glänzt in den literarischen Fächern und insbesondere in den Fremdsprachen. Er kann sehr früh Französisch und Englisch, bald auch Spanisch und Italienisch, ganz zu schweigen von Griechisch und Latein (später erwirbt er auch eine passive Kenntnis der Sprachen Ibsens und Strindbergs). Mathematik und Naturwissenschaften langweilen ihn. Er interessiert sich erst später dafür, am Rande seines Philosophiestudiums. Im Juli 1898 legt er die Reifeprüfung am staatlichen Gymnasium des VIII. Wiener Gemeindebezirks ab und inskribiert im Oktober an der Wiener Universität. In dem der Dissertation beigefügten Lebenslauf (vom 9. Juni 1902) heißt es: „Ich (...) absolvierte die Volksschule im VI. und VII. Bezirke Wiens, das Untergymnasium im I., das Obergymnasium im VIII. Bezirke Wiens." (19) Seine Studienjahre beschreibt er folgendermaßen:

> Hier wendete ich mein centrales Interesse bald den philosophischen und psychologischen Problemen zu, und ich hörte Geschichte der Philosophie bei den Herren Professoren Jodl und Müllner, Logik und Psychologie bei Herrn Professor Jodl, Experimental-Psychologie bei Herrn Professor Stöhr, Paedagogik bei Herrn Dr. Höfler. Andererseits betrieb ich mathematische Studien bei den Professoren Mertens und Escherich, und Physik und Chemie sowohl theoretisch als praktisch bei den Herren Boltzmann, Exner, Lampa, Schweidler, Jäger, Lieben, Herzig, Wegscheider, Pomeranz.
>
> Daneben habe ich zoologische und botanische Vorlesungen gehört und im zootomischen Laboratorium unter Herrn Professor Hatschek, im pflanzenphysiologischen unter Herrn Dr. Figdor gearbeitet.
>
> Auf der medizinischen Facultät habe ich Vorlesungen über Anatomie, Physiologie, Histologie, Embryologie, Histologie (sic), Neurologie und Psychiatrie sowie über Pathologie bei den Herren Toldt, Exner, Ebner, Schaffer, Obersteiner, Krafft-Ebing, Wagner-Jauregg und Biedl gehört und im Seciersaal sowie im physiologischen Institute des Herrn Prof. Sigmund Exner gearbeitet.

Was meinen Studiengang in meinem Hauptfache anlangt, habe ich nur anzuführen, daß ich mit dreizehn Jahren über philosophische und kosmologische Dinge nachzudenken anfieng. Am meisten Einfluß haben auf mich in psychologischer Beziehung die „biologische Methode" in Avenarius' „Kritik der reinen Erfahrung" ausgeübt, in philosophischer Beziehung die praktische Philosophie von Nietzsche und von Kant. (20)

Inwieweit hat sich Weininger mit experimentellen Methoden vertraut gemacht? In seinem Vorwort zu „Über die letzten Dinge" führt Moriz Rappaport aus, Weininger hätte nur wenig Neigung für die experimentelle Tätigkeit im Laboratorium verspürt. Jedenfalls hört er Vorlesungen über fast alle in „Geschlecht und Charakter" behandelten Themen. Die unveröffentlichten Briefe an Hermann Swoboda sind manchmal richtige Vorlesungsberichte (zum Beispiel der Brief vom 1. Juli 1899 über das Seminar des Philosophen Friedrich Jodl). Wichtige Begegnungen werden darin vermerkt: Am 26. Dezember 1899 verkündet er stolz, daß er „47 Minuten lang" mit Ernst Mach gesprochen habe. Am 28. März 1902 entwirft er ein unbarmherziges Porträt Rudolf Kassners, den er „im ganzen viermal" gesehen hat (21).

Weininger besucht fleißig die Sitzungen der Wiener Philosophischen Gesellschaft, wo er seine Professoren antrifft (z.B. Höfler, Jodl, Kreibig, Müllner) und die Bekanntschaft bedeutender Persönlichkeiten macht, darunter Wilhelm Jerusalem und vor allem Houston Stewart Chamberlain. Weininger ist offenbar unermüdlich im Diskutieren. „Gespräche über schwierige philosophische Gegenstände waren immer sein höchstes Vergnügen", erzählt Swoboda, „unermüdlich brachte er bei unseren häufigen Zusammenkünften bis in die späte Nacht, manchmal auch bis zum Morgen, ein Kreuzproblem nach dem andern zur Diskussion." (22) Aber der Kreis um Weininger blieb isoliert. Swoboda entwirft 1958 in einer Gedenkrede im Wiener Pen-Club ein Porträt seines einstmaligen Freundes:

Sein Leben war ein unausgesetztes Nachdenken. Ermüdung kannte er nicht. Er brauchte keine Erholung. Unterhaltung und Vergnügen, welcher Art immer, war ihm kein Bedürfnis. Nichts lenkte ihn vom Nachdenken ab, nichts störte ihn darin. Er hat an schönen Sommertagen im Freien, unbekümmert um

> die Natur, ebenso philosophiert, wie bei einem Bummel durch die Stadt oder im Kaffeehaus. Und noch etwas war für ihn bezeichnend, daß er nämlich durch alles, was ihm unterkam, zum Nachdenken und zur Bildung eines abschließenden Urteils angeregt wurde. (...) Er suchte alle Menschen so zu bestimmen, wie der Botaniker seine Pflanzen bestimmt. Diese Eigenheit, daß sich alle Realität sofort in einen Gedanken verwandelt, mag als eine fatale Midas-Gabe erscheinen. Aber Weininger war dabei in seinem Element. (...) Ich besitze das von ihm benützte Lehrbuch der Botanik, das mit zahlreichen handschriftlichen Notizen und Ergänzungen am Rande versehen ist, in seiner formschönen, schwungvollen und klaren Handschrift, an der ein Graphologe seine Freude haben kann, so deutlich offenbart sich in ihr Weiningers Wesen. (...) Gespräche über belanglose Gegenstände, über Tagesereignisse z. B. waren ihm ein Greuel. Ich habe ihn nie eine Zeitung lesen gesehen. (...) Weininger hatte ein Lebensideal, das eigentlich ein Heiligenideal war. (23)

In Weiningers Briefen werden zahlreiche Theaterbesuche erwähnt. Zwei Mal sieht er im Jahre 1901 „Cyrano de Bergerac". Er spricht von Konzerten mit den Werken Beethovens. Richard Strauss jedoch kann er nicht ausstehen, und er verzichtet im Jänner 1901 auf „Ein Heldenleben". Am 17. Juni stellt er eine Liste der Zeitgenossen zusammen, die er nicht schätzt: Hauptmann, Schnitzler, Bierbaum, Wedekind, Liebermann, Liliencron. In einem (erst 1923 veröffentlichten) Gedicht Otto Weiningers kommt die traumatische Erfahrung der käuflichen Sexualität zum Ausdruck (24):

Sieh mich gebeugt mit lockerm Schritte
In Mauernähe ängstlich gehn,
Verhöhnend dein Gebot der Sitte
Nach Füßchen und nach Busen spähn.

Das ist der Weg, der längst bekannte,
Zu ihr, der Göttin ohne Scham,
Den ich so oft zu gehen brannte
Und reuig weinend wiederkam.

O Gott, in alle Spiegel schlage
Vernichtend deine Faust hinein,
Das klare Licht entzieh dem Tage,
Dem Bache nimm den Widerschein!

— Und höhnisch schleicht das alte Bangen
Der heißbegehrten Lust voran. —
O!!! Gib dem Laster rothe Wangen,
Daß ich ihm angstlos fröhnen kann!

Karl Kraus gibt an, Weininger habe dieses Gedicht wahrscheinlich mit 19 Jahren, also 1899, verfaßt. Im selben Jahr entsteht „Der Falter", ein kleiner Text im anakreontischen Stil, den David Abrahamsen veröffentlicht hat und in dem es heißt: „(...) Mädel, Mädel, sei klug und gescheit, / laß den Falter fliegen! / Schau! Die Welt ist so groß, so weit / wirst ja noch andere kriegen." (25)

Abrahamsen publizierte auch zwei Briefe Ottos an seine Schwester Rosa aus dem Jahr 1902. Hier die einzige wichtige Stelle: „Ich wünschte, Du würdest Rosmersholm lesen. Ich wäre sehr erfreut, dieses Mädchen Meyer zu treffen. Bitte sage mir, wann und wo ich dies bei der nächsten Gelegenheit tun kann, wenn sie zu Dir kommt." Rosa erzählt über dieses Treffen: „Fräulein Meyer hatte mich oft gebeten, sie Otto vorzustellen (...). Schließlich verbrachte sie eine Stunde mit ihm, und sie schrieb mir: ‚Ich bin Jesus Christus begegnet.' Ich habe ihre Postkarte aufbewahrt." (26)

Die Briefe an Artur Gerber sind voll von überschwenglichen Freundschaftsbezeugungen. Während seiner Skandinavienreise im Jahr 1902 schreibt ihm Weininger: „Unser Abschied hat auch auf meinen Weg seinen Schatten geworfen." (27) Oder: „Wenn Dein übermäßiges Bedürfnis, Dich zu freuen, das Du auf meine Ankunft projizierst, uns nur nicht beiden dann eine Enttäuschung bereitet! Deinen Wunsch werde ich erfüllen: Du wirst, wie der letzte, so der erste sein." (28) Artur Gerber war damals 20 Jahre alt und erzählt, daß ihm seine Familie den Umgang mit Weininger verbieten wollte. Eine Karte an Swoboda vom 11. April 1901 läßt mehrere Vermutungen zu:

Mein Mittel zur Bekämpfung der Homosexualität scheint Erfolg zu haben!!! Trotzdem es ja zu meiner Theorie nur stimmen würde, habe ich mich doch von meinem Staunen darüber noch nicht erholt. Wenn ich nur sicher wäre, daß keine Suggestion vorliegt! Je weiblicher das Individuum, desto eher eine solche Wirkung anzunehmen. Jedenfalls werden die Dosen fortgesetzt werden müssen. Ich denke schon an Injektionen, weil diese noch wirksamer sein müssen. Würde dazu aber eine Morphiumspritze brauchen.

Sehr dankbar wäre ich Dir, wenn Du eine Schachtel Kondoms und ein Stück Jodoform–Eumarinpflaster nach Wien mitnehmen würdest. Aber schon aus dem erstangeführten Grund allein erscheint Deine baldige Anwesenheit in Wien höchst wünschenswert. Mein Patient bereitet sich schon auf den ersten Koitus vor! (29)

An welchem Patienten führte Weininger diese seltsamen Experimente durch? An sich selbst? Hatte er sich als homosexuell diagnostiziert?

Drei Photographien Otto Weiningers (siehe S. 10, 21, 47) sind bekannt: eine befindet sich als Frontispiz in „Geschlecht und Charakter" („... sie zeigt ihn als geistigen Imperator, als den jungen Forscher, als intellegiblen Cesare Borgia, zugleich als den strengen Asketen mit geballter Faust, als den Antifeministen, den gerade die Frauen bevorzugen" – 30); auf einer anderen, einem Portrait mit „Vatermörder", erscheint er Georg Klaren „mit krauser Stirn und wirrem, über die Lippen hängenden Schnurrbart à la Nietzsche" (31); die Photographie des Toten schließlich verwendete Artur Gerber für das von ihm herausgegebene „Taschenbuch" (Weininger habe sich ins Herz geschossen, „um den Sitz der Seele nicht zu zerstören", meint Klaren). Artur Gerber beschreibt seinen Freund folgendermaßen:

Die hagere Gestalt mutete steif an, entbehrte aller Biegsamkeit und Grazie. (...) Seine Kleidung, schlicht und unmodisch, glich der anderer, unbemittelter Studenten. Er schritt oft zaghaft seines Weges, das Kinn auf die Brust gestützt, oft wieder stürmte er eilig dahin.

Keiner aber, der es jemals gesehen, vergaß sein Gesicht. Markant schon durch die Wucht der Stirn, einzigartig durch die großen Augen, deren Blicke die Dinge sanft zu umfassen schienen, bei aller jugendlichen Farbenfrische von gesammelter Kraft war dies Antlitz dennoch nicht schön, fast häßlich. Lachen sah ich es nie, lächeln selten. Würde und tiefer seelischer Ernst beherrschten es in jedem Augenblick. Nur an Frühlingstagen, im Freien, schien es entspannt, erhellt und heiter, bei mancher Musikaufführung leuchtete es voll Freude, und – in den schönsten Augenblicken der gemeinsam verbrachten Jahre – wenn Weininger einen seiner neuen Einfälle, an dem er besonders innig hing, besprach, stand in seinen Augen der Schimmer vollkommensten Glücks. (...) Und wenn er, wie es vorkam, im Gespräch leidenschaftlicher wurde, plötzlich mit Stock oder Schirm, den er gerade trug, einen Schlag in die Luft führte, als kämpfte er mit einem unsichtbaren Geist, gemahnte er stets an eine Figur aus dem Phantasiekreise E.Th.A. Hoffmanns. (32)

Stefan Zweig behielt ein nicht sehr schmeichelhaftes Bild in Erinnerung:

Er sah immer aus wie nach einer dreißigstündigen Bahnfahrt, schmutzig, ermüdet, zerknittert, ging schief und verlegen herum, sich gleichsam an eine unsichtbare Wand drückend, und der Mund unter dem dünnen Schnurrbärtchen quälte sich irgendwie schief herab. Seine Augen (erzählten mir später die Freunde) sollen schöne gewesen sein: ich habe sie nie gesehen, denn er blickte immer an einem vorbei (auch als ich ihn sprach, fühlte ich sie keine Sekunde lang mir zugewandt): all dies verstand ich erst später aus dem gereizten Minderwertigkeitsempfinden, dem russischen Verbrechergefühl des Selbstgepeinigten. (33)

Hans Kohn schreibt sogar, Weininger habe wegen seiner Häßlichkeit an Komplexen gelitten, was jedoch angesichts der Beschreibung „eines Wiener Neurologen“ (nämlich Freuds) übertrieben wirkt, der Probst gegenüber meinte: „Ein schlank gewachsener Jüngling mit ernsthaften Gesichtszügen, einem etwas verschleierten Blick, fast schön zu nennen; ich konnte mich auch des Eindruckes, eine ans Geniale streifende Persönlichkeit vor mir zu haben, nicht erwehren.“ (34)

Im Jahr 1900 reisen Weininger und Hermann Swoboda nach Paris, um dem IV. Internationalen Psychologiekongreß beizuwohnen, der im August unter dem Vorsitz von Théodule Ribot stattfindet. In den von Pierre Janet 1901 veröffentlichten Beiträgen findet man auch den Text von Otto Weiningers Rede (und ebenso den Swobodas). Weininger spricht nach einem Vortrag von Paul M.-J. Joire, und zwar in französischer Sprache (das Originalzitat findet sich im Anhang):

> Es scheint mir, daß man über dem Lob der Einführung des Experiments in die Psychologie eine ganz natürliche Sache vergessen hat, auf der man jedoch bestehen sollte: Man könnte niemals die Selbstbeobachtung übergehen. (...) Selbst wenn wir das Ideal der Gehirnphysiologie erreichen würden, wenn wir die mikrochemischen Prozesse in der Nervenzelle durch Radiographie und Photographie beobachten könnten, die Innenschau würde dadurch nicht überflüssig. Diese muß Schritt halten mit dem Fortschritt der Physiologie des Nervensystems. (35)

Von dieser Zeit an verteidigt Weininger eine philosophische Ausrichtung der Psychologie gegen die Übermacht der experimentellen und biologischen Fächer.

Im Oktober 1900 macht Hermann Swoboda die Bekanntschaft von Freud, beginnt eine Analyse und spricht mit ihm über die menschliche Bisexualität und vor allem über die Ideen von Fließ. Er erzählt Weininger von diesen Gesprächen, der sie bei der Niederschrift von „Geschlecht und Charakter“ berücksichtigt. Daraus erwachsen später die Plagiatsvorwürfe von Fließ gegen den toten Weininger, gegen Swoboda und Freud.

In den Briefen Weiningers an Swoboda findet man nur wenige Anspielungen auf Freud (aber vielleicht hat Swoboda aus den von ihm in der Wiener Stadtbibliothek hinterlegten Dokumenten die „kompromittierenden“ Unterlagen entfernt). Weininger freut sich auf einen für den 10. Februar 1901 in der Gesellschaft für Philosophie angekündigten Vortrag Freuds, der jedoch letzten Endes abgesagt wird. Am 12. April 1902 bittet er Swoboda, ihm aus Leipzig den Sonderdruck eines Artikels von Freud mitzubringen, der im „Pathologischen Tagebuch“ (sic) erschienen wäre. Aus diesem Detail geht hervor, daß Swoboda weiterhin in brieflichem Kontakt mit Freud stand, der ihm seine Veröffentlichungen zukommen ließ. In einem Brief vom 8. März 1901 verteidigt sich Weininger ausführlich gegen die Plagiatsvorwürfe, die sein Freund Swoboda gegen ihn erhob und die auf die Anschuldigungen von Moebius und Fließ vorausweisen (von denen noch die Rede sein wird). Ein enger Umgang und alte intellektuelle Zusammenarbeit seien Erklärung genug für eine gewisse Ähnlichkeit der Ideen, schreibt Weininger. Dieselbe Zwangsvorstellung des „geistigen Eigentums" wird später die Freundschaft zwischen Fließ und Freud zerstören.

Hermann Swoboda zufolge fällt der Beginn des Werkes in den Herbst des Jahres 1900:

> Weininger wurde damals auf das Faktum der Bisexualität aufmerksam und begann alsbald mit Feuereifer Material darüber zu sammeln. Mit der ihm eigenen Findigkeit hatte er in kurzer Zeit eine Menge von Belegen gesammelt zur Unterstützung der These, die ihn damals noch ausschließlich beschäftigte: Daß es eigentlich keine Männer und Weiber gibt, sondern nur männliche und weibliche Substanz, und daß jedes Individuum eine Mischung aus diesen beiden Substanzen ist. Im Jänner 1901 kam er ganz selbständig auf das Gesetz der sexuellen Anziehung. In den folgenden Monaten beschäftigten ihn naheliegende Nutzanwendungen seiner Entdeckung: auf die Emanzipationsbewegung, auf das Problem der Homosexualität usw. Der Charakter seiner Forschung war damals durchaus naturwissenschaftlich. Ich erinnere mich, daß er viel von Experimenten sprach, die er im zoologischen Institut anstellen wollte. (36)

In einem Brief an Swoboda vom 2. September 1900 setzt er naives Vertrauen in die Wirksamkeit des „Sozialpositivismus"; die Menschen würden einander einmal so gut verstehen, daß es ihnen nicht mehr möglich wäre, sich zu hassen und zu befehden. Am 6. Oktober 1900 kündigt er an, daß er der Zeitschrift „Die Zeit" einen Artikel über den Vitalismus von Richard Avenarius, einem positivistischen Philosophen im Umkreis von Mach, liefern werde. Der Artikel wird jedoch nie veröffentlicht. Während der Ferien in Purkersdorf im Sommer 1901 verfaßt er die Seiten, die später den ersten Teil von „Geschlecht und Charakter" bilden werden. Schon im Herbst 1901 möchte er sein Manuskript unter dem Titel „Eros und Psyche" publizieren, findet jedoch keinen Verleger.

> Freud hat mir erklärt, in dieser Form könne er mein Buch nicht empfehlen: hatte ich auch gar nicht gewünscht. Ich solle mir Zeit nehmen, zehn Jahre, und alles in lauter Specialuntersu-

chungen genau beweisen, alles, z. B. auch daß M am frühesten eine Glatze bekommt. Ich hab ihm gesagt, ich will nicht selber eine Glatze haben, wann E. u. P. endlich erscheinen wird. In 10 Jahren schreibe ich lieber 10 andere solche Bücher; auch gehe, offen gestanden, mein wissenschaftliches Interesse nicht soweit, daß ich für eine Volkszählungsbeamten-Geduld bei mir einstehen könne. Übrigens sind wir gut geschieden, das Manuscript geht jetzt zu Jodl und Müllner als Beweis meiner Würdigkeit für das Trebitsch-Stipendium, das sie mir diesmal wohl geben werden. (37)

Am 29. Dezember 1901 schreibt Weininger, er arbeite über die Hysterie. Gleichzeitig wendet er sich an Professor Jodl: „Jodl will wirklich mein Buch einem Verleger empfehlen. Er hat sich nach flüchtiger Durchsicht sehr anerkennend darüber geäußert (...). Ich bin ihm dafür zu großem Danke verpflichtet und kann doch ein Gefühl der Beängstigung (bei aller Genugtuung) nicht los werden, so etwas außer mich hingestellt und für mein künftiges Leben vielleicht entscheiden zu sehen." (38) Im Anschluß an diesen Besuch schreibt Weininger einen langen Brief an Jodl, den die Tochter des Philosophen, Margarethe Jodl, am 23. April 1921 im „Neuen Wiener Tagblatt" veröffentlicht:

Bedeutend geklärt, glaube ich sagen zu können, haben sich aber meine Anschauungen besonders in dem über ethische Dinge Bemerkten. Heute glaube ich – wenn ich, ohne unbescheiden zu sein, mir diese Ausführungen erlauben darf –, man müsse in der ethischen Phänomenologie (die ich mir als eine Art Biologie der Ideale denke) zweierlei solche Ideale unterscheiden, die eine Gruppe vom Manne (M) kommend: die Ideale der Wahrheit, Ethik als Hygiene, Pflichten gegen sich selbst (hieher gehörte dann auch die Gerechtigkeit, auch der kategorische Imperativ), und die andere vom Verhalten von W hergeleitet: Ideale des Mitgefühls, der Nächstenliebe, der Geselligkeit. Beide kreuzen sich, werden kombiniert oder (häufiger) gegeneinander ausgespielt, treten im selben Menschen in Widerstreit. Mit andern Worten: Es gibt eine spezifisch männliche und eine spezifisch weibliche Sittlichkeit, ethischer Dualismus und nicht Monismus. Die Unterscheidung verliert dadurch nicht an ihrem Werte, daß wir tatsächlich an jedes menschliche Individuum –

ein rein eingeschlechtliches gibt es ja glücklicherweise nicht – beiderlei Anforderungen stellen.

Bald wendet sich Weininger von seinen naturwissenschaftlichen Beschäftigungen ab und entschieden der Philosophie zu. Am 21. Februar 1902 schreibt er an Swoboda, er schmiede nun den Schlüssel zur Weltgeschichte. Im März 1902 findet die große Wende statt: „Vor allem hab' ich mit der Avenarius-Machschen Erkenntnistheorie ganz gebrochen. Das Ich *ist*, und man braucht es gar nicht zu retten. Das ist mein wichtigstes Ergebnis. Auch in der Judenfrage und in der Ethik bin ich vorwärts gelangt; das hängt alles zusammen." (39) Und dann am 19. Mai: „Wir verkehren jetzt über drei Jahre miteinander. (...) Ich habe Dich öfters darauf aufmerksam gemacht, daß Du mich nicht kennst, wenn Du über mich urteiltest. (...) Jetzt bereitet Dir meine Abkehr von dieser Psychologie, meine Rückkehr zu mir selbst, Ärger." „Erstens – Du wirst mich von jetzt an völlig verachten – ich schwätze jetzt wirklich manchmal über Kunst, und zwar in Sodom selbst, in ipsissimo Café Griensteidl, schreibe Artikel über Ibsen etc. (...) Zweitens hast Du erkannt, daß ich jetzt nicht mit gleichförmiger Geschwindigkeit $c=\frac{s}{t}$ naturwissenschaftliche Entdeckungen mache. Ich bin faul, warte ab, fühle mich keineswegs wohl und bin in allem und jedem recht unsicher." (40) Ein anderer Brief schließt: „Es gibt zweierlei Ethik, die eine: man muß coitieren, weil sonst die Menschheit ausstirbt – und noch eine." (41)

Nachdem er seiner Arbeit eine philosophische Wendung gegeben hat, legt er sie im Juni 1902 den Professoren Jodl und Müllner als Dissertation zur Erlangung des Doktorgrades an der Philosophischen Fakultät vor. In den Archiven der Universität Wien befinden sich die Gutachten über die Rigorosen. Durch die ausführlichen Berichte der beiden Prüfer kann man rekonstruieren, in welchem Stadium sich Weiningers Arbeit befand und welche Kapitel zwischen dem Sommer 1902 und dem Erscheinen des Buches im Sommer 1903 hinzugefügt wurden. Friedrich Jodl bringt große Bedenken vor, aber sein Gesamturteil ist erstaunlich positiv:

Es verdient aber auch anerkannt zu werden, daß der Verf. mit großem Geschick u. Spürsinn ein reiches Material von biologischen, psychologischen u. pathologischen Thatsachen, manig-

> faltige eigene Beobachtungen auf den verschiedensten Lebensgebieten, u. eine ausgebreitete Belesenheit in den Dienst seiner Hypothese zu stellen vermocht hat ... Der erste Abschnitt, die Theorie der Begabung, enthält neben manchem wirklich Zutreffenden, fein Beobachteten, auch Anderes, wie z.B. die Theorie der Heniden, die metaphysische Deutung des Ich u. des Ich-Bewußtseins, die Leugnung der Seele im transcendenten Sinne beim Typus Weib; die Ausdehnung des Begriffs der Genialität, was Ref. nicht anders als phantastisch bezeichnen kann. (...) Auch sonst trägt die Schrift manche Spuren jugendlicher Unfertigkeit. (...) Man wird es seiner Eigenart u. der von ihm bevorzugten subjektiven u. comparativen Methode gerne zu Gute halten, daß er der experimentellen Psychologie nicht günstig gesinnt. Aber seine eigene Methode muß doch erst bewähren, ob sie an Feststellung gesicherter Ergebnisse mit der experimentellen erfolgreich concurriren kann, u. ob sie sich von der Gefahr allzu willkürlicher Annahmen und jener phantastischen Spekulation freizuhalten vermag, welche das Ansehen der deutschen Psychologie im Zeitalter des speculativen Idealismus so tief geschädigt hat. (...) Den gesetzlichen Anforderungen entspricht die Arbeit durchaus; auch gegen die Drucklegung besteht, vorbehaltlich gewisser stilistischer Änderungen, kein Bedenken. (42)

Die Nachsicht von seiten Friedrich Jodls überrascht. Seit Ernst Mach 1898 zu unterrichten aufgehört hat, ist er der herausragende Philosoph an der Universität Wien. Sein Denken steht in der Tradition von Diderot und Feuerbach. Um das Wort materialistisch zu vermeiden, definiert er sich selbst als realistisch. Er spielt eine gewisse politische Rolle durch seine Aktivitäten in der Volksbildung, in der Sozialpolitischen Partei und durch sein Eintreten für die Frauenbewegung. Er vertritt entschieden demokratische Ideen, die im Gegensatz zu denen der Christlichsozialen, der Klerikalen und der Antisemiten stehen, lehnt aber die Sozialdemokratie und die Marxsche Lehre ab. Trotzdem akzeptiert Jodl eine Dissertation, die aus ihrem theoretischen Antifeminismus kein Geheimnis macht. Daraus geht hervor, wie wenig die Zeitgenossen an Weiningers gesundem Menschenverstand zweifeln. Das Manuskript der Dissertation enthält allerdings nicht die letzten Kapitel von „Geschlecht und Charakter“ über die Juden und „Das Wesen des Weibes und sein(en) Sinn im Universum“.

Professor Lorenz Müllner, der zweite Gutachter, bestätigt das Urteil Jodls, hält aber die Kritik schärfer:

> So geistreich aber die Hypothese Weiningers gefaßt u. so reichlich sie mit Erfahrungsdaten u. Beobachtungen aller Art belegt erscheint, führt sie dennoch in ihre letzten Voraussetzungen verfolgt eigentlich in eine grund- u. bodenlose Metaphysik. (...) Die Abhandlung macht mehr den Eindruck einer durch starke Persönlichkeitsakzente wirksamen Rhapsodie als den einer wissenschaftlichen Gedankenentwicklung. (...) Ebenso bedeutet die Grundtendenz der Schrift eine fortlaufende Insulta des Frauengeschlechtes, die in einzelnen Wendungen geradezu als roh bezeichnet werden muß ... Die unleugbare besondere Befähigung des Candidaten, die in seiner Dissertation niedergelegten Ergebnisse ausgebreiteter Studien in verschiedenen Wissensgebieten, die interessante Eigenständigkeit seines philosophischen Konzeptes machen die Schrift Weiningers ohne Frage druckwürdig, doch sollte m. E. als conditio sine qua non ausgesprochen werden, daß die Invektiven seiner Polemik u. Argumentation vorher ausgeschieden oder von der Erwähnung Abstand genommen werde, daß die Abhandlung als Inaugural-Dissertation vorgelegt wurde. (43)

Nach den Rigorosen schreibt Otto Weininger an seinen Freund Gerber: „Habe heute die Hauptprüfung richtig bestanden, und sie haben mir in großem Wohlwollen sogar die nichtverdiente Auszeichnung gegeben ...“, und er unterzeichnet auf französisch mit: „Un vieux coquin“ (44).

Kurze Zeit später, nämlich am 21. Juli 1902, tritt Weininger zum Protestantismus über. Schon im Sommer des Jahres 1900 hat er seinem Vater von dem beabsichtigten Religionswechsel erzählt, aber Leopold Weininger bringt ihn davon ab. Dieser schreibt später an Löwenfeld und Probst: „Damals war von christlichem Sinn bei meinem Sohn keine Rede und ich hielt dafür, daß er aus materiellen Interessen Konvertit werden wollte.“ „Hätte ich damals Spuren der herrlichen Wandlung entdeckt, die er später durchmachte, ich wäre dem Gedanken ganz versöhnlich gegenübergestanden, wie es thatsächlich der Fall war, als ich im Sommer 1902 den

Religionswechsel erfuhr, also fünfzehn Monate vor seinem Tode, und nie liebten wir einander mehr als diese fünfzehn Monate." (45) Hätte Weininger tatsächlich aus „materiellen Interessen" konvertiert, so hätte er eher die dominierende Religion der Habsburgermonarchie gewählt. Zahlreiche Juden Österreich-Ungarns entschieden sich für die – seit dem Konkordat von 1855 offizielle – römisch-katholische Staatsreligion, um leichter Karriere als Beamte zu machen oder um sich einfach besser zu assimilieren. Indem Weininger den Protestantismus wählt, entscheidet er sich für die „geistige Nation" Kants. Er verleugnet also nicht nur seine jüdische Herkunft, sondern auch seine Zugehörigkeit zur Wiener Kultur.

II.
DER SELBSTMORD

Als junger Mensch sucht man sich Helden aus — auch ich habe die meinen gehabt: Heinrich von Kleist, Karoline von Günderode, Gérard de Nerval, Otto Weininger ... Mich an ihrem Selbstmord berauschend, hatte ich die Gewißheit, nur sie allein seien bis zum Äußersten gegangen, nur sie allein hätten, indem sie in den Tod gingen, aus ihrer beleidigten oder beantworteten Liebe, aus ihrem zerrissenen Geist oder ihrer philosophischen Verkrampfung die einzig richtige Schlußfolgerung gezogen.

E.M. Cioran

Otto Weininger ist vorerst stolz auf seinen neuen Doktortitel, von der Bedeutung seines Werkes überzeugt und voller Enthusiasmus. „Er hatte schon früh die feste Überzeugung, daß es ihm gelingen werde, neue Wahrheiten zu finden", schreibt Artur Gerber. „Damals hatte er auch den festen Glauben, er werde ein hohes Alter erleben und reichen Erfolg und Ruhm ernten. (...) Er studierte die Biographien jener bedeutenden Männer, die er besonders liebte, und forschte in ihren Werken, ob nicht Wesenselemente erkennbar wären, die auch er besaß. Alles, was er über Genie und Genialität sagte und schrieb, war von Selbstbeobachtung stark beeinflußt." (1)

Karl Kraus dementiert ausdrücklich, daß Otto Weininger dank seines Buches jemals Privatdozent an der Universität werden wollte (2). Aber schlagartig ist sein Name in aller Munde.

> Da verbreitete sich plötzlich Ende 1902 in unseren Kreisen das Gerücht, ein Student unserer engeren Wissenschaft habe Professor Jodl eine Dissertation vorgelegt, die dieser erstaunt und erschreckt als genial bezeichnet habe. Sie sei Teil eines grundlegenden, ganz neuartigen Werkes, dem Professor Jodl jetzt einen Verleger suche, der Verfasser Otto Weininger. (3)

Aber die ersten Enttäuschungen folgen auf dem Fuß. Friedrich

Jodl verlangt bedeutende Änderungen, bevor er die Arbeit einem Verleger empfehlen will. Er schreibt etwas später an Löwenfeld:

> Ich hatte Weininger dringend geraten, die Dissertation, welche dem Buch zugrundeliegt, vor der Veröffentlichung gründlich durchzuarbeiten, und ihre zahlreichen Extravaganzen und Cruditäten zu tilgen. Daß das Alles so ins „Ungeheuerliche" anwachsen würde, statt sich zu klären, konnte ich nicht vermuten. In der Vorrede des fertigen Buches nun unsere Namen zu finden, ist natürlich sowohl mir als meinem Kollegen etwas peinlich gewesen, obwohl dort nichts steht, als was wahr ist: Das Interesse und die Förderung, die wir einem unstreitig hochbegabten Menschen angedeihen ließen. Er war mir als Mensch im höchsten Grade unsympathisch, und eines direkten Einflusses auf sein Denken kann ich mich nicht rühmen. Er kam zu mir als überzeugter Anhänger des Empiriokritizismus von Avenarius und hat im Laufe einiger Jahre die Metamorphose vollzogen, die ihn zum vollen Mystiker gemacht. Seine Seele ist mir ein Rätsel. Wie weit er an sich selbst geglaubt hat, das kann ich nicht sagen. Als ich ihn zuletzt sah und aus meinen bestürzten Zweifeln über sein Buch kein Hehl machte, sah er mich an, wie einen Menschen, dem man eine mathematische Wahrheit demonstriert hat und der sie nicht versteht. Vielleicht hat er sich in seinen eigenen Schlingen gefangen. Aber das sind alles nur Vermutungen, ebenso wie die angeblichen Gründe für den Selbstmord. (4)

Die Verbitterung Weiningers kommt in dem Brief an Gerber vom 17. August 1902 deutlich zum Ausdruck: „Ich werde den J... nicht mehr mahnen. Man kann übrigens einen Menschen umbringen, indem man ihn in geeigneter Weise empfiehlt, und für irgendeinen Winkelverlag bin ich mir zu gut. Allenfalls werde ich ihm das offen sagen." (5) Seit langem ist aus seinen Briefen zu entnehmen, daß sich bei ihm Perioden der Begeisterung und der fieberhaften Arbeit mit depressiven Zuständen abwechseln. David Abrahamsen veröffentlicht später einen aufschlußreichen Text, der vom 3. April 1902 datiert ist:

es sich das Licht.

Wie es im Hause ausschaut?

Eine wild verzweifelte Geschäftigkeit, ein langsam-furchtsames Erkennen in der Finsternis, ein ewiges Zurechtstellen der Dinge – dadrinnen!

Frag' lieber nicht, wie es im Hause ausschaut! ——

Doch das Licht scheint weiter und klopft verwundert wieder und wieder an das Haus. Und die Fenster verschließen sich von drinnen: nur noch dichter.

Otto Weininger

3. April 1902.

LETZTE SEITE VON „VERDAMMNIS“

Der Künstler liebt immer sich selbst; der Philosoph haßt sich selbst. Durch das geringste Zeichen von Liebe und Respekt wird im Künstler eine verklärte Liebe geschaffen, während der Philosoph als solcher niemals geliebt wird. Aber ist man unverstanden und dennoch geliebt, so wird man hart, hart bis zum Selbstmitleid! Diese ganze Selbstprüfung ist eine für den Sichselbst-Hassenden typische Erscheinung.

Das ist das Schlimmste: nicht lieben zu können, wenn man geliebt wird und sich geliebt weiß, das bittere Gefühl des tief im Herzen verborgenen Verlangens nach Liebe zu hassen. (...) Meine Seele kann sich nicht befreien und nicht in eine andere die mich liebt eindringen! (...)

Ein Philosoph: Ein Haus mit immer verschlossenen Läden. (...) Eine wild verzweifelte Geschäftigkeit, ein langsam-furchtsam Erkennen in der Finsternis, ein ewiges Zurechtstellen der Dinge – (...) (6)

Im Sommer 1902 unternimmt Otto Weininger eine Reise nach Nordeuropa.

Erste Etappe: Ischl. „Hier sitze ich in einem Ischler Hotel um 11 Uhr Nachts und komme nun erst dazu, Dir für Deinen Brief zu danken. Verzeih, daß es nur in dieser Form geschieht; aber ich bin absolut nicht in der Stimmung für einen Brief an Dich; erstens bin ich nach einer durchwachten Nacht, zweitens fühle ich mich auch sonst gar nicht wohl: nicht reiselustig!" (Am 23. Juli an Swoboda. – 7)

Zweite Etappe: München. „Mir geht's ein bißchen besser, wenigstens tue ich so als ob. Auch macht sich bereits der sanfte, aber unwiderstehliche Einfluß des Münchner Bieres bemerkbar." (Am 29. Juli an Gerber.)

Dritte Etappe: Nürnberg. „Für mich ist's eine sehr schlechte Zeit jetzt, schlecht wie kaum je. Nicht nur große Unfruchtbarkeit, nicht nur lauter humpelnde, von mir Krücken verlangende Einfälle, und dieser wenig genug; auch ganz anderes. Vielleicht werd' ich Dir einmal davon erzählen. Ich führe neben dem Leben, das Du kennst, noch immer zwei, drei andere, die Du nicht kennst." (Am 5. August an Gerber.)

Vierte Etappe: Bayreuth. „Über Bayreuth und den Parsifal schreib' ich Dir nichts. Denn das wirst Du erst dann verstehen. Viel zu sehen, wenig Zeit, auch wenig Lust zum Erzählen, daher keine dicken Briefe." (Am 8. August an Gerber.)

Weininger reist über Dresden: „Mir geht es heute etwas besser – ich habe jetzt die Überzeugung, daß ich doch zum Musiker geboren bin." (Am 12. August an Gerber.) „In München habe ich den Lipps besucht; ein ganz harmloser Psycholog! Nur seine Kleinheit ist groß; er ist sogar neidisch." (Am 13. August an Swoboda.)

Dann reist Weininger über Berlin nach Stralsund und auf die Insel Rügen. „Wahrscheinlich bin ich in acht Tagen wieder in Wien, nachdem ich zwar noch Kopenhagen ansehen möchte; für Christiania langt das Geld nicht mehr." (Am 17. August an Swoboda.) Am selben Tag schreibt er an Gerber:

> Ich glaubte mich heute, als ich die schreckliche Kurkapelle am Strande des Meeres spielen hörte, das sie nicht sofort verschlang, an die Ischler Esplanade versetzt. Nur weniger Juden, aber dafür Berliner, Frankfurter, Sachsen. Die Männer – Skatspieler, die Frauen entweder mütterliche Hyänen oder töchterliche Soi-disant-Kätzlein; die eine Hälfte die häßliche. Die andere mit dem rückwärts quer straff gezogenen Rocke ... Schämst Du Dich nicht auch, wenn Dich dieser Teil des Weibes anzieht? In ihm hat die Natur die Schamlosigkeit verleiblichen wollen. (...)
>
> Meine Reise kommt mir so sinnwidrig vor. Nur geographisch ist's richtig. Aber nach dem Parsifal sollte man pilgern, lange, bis ans Ende der Erde, und dann irgendwie verschallen.
>
> Woher Du das nun auf einmal hast, daß auch meine Zukunft trüb ist? Ich glaube übrigens, daß es so sein wird. (...)
>
> Diese Reise hat mir die Erkenntnis gebracht, daß ich auch kein Philosoph bin. Wirklich nicht! Aber bin ich sonst etwas? Ich zweifle sehr daran – (8)

Weininger gelangt schließlich doch bis Christiania (Oslo). „Montag werde ich hier im Nationaltheater den ‚Peer Gynt' sehen. Heute höre ich hier zum zweiten Male auf meiner Reise den ‚Don Juan'. Das erste Mal in München." (Am 22. August an Gerber.) Am selben Tag kündigt er Swoboda an, daß er die Absicht habe, Knut Hamsun aufzusuchen. Emil Lucka zufolge reiste Weininger nach

Norwegen, um das Land zweier besonders bewunderter Zeitgenossen kennenzulernen: Knut Hamsun und Henrik Ibsen. David Abrahamsen schreibt später an Knut Hamsun und fragt ihn, ob er sich an den Besuch Weiningers erinnere. Die Antwort ist: nein.

Weininger reist über Hamburg und Leipzig zurück: „Ich will über Magdeburg, Halle, Leipzig (Psychologisches Institut); dort werde ich mir das Amusement machen, Deinem Andenken nachzufragen, vielleicht sächsische Schweiz einen Tag, Prag nach Wien." (Am 1. September an Swoboda.) „Ich komme eben aus dem Institut für ‚experimentelle' Psychologie, der hohen Schule des modernen Psychologen." (Am 5. September an Gerber.)

Nach seiner Rückkehr verfällt Weininger in tiefe Depression, woran sich alle seine Bekannten und vor allem sein Vater und Artur Gerber erinnern. Dann macht er sich erneut an die Arbeit und verfaßt zwischen Herbst 1902 und Frühling 1903 die dritte Version seines Buches. Im Grunde begnügt er sich bei jedem Arbeitsabschnitt damit, neue Kapitel einzufügen, ohne die vorangegangenen Teile spürbar zu verändern. Er verbessert bloß die Überleitungen und streicht die allzu deutlichen Widersprüche. In dieser dritten Arbeitsphase verzichtet Weininger auf die strenge, an den Kantschen Kritizismus angelehnte Vorgangsweise. Er führt ein metaphysisches System ein, das eine von Religiosität und Wagnerscher Neuromantik gefärbte „Weltanschauung" bietet.

Am 18. Oktober 1902 schlägt er Gerber ein Treffen vor, um über das Thema „Einteilung der Frauen in Mütter und Prostituierte" zu diskutieren. Dies ist ein wertvoller chronologischer Hinweis, denn der eigentlich dritte, wenn auch im Buch nicht als solcher bezeichnete Teil von „Geschlecht und Charakter" beginnt mit dem Kapitel X „Mutterschaft und Prostitution". Zwischen Oktober 1902 und Mai 1903 schreibt Weininger die Kapitel XI bis XIV: „Erotik und Ästhetik", „Das Wesen des Weibes und sein Sinn im Universum", „Das Judentum" und „Das Weib und die Menschheit". Hermann Swoboda, der die Entwicklung seines Freundes mißbilligte, kommentiert dessen letzte Periode folgendermaßen: „Einmal äußerte er auch den scherzhaften Plan, ein ‚Juxopus' zu schreiben über die Entstehung der Sprache aus dem Schimpfen. (...) Mit der Vorliebe fürs Diabolische hängt auch eine besondere Art des Unsterblichkeitsbedürfnisses zusammen.

(...) Die Jugend hat wenig Sinn für die namenlose Unsterblichkeit des Guten, sehr viel für die herostratische Unsterblichkeit." (9)

Am 30. März 1903 kündigt Weininger Gerber an: „Der Braumüller druckt mein Buch! Es wird wohl spätestens Ende Mai fertig sein. Willst Du Freitag mit mir zur Duse als Hedda Gabler gehen? Wenn ja, so will ich zwei Sitze besorgen. Auch ich habe einen Monat Tag und Nacht zu tun." Am 23. April schreibt er: „Übrigens habe ich noch fürchterlich zu tun, schwimme in einem Meer von ersten, zweiten, dritten Korrekturen und schreibe gar nicht mehr mit Blut, nur mehr mit roter Tinte (eine Antithese Nietzsches)." Bis zum letzten Moment arbeitet Weininger an Umformulierungen und Abänderungen. Stefan Zweig begegnet ihm in der Universitätsbibliothek:

> Eines Nachmittags nun kam ich in den kleinen Lesesaal der Universität, bestellte mir ein Buch und setzte mich an den einzig freien Platz. Neben mir rückte jemand höflich zur Seite, ich sah unwillkürlich hin: Weininger! Vor ihm lag ein Stoß Korrekturen – die Fahnen zu „Geschlecht und Charakter", wie ich später feststellen konnte. Unsere Ärmel streiften sich einander; wenn wir aufschauten, merkte ich, daß wir einander beobachteten und daß dies Nebeneinandersein und Sichkennen und Sichnichtkennen jeden von uns irritierte. Ein selbstverständliches kollegiales Wort hätte diese Spannung sofort gelöst ... So saßen wir gewaltsam fremd nebeneinander: Ich sah seine zarte, merkwürdig weibische Hand Korrekturen einzeichnen, aber bald stand er auf und – grüßte zu meiner eigenen Überraschung. (10)

„Geschlecht und Charakter" ist das Ergebnis zäher, verbissener Arbeit, die Otto Weiningers Kräfte aufzehrt. Das Erscheinen des Buches im Juni 1903 ist kein richtiges „Ereignis". Die Nachricht vom Selbstmord des jungen „Genies" am 4. Oktober erregt weitaus größeres Aufsehen und macht das Buch berühmt. Weininger hat eine Selbstanzeige seines Buches in der Zeitschrift „Die Zukunft" veröffentlicht (ein Jahr später zitiert Ferdinand Probst daraus, um ein Beispiel für den paranoiden Hochmut des Autors zu geben):

> Ich glaube in diesem Buch das psychologische Problem des Geschlechtsgegensatzes gelöst und eine abschließende Antwort

auf die sogenannte Frauenfrage gegeben zu haben, – freilich nur, sofern sie eine Frage des verschiedenen seelischen Lebens und nicht eine Frage der sozialen und wirtschaftlichen Gestaltung ist. Es handelt sich also darin nicht um eins unter den gesellschaftlichen Massenphänomenen, sondern um das Einzelindividuum und die möglichen Formen und Zwecke seines Daseins. Zu diesem Ziel ist der Weg steiler als zu dem anderen, niedriger gelegenen, historisch-politischen; er führt durch beinahe alle psychologischen und philosophischen Probleme der Welt und des Menschen. (...) Unter die Antifeministen eingereiht zu werden, scheue ich nicht; denn ich habe dem weiblichen Einfluß im heutigen Kultur- und Geistesleben überall nachzuforschen und ihn zu bekämpfen gesucht. Aber mir liegt daran, hier ausdrücklich zu betonen, daß ich trotz der Statuierung der größtmöglichen Ungleichheit, die im Bereich des Denkbaren überhaupt zu erreichen ist, dennoch vom ethischen Standpunkt nur die völlige Gleichstellung für gerechtfertigt halte. (11)

Karl Kraus schweigt vorerst. „Die Fackel" spricht von Weininger erst am 17. Oktober 1903 (Nr. 144), indem sie unter anderem das Lob August Strindbergs abdruckt. Die einzige Erwähnung vor diesem Datum befindet sich in der Rubrik „Erhaltene Bücher" vom 3. Juli 1903 (Nr. 142), allerdings ohne Kommentar. In der Nummer 169 vom 23. November 1904 schreibt dann Karl Kraus: „So habe ich, als ich das Werk am Tage nach seinem Erscheinen las, dem mir damals persönlich unbekannten Verfasser zugerufen, ‚ein Frauenverehrer stimme den Argumenten seiner Frauenverachtung begeistert zu'."

Im Jahr 1906 versendet der Verlag Braumüller eine 48seitige Werbebroschüre, in der das Werk Weiningers dargestellt wird. Die zahlreichen Zeitungsartikel, die hier abgedruckt sind, stammen alle aus der Zeit nach dem Tod Weiningers, der jedoch zu Lebzeiten zumindest vier lobende Besprechungen lesen konnte. Am 14. Juni 1903 im „Neuen Wiener Tagblatt": „Das dickleibige Buch kann von zweierlei Leuten mit Interesse gelesen werden. Von jenen, die wie Mephisto in der Schülerszene das Verhältnis zwischen Mann und Weib ‚nur aus einem Punkte' zu studieren lieben, und den anderen, die, wenn sie ernste Bücher lesen, genug ‚entmaterialisiert' sind, um sich in einem großen Stoffe ohne alle physischen Reflexionsempfindungen zu versenken. Und in der Tat, eine große, philosophische, naturhistorische, kulturgeschichtliche Frage ist es, die hier ein gelehrter und geistvoller Autor von allen Gesichtspunkten aus erörtert. (...) Was aber will der Autor? Die Befreiung der Frau von sich selbst, ihren Gefühlen, ihrer Naturbestimmung? Das wäre eine seltsame Theorie à la Tolstoi... Der Alte von Jasnaja Poljana spukt sehr bedenklich in der deutschen Literatur und nistet sich nun auch in der Wissenschaft ein!" Der Vergleich mit Tolstoi ist übrigens nicht willkürlich; Weininger zitiert ihn in seinen Anmerkungen zur sexuellen Frage. Die Zeitschrift „Westen und Daheim" enthält am 2. August 1903 eine äußerst lobende Besprechung: „Das Buch (...) ist so gewaltig, daß man gebannt und bewundernd aufschaut zu der Höhe der Gedanken und des sittlichen Mutes, die sich darin vor dem erstaunten Blick des Lesers auftürmt ... Das Buch sollte von jedem denkenden Menschen gelesen werden; zu beklagen ist nur, daß es, seines enormen Aufwandes von allumfassender Gelehrsamkeit und gelehrter Ausdrücke wegen, auf einen sehr engen Kreis beschränkt bleiben wird, wovon namentlich die größere Mehrzahl der Frauen ausgeschlossen ist, was in deren Interesse ganz besonders zu bedauern ist." Der Autor der Besprechung hat den Sinn von Weiningers Polemik sehr wohl begriffen. „Selbstverständlich ist auf die sogenannte ‚Frauenfrage', großes Gewicht gelegt, aber an ihrem Ende kehrt sich die Untersuchung gegen den Mann."

Andere Kritiken gehen oberflächlicher auf „Geschlecht und Charakter" ein. „Herr Dr. Otto Weininger hat in seinem Werk auf 600 Seiten über das Weib und damit selbstverständlich über das ganze Menschengeschlecht den Stab gebrochen", liest man im „Deutschen Volksblatt", „und seine Begründungen sind im einzelnen durchaus nicht samt und sonders zu verwerfen. Im Gegenteil muß man ihm in vielem, sogar in sehr vielem beipflichten. Trotzdem die Rose Dornen hat, erfreuen wir uns an ihrem Anblick und Duft, nennen sie die Königin der Blumen, und trotzdem das Weib seine besonderen Eigenheiten hat, die ihm nicht zur Zierde angerechnet werden können, dürfen wir nicht so weit gehen wie Herr Dr. Weininger."

„Die Wage" veröffentlicht am 29. August einen pathetischen

Artikel: „Habent sua fata libelli. Wie die wenigsten Menschen so haben auch die wenigsten Bücher ein Schicksal. Dieses Buch aber wird ein Schicksal haben und verdient es. Erst wird man es totschweigen, dann wird man es vernichten. Wenn mich nicht alles trügt, wird es sehr, sehr oft vernichtet werden ... Der Verfasser ist ein glänzender Stilist; auf jeder Seite finde ich Aphorismen, in denen die Form sich dem Gedanken wie ein Silberschleier anschmiegt. In den Abgrund läßt er sich, sorglich angeseilt, hinab, denn auch die tiefsten Schachte will er durchforschen. Er denkt seine Gedanken bis zu den äußersten Konsequenzen. Wir empören uns gegen diese Konsequenzen, aber wir bewundern die Unerbittlichkeit des Denkers."

Aus diesen wenigen Stellungnahmen geht hervor, daß „Geschlecht und Charakter" kein „verfemtes Buch" war und auch nicht das Opfer einer Verschwörung der ehrbaren Leute, wie dies Karl Kraus glauben machen wollte. Es fehlte allerdings nicht an gemäßigten Besprechungen. Ein Beispiel dafür war die von J.V. Widmann in der „Neuen Freien Presse" vom 18. August, gegen die Karl Kraus polemisierte. Doch Widmann urteilte in einer Reihe von Artikeln, die zwischen dem 11. und dem 17. September im „Berner Bund" erschienen, durchaus positiv. Das Ränkespiel der Pharisäer, über das sich Karl Kraus entrüstete, erstaunt uns heute weit weniger als die Tatsache, daß „Geschlecht und Charakter" von den Zeitgenossen sehr ernst genommen, von den Gegnern im Detail kritisiert und von vielen Rezensenten mit Lob überhäuft wurde.

Das Verlagshaus Braumüller galt damals, im Jahr 1903, und auch später als einer der seriösesten Wiener Verlage und war somit eine Art Garantie für das Buch. In einem Katalog des Verlags aus dem Jahr 1923 findet man neben Weininger (25. Auflage!) so bekannte Autoren wie Wilhelm Jerusalem, Lévy-Bruhl, Robert Reininger, Adolf Stöhr usw. Otto Weininger hält also Wort und begnügt sich keineswegs mit einem „Winkelverlag".

Dennoch ist er enttäuscht. Er unternimmt eine Italienreise. Seine Briefe an Gerber zeugen von den Zweifeln, die ihn quälen. „Ich bitte Dich, schreibe mir recht bald! Über ‚Geschlecht und Charakter'; und sag' mir vor allem Deine wahre Meinung über den Wert des Ganzen; ich wäre Dir um so dankbarer, je früher es käme. Mir liegt sehr viel daran ...". (Am 10. August 1903 aus Syrakus.) Und am 22. August aus Reggio in Kalabrien: „Dagegen könntest Du mir endlich eine ausführliche Kritik von ‚Geschlecht und Charakter' schicken. In der letzten Zeit sind einige derart niedrige veröffentlicht worden, die mir der Braumüller zuschickte, daß ich darnach etwas Bedürfnis habe." Weininger leidet vor allem unter den Angriffen von P. J. Moebius, dem Autor von „Über den physiologischen Schwachsinn des Weibes" (1900).

Vor seiner Abreise nach Italien wirkt er „unglücklich, tief bedrückt" (Emil Lucka). Er hat zuvor sechs Wochen in Brunn im Wienerwald verbracht, wo sein Vater ein Sommerhaus für die ganze Familie gemietet hatte. Am 23. Juli 1903 kommt er in Rom an. Am 3. August schreibt er aus Sizilien an Gerber: „In Rom hörte ich den ‚Trovatore' und bin mehr als je der Meinung, daß Verdi ein Genie gewesen ist. (...) Syrakus ist die eigentümlichste Gegend der Welt. Hier kann ich nur geboren werden oder sterben – leben nicht. Auf dem Aetna hat mir am meisten die imposante Schamlosigkeit des Kraters zu denken gegeben, erinnert mich an den Hintern des Mandrill." Am 28. schreibt er aus Reggio auf italienisch, was in deutscher Übersetzung so lautet: „Glaube mir: Wenn ein Mann wie Du oder ich nicht produktiv ist, darf man nicht auf den Augenblick warten, wo es wieder kommt, sondern muß den Grund suchen; es gibt immer eine Schuld." (12) Die letzten Reiseaufzeichnungen Weiningers wurden von Moriz Rappaport in „Über die letzten Dinge" (13) und von Artur Gerber in „Otto Weininger, Taschenbuch und Briefe an einen Freund" veröffentlicht. André Spire beschreibt aufgrund der Texte den Seelenzustand Weiningers im Sommer 1903: „Eine Fantasmagorie intellektueller Symbole, in der alle Wesen, denen er begegnet, zu den Schauspielern des theologischen Dramas werden, das in ihm stattfindet." (14)

Ähnlich „spekulierend" hat Jean Améry die seelische Verfassung Weiningers in den letzten Wochen dargestellt:

> (...) man vergegenwärtige sich nun den 23jährigen Otto Weininger, der vor sich hinstarrt und in dessen zum Tode erregten Hirn sich immer nur das *Weib* spiegelt, das er verachtet, ohne seines Begehrens nach ihm Meister werden zu können; der stets nur den *Juden* sieht, das schimpflichste, niedrigste aller

> Geschöpfe, den Juden, der er selber ist. Vielleicht war es ihm, als befände er sich in einem schmalen Raum, dessen Wände immer enger zusammenrücken. Dabei wurde sein Kopf größer, wie ein Ballon, den man aufbläst, und zugleich dünner. Der Kopf schlägt an alle vier einander unerbittlich sich nähernden Mauern. Jede Berührung schmerzt und hallt wider, wie der Schlag auf eine Kesselpauke. Am Ende trommelt der nach allen Richtungen rennende Weininger-Schädel einen rasenden Wirbel – bis er. Bis er zerspringt oder „durch die Wand fährt", sagen jene, die außerhalb des Raumes stehen und ihn beobachten. (...) Weininger wußte nichts von einem „suizidären Verhalten". Er sah und hörte, (...) mit aller Kraft eines sich zusammennehmenden Herzens, nur ohne Unterbrechung: Weib, Jude, Ich, weg mit allem. (15)

Nach seiner Rückkehr aus Italien verbringt Otto Weininger die fünf Tage bis zum 3. Oktober bei seinen Eltern. „In diesen fünf Tagen", berichtet der Vater, „war seine Stimmung eine außerordentlich gedrückte, aber nicht sehr abweichend von der vor elf Monaten an ihm beobachteten." (16) Sein Sohn mietet ein Zimmer in Beethovens Sterbehaus in der Schwarzspanierstraße 15. Dorthin begibt er sich am Abend des 3. Oktober.

Er schreibt zwei Briefe in dieser Nacht, einen an seinen Vater, einen anderen an seinen Bruder Richard. Am Morgen des 4. Oktober wird er sterbend in seinem Zimmer aufgefunden. Er hat sich eine Kugel ins Herz geschossen. Er stirbt um halb elf Uhr vormittag im Wiener Allgemeinen Krankenhaus in der Alser Straße. Der Totenschein befindet sich in den Archiven der Stadt Wien. Auf ihm wird angegeben, daß Weininger im Alter von 24 Jahren gestorben sei; er war aber erst 23 Jahre und sechs Monate alt.

Otto Weininger wird auf dem evangelischen Friedhof von Matzleinsdorf begraben, wo noch heute sein (von der Stadt Wien gepflegtes) Grab mit der von Leopold Weininger verfaßten Inschrift zu sehen ist (Grab Nr. 126 der Gruppe 14). Karl Kraus, Stefan Zweig und Ludwig Wittgenstein (der damals 14 Jahre alt war) wohnen dem Begräbnis bei (17). Am 17. Oktober legt Karl Kraus den von August Strindberg gesandten Kranz auf dem Grab nieder.

Der Vater Otto Weiningers läßt eine ungewöhnliche Todesan-

PHOTOGRAPHIE DES TOTEN OTTO WEININGER

zeige in der „Neuen Freien Presse" vom 6. Oktober erscheinen: „Unser armer Sohn Otto Weininger, Doktor der Philosophie, hat sein Leben gestern morgens freiwillig beendet. Seinen Freunden die Anzeige, daß die Bestattung Dienstag um 1/2 5 Uhr nachmittags auf dem Matzleinsdorfer evangelischen Friedhofe erfolgt. Wien, 5. Oktober 1903. Die Eltern." Auch die Grabinschrift von der Hand des Vaters ist nicht in den üblichen Floskeln gehalten: „Dieser Stein schließt die Ruhestätte eines Jünglings, dessen Geist hiernieden nimmer Ruhe fand. Und als er die Offenbarungen desselben und die seiner Seele kundgegeben hatte, litt es ihn nicht mehr unter den Lebenden. Er suchte den Todesbezirk eines Allergrößten im Wiener Schwarzspanierhause und vernichtete dort seine Leiblichkeit."

Otto Weininger hinterläßt zwei Testamente, deren Abschriften zum umfangreichen Akt der Hinterlassenschaft gehört.

Testament vom 13. Februar 1903

Schuldig bin ich: Leo Herscheles, VIII. Ledererg. 31, 25 - 30 Fl. – Buchhandlung Schönfeld nach den Rechnungen. er nimmt vielleicht die gelieferten unbezalten Bücher selbst gegen Aufzalung zurück.

Zu bezahlen von den sich findenen Gelde (den 6 boite aux cartes de visite) und den zu verkaufenden Büchern, von diesen (schätze sie auf 1000 Fl. – neu) ist jedoch nur soviel zu verkaufen, daß es die Kosten der Bestattung etc. deckt, soweit dies nicht vom Studentenkrankenheim getragen werden, die möglichst einfach zu halten ist.

Und 3 Stipendienraten 137 Fl. was übrig bleibt gehört meinem Leopold Weininger."

(Es folgt eine Liste der zwischen Artur Gerber, Hermann Swoboda, Richard Weininger und Oskar Friedländer alias Ewald aufzuteilenden Bücher.)

Zweites Testament, aufgesetzt zu Villa San Giovanni, Kalabrien, 21. August 1903

(Nach einer Aufzählung der Geldschulden, insgesamt etwa 80 Gulden, und der Personen, unter denen die Bücher seiner persönlichen Bibliothek aufzuteilen sind:)

MATZLEINSDORFER FRIEDHOF
GRUPPE 14, GRAB NR. 126

„Die philosophische religiöse Literatur Herrn Moriz Rappaport auch die Werke Nietzsche, Kantens etc. und meine Manuscripte (dieselben sind in seiner Verwahrung).

... die übrig gebliebenen Exemplare von Geschlecht und Character sind an Kurt Hamson, Maxim Gorki, Echegaray, Jacob Wassermann, Arne Gasborg, Paul Deussen, (Universitätsprofessor in Kiel), Dr. Richard Kralik (Wien), Rudolf Teltscher (Wien? oder Reichenberg) zu schicken.

... meine übrige bewegliche Habe fällt an Herrn Richard Weininger (so Wäsche, Stöcke) und die zwei Säbel an Herrn Arthur Gerber.

... dem letzteren und meinem Vater sage ich an dieser Stelle Lebewohl. (18)

Die Zeitungen kommentieren den Selbstmord ausführlicher als das wenige Monate zuvor erschienene Buch. Nun wächst auch das Interesse an „Geschlecht und Charakter". Eine zweite, vom Vater besorgte und korrigierte Auflage erscheint im November 1903, eine dritte im Jänner 1904. Eine vierte im September 1904, die fünfte im Oktober 1904, die sechste im Dezember 1904 ... Legende und Skandal machen das Buch in Österreich und Deutschland zu einem der Bestseller der ersten Jahre des 20. Jahrhunderts. Ende 1903/Anfang 1904 erscheint „Über die letzten Dinge".

De mortuis nihil nisi bene ... Nach dem Selbstmord Weiningers schlagen die Kritiker von „Geschlecht und Charakter" einen anderen Ton an. Die „Wiener Allgemeine Zeitung" druckt am 8. Oktober ein äußerst beredtes, an Karl Kraus erinnerndes Lob: „Vor einigen Tagen hat sich hier in Wien ein junger Mann, namens Otto Weininger, Doktor der Philosophie, durch einen Revolverschuß getötet. Die Öffentlichkeit tat das Ereignis mit ein paar Zeilen in den Zeitungen ab; geistige Zerrüttung infolge angestrengten Studiums, hieß es, habe den Vierundzwanzigjährigen zum Selbstmord getrieben. Nebenher sprach man etwas von einem Buche, das der Verstorbene verfaßt habe und von einem anderen Werke, das er zurücklasse. Daß mit Otto Weininger die Welt einen originellen und kühnen Denker verliere (...), davon war nirgends die Rede. (...) Erst, wenn man dieses dicke Buch, das allgemein das lebhafteste Interesse erregt hat, durchliest, wird man das tragische Ende des jungen Philosophen verstehen und wird man sich sagen müssen, daß dieses Leben gar nicht anders als mit einer Katastrophe habe schließen können. Doktor Weininger ist nicht an geistiger Zerrüttung zugrunde gegangen. Er hat von dem verschleierten Bilde zu Sais die letzte Hülle hinwegezogen, und der Anblick, der ihm ward, hat ihn darniedergeworfen und getötet."

„Die Fackel" veröffentlicht am 17. Oktober den Nachruf August Strindbergs:

Idolatrie, Gynolatrie.

(Ein Nachruf von **August Strindberg.**)

(**Nachdruck erwünscht.**)

Es ist doch seltsam, daß das Dasein eines Faktums Gegenstand für sogenannte Ansichten werden kann. So ist die Stellung des Weibes in der Entwicklungskette zwischen Kind und Mann geleugnet worden auf Grund von Ansichten. Daß das Kind ein unentwickelter Mensch ist, wird wohl unabhängig von Neigung und Geschmack sein, trotzdem es Wunderkinder gibt; ebenso unabhängig von Ansichten ist wohl das Faktum, daß das Weib ein rudimentärer Mann ist, trotzdem es Ausnahmen gibt.

Die einzige Tatsache, daß der Mann die ganze Kultur geschaffen hat, die geistige wie die materielle, zeigt ja seine Stellung als der Überlegene, und diese Stellung kann ihm nur von Schwachsinnigen geraubt werden, die an Rosa Bonheur's mittelmäßige Bilder, George Sand's Emanzipationsromane und Bertha von Suttner's Usurpierung der Friedenssache, die sie nicht entdeckt hat, appellieren.

Es ist doch seltsam, daß diese einfache Wahrheit entdeckt werden mußte, obgleich sie immer bekannt gewesen ist. Es kommt einem vor, als ob das Aussprechen des Geheimnisses mit einer gewissen Gefahr verbunden gewesen wäre, als ob die Möglichkeit eines erotischen Verhältnisses auf dem Verschweigen des Geheimnisses begründet gewesen wäre. Damit ein Mann sich einem Weibe nähern darf, muß er es »anbeten«; dieses Anbeten fußt auf der lieblichen Täuschung, die den erotischen oder den göttlichen Wahnsinn begleitet, von dem Sokrates so schön im Gastmahl spricht. Die Unterwerfung ist der Liebeslohn, den der Mann erlegt; er glaubt selbst, daß es gute Münze ist, muß aber bald sehen, daß sie nicht eingelöst werden kann, und er steht wie ein leichtgläubiger Betrüger vor der betrogenen Göttin da.

Dieser Anbeterberuf soll dem abendländischen Manne eigentümlich sein, und existiert nicht im Morgenlande. Der Talmud spricht den Fluch über den Mann aus, der seinen Willen einem Weibe gibt, aber es ist just der männliche Wille, will sagen die psychische Kraft, die das Weib vom Manne begehrt. Darum hat es den Anschein, als wolle das liebende Weib den Mann hinabziehen, ihn erniedrigen, vor allem ihn beherrschen, obwohl sie nur den Lebensfunken zu einem künftigen Nachkommen sucht. Die Liebe des Weibes soll nach der letzten Analyse 50% Brunst und 50% Haß enthalten. Das klingt ja wunderlich, aber es ist so. Unabhängig von Neigung und Geschmack, Ansichten und dergleichen, findet man, wenn das Weib einen Mann liebt, so haßt sie ihn; haßt ihn, weil sie sich an ihn gebunden und sich ihm unterlegen fühlt. Es ist kein konstanter Strom in ihrer Liebe, sondern eine ewige Umpolarisierung und ein ewiger Stromwechsel, und darin zeigt sich das Negative, Passive in ihrem Wesen, im Gegensatz zu dem Positiven, Aktiven des Mannes.

Es war, in wenig Worten, dieses bekannte Geheimnis, das Otto Weininger auszusprechen wagte; es war diese Entdeckung des Wesens und der Natur des Weibes, die er in seinem männlichen Buche über »Geschlecht und Charakter« mitteilte, und die ihm das Leben kostete.

Ich lasse einen Kranz auf sein Grab legen, weil ich sein Gedächtnis ehre als das eines tapferen männlichen Denkers.

August Strindberg.

Stockholm, den 12. Oktober 1903.

Am 25. Oktober 1903 bringt das „Neue Wiener Journal" eine Klarstellung Professor Friedrich Jodls:

Eine außerordentliche Leistung schon vom Standpunkte gelehrten Wissens war die Dissertation, mit welcher Weininger als vierundzwanzigjähriger Mann das philosophische Doctorat an der Wiener Universität erwarb, und die er, nachdem er dem Stoffe ein neues Jahr angestrengter Arbeit gewidmet hatte, im vergangenen Sommer als Buch (...) herausgab. In diesem Jahre ist der größte Theil des zweiten, deductiven Abschnittes entstanden, welcher vorzugsweise Anstoß gegeben hat, und auf dessen Ausarbeitung den Lehrern Weininger's keinerlei directer Einfluß zustand. Ich weiß wohl, daß es in manchen Kreisen ein gewisses Befremden erregt hat, in der Vorrede eines Buches, welches vielleicht die schärfste, abschätzigste Beurtheilung des weiblichen Geschlechts enthält, die theoretisch überhaupt jemals formulirt worden ist, meinen Namen und den eines verehrten Collegen als Förderer des Verfassers erwähnt zu finden. Es stünde, glaub' ich, schlimm um die berufsmäßigen Vertreter der Philosophie an unserer Universität, wenn ein Buch von solcher Bedeutung von einem Schüler der Wiener Universität in die Welt geschickt werden könnte, ohne daß der Verfasser der fördernden Theilnahme seiner Lehrer zu gedenken brauchte. Daß diese bei einem jungen Manne von so früh entwickelter geistiger Selbstständigkeit nur eine indirecte sein konnte, und am allerwenigsten Ansichten, die mit solchem Aufwande eigener Kraft erarbeitet worden sind, einfach umzumodeln imstande war, wird Niemand verwundern, der eine Ahnung vom Wesen akademischen Unterrichtes und akademischer Freiheit hat. Ich gestehe gern, daß mich das fertige Buch in vielen seiner Behauptungen erschreckt, ja abgestoßen hat, daß es mich aber auch in Gedanken viel beschäftigt hat und noch oft beschäftigen wird. Aber weil ich voraussehe, daß dies Buch aus der Discussion über die Psychologie der Geschlechter und damit zusammenhängenden Fragen nicht wieder verschwinden wird; weil ich ferner voraussehe, daß es zu der Rolle des Prügelknaben bestimmt ist, auf den man öffentlich losschlägt, während man ihn heimlich für sich arbeiten läßt, so habe ich die Einladung der geehrten Redaction (...) gerne benützt, um einem

Todten Gerechtigkeit widerfahren zu lassen und sein Werk (...) wenigstens vor den schlimmsten Mißdeutungen zu schützen.

Nach einer langen und subtilen Analyse von „Geschlecht und Charakter" schließt Jodl:

> Was bei einem poetisch veranlagten Menschen ein Drama oder eine Novelle geworden wäre, wird hier zu einer psychologischen Construction, welche das Leben der Gattung im Lichte der inneren Erlebnisse des Autors erblickt. Auch wenn sie, wie ich überzeugt bin, von der Wissenschaft wird revidirt werden müssen, bleibt ihr Werth bestehen: die lebenweckende, lichtbringende Kraft großer, aber energisch durchdachter Paradoxien lehrt die Geschichte der menschlichen Erkenntniß auf jedem Blatte.

Der makabre Werbefeldzug um den Selbstmord macht den Namen Weininger bekannt. Der Verlag Braumüller liefert den Bestseller in die deutschsprachigen Länder aus und begleitet ihn mit zahlreichen kommentierenden und ergänzenden Unterlagen. Friedrich Jodl bringt die Bürgschaft der Universität und Karl Kraus diejenige der „Fackel" ein, der Wiener Zeitschrift mit dem größten intellektuellen Prestige. Unzählige Artikel in Zeitungen und Zeitschriften bestärken den Ruf eines Buches, das als gelehrt und skandalös zugleich gilt.

Otto Weininger hat in „Geschlecht und Charakter" in verschlüsselter Form die „Erklärung" seines Selbstmordes hinterlegt, der durch eine gelungene Inszenierung zu einer literarischen und philosophischen Geste wurde. Der Tod des Autors erscheint nun als die logische Konsequenz des Buches: Weininger wird zu einer legendären Gestalt mit ungeheurem Ansehen. Sein geglückter Selbstmord, begeistert sich Georg Klaren, „war ethische Großtat, (...) die wahre Genialitätsgeburt" (19). Otto Weininger wird zu einer dieser außergewöhnlichen, von den Romanciers geschaffenen Figuren, von denen es gewöhnlich heißt, sie existierten nicht in der Wirklichkeit. „(...) das Kardinalproblem unserer Generation ist Dostojewskij-Kiriloffs Frage: Wie kann ich leben ohne Selbstmord? – und ich bemesse die Tiefe jedes Menschen darnach, wie er sich mit ihr abfindet." (20)

Weininger litt periodisch an Anfällen von Depression, die in seinen Schriften durch zwei Themen zum Ausdruck kommen:

den Selbsthaß und die Spaltung der Persönlichkeit. Er hat die romantische Vorstellung vom nächtlichen und unheilvollen Doppelgänger jedes Bewußtseins aufgegriffen, ein Phänomen, mit dem sich die Psychologie am Ende des 19. Jahrhunderts in ihren Forschungen über Hypnose, Hysterie usw. ausgiebig beschäftigte. Für Weininger war das Thema des Doppelgängers sogar das grundlegende Problem jeder Psychologie. „(...) die Tiere erschrecken nie, wenn sie sich im Spiegel sehen, aber kein Mensch vermöchte sein Leben in einem Spiegelzimmer zu verbringen. Oder ist auch diese Furcht, die Furcht vor dem D o p p e l g ä n g e r (von der bezeichnenderweise das Weib frei ist) ‚biologisch', ‚darwinistisch' abzuleiten? Man braucht das Wort Doppelgänger nur zu nennen, um in den meisten Männern heftiges Herzklopfen hervorzurufen." (21) Im „Taschenbuch" fügt Weininger hinzu: „Der Doppelgänger ist das Ensemble aller bösen Eigenschaften des Ich. Alle besondere Furcht ist nur ein Teil von dieser Furcht, der Furcht vor dem Doppelgänger." (22) In Augenblicken der Verzweiflung identifiziert sich Weininger mit seinem Doppelgänger, mit diesem verbrecherischen Gespenst, das im Bereich des gespaltenen Ich von innen attackiert; durch den Selbstmord bringt er es zum Schweigen. Diesen inneren Verfall der Persönlichkeit bezeichnet er als „Selbsthaß".

Theodor Lessing hat das Motiv in seinem 1930 erschienenen Buch „Der jüdische Selbsthaß" aufgegriffen. Bei Weininger ist der Selbsthaß jedoch ein allgemeines Prinzip. In seinem Essay über Ibsen, der in „Über die letzten Dinge" erschien, nennt er zwei Grundhaltungen des Menschen: das Philautische und das Misautische. Der misautische Mensch steht moralisch höher: Er beurteilt alles nach ethischen Kriterien, lehnt die Sexualität ab und haßt die Frauen, ist jedoch zum Unglücklichsein verurteilt.

Die Angst vor dem bedrohlichen, todverkündenden Doppelgänger findet sich bei vielen neuromantischen Wiener Zeitgenossen. Ich-Spaltung und Depersonalisation, an denen das Machsche „unrettbare Ich" leidet, gehen, so läßt sich etwa am Werk Hofmannsthals zeigen, mit einem antithetischen Stil Hand in Hand (23). Bei Weininger polarisiert der Dualismus Mann—Weib die höchste Antithese. Die meisten Elemente der psychoanalytischen Diagnose Otto Ranks (in seinem Aufsatz „Der Doppelgänger") treffen auf

Weininger haargenau zu: „Neben Furcht und Haß dem Doppelgänger gegenüber erscheint die narzißtische Verliebtheit in das eigene Ebenbild und Ich am deutlichsten ausgeprägt bei Oskar Wildes Dorian Gray. (...) Dorian, der direkt als Narziß bezeichnet wird, liebt sein eigenes Bild und in diesem seinen eigenen Körper. (...) Mit dieser Einstellung hängt sein imposanter Egoismus, seine Unfähigkeit zur Liebe und sein abnormales Sexualleben zusammen. Die intimen Freundschaften mit jungen Männern suchen die erotische Verliebtheit in das eigene jugendliche Ebenbild zu realisieren, und den Frauen vermag er nur die gröbsten sinnlichen Genüsse abzugewinnen, ohne einer seelischen Beziehung fähig zu sein." (24)

Emile Durkheim kommt 1897 in seinem Buch „Der Selbstmord" zu dem Ergebnis, die moralische Verfassung einer Gesellschaft bestimme für jeden Augenblick die Anzahl der Freitode. Der tschechische Politiker und Philosoph Thomas G. Masarýk notiert 1881 in „Der Selbstmord als sociale Massenerscheinung der modernen Civilisation": „Wir sind lebensmüde, wir haben keine rechte Lebensfreudigkeit: zu den massenhaften Selbstmorden singen unsere Dichter die Todtenklagen, die Grabrede hält der Frankfurter Weise." (25)

„Als die Ursache des Selbstmordes sieht der Vater vor allem falschen Stolz an; Weininger habe nach Wiener Kaffeehausmanier Selbstmordgedanken geäußert, von seinen Freunden Abschied genommen und dann den lediglich unüberlegten, mehr renommistischen, induzierten Äußerungen die That folgen lassen, weil er sich geschämt habe, sich wieder den Freunden zu zeigen (...)", schreibt Probst, der von München aus Otto Weininger für ein typisches Produkt des Wien der Jahrhundertwende hält, für ihn eine Hochburg der Dekadenz (26). Stellt der Selbstmord Otto Weiningers eine für die Wiener Intellektuellen der Jahrhundertwende bezeichnende Tat dar? Die Autoren von „Wittgensteins Wien" neigen zu dieser Ansicht:

„Tatsächlich ist die Liste von bekannten Österreichern, die sich damals das Leben nahmen, ungewöhnlich lang und bemerkenswert. Sie enthält etwa Ludwig Boltzmann, den Vater der statistischen Thermodynamik; Otto Mahler, den Bruder des Komponisten, der selbst musikalisch hochbegabt war; Otto Weininger, dessen Buch *Geschlecht und Charakter* seinem Verfasser nur wenige Monate vor dessen Selbstmord im Sterbehaus Beethovens spektakulären Ruhm verschafft hatte; Eduard van der Nüll, der die Kritik an der von ihm entworfenen Hofoper nicht ertragen konnte; den Maler Richard Gerstl, einen Freund Arnold Schönbergs, der sich nach einer Liebesaffäre mit dessen Frau das Leben nahm; mit größter Wahrscheinlichkeit gehört auch der bedeutende Lyriker Georg Trakl in diese Reihe und jedenfalls zwei, vermutlich drei der älteren Brüder Ludwig Wittgensteins. Ein eher bizarrer Fall ist der des Generals Baron Franz von Uchatius, des Erfinders der 8- und 9-cm-Kanone. Bei der Erprobung seiner gewaltigen 28-cm-Feldhaubitze zerbarst deren Geschützrohr; wenige Tage später fand man Uchatius tot – er hatte sich selbst die Kehle durchgeschnitten. Auch das Kaiserhaus blieb nicht verschont. 1899 (richtig: 1889 – Anm. d. Verf.) nahm sich Kronprinz Rudolf zusammen mit seiner Geliebten, der Baronin Maria Vetsera, unter eher düsteren als romantischen Umständen das Leben." (27)

Kann man vom Bereich der literarischen Fiktion auf soziologische Inhalte schließen? Es steht außer Frage, daß die meisten Wiener Autoren der Jahrhundertwende vom Thema des Selbstmords verfolgt wurden. Ferdinand von Saar, Hofmannsthal, Richard von Schaukal, Richard Beer-Hofmann, Schnitzler usw. stellen Überlegungen über den Tod und über „die Gründe, sich zu töten" in den Mittelpunkt ihrer Werke. Aber die Wiener Kaffeehausliteraten neigen nicht stärker zum Freitod als andere. Nur die Namen Trakl und Weininger können als Beweis des Gegenteils angeführt werden. – Aus einer Statistik aus dem Jahr 1906 geht hervor, daß die Selbstmordrate im Verhältnis zur Gesamtbevölkerung in Wien niedriger war als in Paris oder London (28).

Der grundlegende Irrtum Weiningers in seinem Leben und in seinen Theorien war, daß er Literatur und Wirklichkeit verwechselte. Er sah die Frauen nur als Strindbergsche Gestalten, und er verlieh seinem Selbstmord die Bedeutung einer ästhetischen Geste: „Was ist der Roman anderes als diese Welt, in der die Tat ihre Form findet, in der das letzte Wort ausgesprochen wird, die Menschen den Menschen ausgeliefert sind und jedes Leben zum Antlitz des Schicksals wird?" (29)

In seinen Schriften fällt Weininger offensichtlich widersprüchliche Urteile über den Selbstmord. Er verurteilt bestimmte würdelose Formen des Suizids: „Der letzte, der absolute Beweis der völligen Nichtigkeit des weiblichen Lebens, seines völligen Mangels an höherem Sein, wird uns aus der Art, wie Frauen den Selbstmord vollziehen. Ihr Selbstmord erfolgt nämlich wohl immer mit dem Gedanken an die anderen Menschen, was diese sich denken, wie diese sie bedauern, wie sie sich grämen oder – sich ärgern werden." (30) „Der Selbstmord aus Unfähigkeit, von der Krankheit Genesung zu erlangen, ist genauso fahnenflüchtig und ungläubig wie der Selbstmord feig ist, der begangen wird, um dem Verbrechen zu entgehen." (31) „Der Mensch, der sich straft durch Fleischeskreuzigung und Abtötung des Leibes, will den Sieg ohne Kampf; er räumt den Leib aus dem Wege, weil er zu schwach ist, dessen Triebe zu überwinden. Er ist ebenso feig wie der Selbstmörder, der sich erschösse, weil er am Siege über sich verzweifelte." (32) „Der Selbstmord ist kein Zeichen von Mut, sondern von Feigheit, wenn auch unter den Feigheiten selbst die geringste." (33) „Es kann charakteristisch dafür sein, ob ein Mensch wirklich flach oder ursprünglich tief ist, daß er den Selbstmord für je erlaubt oder stets unerlaubt hält." (34) An anderen Stellen jedoch erscheint der Selbstmord als glanzvolle Tat: „Endlich: Wer sich tötet, der tötet gleichzeitig die ganze Welt (...)" (35). „Ein Mensch, der vor dem irdischen Tode gar keine Furcht mehr hätte, würde in eben diesem Augenblicke sterben; denn er hätte nur mehr den reinen Willen zum ewigen Leben (...)" (36).

Da jeder fühlte, was Eduard Spranger in seiner „Psychologie des Jugendalters" (1924) auf den Begriff brachte, als er von der „typischen Bedeutung" der Botschaft Weiningers sprach, sahen viele in Otto Weininger den Helden, der ihre innere Unruhe und ihre Revolte verkörperte. Parallel dazu kann man Ludwig Wittgensteins Überlegungen zum Selbstmord lesen: „Wenn der Selbstmord erlaubt ist, dann ist alles erlaubt. Wenn etwas nicht erlaubt ist, dann ist der Selbstmord nicht erlaubt. Dies wirft ein Licht auf das Wesen der Ethik. Denn der Selbstmord ist sozusagen die elementare Sünde." (37)

III.
EIN „EXPERIMENTALROMAN"

Der Positivismus (...), dieser Wahn, der den Weg der Vernunft mit dem männlichen Weg gleichsetzt.

Sarah Kofman

Im ersten Teil von „Geschlecht und Charakter" mit all seinen Zusätzen und Nachweisen wird die enorme Menge des seit Darwin gewonnenen empirischen Wissens gesichtet und zusammengefaßt. Eine eingehende Prüfung ergibt jedoch, daß der junge Gelehrte, der in den Büchern findet, was er aus Mangel an Geduld nicht im Labor verifiziert, bestimmte Arbeiten ignoriert, die seinen ungestümen Drang zu vorschnellen Urteilen gedämpft hätten. Und vor allem läßt sich in den Ausführungen dieses ersten Teils, die sich als „objektiv" ausgeben, überall der Dämon Metaphysik ausmachen.

Weininger mißt sich kühn mit den Kapazitäten der zeitgenössischen Psychologie, besonders mit Paul Julius Moebius. Die überraschenden Polemiken, die Moebius und Fließ, der ehemalige Freund Sigmund Freuds, gegen „Geschlecht und Charakter" vom Zaun brachen, beweisen, daß sich Weininger in der wissenschaftlichen Diskussion durchgesetzt hatte. Sein Buch schien geduldiger Widerlegungen würdig, ja Moebius und Fließ fühlten sich sogar plagiiert! Man muß also den „wissenschaftlichen" Diskurs Weiningers ernst nehmen und sich die Frage stellen, ob seine Unvernunft sich nicht aus den Gemeinplätzen seiner Epoche nährt.

Auch heute wendet man sich noch immer voller Hoffnung und Respekt an die Biologie, wenn es gilt, Fragen zu entscheiden, die weder von der Philosophie noch von den Humanwissenschaften definitiv beantworten werden können.

Als Beispiel sei das Buch „Le fait féminin" angeführt, das 1978 einiges Aufsehen erregte. Es handelt sich um die von Evelyne Sullerot herausgegebenen Protokolle eines Kolloquiums am Centre de Royaumont, an dem unter dem Vorsitz von Jacques Monod Wissenschaftler wie André Lwoff und zahlreiche andere anerkannte Fachleute der verschiedensten Disziplinen teilnahmen.

„Die Humanwissenschaften mußten“, verkündet Evelyne Sullerot, „auch wenn sich das ideologische Klima nicht dazu eignete, der Biologie Fragen über die Frau stellen, und die Biologie mußte ihrerseits die sozialen Folgen ihrer Forschungen und Entdeckungen berücksichtigen.“ (1) Das Buch ist ähnlich aufgebaut wie das Weiningers. Während jedoch „Geschlecht und Charakter“ das Werk eines einzigen Autors darstellt, versammelt „Le fait féminin“ Aussagen verschiedener Wissenschaftler. Im ersten Teil des Bandes geht es um den Körper, die Bisexualität, Phylogenese und Ontogenese, das Angeborene und das Erlernte ... Ein Artikel behandelt den „Strukturunterschied zwischen männlichem und weiblichem Gehirn bei der Ratte“. Der Inhalt des zweiten Teils: das Individuum, Transsexualität, Differentialpsychologie der Geschlechter, sexuelle Unterschiede bei der Neurologie der Kognition, Einteilung der psychischen Störungen nach den Geschlechtern. Die Vorgangsweisen und Fragestellungen haben sich also seit Weininger im großen und ganzen nicht geändert.

Im letzten Drittel seines Werkes wird Weininger offen metaphysisch. Unsere Zeit kommt nicht gern in den Verdacht der Metaphysik, daher ist der dritte Teil von „Le fait féminin“ nüchtern mit „Die Gesellschaft“ überschrieben und schließt mit einer großen Darstellung der „Rolle der Frauen in Europa Ende der siebziger Jahre“. Die Schlußfolgerung Evelyne Sullerots lautet aber: „Simone de Beauvoir hat in einem berühmt gewordenen Ausspruch gesagt: Man wird nicht als Frau geboren, man wird es. Am Ende dieses Buches hat sicher jeder Leser begriffen, daß sich diese Formel auch umkehren läßt: Man kommt sehr wohl als Frau auf die Welt, mit einem körperlichen Schicksal, das anders programmiert ist als das der Männer, und *mit allen dadurch* bedingten psychologischen Konsequenzen. Aber man kann dieses Schicksal modifizieren.“ (2)

Claude Alzon rechnete prompt mit „Le fait féminin“ ab: „Die Feministin Evelyne Sullerot unterstützt ein pseudowissenschaftliches Unternehmen der Abwertung der Frau.“ (3) Das Urteil ist hart und zeigt, daß die Biologie im Jahr 1978 genausowenig imstande ist, die Debatte zu entscheiden, wie im Jahr 1903. Die Schlußfolgerung von Evelyne Sullerot, in der sie die Frauen auffordert, „ihre Spezifität auszudrücken“, bleibt ein persönlicher

Standpunkt. Über die weibliche Spezifität wissen die Biologen im Grunde auch heute nicht mehr als die Dichter. Mit einem Wort: Jedes Mal, wenn die Biologie zum Schiedsrichter für kulturelle Streitfragen ernannt wird, stellen ihre Antworten offensichtlich niemanden zufrieden, ja sie geben sogar zu widersprüchlichen Interpretationen Anlaß. Bereits die Argumentation von „Geschlecht und Charakter" zeigt in exemplarischer Weise, daß die Biologie nur allzu leicht das sagt, was man gern von ihr hören möchte. Bei Weininger liefert sie brav ein sexistisches und rassistisches Urteil.

Der Autor von „Geschlecht und Charakter" gibt sich als großer Entdecker, erfüllt von der Gewißheit, daß er die Wissenschaft und ihre möglichen Anwendungen vorantreiben werde. Weininger glaubt beispielsweise, daß sein „Gesetz der menschlichen Bisexualität" in der Medizin für Bluttransfusionen und Organtransplantationen Verwendung finden werde; es sollte auch eine Reform des Erziehungswesens herbeiführen. Die Wissenschaft, die mit alten Vorurteilen aufräume, meint Weininger, bringe die Hinfälligkeit der widernatürlichen Gesetze zum Vorschein. Sie zeige, daß die Unterdrückung der Homosexualität nicht gerechtfertigt sei (4). Sie enthülle den Schwindel der Frauenbewegung und erinnere daran, worin eine echte Befreiung der Frau bestünde.

Um zu seinen theoretischen Schlüssen zu gelangen, bezieht sich Weininger nicht nur auf die Embryologie, die Zelltheorie, die Endokrinologie, die Histologie und die Anatomie, sondern auch auf die Zoologie und die Botanik. Ebenso sucht er in der Sexualpathologie nach Bestätigungen für seine Theorien. Fügt man noch die verschiedenen Spezialgebiete der Psychologie wie Psychophysiologie, Differentialpsychologie und Sexualpsychopathologie hinzu, so wird verständlich, daß Weininger den Anspruch erheben kann, zwei völlig neue Disziplinen zu begründen, nämlich die Charakterologie und die Physiognomik.

Sexualität, Charakter, Liebe: Weininger möchte die Elemente des menschlichen Schicksals auf einem Gebiet wissenschaftlich erforschen, das bisher den Künstlern und Schriftstellern überlassen war (5). Chinesische und griechische Mythen, Aristophanes in Platons Gastmahl und die Sekte der Ophiten hätten das Gesetz der Bisexualität vorausgeahnt; Schopenhauer in seiner „Metaphysik der Sexualität" und Goethe in den „Wahlverwandtschaften" die Gesetze der sexuellen Anziehung bereits vage erfaßt. Weininger möchte nun der „Poesie naturwissenschaftliche Grundlagen" liefern, wie man in Anlehnung an einen Buchtitel des populären positivistischen Literaturkritikers Wilhelm Bölsche („Die naturwissenschaftlichen Grundlagen der Poesie", 1887) formulieren könnte.

Ein Wiener Student, der sich um 1900 mit den Naturwissenschaften vertraut machte, konnte kaum dem Einfluß der herrschenden Lehrmeinung Ernst Machs entkommen, der in Graz und Prag Physik und ab 1895 in Wien Philosophie lehrte. Mach stellte 1898 aus Gesundheitsgründen seinen Unterricht ein, aber Otto Weininger hatte, wie alle anderen Studenten, die Einleitungen zu den „Prinzipien der Wärmelehre", zur „Mechanik" und zur „Analyse der Empfindungen" gelesen. Mach bot eine positive, auf den Lehren seiner wissenschaftlichen Praxis aufbauende Philosophie und überließ es anderen, seine „vernünftigen" Bemerkungen in ein System zu bringen. Der Name Machs ist mit dem des Züricher Philosophen Richard Avenarius (1843 - 1896) verbunden, der für die pragmatische Synthese aus Kant und dem Positivismus den Begriff „Empiriokritizismus" prägte. Mach stimmte mit den Ideen von Avenarius überein, obwohl er sich über den schwierigen Jargon seines Kollegen ironisch äußerte.

Alle seine Bekannten bestätigen, daß Weininger bis Ende 1901 ein Anhänger des Empiriokritizismus war, einer Denkrichtung, die sich an den Methoden der Physik orientierte und jegliches metaphysische Vorurteil eliminieren wollte. Mach zufolge beruht die Tendenz zur Metaphysik auf der Verwechslung von Sprache und Wirklichkeit: „Sobald wir erkannt haben, daß die vermeintlichen Einheiten ‚Körper', ‚Ich' nur Notbehelfe zur vorläufigen Orientierung und für bestimmte praktische Zwecke sind, müssen wir sie bei vielen weitergehenden wissenschaftlichen Untersuchungen als unzureichend und unzutreffend aufgeben." (6) Weininger kritisiert die Begriffe „Mann" und „Weib" auf dieselbe Weise: „Mit der allgemeinsten Klassifikation der meisten Lebewesen, ihrer Kennzeichnung schlechtweg als Männchen oder Weibchen, Mann oder Weib, kommen wir den Tatsachen gegenüber nicht länger aus." (7) Avenarius und Mach zufolge kann der Mensch zu einer unmittelbaren Erkenntnis der Tatsachen gelangen, wenn er sich vor Verallgemeinerungen hütet und zu einer heilsamen empirischen Naivität zurückkehrt, zur „reinen Erfahrung", wie es bei Avenarius heißt. Diese Tatsachen sind in der Empfindung, einer Mischung aus Körper und Geist, enthalten. Der Wissenschaftler muß sich an diese unbestreitbaren Evidenzen halten. Der Anspruch dieser Wissenschaft ist bescheiden und direkt pragmatisch zugleich: Sie ist bestrebt, die Anpassung des Menschen an seine tatsächliche Umwelt zu erleichtern. Sie hilft ihm im „Lebenskampf"; Mach spricht sogar von der Anwendung darwinistischer Vorstellungen auf die Wissenschaft.

Im ersten Teil von „Geschlecht und Charakter" gründet Weininger seine Psychologie auf die monistische Philosophie von Mach und Avenarius, in der Psychologie mit Psychophysik gleichbedeutend ist. Der Monismus erscheint Mach als die vernünftigste Definition der Beziehung zwischen Seele und Körper: „Auf diesem Wege finden wir also nicht die vorher bezeichnete Kluft zwischen Körpern und Empfindungen, zwischen außen und innen, zwischen der materiellen und der geistigen Welt. (...) Ich sehe daher keinen Gegensatz von Physischem und Psychischem, sondern einfache Identität in bezug auf diese Elemente." (8) Der psycho-physische Parallelismus erlaubt es, die Beziehung zwischen einem beobachtbaren psychologischen Phänomen und dem entsprechenden körperlichen (physiologischen) Prozeß zu untersuchen. Weiningers wissenschaftliche Charakterologie und seine Physiognomik beruhen auf diesem Prinzip. Jedes Individuum unterscheidet sich durch primäre, sekundäre und tertiäre sexuelle Charakteristika. In den Geschlechtsorganen und in der Funktionsweise des Geistes kommt ein und dieselbe Realität zum Ausdruck: der sexuelle Charakter.

Weininger stößt bei Mach auch auf die Integration der modernen, das heißt postdarwinistischen Biologie in die Psychologie. Mach stellt fest, daß sich eine Reflexion über den psychosomatischen Komplex keineswegs mit dem statischen, von Herbart, Helmholtz oder Wundt gelieferten Bild begnügen kann, die das Ich auf ein Aggregat von Elementen, auf eine chemische Synthese reduzieren. Der Mensch müsse von nun an nach einem biologischen Modell gedacht werden: in Begriffen der Entwicklung und

Anpassung. „Dem Hauptzug der Selbsterhaltung entsprechend müssen wir erwarten, daß die Teile eines komplizierteren Organismus, einer Symbiose von Organen, auf die Erhaltung des Ganzen abgestimmt sein werden, welche ja sonst sich nicht ergeben könnte." (9)

Weininger spricht ebenfalls von der Unmöglichkeit, das spezifisch Biologische von der Physik und der Chemie abzuleiten. Niemand anderer als der Darwinismus lieferte, nach einem Ausdruck Machs, die teleologischen Betrachtungen, die sich die Wissenschaft ohne Bangen zunutze machen solle. Weininger kann daher zwischen einer gesunden Sexualität unterscheiden, die der Gattung nützt, und einer schlechten, die Entartung bewirkt: „Es gedeihen also stets am besten diejenigen Keime, deren Eltern die größte sexuelle Affinität gezeigt haben. Aus dieser Regel, die wohl als allgemein gültig zu betrachten ist, folgt die Richtigkeit des bereits aus dem Früheren gezogenen Schlusses: Wenn schon geheiratet wird und Kinder gezeugt werden, dann sollen diese wenigstens nicht aus der Überwindung einer sexuellen Abstoßung hervorgegangen sein, die nicht ohne eine Versündigung an der körperlichen und geistigen Konstitution des Kindes geschehen könnte." (10)

In „Jenseits des Lustprinzips" faßt Freud im Jahr 1920 die von Darwin ausgehende Theorie über den Ursprung der Sexualität zusammen: „Die Entstehung der Fortpflanzung durch geschlechtlich differenzierte Keimzellen könnte man sich nach nüchterner Darwinscher Denkungsart so vorstellen, daß der Vorteil der Amphimixis, der sich dereinst bei der zufälligen Kopulation zweier Protisten ergab, in der ferneren Entwicklung festgehalten und weiter ausgenützt wurde." (11)

Im ersten Teil von „Geschlecht und Charakter" hält sich Weininger an das Gebot Machs: „Aus allen diesen merkwürdigen Erscheinungen brauchen wir keine Mystik des Unbewußten zu schöpfen." (12) Er möchte eine Bestandsaufnahme der neuesten Kenntnisse vorlegen und vor allem eine neue Interpretation bis dahin schlecht verwerteter wissenschaftlicher Beobachtungen. Sein Buch, schreibt Weininger, „unterscheidet (...) sich von allen anderen Büchern dieser Art" (13). Weininger sammelt eine riesige Menge von Unterlagen; der Anmerkungsapparat umfaßt etwa 130 engbedruckte Seiten.

Die Fülle dieser Nachweise und Zitate hat vermutlich die Professoren Jodl und Müllner dazu bewogen, ein positives Urteil über Weiningers Dissertation abzugeben. Dennoch hält diese Kompilation einer aufmerksamen Prüfung nicht stand, und nur wenige Spezialisten ließen sich von „Geschlecht und Charakter" täuschen. In einer bibliographischen Zusammenstellung der Veröffentlichungen über die Psychologie der Geschlechter im „Psychological Bulletin" aus dem Jahr 1910 werden „Über den physiologischen Schwachsinn des Weibes" von Moebius und „Geschlecht und Charakter" zu den überholten, in archaischen Konzeptionen gefangenen Werken gezählt (14). In dem Artikel wird festgestellt, daß die moderne Forschung auf diesem Gebiet immer mehr zu einer soziologischen Erklärung der psychologischen Unterschiede zwischen Mann und Frau tendiere. Genau diesem Aspekt geht aber Weininger sorgfältig aus dem Weg. Er verwendet den Begriff „Charakter" im weitesten Sinn des Wortes und behandelt alle biologischen, psychologischen und persönlichen Charakteristika, durch die sich Mann und Weib unterscheiden. Dabei hält er es von vornherein für unwahrscheinlich, „daß in der Natur ein Schnitt geführt sei zwischen allen Masculinis einerseits und allen Femininis anderseits" (15). Diese Feststellung veranlaßt ihn, eine typologische Methode zu wählen: „Wie die Physik von idealen Gasen spricht, d.h. solchen, die genau dem Boyle-Gay-Lussac schen Gesetze folgen (in Wirklichkeit gehorcht ihm kein einziges), und von diesem Gesetze ausgeht, um im konkreten Falle die Abweichungen von ihm zu konstatieren: so können wir einen idealen Mann M und ein ideales Weib W, die es in der Wirklichkeit gar nicht gibt, aufstellen als sexuelle Typen. Diese Typen können nicht nur, sie müssen konstruiert werden. Nicht allein das ‚Objekt der Kunst', auch das der Wissenschaft ist der Typus, die platonische Idee." (16) Gestützt auf diese Methode, die den Künstler und den Wissenschaftler einander annähert, beruft sich Weininger auch auf Schopenhauer, indem er die Wissenschaft auf das von Schopenhauer als „Kenntnis der Ideen" bezeichnete und für die Kunst charakteristische Gebiet ausdehnt. Dabei unterläuft ihm allerdings ein Fehler, denn bei Schopenhauer heißt es: „Da wir nun also als Individuen keine andere Erkenntnis haben, als die dem Satz vom

Grunde unterworfen ist, diese Form aber die Erkenntnis der Ideen ausschließt; so ist gewiß, daß, wenn es möglich ist, daß wir uns von der Erkenntnis einzelner Dinge zu der der Ideen erheben, solches nur geschehen kann dadurch, daß im Subjekt eine Versöhnung vorgeht, welche jenem großen Wechsel der ganzen Art des Objekts entsprechend und analog ist und vermöge welcher das Subjekt, sofern es eine Idee erkennt, nicht mehr Individuum ist." (17)

Die Typen M und W, die Weininger entwickeln will, sind weitaus mehr als statistische Durchschnittswerte oder abstrakte Begriffe. Sie erinnern an die Typen, die Goethe in seiner idealistischen Morphologie konstruierte: „Deshalb geschieht hier ein Vorschlag zu einem anatomischen Typus, zu einem allgemeinen Bilde, worin die Gestalten sämtlicher Tiere, der Möglichkeit nach, enthalten wären, und wonach man jedes Tier in einer gewissen Ordnung beschriebe. (...) Die Erfahrung muß uns vorerst die Teile lehren, die allen Tieren gemein sind, und worin diese Teile verschieden sind. Die Idee muß über dem Ganzen walten und auf eine genetische Weise das allgemeine Bild abziehen." (18) In dem Gespräch zwischen Goethe und Schiller über die Urpflanze, einen Typ, den man aus allen möglichen Pflanzen ableiten könnte, wird der grundlegende Einwand formuliert. Schiller widerspricht: „Das ist keine Erfahrung, das ist eine Idee." (19) Er benutzt die Terminologie Kants, für den die Idee nicht von der theoretischen Vernunft erkannt werden kann. Eigentlich wirft Schiller Goethe vor, Wissenschaft und Metaphysik zu verwechseln. Dieser Vorwurf kann Weininger erst recht nicht erspart bleiben, der bereits auf den ersten Seiten von „Geschlecht und Charakter" die zwei metaphysischen Substanzen M und W einführt und als wissenschaftliche Begriffe ausgibt. Er stolpert über das, was Bachelard in seiner Wissenschaftsgeschichte rückblickend als das „substantialistische Hindernis" bezeichnet: „Er (der wissenschaftliche Geist – Anm. d. Verf.) verbindet die verschiedenen Qualitäten, die oberflächlichen gerade so wie die wesentlichen, die manifesten ebenso wie die verborgenen, unmittelbar mit der Substanz. (...) Es scheint, als genügte schon ein griechisches Wort, und die schlafbringende Kraft des einschläfernden Mohns ist kein Pleonasmus mehr." (20) Ein solches griechisches Wort führt Weininger bereits im zweiten

Kapitel ein. Jedes Wesen, so meint er, besitze eine vitale Substanz: das Idioplasma. Die Weiblichkeit von W wird durch die Eigenschaften des „Thelyplasma“ erklärt, die Männlichkeit von M durch diejenigen des „Arrhenoplasma“.

Das empirische Durcheinander der Geschlechter veranlaßt Weininger andererseits, das Theorem der menschlichen Bisexualität zu beweisen, die er aus einer angeblichen embryonalen Undifferenziertheit ableitet. Die Bisexualität definiert er als psychisch und physisch. Jedes Individuum besitze seine eigene sexuelle Gleichung nach der Formel xM+yW. Der Beweis wird auf sechs Seiten geführt. Im Zeitalter der experimentellen Wissenschaft verzichtet Weininger auf jegliche Verifizierung und begnügt sich damit, die von anderen Wissenschaftlern veröffentlichten Ergebnisse zusammenzutragen. Eigenmächtig entscheidet er höchst umstrittene wissenschaftliche Fragen. Aus der Menge der bekannten Ergebnisse wählt er diejenigen aus, die seine These bestätigen. Nebenbei weist er auf Experimente hin, die durchzuführen wären, auf die er aber aus Zeitmangel verzichten müsse.

Die wenigen von ihm unternommenen Experimente wirken ziemlich lächerlich. Sein Gesetz der sexuellen Anziehung überprüft er zum Beispiel folgendermaßen: „Übrigens habe ich auch selbst eine Anzahl von Versuchen in folgender Weise angestellt, daß ich mit einer Kollektion von Photographien rein-ästhetisch untadeliger Frauen, deren jede einem bestimmten Gehalte an W entsprach, eine Enquête veranstaltete, indem ich sie einer Reihe von Bekannten, ‚zur Auswahl der Schönsten‘, wie ich hinterlistig sagte, vorlegte.“ (21) Weininger fügt hinzu, daß er dieses Gesetz aus bloßer Beobachtung der Menschen gewonnen habe. Der Wissenschaftler wird zum Moralisten. Er zitiert die „Phantasien eines Realisten“ von Popper-Lynkeus oder Goethes „Wahlverwandtschaften“ durchaus gleichrangig neben den Studien der Biologen. Sogar Sprichwörter und Redensarten werden zur Bestätigung herangezogen.

„Selbst wenn die Glaubensvorstellungen als Aberglaube eingeschätzt werden, muß man zweimal hinsehen, um sicher zu sein, daß der Autor sich wirklich davon freigemacht hat“, schreibt Bachelard. „Zunächst einmal hat er das Bedürfnis, sie aufzuzeigen; sie mit Schweigen übergehen hieße zweifellos das Publikum enttäuschen, die Kontinuität der Kultur verfehlen. Aber dann, und dies hat größeres Gewicht, stellt sich der Autor sehr oft die Aufgabe, sie partiell zu berichtigen, und bewirkt damit (...) eine Rationalisierung auf absurder Grundlage." (22) Das alles spielt jedoch kaum eine Rolle, da Weininger ja mehrmals feststellt, die von ihm formulierten Gesetze seien so wahrscheinlich, daß eine Demonstration überflüssig sei.

Um seine These von der Bisexualität zu stützen, bezieht er sich in den Anmerkungen auf Arbeiten von Heinrich Rathke aus den Jahren um 1825. Er gräbt veraltete Veröffentlichungen aus und mischt sich kühn in eine wissenschaftliche Diskussion, die Jean Rostand so zusammenfaßt: „Die Spekulationen über die Geschlechtlichkeit waren lange Zeit hindurch fruchtlos geblieben. Nach dem Zusammenbruch der Präformationstheorie hatte die Entdeckung, daß das Lebewesen aus der Zelle entstand, das Problem keineswegs geklärt. Einige Biologen glaubten weiterhin, daß das Geschlecht bereits bei der Befruchtung festgelegt sei, andere wieder, daß es sich erst im Laufe der Entwicklung herausbilden würde. Aus den Versuchen Paul Marchals über die Polyembryonie der parasitären Hymenopteren ergab sich eine sehr frühe Determination des Geschlechts. Mit der Entdeckung der Chromosomen tritt die Geschlechtsforschung in ihre entscheidende Phase." (23) Rostand führt aus, daß die ersten Arbeiten über die Chromosomen aus den Jahren 1891 (Henking), 1899 (Paulmier), 1901 (Montgomery), 1901 (Sinéty) und 1902 (McClung und Sutton) stammen. Weininger hätte sie kennen müssen, erwähnt sie jedoch nicht. Er zitiert zwar den Namen Paul Marchals, aber in einem anderen Zusammenhang. Das Wissen, auf das sich sein Gesetz der Bisexualität stützt, ist weitgehend überholt.

Über andere Probleme ist Weininger besser informiert: Er zitiert ausführlich die Arbeiten Oscar Hertwigs über das Ei des Seeigels, deren Bedeutung Jean Rostand mit dem Satz zusammenfaßt: „Zwei Jahrhunderte waren nötig gewesen, um zu der äußerst einfachen Idee zu gelangen, daß beide Elternteile gleichermaßen bei der Entstehung des Kindes mitwirken." (24) Die Arbeiten Hertwigs, die von Weismann und Nußbaum (die bei Weininger genannt werden) weiterentwickelt wurden, waren damals sehr populär und veranlaßten Ernst Haeckel zu dem begeisterten

Ausruf: „Die Geheimnisse der tierischen Befruchtung sind gelöst!" (25) Weininger kennt zwar die Arbeiten van Benedens über die Chromosomen, aber nicht die ebenso bedeutenden von Boveri. Er hält an der aussichtslosen Theorie Naegelis über das Idioplasma fest und ignoriert die Arbeiten des 1884 verstorbenen Mendel über die Vererbung, obwohl er höchst selbstsicher über die Anteile der angeborenen und der erworbenen Eigenschaften bei den Sexualcharakteren diskutiert.

Auf diese Weise könnte man das gesamte im ersten Teil zur Schau gestellte Wissen einer genauen Prüfung unterwerfen. Weininger stützt sich auf lückenhaftes und oft überholtes Material. Für seine Argumentation gräbt er Steenstrup (1864) aus, um zu behaupten, daß die Sexualität sämtliche Teile des Körpers prägt. Er geht bisweilen sogar auf Aristoteles zurück, und auch Darwin wird immer wieder zitiert, obwohl dessen Werk in den Jahren 1901 - 1903 nur noch historischen Wert besitzt. Weininger teilt mit vielen seiner Zeitgenossen die Überzeugung, daß dank der Biologie die Rätsel der Welt gelöst werden können. In der Hierarchie der wissenschaftlichen Disziplinen weist er der Biologie die Stelle zu, die bei Descartes die Metaphysik einnahm. Ernst Haeckel entwirft im Jahr 1900 eine überraschende synoptische Darstellung, in der das Gebäude des Wissens über das Lebewesen veranschaulicht wird: Aufbauend auf der Biologie gehen von der Anthropologie, der Zoologie und der Botanik zwei parallele Stränge aus: auf der einen Seite die Morphologie (Anatomie und Histologie), auf der anderen die Biogenese (Ontogenese und Phylogenese). Die Psychologie ist ein Zweig, der aus der Physiologie der tierischen Funktionen hervorgeht (26).

Für Weininger ist die Bisexualität ein im pflanzlichen, tierischen und menschlichen Bereich gültiges, universelles Prinzip. Bei der Behandlung der sexuellen Zwischenformen, mit denen sich die Sexualpathologie befaßt, stellt er als Regel dar, was die Biologie gewöhnlich als Ausnahme betrachtet. Und da er die Theorie des psycho-physischen Parallelismus ohne Einschränkungen akzeptiert, fügt er hinzu, daß die Bisexualität sowohl psychisch als auch physisch sei. Er leitet daraus das „Gesetz der sexuellen Anziehung" sowie eine Theorie der Homosexualität ab. Für die Verknüpfung von Biologie und Psychologie muß Weininger jedoch eine Theorie der physio-psychologischen Periodizität einführen. Dem fundamentalen Gesetz der sexuellen Anziehung zufolge fühlt sich ein Individuum immer von seinem Komplement angezogen. Ein Mann mit der Gleichung 3/4 M + 1/4 W sucht eine Frau mit der Gleichung 3/4 W + 1/4 M. Durch die Einführung verschiedener Parameter gelangt Weininger zu der Formel:

$$A = \frac{k}{a - b} \cdot f(t)$$

A = Kraft der sexuellen Attraktion
k = Affinitäten zwischen zwei Individuen
a = Anteil an M bei einem der Partner
b = Anteil an W beim anderen Partner
f (t) = Reaktionszeit

Weininger möchte das Unberechenbare in eine Maßeinheit zwingen. Sein Entwurf einer poetischen Algebra wirkt lächerlich, aber man darf nicht vergessen, daß gegen Ende des 19. Jahrhunderts derartige Übungen in der Biologie durchaus üblich waren. Man ersetzte die Sprache der alten Naturphilosophie durch die von Physik und Chemie, der phantastische Aspekt blieb jedoch erhalten. Ernst Haeckel entwarf 1876 eine Theorie der Perigenese, mit der er die elementaren Evolutionsprozesse, vor allem die Vererbung, mechanisch erklären wollte. Er erfand das „Plastidul", ein „beseeltes Molekül", dessen Bewegung (Anziehung und Abstoßung) mit Empfindungen (Lust und Unlust) verknüpft sei (27).

Weiningers Versuch gleicht demjenigen Franz Anton Mesmers, der im 18. Jahrhundert versuchte, ein als „tierischer Magnetismus" bezeichnetes, mysteriöses Fluidum zu erfassen und zu analysieren. Weininger denkt an eine Gravitation nach dem Newtonschen Modell. „Geschlecht und Charakter" gerät nach und nach in das Gebiet der Alchimie und der Astrologie; das Denken entwickelt sich nach dem Modus der Analogie. Der Vergleich wird gleichbedeutend mit Vernunft: „Wenn also auch im einzelnen vieles hypothetisch bleibt, so hoffe ich doch im folgenden mit Hinweisen auf merkwürdige Analogien, die bisher keine Beachtung gefunden haben, die einzelnen Balken des Gebäudes noch durcheinander stützen zu können: einer ‚rückwirkenden Verfestigung' vermögen vielleicht selbst die Prinzipien der analytischen Mechanik nicht zu entbehren." (28) Weininger sucht die Botanik und die Zoologie nach solchen „merkwürdigen Analogien" ab, die seine einzigen Beweise darstellen.

Der Gipfel ist erreicht, als Weininger zur Frage nach der „geheimnisvollen Natur" dieser sexuellen Anziehung (29) übergeht. Mesmer hatte die damals eben erst entdeckten Gesetze der Elektrizität in den Bereich des Unbewußten übertragen. Weininger begeistert sich an den Versuchen des Biochemikers Wilhelm Pfeffer über die Chemiotropismen der Mikroorganismen. „Man ist auch beständig bemüht, die drei Reiche der Natur miteinander zu vergleichen, manchmal hinsichtlich äußerst spezieller Erscheinungen. (...) Ohne diesen Bezug auf das Tier- und Pflanzenreich hätte man den Eindruck, mit Abstraktionen zu hantieren." (30) Diese für das späte 18. Jahrhundert gemachte Feststellung Bachelards trifft auch hier.

Im ersten Teil von „Geschlecht und Charakter" wird eine seltsame „Wissenschaft des Irrealen", des ewig Weiblichen und der Liebe entwickelt, die dogmatisch und analogisch vorgeht. Weininger wird zum Opfer der Scheinwissenschaftlichkeit, mit der er sich umgibt, und beruft sich gerade in dem Augenblick lautstark auf die positivistische Lehre, in dem er sich in eine approximative Metaphysik verirrt. Im vierten Kapitel wendet er sein Gesetz der Bisexualität auf das Problem der Homosexualität und der „Päderastie" an. Seit den Studien C. Westphals über die „conträre Sexualempfindung" (1870) entwickelte sich die „psychologische, psychiatrische und medizinische Kategorie der Homosexualität" (31). Weininger zitiert zwar Westphal nicht, bezieht sich jedoch auf die „Psychopathia sexualis" (erste Ausgabe 1886) von Krafft-Ebing, der verschiedene „sexuelle Abweichungen" (Sadismus, Masochismus, Nekrophilie usw.) definiert, ebenfalls von der „konträren Sexualempfindung" spricht und zwischen Homosexualität und Pädophilie unterscheidet. Von 1899 an veröffentlicht Magnus Hirschfeld jährlich das „Jahrbuch für sexuelle Zwischenstufen". Weininger verwendet daneben Arbeiten von Havelock Ellis, Emil Kraepelin, Albert Moll, Charles Féré und Schrenck-Notzing.

Mit gewohnter Unbekümmertheit entscheidet Weininger die großen Fragen seiner Zeit: Ist die Homosexualität angeboren oder erworben? Sind ihre Ursachen physiologisch oder psychologisch? Ist sie ein verwerfliches Laster? Weininger bleibt in seiner Theorie des psycho-physischen Parallelismus befangen und behauptet, die Homosexualität sei angeboren und der Körper des Homosexuellen unterscheide sich durch seine Anatomie und seine Physiologie. Diesbezüglich bleibt er hinter dem Wissen seiner Zeit zurück. Man hatte bereits klar die Bedeutung gesellschaftlicher Faktoren und psychologischer, vor allem unbewußter Ursachen erkannt. Für Weininger ist die Homosexualität nur ein Sonderfall der menschlichen Bisexualität. Beim Homosexuellen seien die „normalen" Anteile an M und W vertauscht. Weininger schließt daraus auch, daß die Homosexualität unheilbar ist: um sie zu „heilen", müßte man den Körper verändern. Seine Theorie stößt jedoch auf ein Problem: Wie läßt sich das homosexuelle Verhalten von Individuen erklären, die nichts „Hermaphroditisches" an sich haben? Weininger weicht diesem Einwand aus: Man müsse zwischen Homosexualität (der Sexualität der verweiblichten Männer und der vermännlichten Frauen) und Päderastie (der Homophilie männlicher Männer und weiblicher Frauen) unterscheiden. Eine Theorie der Päderastie bleibt er allerdings schuldig. Da in seiner Theorie die Homosexualität somatisch determiniert ist, schließt er, daß sie ein natürliches Verhalten darstellt und es also absurd wäre, sie heilen oder unterdrücken zu wollen. Bei der Entwicklung seiner antifeministischen Argumente stützt er sich ebenfalls auf biologisches Material. Weininger läßt seine Vorlieben durchblicken: Der Homosexuelle ist verweiblicht, auf ihm lastet die ganze Verachtung, die dem Weib gilt; die homosexuelle Frau ist beinahe ein Mann und wird von Weininger höher geschätzt. Vor allem schätzt er jedoch die Päderastie, die höchste Form der Männerfreundschaft, die der Helden Homers und Michelangelos, die einzige dem Genie angemessene Form der Sexualität.

Für Weininger bilden Seele und Körper ein vollkommenes Kontinuum. Der Körper ist das ausgedehnte Bild der Seele. Wie aber kann diese unmittelbare Äquivalenz des Physiologischen und Psychologischen gedacht werden? Kann das Bewußtsein hermaphroditisch sein? Kann das, was innerhalb des Körpers koexistiert, simultan im Bewußtsein zum Ausdruck kommen? Diese Schwierigkeiten erklären, warum der in Fragen der Biologie so beredte Weininger seine Ausführungen über die Charakterologie und die Physiognomik oder die Differentialpsychologie der Geschlechter nur ansatzweise entwickelt. Der Formel $xM + yW$, die die biologischen Charakteristiken eines Individuums bestimmt, entspricht eine ähnliche psychologische Gleichung, die den Charakter definiert. Aber Weininger stellt fest: „Das Nebeneinander von Männlichem und Weiblichem im gleichen Menschen ist hiebei nicht als völlige oder annähernde Simultaneität zu verstehen. (...) Es schwankt oder oszilliert nämlich jeder Mensch zwischen dem Manne und dem Weibe in ihm hin und her (...)" (32). Diese nach dem Modell der weiblichen Biorhythmen funktionierenden Schwankungen werden von dem bestimmt, was Weininger als „Periodizität" bezeichnet. Die Gesetze dieser Periodizität werden in „Geschlecht und Charakter" zwar nicht genannt, aber man kann sich vorstellen, daß es nur zusätzlicher Präzision bedürfte, um das Verhalten eines jeden Individuums vorhersagen zu können. Durch die Kenntnis seiner sexuellen Gleichung und des Kalenders seiner sexuellen Periodizität könnte ein jeder der Zufälligkeiten seines Sexuallebens Herr werden.

Die Charakterologie im Sinne Weiningers ist also eine wissenschaftliche Form der Wahrsagerei. Mit Hilfe der Physiognomik sollte das im Innern Verborgene vom Gesicht, vom „Äußeren" abgelesen werden können. Weininger behauptet zum Beispiel, er könne auf den Porträts berühmter Persönlichkeiten deren sexuelle Identität ausmachen. Bei Weiningers Darstellung überrascht die Tatsache, daß diese noch sehr approximativen Wissenschaften weitgehend reduzierende Funktion besitzen. Im Grunde erfaßt Weininger die Auffassung des Menschen, die sich aus seinen Analysen ergibt, nicht mit voller Klarheit. Dabei hätten diese auf dem Dogma des Empiriokritizismus beruhenden Theorien jedoch eine verstärkte Reflexion über das persönliche Schicksal und die Freiheit erfordert. „Das Prinzip einer gesetzmäßigen Relation zwischen Psychischem und Materiellem muß daher als Forschungsgrundsatz heuristisch acceptiert werden, und es bleibt der Metaphysik und Religion vorbehalten, über die Art dieses Zusammenhanges, dessen Tatsächlichkeit a priori für jeden Menschen feststeht, noch nähere Bestimmungen zu treffen." (33) Weininger akzeptiert als „Tatsache", was nur eine kritiklos übernommene metaphysische These ist. Robert Musil machte Ernst Mach diese Vorgangsweise zum Vorwurf: Der Wissenschaftler dürfe nicht vorschnell auf jede metaphysische Reflexion verzichten. Begriffe wie Substanz oder Kausalität „liegen nicht nur in der physikalischen sondern auch in der philosophischen Interessensphäre" (34).

Liest man zum Beispiel die 1901 von Pierre Janet veröffentlichten Beiträge des IV. Internationalen Kongresses für Psychologie in Paris, so stößt man auf ein erstaunliches Durcheinander philosophischer Voraussetzungen und Annahmen, auf die sich viele Arbeiten stützen. „Obgleich wir vielleicht verschiedene metaphysische Meinungen vertreten, so können wir dennoch alle den Parallelismus zwischen bestimmten physiologischen und psychologischen Phänomenen zum Ausgangspunkt nehmen, ohne uns um die Natur dieses Parallelismus zu kümmern", erklärt Oskar Vogt, ein Spezialist für Gehirnforschung (35). Ein anderer damals bekannter Psychologe handelt die kompliziertesten Probleme in wenigen Zeilen ab: „Ich lehne die irrationale und nichtdeterministische Freiheit ebenso ab wie die mystische Auffassung der intelligiblen Freiheit eines Kant, Schelling oder Schopenhauer. Andererseits lehne ich auch den Determinismus ab, wie ihn die dogmatischen Materialisten und Spinoza entwerfen. Ich akzeptiere eher eine deterministische Freiheit des Willens, wie sie von einer mit wissenschaftlichen Methoden arbeitenden empirischen Psychologie begründet wird", verkündet Wilhelm Stern (36).

Die Charakterologie Weiningers gerät hier zum biologischen Fatalismus. Das Bewußtsein ist ein Aggregat von „Gehirnpartikeln", die, genauso wie der restliche Körper, sexuell differenziert sind. Dieser Standpunkt ist in den Arbeiten der damaligen wissenschaftlichen Psychologie weit verbreitet. „Den Charakter darf man nicht in den intellektuellen Eigenschaften suchen, denn die Intelligenz tendiert immer mehr zum Unpersönlichen. Der Charakter ist im Unbewußten verwurzelt, das heißt im individuellen Organismus", heißt es bei Théodule Ribot (37). Der Charakter ist vorgegeben, und das Individuum hat genauso wenig Macht über ihn wie über die Formen seines Körpers. Originell ist Weininger hier darin, daß er die Sexualität ins Zentrum dieser biologischen Fatalität stellt. Bei ihm wird jeder Charakter auf eine sexuelle Gleichung reduziert. Sein Buch gehört zu der von Michel Foucault beschriebenen Bewegung: „(...) die Sexualität (wird) im 19. Jahrhundert bis ins kleinste Detail der Existenzen hinein verfolgt; (...) sie wird zur Chiffre der Individualität." (38)

Die Frau ist das erste Opfer dieser Reduzierung des Menschen auf eine sexuelle Gleichung. Im Kapitel VI des ersten Teils mit dem Titel „Die emanzipierten Frauen" geht er auf diese Frage ein, „deren theoretischer und praktischer Lösung dieses Buch recht eigentlich gewidmet ist (...)" (39). Zuerst eliminiert er den soziologischen Gesichtspunkt: „Der Zusammenhang der industriellen und gewerblichen Entwicklung mit der Frauenfrage ist viel lockerer, als er, besonders von sozialdemokratischen Theoretikern, gewöhnlich hingestellt wird (...)" (40). Und was die Emanzipationsbestrebungen der Frau anlangt: „Nur der Mann in ihnen ist es, der sich emanzipieren will." (41) Man kann also sagen, daß jede Feministin ein Mann in einem weiblichen Körper, ein Mannweib ist. Weininger hält die Frauenbewegung für abwegig: „Und weg auch mit der abgeschmackten Phrase von der ‚völligen Gleichheit'! Selbst das männlichste Femininum hat wohl kaum je mehr als 50 Prozent an M und diesem **Feingehalte** dankt sie ja doch ihre ganze Bedeutung oder besser all das, was sie eventuell bedeuten könnte." (42) Weininger denkt den Unterschied nur in Begriffen der Überlegenheit und der Unterlegenheit.

Die darwinistische Denkweise unterteilt die Individuen in höhere und niedrigere. Auch Weininger geht sofort zu einer „Psychologie der Gattungsentwicklung" über und weitet seine Theorie der Periodizität aus: „Wenn es im organischen Leben solche Perioden gibt, die den Oszillationen im Leben des einzelnen gleichen, aber sich über mehrere Generationen hinweg erstrecken, so eröffnet uns dies eine weitere Aussicht auf das Verständnis so mancher dunkler Punkte auch in der menschlichen Geschichte (...)" (43). Der Gonochorismus (die Trennung der Geschlechter) variiere je nach den Epochen. Im 10. und 16., dann wieder im 19. und 20. Jahrhundert lasse sich das Auftauchen eines größeren Anteils an sexuellen Zwischenformen feststellen, denen ein verstärktes Auftreten von Frauenbewegungen und verweiblichten Männern entspreche. Weininger findet bei Burckhardt, dem Historiker der Renaissance, die Beschreibung von Sitten, die ihm ebenso dekadent erscheinen wie diejenigen im Wien der Jahrhundertwende. Die Vorliebe der Sezession für androgyne Frauen gilt ihm als charakteristisches Merkmal seiner Epoche.

Wie kann man dem ersten Teil von „Geschlecht und Charakter" gerecht werden? Eine Widerlegung im Detail tut der Gesamtüberzeugung keinen Abbruch, die Weininger seinen Lesern vermitteln will. Seine Theorien besitzen zwar weder die Tragweite noch die Konsistenz derjenigen Karl R. Poppers, trotzdem stellt sich die Frage der Abgrenzung zwischen Wissenschaft und Pseudowissenschaft. ,,Das Problem, das mich (...) beschäftigte, war weder ‚Wann ist eine Theorie wahr?' noch ‚Wann ist eine Theorie annehmbar?'. Mein Problem war ein anderes. Ich wollte zwischen Wissenschaft und Pseudowissenschaft unterscheiden, im vollen Bewußtsein, daß Wissenschaft oft irrt und daß Pseudowissenschaft zufällig auf die Wahrheit stoßen kann." (44)

Weiningers Diskurs gibt sich wissenschaftlich und ist doch nichts anderes als eine schlecht beherrschte metaphysische Spekulation. Der erste Teil von „Geschlecht und Charakter" steht der Literatur näher als der Wissenschaft, und die Themen, die Weininger klären möchte, sind von der Literatur vorgeformt: die Liebe, das ewig Weibliche. Die besten Belege für seine Theorien findet er übrigens in Romanen und Theaterstücken, die er, nach einer Formulierung Zolas, als „menschliche Dokumente zitiert, die noch sehr nützlich werden können" (45). Weininger stützt sich auf Untersuchungen, die in den Laboratorien angestellt wurden, und bringt letzten Endes einen ,,Experimentalroman" hervor. Hermann Bahr stellte – etwas moralisierend – fest: „Nun war Weininger auch noch eine gefährliche Mischung. ‚Er ließ', sagt Swoboda, ‚seine Stimmungen und Triebe mit den Gedanken ganz ungestört Mißbrauch treiben.' Das darf der Dichter, c'est son metier. Ein Denker muß es als Schmach empfinden. Daß er sein wissenschaftlich gemeintes Werk als Dichtung erkannte, darin lag vielleicht seine Tragik." (46) Man kann sagen, an Weininger sei ein Romancier verlorengegangen. Deshalb sind die Kriterien wahr und falsch zur Beurteilung offensichtlich nicht geeignet. Bei ihm wird Wissenschaft zur Fiktion, während sich zur selben Zeit mancher Schriftsteller als Wissenschaftler gibt.

Zola: „Der Experimentalroman ist eine Konsequenz der wissenschaftlichen Entwicklung des Jahrhunderts; er ist eine Fortsetzung und Ergänzung der Physiologie, die sich ihrerseits auf die Chemie und die Physik stützt." (47) Weininger ist durchaus typisch für die naturalistische Denkweise, wenn er die Geheimnisse der Liebesleidenschaft aufspüren will, indem er sie auf einen Chemiotropismus reduziert. Er beruft sich auf Mach; Zola berief sich auf Claude Bernard.

Weininger und Zola können in einem Punkt direkt nebeneinandergestellt werden. In dem Roman „Madeleine Férat" bedient sich Zola einer von Michelet überlieferten „wissenschaftlichen" Theorie, der zufolge eine Frau durch unauslöschliche körperliche Spuren mit allen Männern verbunden bleibt, die sie gekannt hat. Weininger stützt sich ebenfalls auf wissenschaftliche Quellen, um die Realität des von ihm als „Telegonie" bezeichneten Phänomens zu behaupten und die „jämmerliche Illusion der Vaterschaft" anzuprangern. In Strindbergs „Der Vater" taucht ein ähnliches Motiv auf, und Strindberg hatte Emil Schering, seinen deutschen Übersetzer, beauftragt, Weininger den Text des Dramas zukommen zu lassen, allerdings zu spät – Weininger hatte sich bereits das Leben genommen.

Der in der Mitte zwischen Wissenschaft und Literatur stehende erste Teil von „Geschlecht und Charakter" ist ein charakteristisches Dokument des positivistischen und naturalistischen Geistes, den die Generation Weiningers gerade „überwindet". 1891 veröffentlichte Hermann Bahr „Die Überwindung des Naturalismus"; Weininger vollzieht nun in den ersten Kapiteln des zweiten Teils diese Überwindung auf seine Weise.

IV.
WEINIGER UND DIE PLAGIATSAFFÄRE MOEBIUS, FLIESS, FREUD UND ANDERE ...

Jede wissenschaftliche Entdeckung wird immer von Zweien oder Mehreren gleichzeitig gemacht.

Otto Weininger

„Rechts die Knaben, links die Mädchen,", heißt es bei Galen, der diese Maxime Parmenides zuschreibt. Ein gewisser Seligson veröffentlichte 1895 in „Willkürliche Zeugung von Knaben und Mädchen" Versuchsergebnisse, die diese Anschauung belegen sollten: Alle Tubenschwangerschaften würden im rechten Eileiter einen männlichen und im linken Eileiter einen weiblichen Embryo aufweisen (1).

Das Ende des 19. Jahrhunderts ist durch ein verstärktes Auftreten biologischer und psychologischer Werke gekennzeichnet, die das weibliche Geschlecht diffamieren, eine Inflation, die an die Häufung theologisch-juridischer Studien über die Hexen zur Zeit des „Malleus maleficarum" (1487) denken läßt. Otto Weininger und Paul Julius Moebius sind die bekanntesten unter diesen modernen Großinquisitoren. Der Antifeminismus dringt auch massiv in die historischen und anthropologischen Disziplinen ein. Heinrich Schurtz („Altersklassen und Männerbünde", 1902) und Eduard von Mayer („Die Lebensgesetze der Kultur", 1904) machen kein Hehl aus ihrer Misogynie. Sogar der von Bebel und Engels beeinflußte Kunsthistoriker Eduard Fuchs legt in „Die Frau in der Karikatur" (1906) einen deutlichen Antifeminismus an den Tag. Ein Roman von V. Hoffmann aus dem Jahr 1902 trägt den Titel „Das vierte Geschlecht", eine Bezeichnung für die nicht homosexuellen Frauenfeinde.

Da die antifeministischen Vorurteile uralt sind, kann kein einziges dieser „wissenschaftlichen" Werke Anspruch auf echte Originalität erheben. Dennoch fühlte sich Paul Julius Moebius von Weininger plagiiert. Wilhelm Fließ, der Kollege und frühere Freund Sigmund Freuds, hat sich ebenfalls über unerlaubte Anleihen Weiningers beklagt (im Zusammenhang mit dem Prinzip der physio-psychologischen Periodizität). Beide Polemiken nahmen erstaunliche Ausmaße an und werfen ein überraschendes Licht auf einige bedeutende Persönlichkeiten, insbesondere auf Freud selbst. Aus diesen Affären erklärt sich teilweise das große Echo, das „Geschlecht und Charakter" gefunden hat.

Der kleinliche Kampf galt einem jungen Autor, der sich den Angriffen durch Selbstmord entzogen hatte. Die Vorwürfe schadeten den beiden Büchern Weiningers jedoch keineswegs und zwangen eher die Gelehrtenwelt, ernsthaft von ihnen Kenntnis zu nehmen. Die Skandale hatten denselben Werbeeffekt wie die Nachricht vom Selbstmord des Autors im Jahr 1903. Das Ansehen von Moebius, Fließ und Freud übertrug sich auf ihren jungen Rivalen. Bald wird die Legende in Weininger den genialen Vorläufer Freuds sehen. Zum dreißigsten Todestag Weiningers veröffentlichte die „Neue Freie Presse" einen Artikel, in dem es hieß: „Sind wir auch gezwungen, den Großteil seiner blitzenden Gedankengänge abzulehnen, so eröffnete er doch unserem Denken eine Fülle neuer Aspekte. Wir lernten anders und neu zu suchen, und das ist sein unvergängliches Verdienst. Und wenn wir aufmerksam Satz für Satz seines Buches ‚Geschlecht und Charakter' lesen, dann können wir mitunter sogar Freud herauslesen. Dies spricht nur für Weininger, daß sogar der Erfüller der Nietzscheschen Forderung, eine Psychologie des Inneren zu schaffen, eine Anzahl von Anregungen von Weininger freudig empfing." (2)

Paul Julius Moebius ist der Verfasser eines riesigen, die unterschiedlichsten Themen umfassenden Werkes. Er wurde in Leipzig geboren und war der Enkel des berühmten Astronomen und Mathematikers Moebius. Er studierte Theologie und Philosophie in Leipzig, dann Medizin in Hamburg und erwarb 1877 mit einer Dissertation über den Ikterus den Doktortitel der Medizin. Während der ersten Jahre war er Militärarzt und ab 1879 Facharzt für Neurologie und Elektrotherapie. Zwischen 1883 und 1893 unterrichtete er an der Universität Leipzig. Seine Universitätskollegen brachten ihm Mißtrauen entgegen und erschwerten seine Karriere. Als Anhänger der Schädellehre Galls untersuchte er die anatomischen Merkmale der mathematischen Begabung und entdeckte ihr Auftreten in Verbindung mit einer Hypertrophie eines vorderen Hirnteils. In „Über Kunst und Künstler" (1901) reflektierte er über die Vererbung von Talent und über die Liebe. Moebius war unermüdlich im Abfassen von Pathographien über Rousseau, Goethe, Schopenhauer, Nietzsche, Schumann usw. Rousseau etwa litt – nach Moebius – an Beziehungswahn, Goethe hingegen an starker Periodizität und „wiederholter Pubertät".

Moebius philosophierte gern, wie auch Fechner, den er als seinen Lehrer betrachtete. 1901 veröffentliche er „Stachyologie", ein Buch über die Metaphysik. Die Lehre von Moebius galt als so ausgereift, daß ihr bereits 1899 eine Doktorarbeit gewidmet wurde (3). An Material dafür fehlte es nicht: „Drei Gespräche über Religion", „Über die Veredelung des Menschen", „Über den Zweck des Lebens" (wo Moebius mit Kant bricht und sich einem deistischen Materialismus zuwendet). Gegen Ende seines Lebens wird Moebius immer mehr zum Philosophen. Er schreibt „Über die Hoffnungslosigkeit aller Psychologie", wo er der experimentellen Psychologie jeden Wert abspricht. Seine letzten Schriften, z.B. „Damenkalender für gute und für schlimme Damen" und „Gedanken über die Schule von einem alten groben Manne", erscheinen anonym. Kurz vor seinem Tod arbeitet er an einer Pathographie Darwins. Seine Abhandlung „Über den physiologischen Schwachsinn des Weibes" erschien 1900, wurde zwischen 1900 und 1908 neunmal aufgelegt und erlebte einen ähnlichen Erfolg wie „Geschlecht und Charakter". Jede Neuauflage wurde mit Ergänzungen und „kritischen Echos" versehen, sodaß der dreißig Seiten lange Artikel von 1900 schließlich auf 150 Seiten anschwoll. Otto Weininger zitiert Moebius mehrmals, bestreitet allerdings im zweiten Teil den Wert dieser „reduktionistischen" Physiologie. Die Positionen der beiden Autoren gleichen sich auf frappierende Weise.

Moebius behauptet, zu einer rationalen Lösung der „Frauenfrage" beizutragen. In seinem Vorwort befaßt er sich mit dem Problem der weiblichen Kriminalität und beruft sich auf eine Untersuchung über die „Diebinnen in den großen Kaufhäusern". Dieses Phänomen der modernen Zivilisation, das Zola in „Au bonheur des dames" beschreibt, mache eine Änderung des Strafrechts notwendig. Das Gesetz, das Minderjährige nachsichtiger behandelt als Erwachsene, müsse der relativen Unverantwortlichkeit des Weibes Rechnung tragen, das durch seinen geistigen Schwachsinn gekennzeichnet sei: „Es ist nicht leicht, zu sagen, was Schwachsinn sei. Man kann sagen: das, was zwischen Blödsinn und normalem Verhalten liegt. (...) Im allgemeinen (...) dürfte der richtige Weg der sein, daß man nicht mehr vom Menschen schlechtweg spricht, sondern von bestimmten Menschenarten. (...) Das normale Verhalten des Kindes ist bei dem Erwachsenen pathologisch, das des Weibes bei dem Manne, das des Negers bei dem Europäer." (4) Moebius nützt für seine Zwecke die Schlußfolgerungen der italienischen Psychologen C. Lombroso und G. Ferrero in „La donna delinquente" (1876). Und er greift – was gewiß originell war – für seine Theorie der sexuellen Unterschiede auf die von Gall Anfang des 19. Jahrhunderts begründete Phrenologie („Die Funktionen des Gehirns", 1808) zurück. Dabei wird von der Form des Schädels auf diejenige des Gehirns geschlossen, um die Eigenschaften und Fähigkeiten des Individuums zu beurteilen. Th. Bischoff hat in „Das Gewicht des menschlichen Gehirns" (1880) gezeigt, daß sich die Beschaffenheit des weiblichen Gehirns von der des männlichen unterscheidet. Die Frauen haben ein kleineres Gehirn als die Männer. Kann man sagen, daß ein kleineres Gehirn genauso gut denkt wie ein großes? Nein, sagt Moebius, die Arbeiten eines gewissen Rüdinger über die Anatomie des Sprachzentrums hätten das Gegenteil bewiesen. Das rudimentärste Gehirn, auf das Rüdinger je gestoßen sei, sei das einer Frau aus Bayern gewesen.

„Gleich wie Mann und Weib dieselben Gehirnwindungen haben, nur von verschiedener Größe, so haben auch beide dieselben geistigen Eigenschaften, ein Mehr oder Minder macht den Unterschied", heißt es bei Moebius (5). Das Weib überlege weniger als der Mann und stünde dem Tier näher, wodurch es zwar abhängiger werde, aber auch fröhlicher und weniger ruhelos. Es habe kein eigenes Urteil und übernehme die gängigen Meinungen. Alles Neue komme vom Manne, und die Frau beeinträchtige jeglichen Fortschritt. Ihre Moral sei rein sentimental. Sie sei nicht unmoralisch, sondern moralisch schwachsinnig. Sie werde von primitiven Affekten wie Eifersucht, Eitelkeit und Grausamkeit beherrscht. Ihr Auffassungsvermögen und ihr Gedächtnis brächten nur sterile mechanische Assoziationen hervor. Diese geistige Unterlegenheit sei keineswegs durch die soziale Unterjochung bedingt, heißt es weiter, denn selbst auf Gebieten, zu denen sie leicht Zugang habe, sei sie nicht schöpferisch. Habe es jemals eine große Künstlerin gegeben? In den theoretischen Fächern gebe es zwar „gelehrte Frauen", aber keine weiblichen Gelehrten. Die wahrhaftige Berufung des Weibes sei die Mutterschaft. Die Natur habe sie mit den notwendigen Eigenschaften ausgestattet, nämlich mit einer kindlichen und geduldigen Seele und mit dem Mutterinstinkt. Die modernen emanzipierten Frauen seien schlechte Mütter: Die Stadtbevölkerung, meint Moebius, werde „mit ihrer vorwiegenden Gehirnthätigkeit allmählich unfruchtbar" und würde „ohne Zufluß vom Lande absterben" (6). Die emanzipierten Weiber seien übernervöse, entartete Körper.

Von den Reaktionen der Leserschaft angeregt, ergänzt Moebius die erste Ausgabe mit einer Reihe von Kommentaren. Er beglückwünscht sich zur Reaktion einer Leserin, die sich plötzlich von der unerträglichen Verpflichtung befreit fühlt, dem Manne ebenbürtig zu sein. Genau so will Moebius verstanden werden: Er emanzipiert die Frau auf die richtige Weise, das heißt in erster Linie von denen, die sie ins Unglück stoßen, indem sie ihr widernatürliche Ideen predigen. Moebius bezeichnet sich als vernünftigen Feministen. All denen, die ihm falsche Wissenschaft vorwerfen, stellt er seinen Ruhm als weltweit anerkannter Gelehrter entgegen. Er regt eine Anthologie der lobenden Kritiken an, in denen sein Werk bewundert wird. Und tatsächlich haben es die prominentesten Fachzeitschriften mit Lob überhäuft...

Im Verlag von „Über den physiologischen Schwachsinn des Weibes" in Halle erscheint 1904 eine Broschüre mit dem Titel „Geschlecht und Unbescheidenheit", in der P.J. Moebius seinem jungen Nacheiferer Otto Weininger eine öffentliche Abreibung erteilt. Auf dem Umschlag der Broschüre werden weitere Veröffentlichungen von Moebius angekündigt: „In der Reihe der ‚Beiträge zur Lehre von den Geschlechtsunterschieden' sind für die nächsten Hefte folgende Themata in Aussicht genommen: ‚Geschlecht und Kunst', ‚Geschlecht und Mathematik', ‚Geschlecht und Alkohol', ‚Geschlecht und Krankheit'. Bereits erschienen: ‚Geschlecht und Entartung'. Die Beiträge sind im wissenschaftlichen Geist abgefaßt, aber doch so geschrieben, daß auch der nicht medizinisch Gebildete sie mit Vorteil lesen kann."

Moebius stellt einleitend fest, daß Weiningers Titel ein Plagiat seiner eigenen Titelreihe sei. Er erzählt, er habe schon im August 1903 eine Besprechung von Weiningers Buch veröffentlicht und dort diesem so begabten jungen, allzu jungen Mann die Ohren lang gezogen. Er macht sich über die „philosophische Sauce“ von „Geschlecht und Charakter“ lustig. Weininger hatte Moebius in einem Brief vom 17. August 1903 aus Syrakus eine Frist von drei Wochen eingeräumt, um seine Plagiatsvorwürfe zurückzuziehen, und mit einer Verleumdungsklage gedroht. Moebius beantwortete den Brief nicht, und Weininger beging im Oktober Selbstmord. Dennoch legte Moebius auf dic Veröffentlichung der Broschüre Wert, damit die falschen Ideen von „Geschlecht und Charakter“ nicht zuviel Unheil anrichteten. Weininger, so erklärt er, habe nur seine, Moebius', Ideen in den philosophischen Jargon übertragen. Sobald er von seinem Modell abgewichen sei, habe er die schlimmsten Irrtümer begangen. Indem er die „Abnormalität“ der Homosexualität bestritten habe, habe er sich zum Komplizen der Dekadenz gemacht. Als Philosoph habe Weininger eine Frechheit und Unverschämtheit an den Tag gelegt, wie sie bereits die Nachkantianer in Verruf gebracht hätte. Und schließlich bekundet Moebius Abscheu vor dem Antifeminismus und dem Antisemitismus von „Geschlecht und Charakter“. Er selbst habe als strenger, aber vernünftiger und wohlwollend nachsichtiger Hausarzt gesprochen, Weininger jedoch habe die Weisheit der Mediziner in einen richtiggehenden Wahn verwandelt.

Wilhelm Fließ (1858 - 1928) verdankt seine Erwähnung in allen Geschichten der Psychologie seiner freundschaftlichen Beziehung zu Freud zwischen 1887 und 1900. Er war in Berlin als praktischer Arzt und Hals-Nasen-Ohren-Spezialist tätig, aber seine Untersuchungen und Veröffentlichungen reichen über die Grenzen seines Fachgebietes hinaus. Seine von Freud sehr geschätzten Artikel befassen sich mit den Entsprechungen zwischen der Nasenschleimhaut und den Genitalorganen. Die beiden Ärzte lernten einander 1887 während eines Studienaufenthalts von Fließ in Wien kennen. Ihre freundschaftliche Bindung wurde ab 1896, nachdem Freud mit Breuer gebrochen hatte, noch enger. Freuds Zutraulichkeit ist schwer zu verstehen. „Ernest Jones versucht zu begreifen, wie sich Freud einem so mittelmäßigen Geist anvertrauen konnte, und erklärt dessen extreme Abhängigkeit von Fließ mit einer verlängerten Adoleszenz. Man kann sagen, daß Freud mit bestimmten Personen seine Vaterbeziehung von neuem durchmachte." (7) 1897 veröffentlicht Fließ ein Buch mit dem Titel „Die Beziehungen zwischen Nase und weiblichen Geschlechtsorganen, in ihrer biologischen Bedeutung dargestellt". Er konstatiert, daß die Menstruation mit Symptomen verbunden ist, die sich auf die Nase auswirken, und leitet daraus eine ganze Theorie der Perioden des menschlichen Organismus ab: Die Menstruation ist, nach Fließ, der Ausdruck eines beiden Geschlechtern gemeinsamen Mechanismus, dessen Ursprung vor der Pubertät liegt. Neben der Periode von 28 Tagen gebe es beim männlichen Sexualcharakter einen Zyklus von 23 Tagen. Diese Perioden, die beim Mann und bei der Frau auftauchten, entsprächen unserer bisexuellen Konstitution und bestimmten sowohl den Tag unserer Geburt als auch den unseres Todes. Auch unsere Krankheiten gehorchten diesem Rhythmus. Diese Perioden, meint Fließ, würden von der Mutter an das Kind und damit von einer Generation an die nächste weitergegeben. Man finde sie auch im Tierreich und vermutlich in der gesamten organischen Welt. Die wunderbare Präzision, mit der die Zyklen von 28 und 23 Tagen aufträten, lasse vermuten, daß zwischen den astronomischen Gesetzen und denen der Schöpfung eine tiefe Beziehung bestehe.

Otto Weininger hat das Werk auf den Rat seines Freundes Hermann Swoboda hin sicherlich gelesen. In einem unveröffentlichten Brief vom 11. Mai 1903 an Swoboda schreibt er, daß er das Buch von Fließ soeben in die Bibliothek zurückgebracht habe. Die Idee der Bisexualität und der damit verbundenen Periodizität taucht in „Geschlecht und Charakter" wieder auf. In den Anmerkungen schreibt er: „Über die Periodizität im menschlichen, und zwar auch im männlichen Leben, sowie in allen biologischen Dingen findet sich das Interessanteste und Anregendste in einem Buche, dessen auch sonst ungeschickt gewählter Titel über diesen Inhalt nichts vermuten läßt, bei Wilhelm Fließ, Die Beziehungen zwischen Nase und weiblichen Geschlechtsorganen (...), einer ungemein originellen Schrift, der eine historische Berühmtheit gerade dann sicher sein dürfte, wenn die Forschung einmal weit über sie hinausgelangen sollte. Einstweilen sind die höchst merkwürdigen Dinge, die Fließ entdeckt hat, noch bezeichnend wenig beachtet worden (...)" (8).

Hermann Swoboda setzte die von Weininger begonnene Arbeit fort und veröffentlichte 1904 ein Buch mit dem Titel „Die Perioden des menschlichen Organismus in ihrer biologischen und psychologischen Bedeutung". In seiner Abhandlung, die sich an Fließ, Weininger und Freud orientierte, versuchte er, das Prinzip der Periodizität auf die Traumdeutung anzuwenden. Freud erklärte in einer Fußnote der Neuauflage der „Traumdeutung" im Jahr 1910, daß er die Theorie Swobodas, der er keineswegs zustimme, nicht überprüfen konnte (9).

Wilhelm Fließ fühlte sich von Otto Weininger und Hermann Swoboda plagiiert und warf Freud vor, dabei die Vermittlerrolle gespielt zu haben. Im Nachwort seines Buchs „Der Ablauf des Lebens" (1906), das bei dem Freud-Verleger Deuticke erschien, findet man eine Richtigstellung:

In eigener Sache

Die beiden untrennbaren Hauptgedanken dieses Buches: die zwiefache Periodizität aller Lebensvorgänge und die dauernde Doppelgeschlechtigkeit der Lebenwesen, sind – und zwar jeder besonders – von zwei jugendlichen Wiener Doktoren angeblich ebenfalls entdeckt und schleunigst veröffentlicht worden.

Der inzwischen verstorbene Otto Weininger hat die dauernde Bisexualität, Hermann Swoboda das periodische Geschehen für sich reklamiert. Beide Autoren waren miteinander aufs innigste befreundet und hatten Zutritt zu ein und derselben Quelle: dem Prof. Sigmund Freud in Wien.

Mit Freud stand ich jahrelang in freundschaftlichem Verkehr. Ihm habe ich alle meine wissenschaftlichen Gedanken und Keime rückhaltlos anvertraut. Daß wirklich über ihn meine Ideen zu Weininger und Swoboda gelangt seien, hat er mir auf eindringendes Befragen selbst zugestanden. Freilich erst nachdem beider Publikationen längst erfolgt waren. (...) (10)

In der zweiten Ausgabe von „Der Ablauf des Lebens" (1923) erweitert Fließ sein Nachwort um einige Absätze, in denen er auf dem Plagiatsvorwurf gegenüber Swoboda beharrt (diesmal anhand von dessen 1917 veröffentlichtem Buch ,,Das Siebenjahr") und mitteilt: „Eine gegen Dr. Pfennig" – zu diesem siehe weiter unten – „und mich angestrengte Ehrenbeleidigungsklage wurde von unserem Gegner verloren ..."

Bei näherer Betrachtung erweist sich „Der Ablauf des Lebens" in ähnlicher Weise wie ,,Geschlecht und Charakter" als ,,Experimentalroman". Im Vorwort erklärt Fließ, er habe seine Theorien ohne Mikroskop und Labor erarbeitet. Sie beruhten auf der bloßen Beobachtung der Natur, und das einzige analytische Instrument sei der menschliche Geist. Deshalb erschienen sie der wissenschaftlichen Zunft suspekt, die sie gerne totschwiege. Weininger hat in ähnlicher Weise seine Verachtung für das geduldige Experimentieren verkündet, das ihm so kleinlich erschien wie das Sammeln von Briefmarken; er vertraut auf die Klarheit seiner Intuition, um die Tradition von Platons ,,Gastmahl" fortzusetzen. Wie Weininger erhebt auch Fließ den Anspruch, durch die Entdeckung eines Details eine „neue biologische Weltanschauung" entwickelt zu haben. Er verkündet, wie Weininger, daß man ihn erst in späteren Jahrhunderten verstehen werde (was F. Probst als Zeichen hochgradiger Paranoia deutete). Fließ zitiert in seinem Vorwort Kepler: Es komme ihm nicht darauf an, ein Jahrhundert zu warten, bis er verstanden werde. Gott selbst habe sechstausend Jahre gewartet, bis er den Menschen geoffenbart wurde. Sowohl Fließ als auch Weininger haben eine Vorliebe für mathematische Formeln, die den Zufall zahlenmäßig erfassen sollen. Fließ schreibt in ,,Der Ablauf des Lebens":

62. Beispiel.

Der 23. Januar 1835, an dem Gauß – nach obiger Helmholtzscher Angabe – morgens 7 Uhr vor dem Aufstehen das Induktionsgesetz fand, ist von Gauß' Todestag (23. Februar 1855) 7336 = 262 . 28 Tage entfernt, d. i.

$$12 . 23 . 28 - \frac{28^2}{2} = 11 . 28^2 - 2 . 23 . 28$$

$$= \frac{23 . 28^2}{2} + \frac{17 . 28 . 23}{- 17 . 28^2} + 28\triangle^2 \quad (11)$$

All das erinnert an die Gleichungen der sexuellen Anziehung in „Geschlecht und Charakter". Der Positivismus wird zur okkulten Wissenschaft. Fließ geht, wie auch Weininger, von der experimentellen Wissenschaft immer mehr zur Philosophie über. 1924 veröffentlicht er eine Abhandlung „Über Leben und Tod". In der naiven Bewunderung Freuds für die Hirngespinste von Fließ („Freuds Scharfsinn war durch eine verborgene affektive Bindung getrübt" — 12) zeigt sich die Anziehungskraft der Pseudowissenschaft, die auch auf so viele Leser des ersten Teils von „Geschlecht und Charakter" wirkte. Nachdem Freud die ersten Entwürfe von „Der Ablauf des Lebens" gelesen hatte, schrieb er am 26. August 1898 an Fließ, er habe soeben erfahren, daß die Rätsel des Lebens und des Universums dank der Untersuchung, die alle Erwartungen übertreffe, bald gelöst sein würden (13).

Einige Monate nach Erscheinen der ersten Ausgabe von „Der Ablauf des Lebens" veröffentlicht der mit Fließ befreundete Berliner Bibliothekar Richard Pfennig die Broschüre „Wilhelm Fließ und seine Nachentdecker Otto Weininger und Hermann Swoboda", in der er ein zweifaches Plagiat anprangert. Pfennig kritisiert zunächst „Geschlecht und Charakter", indem er Weininger vorwirft, die beiden Teile des Buches würden kein zusammenhängendes Ganzes bilden. Er findet zwar den ersten Teil „einigermaßen vernünftig", die im zweiten Teil entwickelten Ideen über den Gegensatz der Geschlechter hält er jedoch für abwegig. Dann weist er auf einen Widerspruch hin: die anfangs beschriebenen sexuellen Typen existierten in Wirklichkeit nicht im Reinzustand und dennoch stelle sie Weininger schließlich als durchaus real dar. Je mehr sich Weininger vom biologischen Denken entferne, meint Pfennig, umso deutlicher zeige er, daß er die Lehren Fließ' nie richtig verstanden habe.

Pfennig zählt Weiningers „Diebstähle" auf und stellt fest, daß Fließ im Jahr 1903 viele in „Geschlecht und Charakter" enthaltene Ideen noch gar nicht veröffentlicht habe. Der Verräter konnte also niemand anderer sein als Freud, der die beiden jungen Wiener Psychologen bei sich aufgenommen hatte. Pfennig publiziert die darüber zwischen Fließ und Freud gewechselten Briefe, die von den späteren Herausgebern des Briefwechsels nicht berücksichtigt wurden und daher kaum bekannt sind.

Fließ hatte an Freud geschrieben:

Wien 20. Juli 1904

Lieber Sigmund,

ein Werk von Weininger ist mir zur Kenntnis gekommen, in dessen erstem biologischen Teil ich zu meiner Verblüffung die Ausführung von meinen Ideen über Bisexualität und die daraus folgende Art der sexuellen Anziehung – weibliche Männer ziehen männliche Frauen an, und vice versa – beschrieben finde. Ich ersehe aus einem Citat dort, dass Weininger Swoboda – Deinen Schüler – gekannt hat (vor der Veröffentlichung von dessen Buch) und höre hier, dass die beiden Männer Intimi waren. Ich habe keinen Zweifel, dass Weininger über Dich zur Kenntnis meiner Ideen gekommen ist, und dass von seiner Seite ein Missbrauch mit fremdem Gut getrieben wurde. Was weisst Du darüber? Ich bitte Dich herzlich um ein offenes Wort (an meine Berliner Adresse, da ich am 23. abends schon von hier abreise).

Mit herzlichem Gruss
Dein
Wilhelm.

Und Freud antwortete:

Villa Sonnenfels, 23. 7. 04.

Lieber Wilhelm.

Auch ich glaube, dass der selige Weininger ein Einbrecher war mit einem gefundenen Schlüssel.

Hier alles, was ich darüber weiss. Swoboda, der sein intimer Freund war und bei mir von der Bisexualität gehört hat, die in jeder Kur zur Sprache kommt, hat ihm, wie er erzählt, das Wort Bisexualität hingeworfen, als er ihn mit sexuellen Problemen beschäftigt fand. W. schlug sich darauf auf die Stirn und lief nach Hause, sein Buch niederzuschreiben. Ob dieser Bericht reell ist, bleibt freilich meiner Beurteilung entzogen.

Im übrigen meine ich, W., der sich angeblich den Tod aus

Furcht vor seiner Verbrechernatur gegeben hat, hätte die Idee der Bisexualität auch anderswoher bekommen können, da diese in der Literatur bereits längere Zeit eine Rolle spielt. Die Detailübereinstimmungen wird man sich wohl so erklären müssen, dass er, einmal auf die Idee gebracht, einen Teil der Folgerungen richtig – einen grösseren wohl falsch – erraten hat. Denn Sw. will ihm keine weiteren Aufschlüsse gegeben haben, hatte auch keine zu vergeben, da er von mir nichts weiter erfahren hat, als was in der Kur vorkommt, dass bei jedem Neurotiker eine starke homosexuelle Strömung zu finden ist. Sw. ist nicht, wie Du schreibst, mein Schüler. Er ist als Schwerkranker zu mir gekommen, hat dieselbe Hilfeleistung gefunden und dieselben Dinge von mir erfahren wie jeder andere; an seiner Entdeckung, die vielmehr Deine Ideen aufgreift, bin ich ganz unbeteiligt; sein Buch habe ich vor der Publikation nicht gelesen; (...)

Mit herzlichem Gruss
Dein
Sigmund

Darauf der zweite Brief von Fließ:

Berlin, 26. VII. 04.

Lieber Sigmund,

also war es irrtümlich, was Oskar Rie in aller Harmlosigkeit erzählte, als ich auf Weininger zu sprechen kam: Weininger sei mit seinem Manuskript bei Dir gewesen, und Du habest ihm nach Einsicht von der Veröffentlichung abgeraten, weil der Inhalt Unsinn wäre. Ich hatte gemeint, Du hättest in diesem Falle ihn und mich auf den Einbruch aufmerksam machen müssen. Weininger hat offenbar nicht – wie Du – geglaubt, dass er den Gedanken dauernder und notwendiger Bisexualität aller Lebewesen – nicht blos bisexueller Anlage – von anderswoher beziehen konnte, denn er erklärt auf S. 10 den Gedanken in dieser Form für durchaus neu. Du wirst mich zu Dank verpflichten, wenn Du mir die anderen Quellen, von denen Du schreibst (Krafft-Ebing, Kiernan, Chevalier etc.) so bezeichnen möchtest, dass ich sie leicht einsehen kann. Denn ich bin in der Literatur so wenig bewandert.

Auch dass die lebendige Substanz in allen Lebewesen männlich und weiblich ist (wie ich aus dem steten Vorkommen von 28 und 23 bei Mann und Weib schliessen musste), hat Weininger in seinem Arrheno- und Thelyplasma entwendet.

Bis heute wusste ich nicht, was ich erst aus Deinem Brief erfahren habe, dass Du in der Kur von der dauernden Bisexualität Gebrauch machst. Zuerst war zwischen uns in Nürnberg davon die Rede, während ich noch im Bett lag und Du mir die Krankengeschichte von einer mit Träumen von riesigen Schlangen erzähltest. Damals warst Du von dem Gedanken, dass Unterströmungen bei einem Weibe aus dem männlichen Teil ihrer Psyche stammen könnten, sehr betroffen. Umsomehr hat mich dann Dein Widerstand in Breslau gegen die Annahme der Bisexualität in der Psyche gewundert. In Breslau hatte ich Dir auch davon gesprochen, dass in meiner Bekanntschaft soviel linkshändige Ehegatten existierten, und aus der Theorie der Linkshändigkeit heraus habe ich Dir eine Erklärung entwickelt, die mit der Weiningerschen (der von Linkshändigkeit nichts weiss) bis in die Einzelheiten übereinstimmt. Die Linkshändigkeit selbst hast Du freilich abgelehnt, und unser bisexuelles Gespräch, wie Du selber freimütig bekannt hast, eine Zeitlang vergessen.

Weil ich aber nicht wusste, dass in der Kur die Erwähnung der Bisexualität notwendig ist, ahnte ich nicht, dass Weiningers Intimus Dr. Swoboda Dein Patient war, und das umsoweniger, als Du (...) hinzufügst: „ich glaube aber, dass ich jetzt über besseres Material an Schülern zu verfügen beginne." (14)

Freud hatte Fließ bereits im April mitgeteilt, er werde eine Schrift von Swoboda erhalten, deren intellektueller Urheber er (Freud) in mehrfacher Hinsicht sei. Im selben Brief hatte Freud die gemeinsame Gründung einer Zeitschrift vorgeschlagen. Fließ war im Juli 1904 in Wien gewesen, um mit ihm über Weininger und Swoboda zu sprechen, aber Freud hatte Wien zwei Tage zuvor verlassen („um mir aus dem Weg zu gehen", wie Fließ meinte). In der Folge kam es zu dem von Pfennig publizierten Briefwechsel, der mit der zweiten Antwort Freuds vom 27. Juli seinen Höhepunkt erreichte:

Lieber Wilhelm.

Ich sehe, dass ich Dir mehr Recht lassen muss, als ich ursprünglich wollte, denn es frappiert mich selbst, dass ich vergessen, wie sehr ich mich über den Schüler Swoboda beklagt, dass ich den Besuch W.s bei mir übergangen, den ich doch nicht vergessen. Letz(t)eres Faktum ist ganz so, wie Rie es Dir erzählt hat; das mir vorliegende Manuskript hatte zwar ganz anderen Wortlaut als das heute gedruckte Buch; ich habe mich auch wesentlich über das Kapitel Hysterie geschreckt, das ad captandam benevolentiam meam geschrieben war, aber der durchgehende Gesichtspunkt der Bisexualität war natürlich zu erkennen, und mir dürfte damals leid getan haben, dass ich durch Sw., was ich schon wusste, Deine Idee ihm ausgeliefert hatte. *Im Zusammenwirken mit meinem eigenen Versuch, Dir diese Originalität zu entwenden, verstehe ich dann mein Benehmen gegen W. und mein weiteres Vergessen.*

Ich glaube indes nicht, dass ich damals hätte schreien sollen: Haltet den Dieb! Vor allem hätte es nichts genutzt, denn der Dieb kann ebensowohl behaupten, es sei sein eigener Einfall; auch lassen sich Ideen nicht patentieren. Man kann sie zurückhalten und tut sehr gut daran, wenn man auf seine Priorität Wert legt. Hat man sie von sich gelassen, so gehen sie ihren eigenen Weg. Ferner war ich damals schon mit den Angaben der Literatur bekannt, in denen die Idee der Bisexualität zur Erklärung der Hysterie herangezogen wird. Du wirst zugeben, dass ein findiger Kopf leicht auch von selbst den Schritt tun kann, die bisexuelle Anlage von einigen auf alle auszudehnen, wenngleich dieser Schritt Dein Novum ist. Für mich persönlich warst Du stets (seit 1901) der Autor der Idee der Bisexualität; ich fürchte, Du wirst bei Durchsicht der Literatur finden, dass viele wenigstens in Deine Nähe gekommen sind. Die Dir mitgeteilten Namen finde ich in meinem Manuskript, Bücher habe ich nicht mitgebracht, um Dir die näheren Nachweise zu geben, Du wirst sie gewiss in der Psychopathia sexualis von Krafft-Ebing finden.

Ferner war ich sicher und bin es noch, dass ich Sw. keine Details aus Deinen Mitteilungen angegeben habe. Die Allgemeinheit der bisexuellen Anlage ist alles, was in der Kur vorkommt und was ich dort brauche. Seit der Erfahrung, die im Alltagsleben freimütig mitgeteilt ist, habe ich die Ahnung bekommen, dass für einen von uns die Reue über unseren seinerzeit unbeschränkten Gedankenaustausch kommen könnte und habe mich mit Erfolg bemüht, die Details Deiner Mitteilungen zu vergessen. Dass meine Freigebigkeit oder Unvorsichtigkeit mit Deinem Eigentum geschaltet hat, habe ich mir offenbar damals dunkel zum Vorwurf gemacht, wie heute in voller Klarheit. Ich darf nur annehmen, dass die Schädigung, die Du von W.s Seite erfahren hast, sehr gering ist, denn so ein Machwerk wird niemand ernst nehmen und Du kannst, wenn es Dir der Mühe wert ist, den Sachverhalt klarstellen. Das Stehlen ist nicht so leicht, wie W. sichs vorgestellt hat, damit tröste ich mich und möchte auch Dich getröstet wissen. (15)

Freud spielt in seinem Brief auf eine Stelle in „Zur Psychopathologie des Alltagslebens" an, wo er eingesteht, daß er bisweilen den Ursprung von Hinweisen und Anregungen vergißt und sie schließlich für persönliche Erfindungen hält (16). Pfennig bemerkt, daß sich Freud täuscht, wenn er die Entdeckung der Bisexualität durch Fließ mit 1901 datiert: Fließ habe sie bereits im Jahr 1897 entdeckt.

1906 erscheint bei Braumüller, dem Wiener Verleger von „Geschlecht und Charakter", eine Broschüre von Hermann Swoboda mit dem Titel „Die gemeinnützige Forschung und der eigennützige Forscher. Antwort auf die von Wilhelm Fließ gegen Otto Weininger und mich erhobenen Beschuldigungen". Swoboda erklärt, daß ihn Freud im Lauf eines Gesprächs im Oktober 1900 auf die Bedeutung der Bisexualität und der Periodizität hingewiesen habe. Sie hätten von menschlichen Verhaltensweisen in schwierigen Lagen gesprochen. Freud habe bemerkt, daß der Mensch bald incubus, bald succubus gegenüber den Ereignissen sei und sich diese Duplizität durch die bisexuelle Anlage jedes Menschen erkläre. Swoboda habe es nicht verabsäumt, dieses Gespräch seinem Freund Weininger weiterzuerzählen. Weininger habe jedoch Fließ nicht plagiiert, er habe nur schneller gearbeitet. Swoboda erzählt schließlich die Begegnung zwischen Freud und Weininger, die im Herbst 1901 stattfand (während Swoboda in Leipzig lebte). Weininger hoffte, Freud würde sein Manuskript einem Verleger empfehlen, und hatte ein Kapitel über Hysterie eingefügt, das Freuds Unwillen ebenso erregte wie die spürbare Hast und der spekulative Stil der übrigen Kapitel.

Ende 1906 schürt Wilhelm Fließ die Polemik von neuem und veröffentlicht eine Broschüre, die den gleichen Titel trägt wie das Nachwort von „Der Ablauf des Lebens", nämlich: „In eigener Sache", und zusätzliche Informationen über seine Beziehung zu Freud enthält. Freud sei bei ihrer letzten Begegnung im Sommer 1900 am Achensee unbegreiflich empfindlich und reizbar gewesen, weil er, Fließ, seine Beobachtungen diskutiert und der Periodizität eine wichtige Rolle im Seelenleben attestiert habe. Freud habe ihm überdies einmal in Wien gesagt: „Es ist gut, daß wir Freunde sind. Ich würde vor Neid zerspringen, wenn ich sonst hörte, daß einer in Berlin solche Sachen findet." Danach habe Fließ die regelmäßige Korrespondenz mit Freud eingestellt.

Freuds Brief vom 23. Juli 1904, bei Pfennig nur teilweise veröffentlicht, erscheint nun vollständig. Hier die vorher (siehe S. 89) fehlenden Absätze (17):

> (...) als ich es las, war ich über die Art neurotischer Dankbarkeit, seine Funde zur Bekämpfung meiner Traumtheorie zu verwerten, sehr erstaunt. Er hat mich einfach ausgenutzt, schliesslich auch dazu, ihm einen Verleger zu schaffen, was ich auf seine Qualitäten als Arbeiter hin mit ausdrücklicher Ablehnung der Verantwortlichkeit für diese Arbeit getan habe. Zu solchen Dingen bin ich immer bereit mit dem Vorsatz, sie später nie zu bereuen.
>
> Ich stelle gegenwärtig drei Abhandlungen zur Sexualtheorie fertig, in denen ich dem Thema der Bisexualität möglichst ausweiche. An zwei Stellen kann ich es nicht; bei der Erklärung der sex. Inversion, dort gehe ich so weit, als die Literatur es gestattet (Krafft-Ebing und Vorgänger, Kiernan, Chevalier u. A.), dann bei der Erwähnung der homosexuellen Strömung bei Neurotikern. Dort gedenke ich eine Anmerkung anzubringen,

dass ich durch Deine bestimmten Äusserungen auf die Notwendigkeit dieses Fundes vorbereitet worden bin. Oder Du magst mir eine ähnliche Formulierung vorschlagen.

Das übrige handelt von infantilem Sexualleben und von Componenten des Sexualtriebes.

Mit herzl. Gruss
Dein
Sigmund.

In den 1905 erschienenen „Drei Abhandlungen zur Sexualtheorie" erwähnt Freud tatsächlich, wieviel er Fließ verdankt. Ein schwacher Trost für Fließ, der zu dem Schluß kommt, daß Freud weiterhin eindeutig die Rechte des geistigen Eigentums verharmlost. In einer Anmerkung zur „Analyse der Phobie eines fünfjährigen Knaben (Der kleine Hans)" wird Freud später auf Weininger und dessen unbefugte Übernahme einer Theorie von Fließ zu sprechen kommen.

„Das Thema des Plagiats taucht in der Karriere Freuds immer wieder auf." (18) Er übernimmt leicht Ideen, die in sein System passen, zeigt sich jedoch höchst eifersüchtig und mißtrauisch seinen eigenen Schülern und Nachahmern gegenüber. Als Freud im Jahre 1880 nahe daran gewesen war, die Wirkung des Kokains für Lokalanästhesien zu entdecken, kam ihm ein anderer Wiener Arzt zuvor; aber 1909 erklärte Freud einem Patienten, daß er der Urheber dieser Entdeckung sei und die Ehre ihm allein zustünde (19). Im Jahre 1908 fühlte sich Freud durch das Buch von Albert Moll „Das Sexualleben des Kindes" plagiiert. Bei einer Sitzung der Psychoanalytischen Vereinigung erklärte er, Moll habe die Bedeutung der kindlichen Sexualität in seinen „Drei Abhandlungen" gefunden, und sein Buch sei völlig von dem Wunsch geprägt, seinen, Freuds, Einfluß zu leugnen. Moll sei ein kleinliches, borniertes Individuum mit bösen Absichten (20). Ähnliche Auseinandersetzungen findet man auch bei Alfred Adler und Carl Gustav Jung. Die Affäre Fließ–Weininger–Swoboda ist also in den Annalen der Psychoanalyse keineswegs ein Einzelfall.

Freud erscheint in dieser Polemik immer an der Grenze zur Unehrlichkeit, erinnert sich nicht an kompromittierende Gespräche und weigert sich, die Originalität anderer anzuerkennen. Jedenfalls leidet Freud lange an dieser Geschichte. In einem Brief an Magnus Hirschfeld, den Herausgeber des „Jahrbuchs für sexuelle Zwischenstufen", kommt er wieder darauf zu sprechen. Er bezeichnet das Pamphlet Pfennigs als „abscheuliches Machwerk, welches unter anderem auch mich mit einer absurden Verdächtigung bedenkt (...)". Es handle sich „um das Hirngespinst eines Ehrgeizigen, dem in seiner Vereinsamung der Maßstab für das was möglich, und für das was erlaubt ist, abhanden kam" (21).

In einem Brief vom 15. August 1924 an Fritz Wittels erwähnt Freud die Affäre noch einmal. Wittels, einer der ersten Schüler Freuds, hatte 1910 mit der Wiener Psychoanalytischen Vereinigung gebrochen und verfaßte 1924 eine Monographie mit dem Titel „Sigmund Freud. Der Mann, die Lehre, die Schule", in der er in sehr persönlichem Ton auf die autoritären Tendenzen des „Vaters" der Psychoanalyse hinwies. Das Buch erregte Freuds Unwillen, und er schrieb kurz nach dem Erscheinen der englischen Übersetzung an Wittels:

> Bei Besprechung der Fließepisode, die mir wirklich nahegegangen ist, heißt es im englischen Text: „To him (a friend of Weininger's) Freud had blabbed". Das ist einigermaßen großartig und frech ausgedrückt und gibt ein ganz falsches Bild vom Sachverhalt. Der Gesichtspunkt der allgemeinen Homosexualität und Bisexualität war damals längst akzeptiert und mußte in der Kur jedes Patienten betont werden, genauso wie heute. Weiningers Freund Swoboda war Patient und erfuhr es so. Ich konnte nicht ahnen, daß er einen – mir damals völlig unbekannten – Freund habe, dem er die Mitteilung weitergeben werde, und der durch sie in die Lage kommen werde, Fließ' Idee vor ihm zu verwerten. In meiner Antwort an Fließ beschuldigte ich mich übermäßig im Bedauern über die Verkettung und mit selbstquälerischer Einrechnung des Unbewußten. (22)

Als der norwegische Psychiater David Abrahamsen Unterlagen für sein Buch über Otto Weininger „The Mind and Death of a Genius" zusammenzutragen begann, das schließlich 1946 in New York erschien, wandte er sich an Sigmund Freud, von dem er die zwei folgenden Briefe erhielt (23):

14. 3. 1938
Wien IX., Berggasse 19

Geehrter Herr Doktor

Meine Beziehungen zu Weininger waren von sehr komplexer Art. Es ist nicht möglich, sie in einem kurzen Brief zu beschreiben. Es bräuchte dazu eine längere Abhandlung. Ich war der erste, der sein Manuskript gelesen und – verurteilt hat. Auch seine Grundidee hat er auf einem Umweg über mich übrigens in recht inkorrekter Weise empfangen.

Ihr sehr ergebener
Freud

11. 6. 1939
20 Maresfield Gardens,
London, N.W.3.

Geehrter Herr Kollege

Meine verspätete Antwort erklärt sich durch wochenlange Krankheit die mir Schreiben unmöglich machte. Ich antworte gern auf Ihre Anfragen. Ja ich bin derjenige, der Probst die von *(fehlt)* reproduzierte Personsbeschreibung Weininger's gegeben hat. W. war nie mein Patient aber ein Freund von ihm war es. Durch diese Zwischenperson erfuhr W. von dem Gesichtspunkt der Bisexualität, den ich infolge der Anregung durch W. Fliess schon damals in der Analyse verwendete. Er baute sein Buch auf diese ihm zugetragene Idee auf. Ich weiß nicht, welchen Unterschied *(Sie)* zwischen *(fehlt)* und einer angeblichen Dissertation W's machen. Mir ist von letzterer nichts bekannt. Das Manuskript, das W. mir zu lesen gab, enthielt noch nicht die abfälligen Ausführungen über die Juden und weniger Kritik an den Frauen. Auch war, begreiflicher Weise, meinen Lehren über Hysterie darin in sehr ausgiebigem Maße Rechnung getragen.

Ich bin in Hochachtung
Ihr ergebener
Freud

Die Plagiatsaffäre fand einen ironischen Widerhall bei Karl Kraus, dessen „Fackel“ das Andenken Otto Weiningers verteidigte. In

PROF. Dr. FREUD

WIEN IX., BERGGASSE 19

14. 3. 1938

Geehrter Herr Doktor

Meine Beziehungen zu Weininger waren von sehr [illegible] Art. Es ist nicht möglich für [illegible] einen Eindruck zu beschreiben. [illegible] längere Abhandlung. Ich [illegible] Manuskript) gelesen und [illegible] hat. [illegible] auf seine [illegible] in [illegible] eingegangen.

Ihr sehr ergebener

Freud

BRIEF FREUDS AN ABRAHAMSEN
VOM 14. MÄRZ 1938

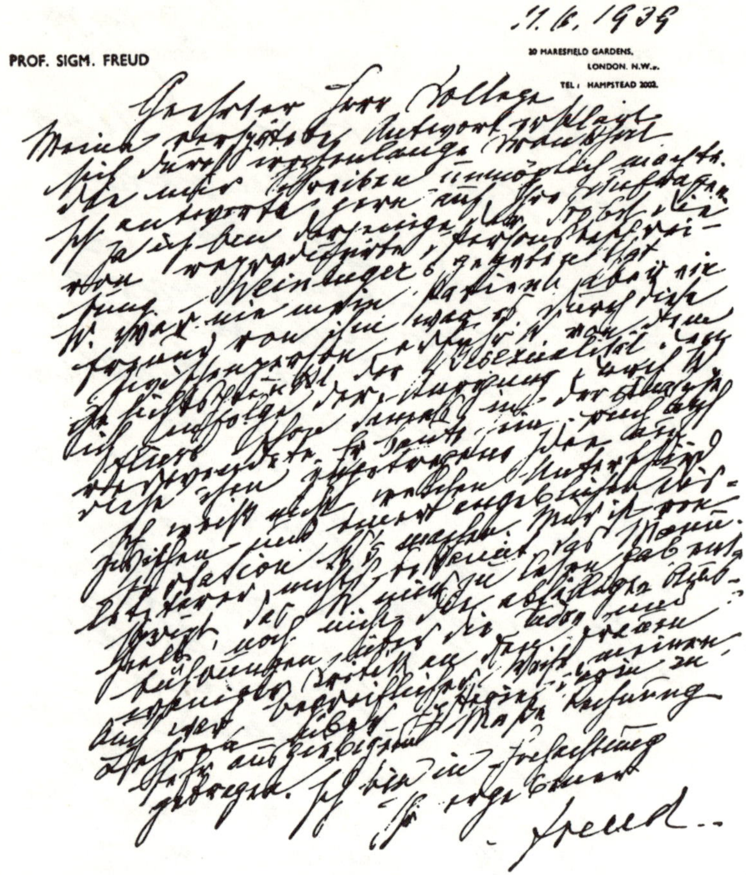

11. 6. 1939

PROF. SIGM. FREUD

20 MARESFIELD GARDENS,
LONDON, N.W.3.
TEL: HAMPSTEAD 2002.

Geehrter Herr Kollege

Meine verspätete Antwort erklärt sich durch wochenlange Krankheit, die mir Schreiben unmöglich machte. Ich antworte gern auf Ihre Anfragen.

Ich bin in Hochachtung
Ihr ergebener
Freud

BRIEF FREUDS AN ABRAHAMSEN
VOM 11. JUNI 1939

der Nummer 210 vom 31. Oktober 1906 liest man die sarkastische Stellungnahme „zu dem lächerlichen wissenschaftlichen Markenschutzstreit, den die Herren Dr. Fließ und Pfennig in Berlin vom Zaun gebrochen haben und in dem der tote Otto Weininger und der Wiener Privatdozent Dr. Swoboda als Entwender der Bisexualität, beziehungsweise der Periodicität, Professor Freud als Zubringer dieser Beute ‚entlarvt' werden". In der Nummer 212 vom 23. November 1906 wird Hermann Swoboda, „eines der Opfer des Fließ'schen Verfolgungswahnes", verteidigt. In der Nummer 216 vom 9. Jänner 1907 wird unter „Dieb" von der Ehrenbeleidigungsklage berichtet, die Swoboda gegen Fließ und Pfennig verloren hatte: „Das ‚Neue Wiener Journal' hat eine ‚Plagiataffaire' behandelt. Die ‚Plagiataffaire Weininger'. Unter diesem Titel wagt das schäbigste Diebsblatt der Welt über das Lebenswerk eines toten Denkers und über den Ausgang jener gleichgiltigen Prozeßsache zu berichten, in der der Wiener Privatdozent Dr. Swoboda vergebens bemüht war, sich gegen den Verfolgungswahn des Berliners Fließ zu verteidigen. (...) Nach deutschem Strafgesetz scheint solche Ungeheuerlichkeit der a limine Abweisung einer Beleidigungsklage möglich zu sein."

Bereits zu Anfang des Jahres 1906 hatte Freud an Karl Kraus geschrieben, um ihn über die Intrigen von Fließ zu informieren: „Die teilweise Übereinstimmung zwischen Ihren Anschauungen und Bestrebungen und den meinen, ist wohl die Ursache gewesen, daß ich meinen Namen wiederholt in der ‚Fackel' erwähnt finden konnte. Auf diese unpersönliche Bekanntschaft gestützt, erlaube ich mir, Ihre Aufmerksamkeit für einen Vorfall in Anspruch zu nehmen, dessen Weiterungen wahrscheinlich bald die Beiträger ihrer Zeitschrift in Miterregung versetzen werden." (24) Thomas Szasz schreibt, Freud habe 1906 mindestens fünf Briefe an Kraus gesandt; Antworten, wenn es sie gab, sind nicht erhalten. Szasz kommentiert: „All das läßt vermuten, daß der fünfzigjährige Freud, auf dem Weg zum Weltruhm, den zweiunddreißigjährigen Kraus hofierte, der ein heller Stern am intellektuellen Firmament Wiens war." (25) Wie läßt sich diese jähe Bewunderung Freuds für Kraus erklären? Vermutlich wollte sich der ehemalige Freund Fließ' in einer Affäre, die sich zu seinem Nachteil wenden konnte, die Gunst des gefürchteten „Fackel"-Herausgebers sichern ...

Aus einer Stelle in Lou Andreas-Salomés Wiener Tagebuch („In der Schule bei Freud") vom 30. November 1912 geht hervor, daß Swoboda auch später noch Freud Konkurrenz machen wollte und der Lehre Weiningers treu geblieben war:

> Männlich und weiblich
> Ein paarmal bin ich, von Swoboda eingeladen, in seinem Kolleg gewesen. Es geht aber nicht über den Inhalt der mir gut bekannten Schriften hinaus und ist geistreich im gleichen Sinn: vielleicht ist es das zu sehr; der Wille zum Geistreichen führt nie bis zum Letzten einer Einsicht, das tut nur der Wille zum Simplen.
>
> Von den Periodizitätsgesetzen Swobodas könnte man vielleicht sagen: sie werden sich am Normalen am ehesten aufzeigen lassen, dem Pathologischen am ehesten fehlen. (...)
>
> Die Bemühung, das M und W Weiningers speziell zu definieren, kommt mir fruchtlos vor: *was* eine Vermählung der Gegensätze eingehn kann (zu Kind oder Werk) *ist* M W; alles übrige sind eben die Zwischenstadien, die zu Swobodas „turbulent rezeptivem Zweispältigen" führen.
>
> Der vielgenannte „Geschlechterkampf" der Liebe kommt zum Teil nur daher, daß man die prinzipiellen Geschlechtsbegriffe mit den lebendigen Menschen verwechselt. (26)

Die Plagiatsaffäre zwischen Weininger, Fließ, Freud und Swoboda ist deshalb so interessant, weil sie Licht in die unglaubliche Verwirrung der wissenschaftlichen Rationalitätskriterien, Methoden und Begriffe um diese Zeit bringt. Vier Forscher stritten sich um das Urheberrecht an der Entdeckung der „konstanten Bisexualität" und der sich daraus ergebenden Periodizität der Psyche. Dabei verstanden sie unter diesen Begriffen jeweils etwas ganz anderes. Außerdem sind Periodizität und Bisexualität uralte Ideen der Alchimie, der Astrologie, der (jüdischen) Mystik (27) und der romantischen Naturphilosophie. Das Niveau, auf dem sich diese ganze Kontroverse abspielte, beweist, wie schwer Weiningers Zeitgenossen es hatten, zwischen Wissenschaft und Pseudowissenschaft zu unterscheiden, und wie tastend die Psychoanalyse in ihren Anfängen noch war.

Die Untersuchungen von Paul Feyerabend oder Thomas Kuhn

zeigen, wie Forschung und wissenschaftliche Rationalität eng zusammenhängen mit Kunst, Religion, Mythologie, Metaphysik und mit gesellschaftlichen Normen. Kuhn erzählt zum Beispiel, auch Newton sei im Banne alchimistischer und religiöser Anschauungen gestanden und das Problem der Dreifaltigkeit habe ihn sehr beschäftigt. Er war also nicht der Held des *Hypotheses non fingo*, den der Positivist Ernst Mach anpries. Freud, Fließ, Weininger wie auch Swoboda entwickelten „Sprachspiele", die miteinander verwandt waren. Weiningers Theorien hatten für viele Leser eine gewisse Plausibilität.

Halten wir jedoch den Begriff Pseudowissenschaft fest. Von Anfang an war die wissenschaftliche Welt abgeneigt, Weiningers Beiträge ernstzunehmen (28). Es waren Philosophen, Künstler, Schriftsteller und Journalisten, die „Geschlecht und Charakter" als eine echte wissenschaftliche Leistung lobten, Leserkreise also, denen wenig fachliche Kompetenz zuzuschreiben ist. Der riesige Erfolg beweist, wie gewaltig die Aufklärungsideen um die Jahrhundertwende an Boden verloren hatten. Wäre die Popularität von „Geschlecht und Charakter" ein Jahrhundert zuvor denkbar gewesen? Wahrscheinlich nicht.

V.
DIE METAPHYSIK DES GENIES

Ich glaube, daß sicher meine Geisteskräfte derartige sind, daß ich in gewissem Sinne Löser für alle Probleme geworden wäre.

Otto Weininger

Anhand des Briefwechsels mit Hermann Swoboda läßt sich die immer deutlichere Hinwendung Otto Weiningers zur „philosophischen Psychologie" verfolgen. Im März 1902 ist der Bruch endgültig vollzogen: „Vor allem hab ich mit der Avenarius-Machschen Erkenntnistheorie ganz gebrochen." (1) In den von Hermann Swoboda in „Otto Weiningers Tod" veröffentlichten Briefen aus dem Juni 1902 wird dies noch heftiger formuliert: „(...) für das intelligible Ich gibt es keinen ‚psychophysischen Parallelismus'. (...) Ich habe mir vor kurzem eine physiologische Chemie gekauft. Ich war entsetzt. Wenn das noch Wissenschaft heißt! Mit der Chemie kommt Ihr wirklich nur den *Exkrementen* des Lebendigen bei. Warum ist denn die Chemie ganz in den Händen der Juden?!" (2)

Der pseudowissenschaftliche Geist des ersten Teils von „Geschlecht und Charakter" läßt im zweiten Teil die Maske fallen. Er war nichts anderes als Sehnsucht nach der Metaphysik. Die ersten Kapitel des zweiten Teils zeugen noch von einem Streben nach Genauigkeit und Logik, in den letzten Ausführungen bricht jedoch ungehemmt eine richtiggehende Wut der Weltanschauung hervor. Weininger rettet allerdings die Einheit seines Buches. Das Spiel der experimentellen Psychologie hat er vorerst mitgemacht, weil er sich „von der Biologie befreien mußte, um ganz Psychologe sein zu können". Im Vorwort fügt er hinzu: „Vielleicht wird mancher dafürhalten, daß ich aus dem Ganzen besser zwei Bücher hätte machen sollen, ein rein naturwissenschaftliches und ein rein introspektives." Er ist jedoch überzeugt, „der Biologie gegeben zu haben, was ihr gebührt, und einer nichtbiologischen, nichtphysiologischen Psychologie das Recht gewahrt zu haben, welches ihr für alle Zeiten bleiben wird" (3).

Was behält er eigentlich von seinen ersten „wissenschaftlichen" Versuchen zurück? Im Grunde nicht viel außer der Feststellung, daß die Bisexualität totale Verwirrung in die Empirie bringt. „Das Hauptresultat meiner Arbeit für die *empirische* Psychologie leg ich Dir hiemit vor: nämlich, daß das Haupthindernis einer Klärung in den schwierigsten Dingen (Parallelismus, Urteilsfunktion, Ethik) bisher *der Mangel der Unterscheidung zwischen der Psychologie von M und W gebildet hat.* (...) Ich komme immer mehr darauf, wie fundamental das Problem Mann—Weib ist: und fühle, daß es mich kaum je in meinem Leben ganz loslassen wird. Man kommt von da überhaupt auf alles." (Brief an Swoboda vom 17. Juni 1902 – 4)

Bereits im ersten Kapitel des zweiten Teils legt er sich mit allen Autoritäten an, auf die er sich vorher berief. Die „dogmatische Skepsis" Machs, die „Determinanten-Atomistik" Weismanns, Wundts und Petzoldts und die Differentialpsychologie Sterns zeigten das „schwache Niveau der wissenschaftlichen Psychologie". Fechner und Helmholtz hätten Physiologie und Psychologie verwechselt, William James und Richard Avenarius als einzige den Mangel ihrer Disziplin instinktiv gefühlt. „Keine Wissenschaft muß, wenn sie unphilosophisch wird, so schnell verflachen wie die Psychologie." (5) Der Monismus von Herbart und Horwicz, räumt Weininger ein, habe wenigstens eine „vereinheitlichende Betrachtung des ganzen Seelenlebens" angestrebt (6). Aber er verzeiht der wissenschaftlichen Psychologie keineswegs ihren Reduktionismus, der auf einen groben Materialismus hinauslaufe und dem moralischen Leben beispielsweise nicht gerecht werden könne. „So vernichtet gerade der Empirismus die Wirklichkeit der Erfahrung, und entpuppt sich der Positivismus trotz des ‚solid' und ‚reell' klingenden Titels seiner Firma als der wahre Nihilismus (...)" (7).

Weininger stützt sich in seiner Polemik gegen die Experimentalpsychologie auf Wilhelm Dilthey und Heinrich Rickert. Dilthey behauptet in seinen Aufsätzen „Ideen über eine beschreibende und zergliedernde Psychologie" (1894) und „Beiträge zum Studium der Individualität" (1896), daß die innere Erfahrung notwendig sei, um die Realität des „Erlebnisses" zu erfassen, und daß die Geisteswissenschaft eine spezifische Methode benötige.

Weininger zitiert Rickerts Buch „Die Grenzen der naturwissenschaftlichen Begriffsbildung“ (1902), das in der neokantianischen Tradition der Badischen Schule steht. Die Kritik der positivistischen Psychologie liegt um die Jahrhundertwende in der Luft. Weininger hätte auch Bergson erwähnen können, der in „Essai sur les données immédiates de la conscience“ (1889) und in „Matière et mémoire“ (1896) behauptet, die Materie könne ihre Formen nicht dem Geist übermitteln, dessen Originalität vor allem durch das Bewußtsein zum Ausdruck komme. Bergson kritisiert besonders die Assoziationslehre. Weininger kennt die Untersuchungen von Christian von Ehrenfels, sieht in diesem aber lediglich einen Psychologen, der die Logik zu reduzieren bestrebt sei. Dabei hätte er in „Die Gestaltqualitäten“ (1890) eine Revision der objektiven Psychologie finden können, die bereits die spätere Schule der „Gestaltpsychologie“ ankündigte.

Die Kritik an der sogenannten wissenschaftlichen Psychologie bildet den solidesten Teil von „Geschlecht und Charakter“. Leider taucht, wie Georges Politzer in seiner Einleitung zur „Critique des fondements de la psychologie“ (8) schreibt, nach jeder Periode objektivistischer Aktivität das „rächende Monster“ der Introspektion wieder auf.

Weininger zufolge berechtigt das Prinzip der Bisexualität den Mann, eine Psychologie des Weibes zu entwickeln: „Wie wir sonst nur Männern wirklich wertvolle Enthüllungen über die psychischen Vorgänge im Weibe danken, so haben auch hier bloß Männer die Empfindungen der schwangeren Frau geschildert. Wie vermochten sie das? Wenn auch in jüngster Zeit die Aussagen von Dreiviertel- und Halbweibern über ihr psychisches Leben sich mehren, so erzählen diese doch mehr von dem Manne als von dem eigentlichen Weibe in ihnen. Wir bleiben demnach nur auf eines angewiesen: auf das, was in den Männern selbst Weibliches ist.“ (9) Das Kapitel IX, „Männliche und weibliche Psychologie“, enthält eine wichtige Klarstellung: „Schließlich werden wir hier auch einer Lösung der Frage: Parallelismus oder Wechselwirkung zwischen Seelischem und Körperlichem? nähergeführt. Für W trifft der psychophysische Parallelismus, als vollständige Koordination beider Reihen, zu.“ — „Freilich erhebt sich nun die Frage, ist von M überhaupt Psychologie als

Wissenschaft möglich? Und hierauf ist vorderhand mit Nein zu antworten." – „Bei M, dem freien, intelligiblen Subjekte, das sich für Gut oder für Böse nach seinem Willen entscheiden kann, ist der psychophysische Parallelismus (...) auszuschließen." (10) Je nachdem, ob der Psychologe das Weib oder den Mann untersuchen will, werde er sich mit der reduktionistischen Psychologie begnügen oder sich der philosophischen Psychologie zuwenden. Weininger schließt daraus, daß jede Experimentalpsychologie „eminent weiblich" sei.

Der erste, biologische Teil von „Geschlecht und Charakter" braucht also keineswegs verleugnet zu werden: Er wird dem niedrigen, unvollständigen Seelenleben des Weibes durchaus gerecht. Also ist auch die „atomistische" Konzeption des Bewußtseins richtig, da das Weib nur in unzusammenhängenden Sequenzen denkt. Die Gesetze der sexuellen Anziehung bleiben gültig, da das Weib niemals sein Triebschicksal beherrscht. Der Mann hingegen ist nur „intermittierend sexuell" und beherrscht seinen Körper durch die Macht seines Geistes. Die Ergebnisse der experimentellen Wissenschaft gelten weiterhin für die Tier-Maschine Weib.

Ab dem IV. Kapitel des zweiten Teils, „Begabung und Genialität", läßt sich Weininger auf unzählige Abschweifungen über Gedächtnis, Logik, Ethik und Ich ein, die sein Buch in eine philosophische Summe verwandeln. Allerdings umfaßt diese nur etwa hundert Seiten. Bei all diesen schwierigen Themen möchte Weininger ein „Zurück zu Kant" praktizieren, aber – wie zu erwarten – hält er sich nicht an die Lehren des Kritizismus.

Der Neokantianer Paul Natorp schrieb in seiner „Einleitung in die Psychologie nach kritischer Methode" (1888), die „reine" oder philosophische Psychologie, die von der empirischen Psychologie zu unterscheiden sei, werde sich parallel zur allgemeinen Erkenntnislehre herausbilden. Man werde sich in ihr mit der psychologischen Grundlage der Empfindung befassen, mit der Beziehung der Empfindungen in der unmittelbaren Form der Vorstellung durch Raum und Zeit und mit der Idee des Zweckes. Ganz in diesem Sinne bemerkt auch Weininger, daß der Mensch immer gezwungen sei, „psychologisch zu denken", da er nicht nur ein Vernunftwesen, sondern auch ein körperliches Wesen sei. „Geschlecht und Charakter" handelt folglich von der psychologischen

Begründung des logischen Denkens und der Moralvorstellungen. Weininger grenzt sich deutlich gegen den „Psychologismus“ ab und entlehnt einige Argumente bei Husserl. Der erste Teil von dessen „Logischen Untersuchungen“ (1900) hatte gezeigt, daß psychologistische Reduktionen nicht ausreichen. Weininger jedoch begreift die Originalität Husserls nicht und zitiert ihn neben den Neukantianern Hermann Cohen und Windelband.

Die Kühnheit Weiningers besteht in der Einführung eines differenzierenden Gesichtspunkts in die Analyse der Empfindung, der Vorstellung, des begrifflichen Denkens usw. Im V. Kapitel behauptet er, die Frau habe kein Gedächtnis, sondern nur fragmentarische, an ihr Sexualleben gebundene Erinnerungen. Aus dieser oberflächlich bewiesenen „Wahrheit“ ergibt sich der Rest.

In Kapitel VI meint er, der Satz A=A habe psychologisch stets eine Beziehung zur Zeit. Man müsse sich an A erinnern, um Nicht-A setzen zu können. Da dem Weib die Kontinuität des Gedächtnisses fehle, kenne es weder das Prinzip der Identität noch das des Gegensatzes. Es sei „alogisch“. Weininger geht von der Feststellung aus, daß man, wenn das Gedächtnis fehle, lügen könne, ohne es zu merken, und dann weder Gewissensbisse noch Reue erfahre. Vergessen sei unmoralisch, die Frau, die nur im Augenblick handle, amoralisch.

Das philosophische Bravourstück von „Geschlecht und Charakter“ findet sich im VII. Kapitel. Hier erhebt Weininger den Anspruch, eine Lücke der Kantschen Philosophie zu füllen, indem er einen Gedanken Fichtes weiterentwickelt, der „in der reinen Logik (...) die Existenz des Ich verbürgt fand“. Seine Beweisführung gipfelt in dem Schluß: „(...) A ≡ A. Dieser Satz also ist identisch mit dem Satze: ich bin.“ Bei der Korrektur der Fahnen von „Geschlecht und Charakter“ nimmt Weininger sein nicht sehr orthodoxes Kunststück wieder zurück. Er schreibt in der Anmerkung: „Dieser Fichtesche Beweis ist verfehlt (...). Meine Anschauungen hierüber haben sich während der Drucklegung des Buches geändert.“ (11) Muß man im einzelnen zeigen, daß Weininger sowohl das Denken Kants als auch dasjenige Fichtes verzerrt? Er verfällt in den Fehlschluß, die Seele sei identisch und persönlich aufgrund des Bewußtseins von der Identität des Ich zu verschiedenen Zeiten. Er verwechselt theoretische Vernunft und praktische Vernunft. Er ethisiert die Logik so sehr, daß er sogar von einem „logischen Gewissen" spricht (während „Gewissen" bei Kant immer moralisches Gewissen bedeutet).

Dieses Besessensein von der Ethik führt Weininger dazu, alles empirisch Gegebene als riesige moralische Symbolik zu interpretieren. In der „Metaphysik" („Über die letzten Dinge") unterwirft er sogar Raum und Zeit einer moralischen Interpretation. In „Geschlecht und Charakter" interpretiert er die Hysterie als die „organische Krise der organischen Verlogenheit des Weibes".

Im ersten Teil des Buches gründete sich die Charakterologie auf den psycho-physischen Parallelismus. Als braver Kantianer unterscheidet Weininger nun zwischen dem „empirischen Charakter" und dem „intelligiblen Charakter". Das Weib besitze nur ersteren, der Mann auch letzteren. Die für die Frau geltende Charakterologie ist im ersten Teil abgehandelt worden. Nun gilt es, den Mann zu untersuchen. Die Kunde von dessen Charakter wird den von Shakespeare und Dostojewski vorgezeichneten Weg weiterverfolgen: Sie wird sich mit dem Helden, dem Heiligen, dem Verbrecher, dem Irren, dem Genie usw. befassen. Er möchte „Charaktere darstellen" und widersteht letzten Endes, obwohl für ihn das Weib eigentlich – im Sinn des Mannes – keinen Charakter hat, der Versuchung nicht, die zwei großen weiblichen Typen zu beschreiben: die Mutter und die Prostituierte.

Wie Emmanuel Mounier in seinem „Traité du caractère" (1946) bemerkt, hängt die Charakterologie eng mit der Vorstellung zusammen, die sich eine Epoche vom Menschen und seinem Schicksal macht. Otto Weininger, der den jüdischen Charakter mit dem weiblichen vergleicht, um schließlich beide zu diffamieren, ist nicht der einzige Psychologe seiner Zeit, der sich an einer derartigen Interpretation versucht. So hat wenige Jahre zuvor der Franzose Alfred Fouillée behauptet, bei der Frau dominierten die Funktionen des vegetativen und viszeralen Lebens. Das weibliche Gehirn eigne sich weniger für intellektuelle Leistungen. Fouillée glaubte auch, daß die dominierenden Charakterzüge der Neger Sinnlichkeit, Tendenz zu serviler Nachahmung, Angst vor Einsamkeit und ungezügelte Liebe zu Gesang und Tanz seien; der Chinese wiederum sei unerschütterlich zweck- und wirklichkeitsbezogen, er führe noch Frauenarbeiten wie Nähen oder Sticken mit perfekter Nüchternheit aus (12).

Die Typologie Weiningers weist in ihrem Anspruch bereits auf Ludwig Klages („Die Grundlagen der Charakterkunde", 1910), auf Carl Gustav Jung („Psychologische Typen", 1921) und Eduard Spranger („Lebensformen", 1921) voraus. Charakter bedeutet in diesem Sinn nicht nur, was ein Individuum ist, sondern auch, was es wird. Die Charakterologie wächst sich zu einer Anthropologie des menschlichen Schicksals aus. Weininger läßt sich vor allem von Dilthey anregen, der in seinen „Beiträgen zum Studium der Individualität" (1896) den Charakterologen aufgefordert hatte, den großen Schriftstellern nachzufolgen.

Der charakterologische Typus, den Weininger am ausführlichsten beschreibt, ist das Genie; dies sei ein Typus, der die höchste Erscheinungsform der Männlichkeit darstelle, während das Weib seinem Wesen nach keine Genialität erreichen könne. Weininger knüpft an uralte Vorstellungen an. Bei den Römern besaßen weder der Sklave noch die Frau *genius*. In der Religion des spätrömischen Reiches wird der Frau, in Ermangelung des *genius*, die Juno zugewiesen (13). Die moderne Geschichte des Genies beginnt in Deutschland gegen Ende des 18. Jahrhunderts (14). Die von Shaftesbury beeinflußten Dichter des Sturm und Drang preisen den Aufstand des Genies gegen die Konventionen. Herder, Goethe oder Kant verspotten hingegen die „falschen Genies", hinter deren Treiben nur Leere stecke. Das Genie scheint dem Dichter vorbehalten, obwohl es Fichte und Schelling auch für die Philosophie beanspruchen.

Im 19. Jahrhundert beginnt sich die Psychologie mit der Erforschung des Genies zu befassen. Sie situiert die Abnormalität zwischen Idiotie und Normalität. Am meisten beschäftigte die Psychologen die Frage nach dem Zusammenhang zwischen Genie und Wahnsinn. Moreau de Tours („La psychologie morbide", 1859) und vor allem Cesare Lombroso („Genio e follia", 1863) haben dieses von den Romantikern und von Schopenhauer übernommene Problem in wissenschaftlichen Begriffen formuliert.

Otto Weininger behandelt schließlich das Thema des „bedeutenden Menschen", des Helden und des „hero-worship", von dem bei Carlyle die Rede ist. In „Geschlecht und Charakter" nimmt das heldenhafte Genie, der Führer der Menschheit und Anreger der Kultur, die Züge des arischen Übermenschen an und steht im

Gegensatz zum Juden, dem Anti-Genie par excellence, und zum Weib, dem Nicht-Genie aus naturbedingtem Mangel. Da es in der Differentialpsychologie darum geht, das Genie durch die außergewöhnliche Entwicklung einer Fähigkeit zu erklären, zeigt Weininger im IV. Kapitel, „Begabung und Genialität", den Zusammenhang zwischen Genie und Gedächtnis. Als Resümee seiner Auffassung könnte man sagen, das Genie sei nicht „Allwissen" (es mißt sich nicht am Umfang seines gelernten Wissens), sondern „Allerinnerung": das perfekte Genie müßte sich an alles erinnern, was es von den ersten Tagen seines Lebens an erlebt hat. Es ist mehr als gewöhnliche Sterbliche dazu befähigt, seine Autobiographie zu schreiben. Es begreift die Kontinuität seines Schicksals. Es verleugnet nichts von seiner Vergangenheit, zeigt sich jedoch „fromm" sich selbst gegenüber.

Weininger zitiert ausführlich Schopenhauer und stützt sich vor allem auf das 31. Kapitel von „Die Welt als Wille und Vorstellung". Allerdings verwendet er die grundlegende Idee Schopenhauers nicht, nach der das Genie „anschauend" ist und mehr Erkenntnisfähigkeit als Willen besitzt. Weininger widerspricht allen Theorien, die das Genie als eine aus dem Unbewußten hervorströmende Kraft darstellen, und behauptet, das Genie sei äußerste, höchste Bewußtheit. Das Genie besitze eine intensive Wahrnehmung von allem, deshalb erinnere es sich auch an alles.

Nebenbei entwirft Weininger eine Theorie der „genialen Kunst". Das Gedächtnis gebe dem Künstler erstaunliche Vergleiche zwischen Vergangenheit und Gegenwart, „Symbole", ein. Aber die Wachsamkeit seines klaren Bewußtseins diktiere ihm auch die Notwendigkeit einer strengen Form. Gegen seine dekadenten Zeitgenossen, deren „weibischer Geschmack" zur Stimmungskunst und zur Auflösung der großen Formen tendiere, verteidigt Weininger einen streng beherrschten, neoklassischen Symbolismus und greift seine Zeit als „Epoche ohne Genie" an.

Gedächtnis und Aufmerksamkeit – dies seien die Kennzeichen des Genies, das sich von den gewöhnlichen Menschen allein durch die Intensität seiner Fähigkeiten unterscheide. Und Weininger fügt hinzu, daß es nur wenige Menschen gebe, die niemals im Laufe ihres Lebens genial gewesen wären. Eine heftige Leidenschaft, ein großer Schmerz, jedes intensive Erleben verwandeln das Individuum in ein Genie. In der Diskussion über die Beziehungen zwischen Genialität und Wahnsinn bezieht Weininger eine klare Position. Gegen P.J. Moebius, der das Genie als von Dementia praecox bedrohten „dégénéré supérieur" (der Ausdruck stammt von Charcot) bezeichnet, verkündet Weininger die Gesundheit des Genies. Nur jüdische Mentalität, fügt er hinzu, verwechsle Genialität und Wahnsinn. Ähnlich hat schon Dilthey 1886/87 zwischen Genialität und Wahnsinn unterschieden. Richard Wagner habe, meint Dilthey, „im Anschluß an Schopenhauer den Wahn glorifiziert und so alle höchsten Leistungen und Opfer in die Nachbarschaft des Pathologischen gebracht". Die Verwandtschaft zwischen Genialität und Wahnsinn „entsteht aus der Abwesenheit der Bedingungen, die sonst Vorstellungen reguliren; jedoch wird sie in dem Träumenden, dem Irren oder Hypnotischen durch Ursachen ganz andrer Art hervorgebracht, als in dem Künstler oder Dichter; dort ist der erworbene Zusammenhang des Seelenlebens gemindert, hier wird seine ganze Energie in der Richtung freien Schaffens verwandt" (15). Die Meinung, Genie sei der zur Vervollkommnung gelangte Mensch, teilte auch Max Nordau („Dekadenz", 1892), der seinen „dekadenten" Zeitgenossen echte Genialität absprach.

Weininger akzeptiert jedoch eine Analogie zwischen Genialität und Wahnsinn. Durch seine große Sensibilität wird das Genie empfindsam und reizbar bis zur Bizarrerie. In „Geschlecht und Charakter" findet sich etwas später eine überraschende Anmerkung:

> Alle Individualität ist der Gemeinschaft feind: wo sie in höchster Sichtbarkeit wirkt, wie im genialen Menschen, zeigt sich dies gerade dem Geschlechtlichen gegenüber. Nur h i e r a u s erklärt es sich, daß sicherlich alle bedeutenden Menschen, die, welche es verhüllt aussprechen können, wie die Künstler, und die, welche so unendlich viel verschweigen müssen wie die Philosophen – weshalb man sie dann für trocken und leidenschaftslos hält – daß also alle genialen Menschen ohne Ausnahme, soweit sie eine entwickelte Sexualität besitzen, an den stärksten geschlechtlichen Perversionen leiden (entweder am „S a d i s m u s", oder, wie zweifelsohne die größeren, am „M a s o c h i s m u s"). Das alle jenen Neigungen Gemeinsame ist ein instinktives Ausweichen vor der völligen körperlichen Gemeinschaft, ein V o r b e i -

wollen am Koitus. Denn einen wahrhaft bedeutenden Menschen, der im Koitus mehr sähe als einen tierischen, schweinischen, ekelhaften Akt, oder gar in ihm das tiefste, heiligste Mysterium vergötterte, wird es, kann es niemals geben. (16)

In „Über die letzten Dinge" vergleicht Weininger das Genie mit seinen beiden Antithesen: dem Verbrecher und dem Irren. Verbrechen und Wahnsinn sind „Bedrohungen" für das Genie. Alle biographischen Zeugnisse über Otto Weininger betonen seine ständige Angst davor, kriminell oder wahnsinnig zu werden. Die Kapitel über das Genie in „Geschlecht und Charakter" sind ein idealisiertes Selbstporträt.

Das Genie beherrscht durch sein Gedächtnis die Zeit und überwindet die Zeitlichkeit, die das menschliche Leben determiniert. Das Streben des Genies nach Ewigkeit (das in seinem Wunsch nach Unsterblichkeit zum Ausdruck kommt) läßt sich also auch als „Wille zum Wert" bezeichnen. Weininger verwirft Nietzsches Idee vom Willen zur Macht, denn das Genie ist für ihn der moralischste aller Menschen. Diese Moralität erkläre auch, warum die genialische Seele viel unabhängiger vom Körper sei als jede andere menschliche Seele. Die geniale Liebe sei ätherischer, weniger körperlich. Das Genie sei auch der „sittlichste aller Menschen". In der Biographie des Genies treffe man immer auf das „Ich-Ereignis", das zum Beispiel von Novalis und Jean Paul berichtet wird. Das geniale Individuum behauptet gegenüber der Welt und den Menschen seinen intelligiblen Charakter, den es in einer entscheidenden, die Wiedergeburt signalisierenden Einsicht erfaßt. Dieses Auftauchen des intelligiblen Charakters (das mit einer Bekehrung zur Moral einhergeht) darf nicht exzeptionellen, sondern muß exemplarischen Wert besitzen. Die Genialität soll der ganzen Menschheit als Vorbild dienen, sie stellt einen kategorischen Imperativ dar, dessen Maxime lauten müßte: „Werde genial!"

Diese Metaphysik des Genies, in der Weininger auf sonderbare Weise die Moral Kants mit der Sprache Nietzsches vermischt, knüpft an die Tradition der deutschen Romantik an. Das 16. Fragment Friedrich Schlegels postuliert: „Genie ist zwar nicht Sache der Willkür, aber doch der Freiheit, wie Witz, Liebe und Glauben, die einst Künste und Wissenschaften werden müssen. Man soll von jedermann Genie fordern, aber ohne es zu erwarten. Ein Kantianer würde dies den kategorischen Imperativ der Genialität nennen." (17) Bleibt nur offen, ob Weininger unwissentlich dessen Inhalt noch einmal formulierte oder ob er Schlegel bewußt nicht zitierte.

Bei Kant ist die Bezeichnung Genie dem Künstler vorbehalten und hat nichts mit Ethik zu tun. – Weininger verdankt Nietzsche die grundlegende Idee von „Geschlecht und Charakter": daß die Kulturkritik bei einer Charakterologie der Entartung beginnt. Die emanzipierte Frau ist eine der großen Figuren der Dekadenz. Bei Nietzsche findet Weininger auch die pessimistische Vision einer von Genies entvölkerten zeitgenössischen Welt. Aber der höhere Mensch, dessen Kommen er beschwört, ist ein Held des moralischen Gesetzes, der sich stark vom Übermenschen Nietzsches unterscheidet.

In „Menschliches, Allzumenschliches" wird der Untergang des Genies konstatiert, wie man es seit dem Ende des 18. Jahrhunderts dargestellt hatte:

> Die Künstler haben ein Interesse daran, daß man an die plötzlichen Eingebungen, die sogenannten Inspirationen glaubt; als ob die Idee des Kunstwerks, der Dichtung, der Grundgedanke einer Philosophie, wie ein Gnadenschein vom Himmel herableuchte. In Wirklichkeit producirt die Phantasie des guten Künstlers oder Denkers fortwährend, Gutes, Mittelmäßiges und Schlechtes, aber seine Urtheilskraft, höchst geschärft und geübt, verwirft, wählt aus, knüpft zusammen. (18)

Derjenige, der sich heute für ein Genie ausgibt, ist oft nicht mehr als ein schlechter Schauspieler (sicherlich dachte Nietzsche dabei an Richard Wagner):

> Vom Probleme des Schauspielers. – (...) ich war im Ungewissen darüber (...), ob man nicht erst von da aus dem gefährlichen Begriff „Künstler" (...) beikommen wird. (...)
>
> (... – Possenreißer, Lügenerzähler, Hanswurst, Narren, Clown zunächst, auch den klassischen Bedienten, den Gil Blas: denn in solchen Typen hat man die Vorgeschichte des Künstlers und oft genug sogar des Genies.) (19)

Der Schauspieler und Erbe der großen Klassiker, der seine Schuld nicht anerkennt, hat nichts mit dem echten Genie zu tun. Im vierten Buch des „Zarathustra" kommt die Enttäuschung Nietzsches über die verschiedenen Bilder höherer Menschen, an die er zuerst geglaubt hatte, zum Ausdruck. Die zwei Könige, der Papst, der freiwillige Bettler, der Atheist, der Gelehrte, der Schatten des Reisenden und der pessimistische Philosoph, sie alle scheinen Zarathustra zu verstehen und besitzen eine gewisse Größe. Aber jeder von ihnen läßt am Ende doch seine grundlegende Geblendetheit erkennen. Keiner ist groß genug, stark genug. Zarathustra beklagt sich darüber, daß er noch nicht die Richtigen gefunden habe. Alle Typen der Menschheit, auch das Genie, muß der Übermensch übertreffen.

Die Moralisierung Nietzsches geht bei Weininger Hand in Hand mit einer Heroisierung der Kantischen Ethik:

> So verstehen wir jetzt (...) diese „Kritik der praktischen Vernunft". Der Mensch ist allein im Weltall, in ewiger, ungeheuerer Einsamkeit.
>
> Er hat keinen Zweck außer sich, nichts anderes, wofür er lebt – weit ist er fortgeflogen über Sklave-sein-wollen, Sklave-sein-können, Sklave-sein-müssen: tief unter ihm verschwunden alle menschliche Gesellschaft, versunken die Sozial-Ethik; er ist allein, **allein.**
>
> (...) Und er verlangt von sich, daß er dieses Gesetz in sich, das Gesetz seines Selbst, befolge, daß er nur Gesetz sei, ohne Rück-Sicht hinter sich, ohne Vor-Sicht vor sich. Das ist das Grauenvoll-Große: es hat **weiter** keinen Sinn, daß er der Pflicht gehorche. Nichts ist ihm, dem Alleinen, All-Einen übergeordnet. Doch der unerbittlichen, keine Verhandlung mit sich duldenden, das ist kategorischen Forderung in sich muß er nachkommen. Erlösung! ruft er (Ruft Schopenhauer, ruft Wagner. – Fußnote Otto Weiningers), Ruhe, nur schon Ruhe vor dem Feind, Frieden, nicht dies endlose Ringen – und erschrickt: selbst im Erlöst-sein-wollen war noch Feigheit (...). Ja sagen zu **dieser** Einsamkeit, das ist das „Dionysische" Kantens; das erst ist Sittlichkeit. (20)

Wir sind nicht weit entfernt von einer existentialistischen Interpretation Kants. Die freie Tat gleicht einem Sprung ins Unbekannte, einer Entscheidung für die objektive Ungewißheit im Namen einer subjektiven Gewißheit. Peter Kampits hat Otto Weininger im Lichte Kierkegaards und Heideggers neu gelesen. In der Nachfolge von Ferdinand Ebner findet Kampits Weiningers Schicksal in Kierkegaards „Stadien auf dem Lebensweg" vorgezeichnet. Die Spannungen zwischen Endlichem und Unendlichem, zwischen Ewigem und Zeitlichem, Freiheit und Notwendigkeit, Symptome der „Krankheit zum Tode", durchziehen „Geschlecht und Charakter" und, noch auffälliger, „Über die letzten Dinge" (21). Die Moralisierung Nietzsches entspricht übrigens einer zeitgenössischen Rezeptionstendenz des „Willens zur Macht". Auch Robert Reininger findet in seinem Buch „Friedrich Nietzsches Kampf um den Sinn des Lebens" (1922) eine Parallele zwischen Kant und Nietzsche: „Das ‚Bestimme dich aus dir selbst!', worin Schiller mit Recht den tiefsten Gehalt der Kantischen Moralphilosophie erblickte, ist auch Nietzsches Wort." (22)

Eine der originellsten Ideen Weiningers ist seine Theorie des Genies als Mikrokosmos. „Das Ich des Genies muß demnach selbst die universale Apperzeption sein, der Punkt schon den unendlichen Raum in sich schließen: *der bedeutende Mensch hat die* **ganze** *Welt* **in sich, der Genius ist der lebendige Mikrokosmus.** Er ist nicht eine sehr zusammengesetzte Mosaik, keine aus einer, doch immer *endlichen*, Vielzahl von Elementen aufgebaute chemische Verbindung (...): *sondern er ist alles.* Wie im Ich und durch das Ich alle psychischen Erscheinungen zusammenhängen, wie dieser Zusammenhang unmittelbar erlebt und ins Seelenleben nicht mühsam erst hineingetragen wird durch eine Wissenschaft (...), wie hier das Ganze durchaus vor den Teilen besteht; so blickt der Genius, in dem das Ich wie das All, als das All *lebt*, auch in die Natur und ins Getriebe aller Wesen als ein Ganzes, er *schaut* hier die *Verbindungen* und konstruiert nicht einen Bau aus Bruchstücken." (23)

Die Seele des Genius enthält nicht nur das All, sie umfaßt auch die gesamte Menschheit. Der Genius besitzt in seiner Persönlichkeit alle menschlichen Typen, vom Verbrecher bis zum Heiligen. Er ist auch universales Begreifen: Keine einzige menschliche Leidenschaft ist ihm fremd. Aus dieser Theorie des Mikrokosmos wird in „Über die letzten Dinge" unter dem Titel „Metaphysik" eine universale Symbolik entwickelt. Die gegenseitige Durchdringung von genialem Ich und Welt führt Weininger zu einem bei ihm höchst erstaunlichen Vergleich. Im Kapitel „Mutterschaft und Prostitution" schreibt er, „daß die Frau durch einen *Blick*, durch ein Wort sich bereits besessen fühlen kann, (...) die Mutter ist empfänglich überhaupt. In ihr gewinnt alles Leben, denn alles macht auf sie physiologischen Eindruck und geht in ihr Kind als dessen Bildner ein. Hierin ist sie wirklich, in ihrer niederen körperlichen Sphäre, nochmals dem Genius vergleichbar." (24)

Die Idee des Mikrokosmos geht auf Platons „Philebos" und Aristoteles' „De anima" zurück. Weininger bezieht sich vor allem auf Autoren der Renaissance wie Nikolaus von Kues, Paracelsus, Giordano Bruno, aber auch auf Jakob Böhme. Lang zitiert er eine lateinische Stelle Pico della Mirandolas und entnimmt Leibniz' Monadenlehre die Formel, nach der jedes Ding ein bestimmter Ausdruck des Universums, eine Art konzentriertes Universum ist. Und er zeigt sich von Schelling und Schopenhauer beeinflußt. In „Die Welt als Wille und Vorstellung" heißt es: „Jeder findet sich selbst als diesen Willen, in welchem das innere Wesen der Welt besteht, so, wie er sich auch als das erkennende Subjekt findet, dessen Vorstellung die ganze Welt ist (...). Jeder ist also in diesem doppelten Betracht die ganze Welt selbst, der Mikrokosmos." (25) – Übrigens tragen im 19. Jahrhundert viele, oft mittelmäßige philosophische Werke den Titel „Mikrokosmus", wie beispielsweise ein Buch von Hermann Lotze (Leipzig 1856).

Die Metaphysik Weiningers ist verwandt mit der von Ludwig Klages, dessen dualistisches Denken ebenfalls ein von Gegensatzpaaren strukturiertes Universum beschreibt: Leib–Seele, Empfindung–Schauung, Sexus–Eros, weiblich–männlich, Mikrokosmos–Makrokosmos. Der „kosmogonische Eros" von Klages gleicht dem, was Weininger als universale Apperzeption des Genies bezeichnet: „Im ganzen und wesentlichen stehen Sexus und Eros im Verhältnis der gegenseitigen Störung, dergestalt daß es seit je eine der schwierigsten Lebensfragen der Menschheit war – man hat sie niemals gelöst –, zwischen beiden einen Ausgleich zu schaffen. (...) Hier betonen wir, daß der sympathetische Schauer reiner und tiefer zu walten pflegt zwischen Wesen desselben Geschlechtes als der verschiedenen. Sein ewiges Sinnbild ist die Zweiheit der Dioskuren (...). Aus diesem Blickort betrachten wir die germanische Mannentreue; aber auch die ursprüngliche ‚Männerliebe' der Griechen, die mit sogenannter Homosexualität sehr wenig gemein hat (...)" (26). Weininger scheint im Namensverzeichnis von „Der

Geist als Widersacher der Seele" nicht auf. Klages hätte „Geschlecht und Charakter" sicherlich zur späten Nachfolge des von ihm abgelehnten Platonismus gezählt: „Wir haben hier den philosophischen Keim der Erzählung von ‚Amor und Psyche' und sehen die größte Angelegenheit der antiken Seele, den Eros, mit feinstgewobenen Verführungskünsten einer halb dichterischen Dialektik in den Dienst (...) der Sinnenfeindschaft gestellt." (27)

Aus seiner Theorie des Mikrokosmos leitete Weininger auch die Periodizität des Genies ab, das in außergewöhnlichem Maß den periodischen Rhythmus jeglichen psychischen Lebens ausdrücke. „Ja, so groß ist im hervorragenden Menschen die ‚Amplitüde' der Perioden, in denen die verschiedenen Seiten seines Wesens, die vielen Menschen, die in ihm intensiv leben, aufeinander succedieren, daß diese Periodizität auch physiognomisch sich deutlich offenbart. (...) man vergleiche nur die von Goethe, von Beethoven, von Kant, von Schopenhauer aus den verschiedenen Epochen ihres Lebens erhaltenen Bilder!" (28) Durch diese psychische Periodizität entsteht eine weitere Analogie zwischen dem weiblichen Körper und der Seele des Genies. Es war diese Theorie der Periodizität, die die lange Polemik zwischen Fließ, Swoboda und Freud auslöste.

Weininger schwankt zwischen den Begriffen „Genie" und „bedeutender Mensch". Das Motto des ersten Kapitels des zweiten Teils stammt von Thomas Carlyle, dem Autor von „On Heroes, Hero-Worship and the Heroic in History". Weininger zufolge reduziert sich die menschliche Geschichte vollständig auf das Auftauchen von Genies und auf die Anstöße, die sie auf allen Gebieten bewirken. Wir sind nicht weit entfernt von einem die Geschichte bestimmenden Führerprinzip, von der Tradition des Fichteschen „Zwingherrn zum Deutschtum" und des „Du Starker von oben" Nietzsches.

Im Gegensatz zu Carlyle, der ein ziemlich präzises politisches Reformprogramm für das „Zeitalter der Heuchelei" entwickelte und Friedrich den Großen, Napoleon und vor allem Cromwell als Vorbilder vorschlug, interessiert sich Weininger jedoch nicht für die Sache der Politik und verachtet die Männer der Tat. „Die ‚Männer der Tat', die berühmten Politiker und Feldherren, mögen wohl einzelne Züge haben, die an das Genie erinnern (z.B.

eine vorzügliche Menschenkenntnis, ein enormes Personengedächtnis) (...). Der große Imperator oder große Demagog (...) knüpft sein Dasein an den Moment, und sucht nicht auf eine jener beiden Arten, die dem Menschen möglich sind, die Zeit zu überspringen. Der echte Genius aber macht sich in seinem Schaffen nicht abhängig von den konkret-zeitlichen Bedingungen seines Lebens (...)" (29).

Weininger entwickelt eine überraschende Analogie zwischen dem Politiker und der Prostituierten: „Ambitio heißt eigentlich Herumgehen. Das tut der Tribun wie die Prostituierte. Napoleon hat in Paris nach Emerson ‚inkognito in den Straßen auf die Hurras und Lobsprüche des Pöbels gelauscht'. (...) Antonius (Caesar) und Kleopatra – die beiden sind einander gar nicht unähnlich." (30) Diese Seiten hatten Karl Kraus ganz besonders gefallen, so daß er sie in der „Fackel" (Nr. 298, 1910) für seine Polemik gegen den Wiener Bürgermeister Lueger abdruckte.

Otto Weininger muß also noch einmal genauer definieren, was er unter „Genie" versteht. Die Männer der Tat und die Gelehrten haben kein Anrecht auf diesen Titel. Nur die Künstler, die Philosophen und die Religionsstifter verdienen ihn. Daher feiert Weininger das Genie von Christus, der den Juden in sich „überwunden" habe, um der Menschheit eine neue Religion zu überbringen. In dem Aufsatz „Wissenschaft und Kultur" in „Über die letzten Dinge" wird diese Auffassung systematisch formuliert: Jede Kultur beruhe auf einer von Genies geschaffenen Weltanschauung.

Weininger hält den von Carlyle definierten Heldenkult für unmoralisch, da er von einer „Heteronomie", einer Unterwerfung unter die Autorität zeugt, die die Gebote Kants verletzt. Ein Brief an Swoboda vom 17. Juni 1902 weist eindeutig in diese Richtung:

> Ich glaube, daß Du die *handelnden* Menschen, Feldherren, Politiker, Kaufleute stark überschätzest. Mir haben die Politiker auch eine Zeitlang imponiert, ich gesteh' es offen, nur weil ich selbst es so gar nicht bin. Aber es ist *wirklich* nichts an ihnen, trotzdem Du sie so hoch wertest – diesen Irrtum teilst Du übrigens mit einem großen Manne, mit Carlyle. Selbst die besten und hervorragendsten, Cromwell, Napoleon, Bismarck, sind noch alle Lügner und Betrüger. (...) Der Politiker schafft darum *nie* Kulturwerte, ebensowenig der Feldherr. (31)

Zu Weiningers Zeit spricht man sehr viel von „großen Männern". Georg Brandes hält 1903 in Paris Vorträge mit dem Titel „Le grand homme, origine et fin de la civilisation". Paul Lagarde in „Deutsche Schriften" (1878 - 1881), Julius Langbehn in „Rembrandt als Erzieher" und Houston Stewart Chamberlain in „Die Grundlagen des 19. Jahrhunderts" verkünden, welcher Segen ein großer Mann für eine von Dekadenz bedrohte Kultur sei. Gleichzeitig entsteht der (von Léon Poliakov untersuchte) „arische Mythos". Der vom Genie faszinierte und von einem wütenden Antisemitismus beseelte Weininger gehört, historisch gesehen, zu dieser Richtung. Edgar Zilsel hat eine scharfsinnige Kritik dieser Ideologie geliefert: „Daß ein Mensch über einen anderen Menschen bloß auf Grund eines halbmetaphysischen Begriffes, wie des der Persönlichkeit, verächtlich ein Werturteil abgibt, ohne sich vorher im Spiegel zu besehen und ein wenig zu zweifeln, das ist Ausdruck einer Gesinnung, die zwar in der heutigen Literatur allgemein verbreitet ist, die letzten Endes aber immer sich in Unmenschlichkeit entladen muß", schrieb er über die Verunglimpfung Spinozas durch Houston Stewart Chamberlain (32).

Jacques Derrida hat in seinem kleinen Büchlein „D'un ton apocalyptique ...", einem Kommentar zu Kants Schrift „Von einem neuerdings erhobenen vornehmen Ton in der Philosophie", eine Kritik formuliert, die, wie mir scheint, durchaus an Zilsel erinnert. Derrida schlägt einige Formeln vor, die sehr genau auf die Weltanschauungsliteratur vom Anfang des Jahrhunderts und hier vor allem auf Otto Weininger passen: „Diese Leute stellen sich über das Gemeine und haben dabei dieses gemein: Sie behaupten, sie stünden in unmittelbarer und intuitiver Beziehung zum Mysterium (...). Mystagogein, genau darum handelt es sich: führen, ins Geheimnis, ins Mysterium initiieren. (...) Diese agogische Funktion des Menschenführers, des Duce, des Führers, des Leaders stellt ihn über die Menge, die er mit Hilfe einer kleinen Zahl von Anhängern manipuliert. (...) Sie halten sich unweigerlich immer für Vornehme, für Elitewesen (...). Der hierarchisierte Gegensatz zwischen Begabung und Arbeit, Intuition und Begriff, geniemäßig und schulmäßig ist homolog zum Gegensatz zwischen Aristokratie und Demokratie." (33) Jacques Derrida betont, daß die Apokalypse immer mehr oder weniger „der Schleier ist, der über einer

Sache gelüftet wird: In erster Linie wird gewissermaßen das Geschlecht des Mannes oder der Frau enthüllt." (34) Weiningers Bindungen an Kant und seine Gleichgültigkeit sozialen Fakten gegenüber sind jedoch zu groß, als daß er eine deutliche politische Botschaft übermitteln könnte.

In seinem Vorwort kündigt Weininger bereits an, daß das Problem der Beziehungen zwischen Mann und Weib nur unter der sicheren Führung einer Weltanschauung gelöst werden könne. Eine Weltanschauung schade keineswegs dem Detailwissen, sondern sei die Vorbedingung jeder tieferen Wahrheit. Sie könne, und darin beruhe der Irrtum jeder ausschließlich empirischen Wissenschaft, niemals aus einer wenn auch noch so umfassenden Synthese des empirischen Wissens entstehen. In dem Aufsatz „Wissenschaft und Kultur" zieht er den Schluß, daß der Mann nur dann eine Weltanschauung habe, wenn er Philosoph und Künstler zugleich sei.

Bei der Definition der Weltanschauung beruft sich Weininger auf Kant und weist damit bereits auf die Interpretation Chamberlains in dessen „Immanuel Kant" (1905) voraus. Der strenge Meister aus Königsberg, der so wenig zu lyrischem Überschwang neigte, dient als Anreger für dieses Gemisch aus Metaphysik, Religiosität, Poesie – und Vorurteilen, dem viele Essayisten auf halbem Weg zwischen Philosophie und Literatur am Anfang des 20. Jahrhunderts anhängen. In seinem Buch „Die Grundlagen des 19. Jahrhunderts", das 1898 in Wien erschien und bei Weininger mehrmals zitiert wird, schrieb Chamberlain: „Weltanschauung habe ich statt Philosophie gesetzt, denn dieses griechische ‚Weisheit liebend' ist eine traurig blasse und kalte Vokabel, und gerade hier handelt es sich um Farbe und Glut. Weisheit! Was ist Weisheit? Und weil dem so ist, kommt es für den verhältnismäßigen Wert einer Weltanschauung mehr auf die Sehkraft als auf die abstrakte Denkkraft an, mehr auf die Richtigkeit der Perspektive, auf die Lebhaftigkeit des Bildes, auf dessen künstlerische Eigenschaften als auf die Menge des Geschauten." (35)

In einem unveröffentlichten Brief Weiningers an Swoboda vom Dezember 1901 entdeckt man die andere Dimension der Weltanschauung: „Ein Gänsemarsch in Couleur durch die Kärntnerstraße – dabei lebe ich doch noch mehr als bei der Untersuchung, wodurch morgends-frische und abends-frische Leute sich n o c h unterscheiden." (36) Die Begeisterung für die rechtsextremistische Pfadfinderei zeigt, daß sich Weininger trotz seines geringen Interesses für Politik instinktiv den Bewegungen anschließt, die auf den Faschismus vorausweisen. Seine Weltanschauung führt zum Antiintellektualismus und zum Kult des immanenten Genies der Massen.

In einem anderen Brief an Swoboda vom 2. Juni 1902 behauptet Weininger: *„Es gibt kein Problem außer dem ethischen* (...)" (37). Eine richtiggehende Obsession der moralischen Reinheit kennzeichnet die letzte Phase von Weiningers Metaphysik. Die „Symbolik" in „Über die letzten Dinge" entwirft eine dualistische Darstellung des Universums, in der die Kräfte des Bösen und des Guten miteinander ringen. Das Subjekt lehnt sich gegen die Natur auf, gegen das Nicht-Ich, gegen alles, wodurch es einer Heteronomie unterworfen werden kann. Diese Revolte richtet sich nicht nur gegen den Körper und dessen Wünsche, sondern sogar gegen das Stoffliche selbst und gegen die Zeitlichkeit. Und so formuliert Weininger zu Ende von „Geschlecht und Charakter" ein grandioses *pereat mundus*:

> Die Verneinung der Sexualität tötet bloß den körperlichen Menschen und ihn nur, um dem geistigen erst das volle Dasein zu geben.
>
> Darum kann es auch nicht sittliche Pflicht sein, für die Fortdauer der Gattung zu sorgen, wie man dies so oft behaupten hört. Es ist diese Ausrede von einer außerordentlich unverfrorenen Verlogenheit (...).
>
> Im Gegenteil: es ist unmoralisch, ein menschliches Wesen zur Wirkung einer Ursache zu machen, es als Bedingtes hervorzubringen, wie das mit der Elternschaft gegeben ist (...). (38)

„Ich glaube, daß sicher meine Geisteskräfte derartige sind, daß ich in gewissem Sinne Löser für alle Probleme geworden wäre. Ich glaube nicht, daß ich irgendwo lange im Irrtum hätte bleiben können. Ich glaube, daß ich den Namen des Lösers mir verdient hätte, denn ich war eine Lösernatur", schreibt Weininger in sein „Taschenbuch" (39). Der leidenschaftliche Idealismus führt zu einem hochmütigen Abschied von der Welt. Es erstaunt keineswegs, daß viele im Selbstmord Otto Weiningers eine notwendige Konsequenz seines Denkens gesehen haben.

VI.
LITERARISCHE UND PHILOSOPHISCHE TRADITIONEN

– Jetzt weiß ich, warum Sie uns Ihre Bücher vorenthalten. Sie haben geschrieben: „Wenn Du zum Weibe gehst, vergiß die Peitsche nicht!“ – Gnädige Frau, teure Freundin, antwortete Nietzsche betrübt und ergriff ihre Hände, so dürfen Sie mich nicht verstehen.

Daniel Halévy

Als S. de Callias 1926 ihre „Blütenlese“, ihren „Florilège de l'antiféminisme“ zusammenstellte, ließ sie alle großen Vorfahren Revue passieren: die Propheten der Bibel, Pythagoras, Hesiod, Aischylos, Euripides, Quintus Metellus, die einschlägige in China überlieferte Philosophie, die Apostel, den Heiligen Paulus und den Heiligen Hieronymus, Thomas von Aquin, Augustinus, Giordano Bruno, Bossuet usw. Sie gelangte nach Schopenhauer und Nietzsche zu Otto Weininger und stellte fest, er sei noch der logischeste von allen gewesen (1).

In „Geschlecht und Charakter“ wird die uralte Tradition des in den meisten Zivilisationen verbreiteten Antifeminismus rekapituliert. Neu und originell bei Weininger ist, daß seine Theorien in ein metapsychologisches und kulturkritisches System eingegliedert sind, in dem das Weib gemeinsam mit dem Juden das absolut Negative und das Ferment der Dekadenz verkörpert. Für Hans Mayer, der Weininger einige wesentliche Seiten gewidmet hat, ist die Geschichte der Ideen im 19. Jahrhundert die Geschichte des Scheiterns der Aufklärung (2). Die Forderung nach der Gleichheit der Menschen konnte in der gesellschaftlichen und politischen Ordnung nicht verwirklicht werden. Sie hat allerdings die Illusion der universellen Gleichheit genährt, die gewöhnlich auf das Modell der männlichen Menschheit bezogen ist. Der Humanismus der Aufklärung hat die von Hans Mayer als „existentielle Außenseiter“ Bezeichneten, nämlich die Frauen, die Homosexuellen und die Juden, nicht dauerhaft in die menschliche Gemeinschaft integriert. Weiningers Buch erscheint als die Vollendung eines Jahrhunderts der „Gegenaufklärung“, die um die Jahrhundertwende vor allem in Wien ihren Höhepunkt erreicht, wo sich die Frau stärker als je zuvor der Unterdrückung durch die patriarchalische Familie ausgeliefert sieht, wo die öffentliche Moral die Homosexualität verfolgt und der Antisemitismus von der Biologie gestützt wird.

Für Hans Mayer gibt es neben den Frauen, den Homosexuellen und den Juden natürlich noch andere Außenseitertypen wie zum Beispiel den Fremden und den Heiden. Die Frauen stellen einen Sonderfall dar, weil man sich zwar eine Menschheit ohne Homosexuelle und ohne Juden, aber nicht ohne Frauen vorstellen kann. Bei Simone de Beauvoir heißt es: „Das Band, das sie an ihre Unterdrücker fesselt, kann mit keinem anderen verglichen werden. (...) Das ist es, was von Grund auf die Frau charakterisiert: sie ist das Andere innerhalb eines Ganzen, in dem beide Extreme einander nötig haben.“ (3) Hans Mayer bemerkt, daß viele Autoren des „Fin de siècle“ dazu tendieren, die tatsächlichen Klassengegensätze durch künstliche Oppositionen zu ersetzen: Bei Thomas Mann stehen einander Bürger und Künstler gegenüber, bei Wedekind und Strindberg die Geschlechter. Die grundlegende These Hans Mayers überzeugt, auch wenn einige Punkte diskussionswürdig sind: „Bürgerliche Aufklärung war harmonisch und nahezu konfliktlos, so lange die Bourgeoisie von der politischen Machtergreifung ferngehalten war. Während die Zarinnen in Sankt Petersburg herrschten und Maria Theresia ihren Privatkrieg führte gegen den ‚bösen Mann‘ in Sanssouci, wobei sie das Bündnis mit der Marquise de Pompadour nicht scheute, war Egalität der Geschlechter gesichert: im feudalen Bereich. Das Laster Sodoms galt als derartig verbreitet unter den Monarchen, Offizieren, Höflingen der Rokoko-Sozietät, daß bloß Médisance (Verleumdung) denkbar blieb, wie in Voltaires Bosheiten gegen König Friedrich, doch keine Repression. Das System der Hofjuden galt als eingespielt. (...) Der Prozeß des Juden Süß Oppenheimer war ein Zwischenfall, der sich nicht wiederholte.“ (4) Im Verlauf des 19. Jahrhunderts hat sich die Repression der bürgerlichen Gesellschaft derartig verstärkt, daß Weininger im Jahr 1903 Wahres aussagt „für eine Gesellschaftsschicht. Weit davon entfernt, wie manche feministische

Kritiker seiner Thesen behauptet hatten, Spinnerei eines unglücklichen Genies zu sein, verrieten sie, das bewies die Rezeption, traumatische Bewußtseinszustände der bürgerlichen Schichten in Mitteleuropa." (5)

Stefan Zweig hat klar erkannt: „Gewiß, wir haben mehr Freiheit im staatsbürgerlichen Sinne genossen als das heutige Geschlecht, das zum Militärdienst, zum Arbeitsdienst, in vielen Ländern zu einer Massenideologie genötigt und eigentlich in allem der Willkür stupider Weltpolitik wehrlos ausgeliefert ist. (...) läßt die Sitte dem Menschen Freiheit, so zwängt ihn der Staat ein. Läßt ihm der Staat seine Freiheit, so versucht ihn die Sitte zu knechten." (6) Otto Weininger ist weit davon entfernt, die Vorurteile der Wiener Bourgeoisie zu kritisieren, sondern entfaltet übermäßigen Eifer, um sie wissenschaftlich und philosophisch zu legitimieren. Die anständigen Leute bringt er deshalb in Verlegenheit, weil er ihre Ideologie völlig überspitzt verteidigt. Ein P. J. Moebius hat Anstoß an Weiningers radikaler Kritik der Ehe, der Familie genommen. Trotzdem geschieht in „Geschlecht und Charakter" nichts anderes als die Offenlegung der Widersprüche des patriarchalischen Denkens. Weininger lehnt den üblichen bürgerlichen Kompromiß zwischen Misogynie und ehelichem Bund ab. Aber sein Neo-Konformismus ist ein Ultra-Konformismus. Er stolpert in die von Hermann Broch beschriebene Falle des assimilierten Juden: „Sie assimilieren den Stil der nationalen, der ökonomischen oder sonstwelchen Oberklasse, um an deren Narzißmus teilzunehmen, indes, es gesellt sich hiezu noch außerdem der Stolz auf die geglückte Assimilationsleistung (...) (7).

Der Feminismus ebenso wie der Antifeminismus können ihre Prinzipien auf die religiösen Texte der jüdischen wie der christlichen Glaubenslehre stützen, deren ursprüngliche Form allerdings durch tendenziöse Übersetzungen und Auslegungen oft unkenntlich geworden ist. Otto Weininger ist von mehreren religiösen Traditionen geprägt: von der jüdischen durch seine familiäre Umgebung, von der katholischen durch seine Zugehörigkeit zur Wiener Kultur und schließlich von der lutherisch-protestantischen (er konvertiert im Jahr 1902). Weininger kennt das religiöse jüdische Denken jedoch nur sehr oberflächlich und sicherlich weitaus weniger als Freud. Er hat eine weltliche Erziehung erhalten. Sein Vater Leopold verleugnet zwar seine jüdische Herkunft nicht, stellt aber die deutsche Philosophie höher als jede Religion.

„Geschlecht und Charakter" enthält nur wenige Bibelzitate. Nach Meinung Weiningers zeigen die „Betrügereien Jakobs", daß es dem Juden immer schon an echter Moral gemangelt habe. Er beruft sich auf die Genesis, um die ursprüngliche Unterlegenheit des Weibes zu belegen, und bezeichnet die Kabbala als vulgären Aberglauben, der nichts mit echter Mystik zu tun habe. Christus ist für Weininger das Modell des Juden, der „die stärkste Negation, das Judentum, in sich überwindet", der Mann, der „das Weib von der Weiblichkeit emanzipiert" hat. Er erwähnt die größten Frauenfeinde unter den Kirchenvätern, Origenes und Tertullian. Er zitiert einen frauenfeindlichen Ausspruch des Heiligen Augustinus, den er bei Schopenhauer gefunden hat. Der Übertritt Otto Weiningers zum Protestantismus ist eine Verleugnung des Judentums, eine Ablehnung der Wiener Kultur und ein Akt „kantianischer Pietät". Er behauptet in „Geschlecht und Charakter", die Frauen besäßen eine natürliche Neigung zum Katholizismus und verstünden nichts vom Protestantismus. Luther wird – neben Mohammed – jedoch nur als genialer Religionsstifter genannt, und beide werden als „große Epileptiker" bezeichnet.

Zugleich behauptet Weininger, das wahre Genie habe eine tief religiöse Seele, während der Jude die Unfrommheit par excellence verkörpere. In seinem Aufsatz „Wissenschaft und Kultur" meint er, es gebe keine Kultur ohne Religion, und bezieht sich immer wieder auf Wagners Parsifal. Aber diese Religiosität entspringt einer Weltanschauung, in der die Wagnersche Ästhetik, die Kantische Moral und die „Metawissenschaft" Gustav Theodors Fechners eine Synthese eingehen, die von jedem präzisen Dogma weit entfernt ist.

Hans Mayer zeigt sich sehr optimistisch, wenn er schreibt, der Idealismus der Aufklärung habe die Gleichheit der Geschlechter postuliert und manchmal auch verwirklicht. Als Max Horkheimer und Theodor W. Adorno im Exil die „Dialektik der Aufklärung" verfaßten, sahen sie, bedingt durch die Hoffnungslosigkeit der historischen Situation, klarer. Lange vor Jacques Lacan erinnerten sie daran, daß man „Kant mit Sade" denken müsse:

In der Liebe war Genuß verknüpft mit der Vergötterung des Menschen, der ihn gewährte, sie war die eigentlich humane Leidenschaft. (...) Durch das Christentum ward die Hierarchie der Geschlechter, das Joch, das die männliche Eigentumsordnung dem weiblichen Charakter auferlegt, zur Vereinigung der Herzen in der Ehe verklärt, die Erinnerung an die vorpatriarchale bessere Vergangenheit des Geschlechts beschwichtigt. (...) Die unvermeidliche Konsequenz, die mit der cartesianischen Aufteilung des Menschen in denkende und ausgedehnte Substanz schon implizit gesetzt war, wird in aller Klarheit als Destruktion der romantischen Liebe ausgesprochen. Diese gilt als Verhüllung, Rationalisierung des körperlichen Triebs, „eine falsche und immer gefährliche Metaphysik", wie der Graf von Belmor in seiner großen Rede über die Liebe erklärt. (...) Juliettes Kritik ist zwiespältig wie die Aufklärung selbst. (...) Die Herrschaft über die Natur reproduziert sich innerhalb der Menschheit. (...) Die Frau aber ist durch Schwäche gebrandmarkt, auf Grund der Schwäche ist sie in der Minorität, auch wo sie an Zahl dem Mann überlegen ist. (...) Sade formuliert die Reflexion Strindbergs. (...) Der Versuch des Christentums, die Unterdrückung des Geschlechts ideologisch durch die Ehrfurcht vor dem Weibe zu kompensieren und so die Erinnerung ans Archaische zu veredeln anstatt bloß zu verdrängen, wird durch die Rancune gegen das erhöhte Weib und gegen die theoretisch emanzipierte Lust quittiert. (...) Es (das Weib – d. Verf.) hat für den Madonnenkult durch den Hexenwahn gebüßt, der Rache am Erinnerungsbild jener vorchristlichen Prophetin, das die geheiligte patriarchale Herrschaftsordnung insgeheim in Frage stellte. (...) Die Erklärung des Hasses gegen das Weib als die schwächere an geistiger und körperlicher Macht, die an ihrer Stirn das Siegel der Herrschaft trägt, ist zugleich die des Judenhasses. (8)

Am Ende des 18. Jahrhunderts zeichnen sich zwei sehr unterschiedliche Tendenzen ab. Auf der einen Seite verkörpern Dorothea Mendelssohn-Schlegel oder Caroline Schlegel-Schelling, die Brüder Schlegel oder Schleiermacher eine emanzipatorische Richtung. Das zehnte Gebot des „Katechismus der Vernunft für edle Frauen" von Schleiermacher lautet: „Laß dich gelüsten nach der

Männer Bildung, Kunst, Weisheit und Ehre." (9) Julius, der Held von Friedrich Schlegels Roman „Lucinde" (1799), begegnet nach seinen „Lehrjahren der Männlichkeit" Lucinde, einer Malerin und unabhängigen, mutigen Frau, für die Caroline Schlegel, die spätere Gattin Schellings, Modell gestanden haben soll. Die Liebe der beiden Eheleute wird noch durch die Bewunderung verstärkt, die sie füreinander hegen. Die Idee der Menschheit verwirklicht sich im ehelichen Glück.

Auf der anderen Seite steht der Rigorismus Kants. Schleiermacher bemerkt in seinen „Grundlinien einer Kritik der bisherigen Sittenlehren", der Gegensatz zwischen den natürlichen Instinkten und dem moralischen Leben sei bei Kant so groß, daß dieser nur in seiner Rechtslehre von der Ehe als von einem gesetzlich zulässigen und äußerstenfalls – wenn man schon meine, der geschlechtliche Instinkt müsse befriedigt werden – notwendigen Vertrag spreche, aber als Pflicht werde sie in seiner Ethik an keiner Stelle bewiesen (10). Kant unterwirft die Frau dem Mann und hält die Ehe für einen persönlichen Vertrag, der ein Recht schaffe: „Der Mann erwirbt ein Weib (...)." Die Ehe wird definiert als „Verbindung zweier Personen verschiedenen Geschlechts zum lebenswierigen wechselseitigen Besitz ihrer Geschlechtseigenschaften". Im sexuellen Akt „macht sich ein Mensch selbst zur Sache. (...) Nur unter der einzigen Bedingung ist dies möglich, daß, indem die eine Person von der anderen, gleich als Sache, erworben wird, diese gegenseitig wiederum jene erwerbe (...)" (11). In seiner „Anthropologie in pragmatischer Hinsicht" befaßt sich Kant auf etwa zehn Seiten mit der „Differentialpsychologie" der Geschlechter. In einer zivilisierten Gesellschaft verwandle die Frau ihre natürliche Schwäche in Stärke. Durch ihr zänkisches Geschwätz und ihre rührenden Tränen erhalte sie letzten Ende alles. Sie liefere keinen wesentlichen Beitrag zur Kultur, deren Fortschritt ein Werk des Mannes sei. Die Frau sichere den Fortbestand der Menschheit und trage zur Verfeinerung der Sitten bei. Ihr Einfluß mache sich vor allem im häuslichen Bereich bemerkbar. „Ich würde in der Sprache der Galanterie (doch nicht ohne Wahrheit) sagen: die Frau soll herrschen und der Mann regieren; denn die Neigung herrscht und der Verstand regiert." (12) Diese sehr konservative Auffassung wird in Schillers „Lied von der Glocke" illustriert: „Und drinnen waltet / Die züchtige Hausfrau, / Die Mutter der Kinder, / Und herrschet weise / Im häuslichen Kreise, / (...) / Und sammelt im reinlich geglätteten Schrein / Die schimmernde Wolle, den schneeigen Lein, / (...)" (13). Caroline Schlegel, meint Hans Mayer, muß wohl Tränen gelacht haben beim Lesen dieser Verse (14).

Seit drei Jahrhunderten, seit dem Beginn der Aufklärung, reproduzieren die angeblich emanzipatorischen Diskurse monoton immer wieder die gleichen Figuren. Die Beziehungen zwischen den Geschlechtern werden einmal in Begriffen der Gleichheit und dann wieder der Verschiedenheit gedacht. Das egalitäre Schema wird im Namen der Polarität der Geschlechter regelmäßig wieder in Frage gestellt. Das Jahrhundert der Aufklärung hat zum Beispiel ein großes Erziehungsprogramm zur Beseitigung von Ungleichheiten entwickelt. Aber vor der „aufgeklärten Frau" schreckt die Phantasie zurück, und die Männer spotten über die „gelehrten Frauen". „Was die gelehrten Frauen betrifft: so brauchen sie ihre Bücher etwa so wie die Uhr, nämlich sie zu tragen, damit gesehen werde, daß sie eine haben; ob sie zwar gemeiniglich still steht oder nicht nach der Sonne gestellt ist", heißt es bei Kant (15).

Weit anziehender wirkt der Typus der Julie oder der Nouvelle Heloïse, den Rousseau als „Ergänzung" des Mannes darstellt. Ihm gehören die Vernunft, das Ideal und die schöpferischen Fähigkeiten, ihr hingegen das Gefühl, die Geduld und – die langen Schwangerschaften. „Das Gleichheitspostulat, wie es das aufgeklärte Denken hervorbrachte, schloß keineswegs selbstverständlich die Maxime einer Gleichheit von Mann und Frau ein." (16) Kant erinnert in „Über den Gemeinspruch: das mag in der Theorie richtig sein, taugt aber nicht für die Praxis" (1793): „Derjenige nun, welcher das Stimmrecht in dieser Gesetzgebung hat, heißt ein Bürger (citoyen, d.i. Staatsbürger, nicht Stadtbürger, bourgeois). Die dazu erforderliche Qualität ist, außer der natürlichen (daß es kein Kind, kein Weib sei), die einzige: daß er sein eigener Herr sei (...)" (17).

Otto Weininger versäumt nicht, die für ihn so maßgebenden Urteile Kants zu verwenden. Er zitiert die „Anthropologie" als Motto für das zweite Kapitel des zweiten Teils. Auch dessen XII. Kapitel, „Das Wesen des Weibes und sein Sinn im Universum", beginnt er mit einer Formulierung, die er aus dem Gedächtnis Kant zuschreibt: „Erst Mann und Weib zusammen machen den Menschen aus.“ Weininger gibt dem Satz jedoch eine radikal pessimistische Bedeutung: **„Denn das Weib ist nur die Schuld und nur durch die Schuld des Mannes** (...)“ (18). Er kann unschwer Kants betretene Rechtfertigung der ehelichen Sexualität kritisieren: „Diese Rechtfertigung berührt sehr eigentümlich. Es hebt sich moralisch nicht auf, wenn zwei Menschen einander gleich viel stehlen.“ (19)

„Weininger hat – und darin liegt jedenfalls die eigentliche Bedeutung seines Werkes – eine Konsequenz des Idealismus gezogen, auf die man vor ihm nicht so recht achtgehabt hat. Das ist der Antifeminismus. Der Idealismus ist etwas durchaus Männliches, die ‚Konzeption der Idee‘ ein geistiger Akt, der in seiner Ursprünglichkeit und Reinheit nur im Geist des Mannes, niemals in dem des Weibes sich vollzieht.“ Der Geistigkeit des Idealismus „wird das Männliche zum Prinzip des Geistigen überhaupt, das Weib als solches aber schließt sie vom Geist und von der Menschwerdung des Menschen aus und drückt es zum sexuellen Wesen schlechthin herab“ (20). „Geschlecht und Charakter“ stimmt daher auch mit Fichte überein, der meint, daß der Mann „die Fülle der Menschheit in sich selbst“ finde. „Er sieht ein ursprünglich freies Wesen mit Freiheit und unbegrenztem Zutrauen sich ihm unbedingt unterwerfen (...). Wie die sittliche Anlage in der Natur des Weibes sich durch Liebe, so äußert die sittliche Anlage in der Natur des Mannes sich durch Grossmuth.“ (21)

Die Philosophie der Aufklärung postuliert zwar die Gleichheit der Individuen, scheut allerdings vor der Anwendung dieses Prinzips auf die Beziehungen zwischen den Geschlechtern zurück. Gegen den abstrakten Gleichheitsanspruch verkünden die Romantiker die Gegensätzlichkeit von Mann und Frau. Sie werden einander ständig gegenübergestellt wie Geist und Natur, Bewußtes und Unbewußtes, die nach einer Vereinigung im idealen Androgynen streben. Johann Wilhelm Ritter zum Beispiel meint, der Mann sei für die Frau ein Gott, die Frau für den Mann Natur; Gott und Natur gemeinsam bildeten die Welt. Oder Justinus Kerner: „Das Weib steht schon inniger als der Mann in Verbindung mit der Natur, ist deswegen auch mehreren Krankheiten ausgesetzt und eilt auch bälder als der Mann dem gänzlichen Verein mit der Natur, dem Tode, zu.“ (22)

Die Auffassungen Okens weisen bereits auf Strindberg voraus: „Das Urtier ist das Weib. Der Mann ist eine höhere Entwicklung des Weibes. (...) Schnecke, Fisch, Wassertier ist das Weib, Vogel, Säugetier ist der Mann. (...) Das Weib, als das Unvollendete, kann nicht zu produzieren aufhören. Es will Mann werden (...)“ (23). Die sogenannten neuromantischen Philosophen des 20. Jahrhunderts, wie Ludwig Klages und Georg Simmel, werden dieses Thema um einige neue Variationen bereichern (24).

Die fromme Liebe Novalis' zu Sophie (sie war dreizehn, als sie im März 1795 Novalis kennenlernte, und starb am 19. März 1797) weist auf den Kult der Kindfrau voraus, den der Wiener Fin de siècle-Dichter Peter Altenberg manirierter verkünden wird. Für Novalis ist die Vereinigung von Mann und Frau die Wiederholung der Vereinigung zwischen Geist und Natur, Seele und Körper und sogar ein Phänomen der Ernährung: „Seele und Körper berühren sich im Act: chemisch oder galvanisch oder electrisch oder feurig. Die Seele ißt den Körper (und verdaut ihn) instanant; der Körper empfängt die Seele (und gebiert sie) instanant.“ (25) Zum Schutz der wunderbaren und zerbrechlichen Jungfräulichkeit schlägt Novalis eine Art „Schule der Frauen“ vor: „Die eingezogene Erziehung der Mädchen ist für häusliches Leben und Glück darum so vortheilhaft, weil der Mann, mit dem sie nachher in die nächste Verbindung treten, einen desto tiefern und einzigen Eindruck auf sie macht, welches zur Ehe unentbehrlich ist.“ (26) Die „Sphäre der Frauen“ kennzeichnet er mit wenigen Worten: „(...) die Kinderstube – die Küche – der Garten – der Keller – das Speisegewölbe – die Schlafkammer – die Wohnstube – das Gastzimmer – der Boden oder die Rumpelkammer.“ (27) Anbetung geht mit Unterwerfung einher.

Heinrich von Kleist sucht bei jungen Mädchen das für ihn lebensnotwendige Verständnis. Doch sehr rasch behauptet er seine Überlegenheit und unterwirft die arme Wilhelmine Erziehungsplänen, durch die sie umgeformt werden soll, wie man das Mundstück einer Klarinette den Lippen anpaßt (der Vergleich stammt von ihm). Die beiden Dramen „Penthesilea“ und „Das Käthchen von Heilbronn“ bauen auf der Theorie der Gegensätze auf, die

Kleist bei Adam Müller gefunden hat. Mann und Frau verkörpern zwei deutlich entgegengesetzte Prinzipien, und jede Störung dieser Weltordnung führt zur Katastrophe. Der durch seine Jugend und Schönheit verweiblichte Achilles läßt sich erobern und verführen. Die Königin der Amazonen gehorcht einer männlichen Moral. Sie erobert ihren Geliebten, anstatt sich von ihm erobern zu lassen. Am Ende tötet sie ihn und läßt ihn zerfleischen. Die „Verwirrung der Gefühle" verwandelt Liebe in bestialische Grausamkeit. Penthesilea weist voraus auf die Demenz der Sinne von Oscar Wildes Salome und Hofmannsthals Elektra. Ihr Scheitern ist in verkürzter Form das Scheitern der weiblichen Emanzipation, die als verhängnisvoller Verstoß gegen die Naturgesetze gesehen wird. Im „Käthchen von Heilbronn" sind die Vorzeichen der Auseinandersetzung zwischen Mann und Frau umgekehrt. Graf Wetter vom Strahl verkörpert die intakte Männlichkeit und wirkt oft brutal, Käthchen hingegen verhält sich fügsam und manchmal unterwürfig. Kleist belohnt immer die Gestalten, die in ihren Gefühlen bis zum Äußersten gehen. Die Übertriebenheit des sexuellen Gegensatzes im Schicksal Käthchens entspricht insgeheim der Ordnung der Welt. Die Geschichte geht also gut aus: Käthchen heiratet den Grafen. Sie besitzt jene Anmut, die Kleist der Marionette zuschreibt. Sie verführt, weil sie passiv, anpassungsfähig und unvollständig bleibt. Sie weist voraus auf das Weiningersche Geschöpf „ohne Willen und Bewußtsein, reiner Parallelismus von Körper und Seele".

Otto Weininger zitiert auch die Automaten-Frauen E.T.A. Hoffmanns. Das mechanische Leben der Figurinen ist die Karikatur einer Weiblichkeit der Salons und bürgerlichen Bälle (28). Einer seiner „bösen" Figuren legt E. T. A. Hoffmann Sätze in den Mund, die aus „Geschlecht und Charakter" stammen könnten: „Die Natur organisierte das Weib in allen seinen Tendenzen passiv. – Es ist das willige Hingeben, das begierige Auffassen des fremden, außerhalb liegenden, das Anerkennen und Verehren des höheren Prinzips, worin das wahrhaft kindliche Gemüt besteht, das nur dem Weibe eigen und das ganz zu beherrschen, ganz in sich aufzunehmen, die höchste Wonne ist." (29)

Undine, die Gestalt aus der Erzählung Friedrich de la Motte-Fouqués, hat Weininger besonders tief beeindruckt. Undine weist verblüffende Ähnlichkeit mit Wedekinds Lulu auf. Beide sind dem Wasser entstiegene Kind-Frauen, die ihren Geliebten den Tod bringen. In den Träumen des in Undine verliebten Ritters verwandelt sich die anmutige Szene manchmal in einen mit Hexen bevölkerten Alptraum (30).

Die Aufklärung habe die romantische Vorstellung der Liebe zerstört, konstatieren Horkheimer und Adorno. Im Grunde laufen noch heute zwei Traditionen parallel: die rationalistische Auffassung der Beziehungen zwischen Mann und Frau behauptet die Gleichheit der Geschlechter – dieses Postulat wird jedoch nie in vollem Ausmaß akzeptiert –, zugleich aber den „Respekt für die Frau", dessen Kehrseite die Intoleranz den emanzipierten Frauen gegenüber bildet. Die Romantik hingegen verkündet die Polarität der Geschlechter, manchmal in Begriffen der Komplementarität, manchmal in Begriffen des Antagonismus. Georg Gottfried Gervinus schreibt um 1850 in seiner „Geschichte der deutschen Dichtung", daß ohne die Frau das Leben „heute unerträglich" wäre. Die Frau sei weder vom Ehrgeiz noch von erniedrigenden Arbeiten noch vom materiellen Wettstreit verdorben (31).

Herbert Marcuse feiert die „femininen Eigenschaften" (Passivität, Sensibilität, Rezeptivität) und ruft zu einer Umkehrung der Werte auf, wobei – als Teil einer Entwicklung zum Sozialismus – das Leistungsprinzip durch diese weiblichen Werte ersetzt werden solle (32). Marcuse verwandelt wie 120 Jahre vor ihm Gervinus die Polarität der Geschlechter in ein utopisches Versprechen: Die Frau als Zukunft des Mannes ...

Bei Schopenhauer, Nietzsche, Wagner und Ibsen nahm diese Polarität tragische Bedeutung an. Der Unterschied führt zum Kampf der Geschlechter. Otto Weininger treibt eine manichäistische Vision auf die Spitze, die die Welt in zwei Rassen, zwei Kulturen und zwei unvereinbare Schicksale teilt. Der Begriff „menschliches Wesen" scheint seinen Sinn verloren zu haben – oder ausschließlich dem Mann vorbehalten zu sein.

Wenn Weininger auch Schopenhauer elegant kritisiert, er habe „in dieser Frage eigentlich r e c h t g e m e i n gedacht" (33), so verdankt er doch dessen „Metaphysik der Geschlechtsliebe", die den

Anhang zum vierten Buch von „Die Welt als Wille und Vorstellung" bildet, und dem Kapitel „Über die Weiber" aus „Parerga und Paralipomena" sehr viel. Keineswegs entschärft Weininger die beißende Satire auf das weibliche Geschlecht, deren amüsante Zusammenfassung man im Schopenhauer-Wörterbuch Gustav Friedrich Wagners unter dem Stichwort „Weib" nachlesen kann. Weininger wirft Schopenhauer sogar vor, er sei auf den Schein des weiblichen Mitleids hereingefallen... Einige Stellen aus „Geschlecht und Charakter" wirken wie Paraphrasen Schopenhauers, etwa die Entmystifizierung der weiblichen Schönheit und des weiblichen Genies und die Reduktion der sexuellen Anziehung auf eine „physisch-chemische". Man darf jedoch nicht übersehen, daß sich hinter der Ähnlichkeit der frauenfeindlichen Thesen zwei durchaus unterschiedliche Weltanschauungen verbergen. Mit einem Wort: Bei Schopenhauer entspringt der Haß auf das weibliche Prinzip einer Philosophie der Desillusion, bei Weininger hingegen einem ethischen Anspruch.

„Weil im Grunde die Weiber ganz allein zur Propagation des Geschlechts dasind und ihre Bestimmung hierin aufgeht" (34), perpetuieren sie, nach Schopenhauer, das Unglück der Welt. Die Fortpflanzung setzt durch die Wiederholung den Tod außer Kraft, sichert den Fortbestand des Lebenswillens und hindert die Menschheit daran, auf die Funktionen des universellen Willens zu verzichten und sich von den leidbringenden vitalen Tendenzen zu befreien. Die Frau gehorcht einer absurden Notwendigkeit, sie ist das Instrument einer Zweckbestimmtheit, deren Endzweck aber durch nichts gerechtfertigt ist. Ihre Fruchtbarkeit ist ein Fluch: „Demnach ist allerdings das Dasein anzusehn als eine Verirrung, von welcher zurückzukommen Erlösung ist (...)" (35).

Indem Schopenhauer die Frau für unfähig hält, sich zu irgendeiner Form von Kunst zu erheben, zeigt er, daß sie damit außerstande sei, die Dinge unabhängig vom Willen zu betrachten und sich, und sei es nur für einen Augenblick, von der Knechtschaft des blinden Weltwillens zu befreien. Für Weininger steht Schopenhauer in der Nachfolge Kants, was sicherlich ein grobes Mißverständnis ist. Schopenhauer will die Illusion der Freiheit entlarven und nimmt dem Wort „Wille" seine Kantische Bedeutung. Wie zu erwarten, lehnt Weininger die Mitleidsmoral Schopenhauers im

Namen des kategorischen Imperativs ab. Durch den Verzicht auf das Überleben der Menschheit können bei Schopenhauer die Leiden des „Willens“ überwunden, kann die höchste Seelenruhe des Nichts erreicht werden. Bei Weininger hingegen ermöglicht die Überwindung der Sexualität den heroischen Triumph des Kantischen Willens.

Johann Jakob Bachofen (1815 - 1887) war eine einzigartige Persönlichkeit. Der aus dem Basler Patriziertum stammende Jurist gab seinen Beruf auf, um sich als Privatgelehrter der Archäologie zu widmen und die Symbole der antiken Kunst und Mythologie zu entziffern. Seine intuitive Methode stand im Gegensatz zu der seines von ihm gehaßten Zeitgenossen Theodor Mommsen. In seinem Hauptwerk „Das Mutterrecht. Eine Untersuchung über die Gynaikokratie der alten Welt nach ihrer religiösen und rechtlichen Natur“ (1861) vertritt Bachofen die Ansicht, die Menschheit habe drei aufeinanderfolgende Stadien durchlaufen: den „Hetairismus“ (die Zeit der sexuellen Promiskuität, in der die Kinder ihren Vater nicht kannten), das Matriarchat und das Patriarchat. Das Werk Bachofens, das mit seiner recht unwissenschaftlich dargebotenen Stoffmenge, seinen endlosen Abschweifungen und den langen, nicht übersetzten lateinischen und griechischen Zitaten eigentlich nur für eine beschränkte Leserschaft bestimmt schien, übte auf höchst unterschiedliche Denker einen beträchtlichen Einfluß aus. Der junge Nietzsche fand darin eine Bestätigung seiner Ideen über die dionysischen und apollinischen Komponenten der Kultur. Der Einfluß Bachofens wurde auch bei Hauptmann, Klages, Thomas Mann und Rilke nachgewiesen. Lewis Morgan, der Vater der amerikanischen Ethnologie, führte mit Bachofen einen langen Briefwechsel. Friedrich Engels und später August Bebel („Die Frau und der Sozialismus“) sahen im Matriarchat eine Anregung für den modernen Feminismus. Elisée Reclus, Bakunin, aber auch Ernst Bloch und Max Horkheimer haben Bachofen Anerkennung gezollt. Freud, aber noch stärker Alfred Adler, C.G. Jung, Wilhelm Reich und Erich Fromm waren von seinen Theorien über das Matriarchat geprägt (36).

Otto Weininger hat die Zweideutigkeit von Bachofens Thesen sehr wohl begriffen und wirft ihm allzu große Nachsicht gegenüber dem weiblichen Geschlecht und vor allem das Lob der Mutterliebe vor. Aber er zitiert ihn auch, wo es geht, als Bestätigung dafür, daß die Weiblichkeit nur von der männlichen Macht geformter „Stoff" sei, blinde Sexualität und jede Zivilisation zerstörende Promiskuität. Er entlehnt Bachofen einige Formulierungen, die sich mit seiner antifeministischen Metaphysik treffen: „Das Weib ist das Gegebene, der Mann wird. Von Anfang an ist die Erde der mütterliche Grundstoff." (37)

Das Problem der Beziehungen zwischen Weininger und Nietzsche übersteigt den Rahmen einer Untersuchung antifeministischer Themen. Weininger muß sich in allen Punkten von dem Denker abgrenzen, der im Jahr 1903 als der einflußreichste gilt. Nietzsche ist der Riese, der den ehrgeizigen jungen Philosophen in den Schatten stellt. Der Antifeminismus beider Autoren geht auf Schopenhauer zurück. Aber Weininger, der genauso wie Nietzsche die Verdorbenheit seiner Zeit und die Entartung des Menschengeschlechts verurteilt, führt mit seiner rigoristischen Moral, puritanischen Religiosität und idealistischen Metaphysik genau das wieder ein, was Nietzsche ausrotten will. Das heilbringende männliche Genie stimmt in mancher Hinsicht mit dem Übermenschen überein, aber für Weininger verkörpert sich das Genie in Parsifal, der Schöpfung Wagners, die Nietzsche am heftigsten kritisiert. Gelegentlich gesteht Weininger, daß Nietzsche ihn fasziniert, doch dann äußert er sich wieder herabsetzend: „Vielen leicht zu blendenden mittelmäßigen Köpfen, insbesondere aber den Frauen, gilt im allgemeinen geistreich und genial als dasselbe. (...) sie verwechseln den Dramatiker mit dem Schauspieler, und machen keinen Unterschied zwischen Virtuos und Künstler. So gilt ihnen denn auch der geistreiche Mensch als der geniale, Nietzsche als der Typus des Genies. Und doch hat, was mit seinen Einfällen bloß jongliert, alles Franzosentum des Geistes, mit wahrer geistiger Höhe nicht die entfernteste Verwandtschaft." (38) Er entrüstet sich über einen Aphorismus in „Jenseits von Gut und Böse", wo es heißt: „Ein Mann (...), der Tiefe hat, (...) kann über das Weib immer nur orientalisch denken: — er muß das Weib als Besitz, als verschließbares Eigentum, als etwas zur Dienstbarkeit Vorbestimmtes und in ihr sich Vollendendes fassen", mit derselben Heuchelei, mit der er Schopenhauers Unhöflichkeit dem schwachen Geschlecht gegenüber verurteilt (39).

Eine Gegenüberstellung der Gedanken Nietzsches und Weiningers zeigt, daß der Antifeminismus in beiden Fällen sehr wohl fundamental und keineswegs eine biographische Anekdote ist oder einem pittoresken, para-philosophischen Bereich entspringt. Man kann hier die amüsante, aber sehr oberflächliche Studie Henry Walter Branns, „Nietzsche und die Frauen", erwähnen, die Thomas Mann für den Entwurf seines „Doktor Faustus" verwendete (40). Die unglücklichen Liebesabenteuer Adrian Leverkühns, für den Nietzsche einen der „Schlüssel" bildet, sind eine Parodie der von Brann erzählten tragikomischen Erlebnisse. Brann zufolge benimmt sich Nietzsche wie eine alte Jungfer auf der Suche nach Liebe und Ehe, verbittert, wenn er enttäuscht wird, und naiv enthusiastisch, wenn ihm nur die kleinste Hoffnung winkt. Die antifeministischen Sticheleien seien nur ein dürftiger Ersatz für das schmerzhafte Gefühl der Einsamkeit; kurz, Nietzsche habe genau die von ihm am meisten verachtete Schwäche gehabt: das Ressentiment. Brann erklärt offensichtliche Widersprüche in Nietzsches Urteilen mit dessen Erlebnissen. Die Schwester Elisabeth, für die Nietzsche bis zu ihrer Heirat mit Förster, einem antisemitischen und pangermanistischen Wagnerianer, eine aufrichtige Zuneigung hegt, wird bei seiner Beziehung zu Lou Andreas-Salomé zu einer unerträglichen Bevormunderin: „Der Freigeist wird immer aufathmen, wenn er sich endlich entschlossen hat, jenes mutterhafte Sorgen und Bewachen, mit welchem die Frauen um ihm walten, von sich abzuschütteln." (41) Cosima Wagner hingegen wirkt auf Nietzsche verführerisch und einschüchternd: „(...) wir glauben mit Einem Male daran, daß es irgendwo in der Welt Frauen mit hohen, heldenhaften, königlichen Seelen geben könne, (...) fähig und bereit zur Herrschaft über Männer, weil in ihnen das Beste vom Manne, über das Geschlecht hinaus, zum leibhaften Ideal geworden ist." (42) Die bekannteste Episode, die Begegnung mit Lou Andreas-Salomé, zeigt das Tasten und Scheitern eines Paares auf der Suche nach einem neuen Bündnis zwischen den Geschlechtern. Sie zeigt aber auch einen Mann, der diese Beziehung nur in Begriffen der Herrschaft denkt, und eine

Frau, die die Knechtschaft der traditionellen Sexualität ablehnt, ohne sich von konventioneller Koketterie befreit zu haben.

In den Aphorismen Nietzsches wird das Paradox bis zum Widerspruch getrieben. Der bekannten Anthologie seiner „sexistischen" Aussprüche können Maximen gegenübergestellt werden, in denen er als Befreier der Frau erscheint: „Die Frauen sind von den Männern bisher wie Vögel behandelt worden, die von irgend welcher Höhe sich hinab zu ihnen verirrt haben: als etwas Feineres, Verletzlicheres, Wilderes, Wunderlicheres, Süßeres, Seelenvolleres, – aber als Etwas, das man einsperren muß, damit es nicht davonfliegt." (43) – „Von der weiblichen Keuschheit. – Es ist etwas ganz Erstaunliches und Ungeheures in der Erziehung der vornehmen Frauen, ja vielleicht giebt es nichts Paradoxeres." (44) – „Alle die Dinge, an denen das Christenthum seine unergründliche Gemeinheit ausläßt, die Zeugung zum Beispiel, das Weib, die Ehe (...)" (45) – „(...) oder mit Frauen: die ja meistens Beides zugleich sind, Arbeitssclaven und Gefangene (...)" (46).

Nietzsche sieht einen Modus vivendi des Zusammenlebens: „Freundschaft und Ehe. – Der beste Freund wird wahrscheinlich die beste Gattin bekommen, weil die gute Ehe auf dem Talent zur Freundschaft beruht." (47) Doch diese Perspektive verdüstert sich bald: „Frauenfreundschaft. – Frauen können recht gut mit einem Manne Freundschaft schließen; aber um diese aufrecht zu erhalten – dazu muß wohl eine kleine physische Antipathie mithelfen." (48) – „Allzulange war im Weibe ein Sclave und ein Tyrann versteckt. Deshalb ist das Weib noch nicht der Freundschaft fähig: es kennt nur die Liebe." (49)

Nietzsche lernt Lou Andreas-Salomé am 25. April 1882 in Rom bei Malwida von Meysenbug kennen. Sie kennt Paul Rée seit März. Nietzsche drängt sich sofort in dieses (Freundes-? Liebes-?)Paar und beauftragt Rée am 26. April, für ihn bei der Mutter um Lous Hand anzuhalten. Seine Eile und seine Zuversicht wirken absurd. Die Geschichte dieser Dreierbeziehung voll schlimmer Mißverständnisse ist bekannt. Im September 1882 sieht Nietzsche die beiden in Leipzig zum letzten Mal. In einem Briefentwurf aus dem Dezember 1882 zieht er die katastrophale Bilanz: „ich verlor das Wenige, was ich noch besaß, meinen guten Namen; das Vertrauen einiger M(enschen), ich verliere viell. noch einen Fr(eund): Rée – ich verlor das ganze Jahr durch die schrecklichen Qualen, denen ich bis heute ausgesetzt bin." Dann folgen Sätze, die sich immer wieder um die fatale Lüge drehen: „(...) und es war nichts in dieser Liebe, was zur Erotik gehört." (50) Dieses Scheitern ist gleichbedeutend mit dem Scheitern einer ganzen Philosophie. Der Versuch, eine neue Art von Sexualität zu schaffen, die weder eine Liaison noch eine bürgerliche Ehe sein sollte, sondern gemeinsame Emanzipation, ist fehlgeschlagen.

In einem Brief vom 11. Februar an Overbeck gesteht Nietzsche, daß ihn der Gedanke an den Selbstmord wieder verfolgt. In den letzten Jahren seiner philosophischen Tätigkeit zeichnet sich ein an Weininger erinnerndes „Opfer der Sexualität" ab, das Nietzsche jedoch deutlich vom asketischen Ideal unterscheidet (vgl. „Die Keuschheit der Philosophen" – 51). Er stellt die Erschöpften den Vollsten gegenüber (52). „Was ist Keuschheit am Manne? Daß sein Geschlechts-Geschmack vornehm geblieben ist; daß er in eroticis weder das Brutale, noch das Krankhafte, noch das Kluge mag." (53) In einem Fragment aus dem Jahr 1888 reiht Nietzsche unter die Ursachen der Entartung „(...) die erotische Präkozität: der Fluch vornehmlich der französischen Jugend, der Pariser voran: welche aus den Lyzeen bereits verhunzt und beschmutzt in die Welt tritt (...)" (54). Otto Weininger, von dem diese Zeilen stammen könnten, gehört zur puritanischen Nachkommenschaft Nietzsches.

In „Geschlecht und Charakter" weist Weininger von vornherein jede biographische Interpretation seiner Thesen zurück. Er entrüstet sich: „Das Schicksal Schopenhauers gibt zu denken, dessen niedrige Meinung ‚Über die Weiber' noch immer darauf zurückgeführt zu werden pflegt, daß ein venetianisches Mädchen, mit dem er ging, sich in den vorübergaloppierenden, körperlich schöneren Byron vergaffte: als ob die schlechteste Meinung von den Frauen der bekäme, der am wenigsten, und nicht vielmehr jener, der am meisten Glück bei ihnen gehabt hat." (55)

In der typologischen Sicht Nietzsches gehört die Frau zu den biologischen, psychischen, historischen, gesellschaftlichen und politischen Typen, die Schwäche und Dekadenz bedeuten. Wenn nun Weininger am Anfang des zweiten Teils von „Geschlecht und Charakter" eine – so könnte man sagen – ontogenetische Psychologie ankündigt, die mit der Konstruktion von Typen operiert, gleicht sein Ansatz dem Nietzsches, der als „Symptomatologe, Typologe, Genealoge" (56) von der Frau spricht.

Nietzsche diagnostiziert eine biologische Entartung des Weibes und einen damit verbundenen Verfall des Charakters. Die moderne Frau hält er für romantisch und sentimental, kleinherzig und borniert, idealistisch und moralisch, heimtückisch, unterwürfig und voll Ressentiment. Aus der Kluft zwischen dem modernen Typ und der Frau bei den alten Griechen ermißt Nietzsche die Fortschritte der Dekadenz. Schließlich entwirft er das Bild einer Frau, die Gesundheit, Kraft und Würde zurückgewinnen und an der Seite des Übermenschen leben werde. Der zeitgenössische Frauentypus ist morbid: „Das kranke Weib in Sonderheit: niemand übertrifft es in Raffinements, zu herrschen, zu drücken, zu tyrannisieren." (57) „Der Kampf um gleiche Rechte ist sogar ein Symptom von Krankheit (...)" (58). Die Entartung führt zu einer Schwächung des natürlichen Geschlechtergegensatzes, von der auch die Männer betroffen sind: „Des Mannes ist hier wenig: darum vermännlichen sich ihre Weiber." (59) Auch Weininger meint, seine Zeit sei von „minderem Gonochorismus" gekennzeichnet, und es würden mehr männliche Frauen und weibliche Männer geboren als sonst (60). Diese physiologische Verwirrung gehe mit einem Verfall des Charakters einher.

Doch für Nietzsche wie für Weininger ist der Mann weitgehend verantwortlich für diesen Niedergang des Weibes. „Man brachte einen Jüngling zu einem weisen Manne und sagte: ‚Siehe, das ist Einer, der durch die Weiber verdorben wird!' Der weise Mann schüttelte den Kopf und lächelte. ‚Die Männer sind es', rief er, ‚welche die Weiber verderben: und Alles, was die Weiber fehlen, soll an den Männern gebüßt und gebessert werden, – denn der Mann macht sich das Bild des Weibes, und das Weib bildet sich nach diesem Bilde.'" (61) Durchaus ähnlich heißt es in „Geschlecht und Charakter", das Weib sei immer nur die Schuld des Mannes (siehe auch weiter oben in diesem Kapitel). Diese Behauptung erweist sich allerdings als zweischneidig: Sprechen die Philosophen, die kategorisch über die Frau urteilen, nicht ausschließlich vom Geschöpf ihrer Vorurteile? Ein Satz Zarathustras klingt beinahe wie ein Geständnis: „Seltsam ist's, Zarathustra kennt wenig die Weiber, und doch hat er über sie Recht!" (62) Was Nietzsche nicht davon abhält zu verkünden: „Wer weiß? vielleicht bin ich der erste Psycholog des Ewig-Weiblichen." (63) Er untersagt der Frau sogar, ihre Meinung zu äußern: „(...) ich denke, daß es ein rechter Weiberfreund ist, der den Frauen heute zuruft: mulier taceat de muliere!" (64) Weininger verwendet diesen Satz als Motto für das II. Kapitel seines zweiten Teils ...

Die moderne Frau, krank und vermännlicht, ist die Komplizin des sentimentalen neuromantischen Künstlers, des falschen Gelehrten, der nur die beruhigenden Wahrheiten liebt, und des idealistischen und moralisierenden Metaphysikers, der tröstliche „Hinterwelten" konstruiert. Wagners Musik ist für verzückte Weiber bestimmt. Nietzsche stellt ihr die Musik Bizets gegenüber – männlich, fröhlich, zynisch, unschuldig und grausam. George Sand verkörpert mit Victor Hugo und Byron die romantische Pose: „George Sand: oder lactea ubertas, auf deutsch: die Milchkuh mit ‚schönem Stil'." (65) Die Romantiker praktizieren den „Altruismus als verlogenste Form des Egoismus (...)" (66).

Das Weib erträgt die fröhliche Wissenschaft nicht: „Ekel an der Wahrheit. – Die Frauen sind so geartet, daß alle Wahrheit (in Bezug auf Mann, Liebe, Kind, Gesellschaft, Lebensziel) ihnen Ekel macht und daß sie sich an Jedem zu rächen suchen, welcher ihnen das Auge öffnet." (67) Das Weib ist sentimental und idealistisch, „durch das Christenthum und den schwärmerischen Geist des achtzehnten Jahrhunderts, noch mehr durch die ‚modernen Ideen', verhätschelt worden" (68). Und die meisten Philosophen, bis auf die Skeptiker, „machen es allesammt wie die Weiblein, alle diese großen Schwärmer und Wunderthiere, – sie halten die ‚schönen Gefühle' bereits für Argumente, den ‚gehobenen Busen' für einen Blasebalg der Gottheit, die Überzeugung für ein Kriterium der Wahrheit. Zuletzt hat noch Kant, in ‚deutscher' Unschuld, diese Form der Corruption, diesen Mangel an intellektuellem Gewissen unter dem Begriff ‚praktische Vernunft' zu verwissenschaftlichen versucht (...)" (69).

Vor der Korrumpierung der Sitten habe der ständige Krieg der Geschlechter geherrscht. Aber Nietzsches Zeit leugne „den abgründlichsten Antagonismus" (70) zwischen Mann und Frau. Die demokratische Gesinnung habe den militärischen und aristokratischen Geist besiegt: Jetzt strebe „das Weib nach der wirthschaftlichen und rechtlichen Selbständigkeit eines Commis (...)" (71). Nietzsche träumt – zutiefst reaktionär – von einer Rückkehr zu den patriarchalischen Formen vergangener Jahrhunderte. Im antiken Griechenland hatten „die Weiber weiter keine Aufgabe, als schöne, machtvolle Leiber hervorzubringen, in denen der Charakter des Vaters möglichst ungebrochen weiter lebte (...)" (72). Die Frau der Zukunft, an der Seite des Übermenschen, wird den elementaren Gegensatz wiederfinden: „Der Mann soll zum Kriege erzogen werden und das Weib zur Erholung des Kriegers: alles Andre ist Thorheit. (...) Eure Hoffnung heiße: ‚möge ich den Übermenschen gebären!'" (73)

Mit Nietzsche endet eine Entwicklung, deren Bilanz Horkheimer und Adorno in der „Dialektik der Aufklärung" ziehen (74). In dem zweifachen Kampf gegen die idealistische Tradition und gegen die Romantik fallen die letzten Barrieren, die die Frau vor der Brutalität der patriarchalischen Unterwerfung schützten. Das von der Aufklärung formulierte Postulat der „Gleichheit im Unterschied" wird als Symptom der Entartung und Verlogenheit verworfen. Die Idee der harmonischen Komplementarität, durch die in der Romantik die Gegensätzlichkeit der Geschlechter abgeschwächt wurde, wird als sentimental und metaphysisch vernichtet. Mann und Frau stehen einander gegenüber, dem Gesetz des Stärkeren unterworfen, das weder durch Liebe noch durch Respekt gemildert wird. Lou Andreas-Salomé hat später, in der Zeit ihres Lebenspathos und ihres Rilkeanischen pantheistischen Mystizismus, versucht, diese schreckliche Feststellung abzuschwächen:

> Die Bemühung, das M und W Weiningers speziell zu definieren, kommt mir fruchtlos vor (...)
>
> Der vielgenannte „Geschlechterkampf" der Liebe kommt zum Teil nur daher, daß man die prinzipiellen Geschlechtsbegriffe mit den lebendigen Menschen verwechselt. Nämlich grade im Lieben, d.h. während der zugespitztesten Geschlechtseinigkeit, wo das Weib erst recht Weib, der Mann erst recht Mann zu werden scheint, erwacht am Gegengeschlecht gleichsam diese Erinnerung an das eigne Doppelwesen (...)

Ich habe gefunden, daß überhaupt jede tiefere oder menschlich wertvolle Beziehung *diesen* Charakter hat und daß eine ungeheure Banalität dazu gehört, nur die Geschlechtereinseitigkeiten zu bemerken, nach denen allerdings stets Kampf das letzte Wort bliebe: das Besiegen des Einen durch den Andern. Dadurch prägen sich Menschen zu so entsetzlichen „Hälften" aus, zu den unsensitiven Männern, denen ihre eigne Herrschaft nicht einmal ein Erlebnis ist, und zu den zertrampelten Frauen. (...) Nur bei doppelter Wesenswechselwirkung zwischen Männlich und Weiblich sind zwei Menschen *mehr* als einer und sind sie nicht mehr aufeinander als Ziel gerichtet (wie die armen Hälften, die sich zu einem Ganzen zusammenkleben müssen), sondern gemeinsam auf ein Menschenziel draußen. Nur da sind Liebe und Schaffen, Naturerfüllung und Kulturdienst nicht Gegensätze, sondern eins. (75)

Nach Nietzsche und Weininger können die Liebenden, wie es in Rilkes achter Duineser Elegie heißt, nur noch „hinaus-starren" über den anderen, „der die Sicht verstellt" (76).

VII. ANTIFEMINISMUS UM 1900

Dr. Otto Weininger in Wien hat mir ,Geschlecht und Charakter' gesandt; ein furchtbares Buch, das aber wahrscheinlich das schwerste von allen Problemen gelöst hat. (...) ich buchstabierte, aber er setzte zusammen.

August Strindberg

Zwei große Vorfahren bestimmen die Moderne des ausgehenden 19. Jahrhunderts: Richard Wagner (der 1883 starb) und Henrik Ibsen (gestorben 1906). Thomas Mann vereinte beide Namen in seinem Aufsatz „Ibsen und Wagner" (1928) – einer Bilanz des 19. Jahrhunderts. Weiningers „Über die letzten Dinge" enthält einen Aufsatz „,Peer Gynt' und Ibsen" und einen über „Parsifal" (1), und in „Geschlecht und Charakter" bezieht sich Weininger immer wieder auf Wagner und Ibsen.

Es ist keineswegs erstaunlich, daß sich Weininger von Nietzsche abwendet und Wagners „Parsifal" bewundert. Kurt Hildebrandt, ein Schüler Nietzsches, hat in Kundry nur eine hysterische Schlafwandlerin gesehen, ein bestialisch grunzendes Monster, die Frau als Archetyp der abscheulichen Sünde. Für Weininger hingegen stellt sie die wahrhaftigste Form der Weiblichkeit dar: „Die vornehmsten Exemplare des Geschlechtes mögen fühlen, daß Knechtschaft ihnen nur eben darum ein Muß ist, weil sie sie wünschen – man denke an Hebbels Judith und Wagners Kundry – aber auch dies gibt ihnen keine Kraft, sich in Wahrheit gegen den Zwang zur Wehre zu setzen: im letzten Augenblicke küssen sie dennoch den Mann, der sie notzüchtigt, und suchen den zu ihrem Herrn zu machen, der sie zu vergewaltigen zögert. Das Weib steht wie unter einem Fluche." Er lehnt jedoch die Mitleidsmoral ab, die Wagner bei Schopenhauer entlehnt hat, und bezeichnet das Heldentum Parsifals als das vorbildlichste seit Christus, „der Maria Magdalena gerettet hat". „Bevor das Weib nicht aufhört, für den Mann als Weib zu existieren, kann es selbst nicht aufhören, Weib zu sein: Kundry kann nur von Parsifal, vom sündelosen, unbefleckten Manne aus Klingsors Banne wirklich befreit werden." (2)

Gegen das „verbreitetste Vorurteil" möchte Otto Weininger in Ibsen einen großen Frauenverachter und Antisemiten sehen (und nennt als Beweis den König Hakon in den „Kronprätendenten" und Dr. Stockmann im „Volksfeind"), der, und darin liege sein Verdienst, die Prinzipien der Kantischen Ethik am weitesten getrieben habe. Ellida, „die Frau vom Meere", dient als Beleg für die Theorie der Telegonie: Das von ihrem Gatten Wangel gezeugte Kind besitzt die „meerfarbenen" Augen ihres ersten Verlobten. Hedda Gabler und Rita (in „Klein Eyolf") sind „große Kurtisanen". Solveig in „Peer Gynt" bestätigt, daß das Weib keine andere Rolle spielt, „als die der Erlöserin für den Mann; sie hat kein selbständiges Leben, als die Funktion, die ihr der Mann erteilt. Sie wird entseelt, um beseelt, gemordet, um belebt zu werden." Weininger verwendet sogar das Vokabular der pietistischen Mystik: „Die Wiedergeburt erfährt vor allem das Weib unter dem Einfluß des Mannes. Rosmersholm, das ist symbolisch die Burg der reinen Sittenstrenge, die Stätte der moralischen Güter, habe sie gebrochen, ihre wilden Triebe bezwungen, sagt die ehemals gänzlich amoralische Rebekka." (3)

Das Paradox Otto Weininger liegt in der Tatsache, daß er ein von „Fin de siècle-Stimmung" durchtränktes Werk geschrieben hat, in dem er die Ästhetik seiner Zeitgenossen einer heftigen Kritik unterzieht:

> Der ganze „sezessionistische Geschmack", der den großen, schlanken Frauen mit flachen Brüsten und schmalen Hüften den Preis der Schönheit zuerkennt, ist vielleicht hierauf zurückzuführen. Die ungeheuere Vermehrung des Stutzertums wie der Homosexualität in den letzten Jahren kann ihren Grund nur in einer größeren Weiblichkeit der jetzigen Ära haben. (...)
> (...) Jenes Schwelgen in rein gefühlsmäßigen Anklängen, jener Verzicht auf Begrifflichkeit und auf Begreiflichkeit, jenes Sichwiegen ohne Streben nach irgend einer Tiefe charakterisiert den schillernden Stil so vieler moderner Schriftsteller und Maler als einen eminent weiblichen. Männliches Denken

scheidet sich von allem weiblichen grundsätzlich durch das Bedürfnis nach sicheren Formen, und so ist auch jede „Stimmungskunst" immer notwendig eine formlose „Kunst". (4)

Otto Weininger steht für diese „progressive Reaktion", die ab 1900 mit den sinnlichen, künstlichen Paradiesen Schluß machen will und das Heraufkommen der Kultur anstelle der Zivilisation, des Volkes und der Rasse anstelle der Menge, der Weltanschauung anstelle des Skeptizismus und der Synthese anstelle der Analyse verkündet (5). Daraus wird auch verständlich, warum Otto Weininger so unterschiedliche Denker beeindrucken konnte. Seine „sittliche Ordnung" gefällt Karl Kraus, der im Namen einer anspruchsvollen und reinen Auffassung des Schriftstellers gegen das Feuilleton kämpft; sie gefällt Arnold Schönberg, der die Auflösung der Musik nach Wagner konstatiert und seinen Kompositionen eine neue Strenge verleihen will; sie gefällt Adolf Loos, der dem Ornament den Krieg erklärt und eine nüchterne, funktionale Architektur begründet; und auch Ludwig Wittgenstein, für den gilt: „Ethik und Aesthetik sind Eins." (6) Doch Weiningers Reaktion steht auch den verhängnisvollen metaphysischen Summen Houston Stewart Chamberlains und Moeller van den Brucks nahe.

Der Puritanismus von „Geschlecht und Charakter" bekämpft den „Zerfall der Sitten", der literarisch verbunden ist mit Namen wie Baudelaire, Huysmans, Oscar Wilde, Oskar Panizza oder Frank Wedekind, in Wien mit Arthur Schnitzler, dessen „Reigen" (1900) als „Pornographie" bezeichnet wurde, und mit den ersten Romanen und Stücken von Hermann Bahr. („Die Lebensgeschichte einer wienerischen Dirne" namens Josefine Mutzenbacher, geschrieben mit ziemlicher Wahrscheinlichkeit von Felix Salten alias Siegmund Salzmann, erscheint 1906.) Wenn Weininger die dämonische Macht der Sexualität, der der männliche Genius einen verzweifelten Kampf liefere, oder die diabolische Macht der Frau als Versucherin beschreibt, steht er durchaus in der Tradition des „erotischen Satanismus" seiner Generation (7). In „Geschlecht und Charakter" werden jedoch recht wenige zeitgenössische Autoren genannt; und diesen will er nichts verdanken. Er lobt Dostojewski (für die Gestalt der Prostituierten Sonja), Hebbel, Ibsen und Zola – „die drei größten Kenner des Weibes im

19. Jahrhundert" – sowie Maupassant für seinen „Bel-Ami". Zur Entlarvung der von Sexualität geprägten „falschen weiblichen Religiosität" beruft er sich auf den (postnaturalistischen) Gerhart Hauptmann von „Hanneles Himmelfahrt"; auf Knut Hamsun bezieht er sich wegen des latenten Antifeminismus von „Pan" und „Mysterien".

Weininger schenkt auch einem heute weitgehend vergessenen Autor große Beachtung, nämlich Josef Popper-Lynkeus. Josef Popper wurde 1838 im Ghetto von Kolin geboren, studierte in Prag und Wien, war als Ingenieur und Physiker bekannt geworden und mit Ernst Mach befreundet. 1889 veröffentlichte er unter dem Pseudonym Lynkeus die „Phantasien eines Realisten", einen Erzählband, der großen Erfolg hatte (zwölf Auflagen bis 1918). Das Buch gefiel oder schockierte durch die gewagten erotischen Themen. 1916 schrieb Sigmund Freud an Josef Popper: „Ich weiß, wie überrascht ich seinerzeit war, als ich bei Ihnen als dem einzigen die Erkenntnis fand, daß die Traumentstellung die Folge einer Zensur sei (‚Träumen wie Wachen' im ‚Lynkeus')." (8) Der 1921 verstorbene Popper verfaßte auch philosophische und gesellschaftliche Studien, in denen er sich an seinem verehrten Vorbild Voltaire orientierte: „Das Recht zu leben und die Pflicht zu sterben" (1878), „Das Individuum und die Bewertung menschlicher Existenzen" (1910) usw. Weininger erwähnt seine Novelle „Im Postwagen", in der die sexuelle Anziehung als Elementargewalt mit unheimlicher Meisterschaft geschildert sei.

Die Neu-Romantik der Jahrhundertwende stellt die Frau gern als fatale „dame sans merci" dar, als Undine, laszive Kind-Frau, als „femme fragile" (9). „Ich könnt' dich erwürgen, Lucia / Wie giftige Vipernbrut, / Ich möchte dein Antlitz zerfetzen, / Zerstampfen in rasender Wuth", ruft Felix Dörmann in „Neurotica" (1891) aus (10). „Diese Frau lebte von der Jugend der Männer, die sich ihr unterwarfen. Wie eine Spinne legte sie sich über ihre Opfer und sog ihre Jugend in den eigenen Körper hinüber", heißt es in Arthur Holitschers 1900 erschienenem Roman „Der vergiftete Brunnen" (11). „Dein Kuß ist Gift, du schöne Schlange! / (...) / Dämonisch-wild dein Auge glüht, / Ein Märchen winkt dein blasser Leib – / O töte mich, satanisch Weib!" fleht Wilhelm Arendt 1891 in seinem poetischen Zyklus „Drei Weiber" (12).

Stanislaw Przybyszewski (1868 - 1927) verfaßte für die „Fackel" (Nr. 239 - 40 vom 31. Dezember 1907) einen „Weininger's Manen gewidmet"en Aufsatz mit dem Titel „Das Geschlecht" und entwarf in „Totenmesse" (1893) eine Horrorvision, in der die wichtigsten Motive des Fin de siecle verknüpft werden. Ein Mann verbringt eine Nacht neben einem Sarg mit der Leiche einer schönen Frau:

> Mit irren, keuchenden Fingern suchte ich das Lid zu heben; ich zitterte und flog an allen Gliedern; ein fürchterlich verzerrtes Wollustgrinsen lag auf dem Gesichte. Mich überkam ein geschäftiges Treiben. Ich hob das Lid mit kunstgerechtem Griffe langsam hoch, geschäftsmäßig, wie bei der Augeninspection (...), ich küßte ihr Gesicht, ich riß und sog an ihr, und plötzlich biß ich mit geifernden Lippen, wie ein Vampyr, schrill in ihre Brust hinein. Und ich zog und zerrte an dem toten Fleische, und ein Lachen, darin ein jeder Muskel meines Leibes in wilden Erethismen aufschrie, würgte mich im Halse, und plötzlich – fuhr ich taumelnd zurück. Es geschah etwas Fürchterliches. Das tote, blutende Weib reckte sich in fürchterlicher Majestät im Sarge auf, und mit weitausholender Armbewegung, mit jäher, fürchterlicher Wucht, stieß sie mich mit beiden Fäusten in die Brust. Bewußtlos flog ich weit weg. (13)

Das andere Gesicht der Fin de siècle-Frau wurde von Maeterlinck entworfen („Prinzessin Maleine", „Mélisande"). In den ersten Gedichten Hugo von Hofmannsthals und in den Novellen Richard Beer-Hofmanns findet man eine zarte, zerbrechliche Kindfrau mit blasser, fast kränklicher Haut, tiefliegenden Augen und üppigem, prunkvollem Haar. Die Jung-Wien-Autoren besaßen für die „femme fragile" ein historisches Modell: Marie Bashkirtseff, eine junge russische Künstlerin, die einige großartige Bilder gemalt und deren Gesangsstudium ihre Kräfte aufgezehrt hatte, als sie 1884 mit vierundzwanzig Jahren in Paris an Lungenschwindsucht starb. Das nach ihrem Tod erschienene Tagebuch wurde zum Kultobjekt für eine ganze Generation. Otto Weininger widmet ihr im ersten Teil von „Geschlecht und Charakter" im Zusammenhang mit den „emanzipierten Frauen" einen ganzen Absatz. Marie Bashkirtseff erscheint ihm als Ausnahme: „Diese ist (soweit ich es nach der Erinnerung an ihr Bild zu sagen vermag) allerdings von ausgesprochen weiblichem Körperbau gewesen, bis auf die Stirn, die mir einen etwas männlichen Eindruck gemacht hat." (14)

Durch die weibliche Präsenz, sei sie nun erschreckend oder feenhaft, zerstörerisch oder dekorativ, werden die männlichen Rollen, ob unterworfene Opfer oder faszinierte Bewunderer, in den Hintergrund gedrängt. Ein neues „Matriarchat" ist entstanden. Die symmetrische Gegengestalt zu Otto Weininger, der in Schwabing und Ascona-Monte Verità lebende Psychologe und Revolutionär Otto Gross (1877 - 1920), verkündet: „Der Revolutionär von heute, der mit Hilfe der Psychologie des Unbewußten die Beziehung der Geschlechter in einer freien und glückverheißenden Zukunft sieht, kämpft gegen Vergewaltigung in ursprünglichster Form, gegen den Vater und das Vaterrecht. Die kommende Revolution ist die Revolution fürs Mutterrecht." (15) Ein Programm, in dem der von Weininger diagnostizierte Zeitgeist zusammengefaßt wird... Doch Weininger sieht mit Schrecken das Heraufkommen einer kulturellen „Gynaikokratie", das heißt in seinen Augen: den Verfall jeder echten Kultur. „Geschlecht und Charakter" extrahiert die Quintessenz der dekadenten und Jugendstil-Misogynie, um das wahre Gesicht des Ewig-Weiblichen zu enthüllen und mit verdoppelter Energie gegen diese Geißel zu kämpfen.

Ohne die eifrige und konstante Unterstützung Karl Kraus' wären die Bücher Otto Weiningers nie zu den „großen Klassikern" geworden, die von einer ganzen Avantgarde gelesen und geachtet wurden. Adolf Loos, Arnold Schönberg, Alban Berg, Oskar Kokoschka und Georg Trakl, um nur einige Namen zu nennen, haben Weininger über Karl Kraus entdeckt. Am 17. Oktober 1903 veröffentlicht die „Fackel" (Nr. 144) auf der ersten Seite Strindbergs Hommage „Idolatrie, Gynolatrie". Im August 1929 macht die „Fackel" Nr. 811 auf Giovanni Papinis 1924 in Florenz erschienenes Buch „Stroncature" und das darin enthaltene Weininger-Kapitel aufmerksam. Zwischen diesen Nummern liegt eine Zeit nie gebrochener Treue. Sogar in seinen Briefen an Sidonie Nádherný erwähnt Karl Kraus „Geschlecht und Charakter" (16).

Wie ist nun Karl Kraus' Interesse für Weininger zu erklären? In dieser Frage stößt man sofort auf das Lieblingsthema der

„Fackel“: den Feldzug gegen die Platitüden und Lügen der großen Presse. Otto Weininger ist, wie auch die junge Schauspielerin Annie Kalmar, vor deren Selbstmord im April 1901 das „Neue Wiener Journal“ verleumderische Gerüchte ausgestreut hatte, ein Opfer des skrupellosen Journalismus. „Die Fackel“ Nr. 144 vom 17. Oktober 1903 verwirft die Behauptungen der „Neuen Freien Presse“, die den jungen Verstorbenen als manisch und größenwahnsinnig bezeichnet hatte. In der Nummer 149 vom 12. Dezember 1903 wird eine Stelle aus „Über die letzten Dinge“ zitiert, wo Weininger beklagt, wie sehr Henrik Ibsen unter den Journalisten zu leiden gehabt habe. Später verteidigt Karl Kraus Weininger gegen die von Moebius und Fließ erhobenen Plagiatsvorwürfe (zum Beispiel in Nr. 210, 31. Oktober 1906). In der Nummer 279 vom 13. Mai 1909 wird ein Journalist der „Neuen Freien Presse“ zurechtgewiesen, der einen Gedanken Weiningers übernommen hatte, ohne die Quelle anzugeben.

Die repressive Psychiatrie, die das „Genie“ Weiningers auf ein pathologisches Phänomen zurückführt, zieht ebenfalls den bissigen Witz von Karl Kraus auf sich. Gegen das Vorwort Moriz Rappaports zur ersten Ausgabe von „Über die letzten Dinge“ läßt er in der „Fackel“ Nr. 150 vom 23. Dezember 1903 den Vater Otto Weiningers zu Wort kommen, und einer Zuschrift Rappaports entgegnet er selbst in Nr. 152 vom 16. Jänner 1904; gegen das psychiatrische Pamphlet Ferdinand Probsts behauptet er (in Nr. 169 vom 23. November 1904 und in Nr. 176, 28. Februar 1905) den vollkommen klaren Verstand und die unbestreitbare Gesundheit Otto Weiningers. In „Karl Kraus and the Soul Doctors“ zeigt Thomas Szasz, von welchen ethischen und philosophischen Überzeugungen diese Feindschaft gegen die „wissenschaftliche Psychologie“, die medizinische Psychiatrie und die Psychoanalyse beseelt war.

Karl Kraus findet in Weininger einen Verbündeten in dem Kampf, den er in „Sittlichkeit und Kriminalität“ gegen die Heuchelei und Verlogenheit der Sitten unternommen hat. Er schreibt in der „Fackel“ Nr. 157 vom 19. März 1904 (als „Anm. d. Herausgebers“ zu Karl Bleibtreus so gar nicht unkritischem Aufsatz „Otto Weininger's ‚Geschlecht und Charakter‘“):

> Das eben ist mit das Verdienst Otto Weininger's, daß er das „Bedürfnis“, von allem ethischen Ballast befreit, in gleichem,

wenn nicht höherem Maß der Frauennatur als der des Mannes zubilligt. Man lese die großartige Deutung der Phänomene „Mutterschaft" und „Prostitution". An der Hand solcher Argumente werden der Misogyn und der Troubadour, Leugner der Frauenseele und Bekenner eines Frauenlächelns, Strindberg und Altenberg einig. Nur die brutale Männermoral unserer Tage – ich meine die Moral jener höchststehenden Männer, die tief unter der tiefststehenden Frau stehen – kommt zu kurz, jene Weltanschauung, die der Frau die Pflicht der Sittlichkeit und dem Mann das Recht der Geilheit zuteilt (...)

Karl Kraus bewundert jedoch nicht blind, was schon durch den Abdruck des Bleibtreu-Aufsatzes bewiesen ist, und in der „Fackel" Nr. 229 vom 2. Juli 1907 heißt es:

Daß doch ein Denker, der zur Erkenntnis der Anderswertigkeit des Weibes aufgestiegen ist, der Versuchung nicht besser widersteht, verschiedene Werte mit dem gleichen intellektuellen und ethischen Maß zu messen! Welch systematische Entrüstung!

Doch die geistige Verwandtschaft bleibt stärker als die Meinungsverschiedenheiten. Karl Kraus ist genauso wie Weininger ein begeisterter Kantianer, dem der ethische Imperativ über alles geht und der den Riß zwischen Sein und Schein nicht hinnimmt.

Einer Erklärung allerdings bedarf die rätselhafte Formel, mit der Karl Kraus seine Lektüre von „Geschlecht und Charakter" resümiert: „Ein Frauenverehrer stimmt den Argumenten Ihrer Frauenverachtung mit Begeisterung zu." (17) Wie kann man Otto Weininger und August Strindberg neben Peter Altenberg, den anderen Schützling der „Fackel", stellen, neben den dekadenten Anakreon der Wiener Mädchen und Fräuleins? Frauenverächter und Frauenverehrer treffen sich in einem grundlegenden Dogma: der Polarität der Geschlechter. „Des Weibes Sinnlichkeit ist der Urquell, an dem sich des Mannes Geistigkeit Erneuerung holt" (18), heißt es bei Kraus in „Sprüche und Widersprüche". Oder: „Der Mann hat fünf Sinne, das Weib bloß einen." – „Zuerst ward der Mann erschaffen. Aber das Weib ist ein Hysteron-Proton." (19) Die weibliche Emanzipation, die Karl Kraus in „Sittlichkeit und Kriminalität" fordert, hat also eine deutlich eingeschränkte Bedeutung:

Die Gründer der Normen haben das Verhältnis der Geschlechter verkehrt: sie haben das Geschlecht des Weibes in die Kon-

> vention geschnürt und das männliche entfesselt. So ist die Anmut vertrocknet und der Geist. Es gibt noch Sinnlichkeit in der Welt, aber sie ist nicht mehr die triumphierende Entfaltung einer Wesenheit, sondern die erbärmliche Entartung einer Funktion. (20)

Die Befreiung wird also nur eine sexuelle Befreiung sein. Die „Büchse der Pandora" (im Sinne Wedekinds) öffnen, um die Welt durch die schöpferische Anarchie des weiblichen „Instinkts" zu befruchten: das ist die Utopie Karl Kraus'.

Im Grunde findet er an der Weiningerschen Charakterologie nichts auszusetzen. Sexualität, erhöhte Erregbarkeit und Unmoral kennzeichnen das weibliche „Wesen". Karl Kraus geht sogar noch weiter, wenn er den Intellekt des Weibes beschreibt: „Persönlichkeit des Weibes ist die durch Unbewußtheit geadelte Wesenlosigkeit." – „Nichts ist unergründlicher als die Oberflächlichkeit des Weibes." (21) Bei Karl Kraus bedeutet die Polarität der Geschlechter jedoch keineswegs Antagonismus, sondern Komplementarität:

> Die sterile Lust des Mannes nährt sich an dem sterilen Geist des Weibes. Aber an weiblicher Lust nährt sich der männliche Geist. Sie schafft seine Werke. Durch all das, was dem Weib nicht gegeben ist, bewirkt es, daß der Mann seine Gaben nütze. Bücher und Bilder werden von der Frau geschaffen, – nicht von jener, die sie selbst schreibt und malt. Ein Werk wird zur Welt gebracht: hier zeugte das Weib, was der Mann gebar. (22)

Man begreift, warum er über die gesellschaftlichen und politischen Forderungen der Frauenbewegung spottet:

> Die Frauen verlangen das aktive und das passive Wahlrecht. Daß sie das Recht haben sollen, jeden Mann zu wählen, und daß man ihnen keinen Vorwurf mehr mache, wenn sie sich von wem immer wählen lassen? Behüte der Himmel: Sie meinen es politisch! Aber auf so verzweifelte Gedanken sind sie von den Männern gebracht worden. Jetzt wird diesen nichts anderes übrig bleiben, als von der Regierung zu verlangen, daß ihnen endlich die Menstruation bewilligt werde. (23)

Karl Kraus faßt seine Überzeugung in der Formel „‚Frauenrechte' sind Männerpflichten" (24) zusammen. Dies scheint der originellste Aspekt der Krausschen Phantasmen zu sein: Die Sache der

Frauen erfordert die Auflösung der verlogenen patriarchalischen Kultur und eine wesentliche Reform des männlichen Verhaltens. „Dem Herrschafts- und Besitzdenken der Männer, das Kraus auch in dieser Wedekind-Rede unablässig verhöhnt, wird die Unterwerfungssattitüde vorgezogen. Die Frau soll herrschen: lieblos, treulos, undankbar." (25) Er will die „freie", das heißt impulsive, nicht unterwürfige, die polygame Frau, die die bürgerlichen Anstandsregeln zerstört.

In seiner einleitenden Rede zur Aufführung der „Büchse der Pandora" am 29. Mai 1905 feiert Kraus Alwa und die Gräfin Geschwitz, die einzigen Partner, die Lulus würdig sind:

> Das sind die Gefangenen ihrer Liebe. Alle Enttäuschung, alle Qual, die von einem geliebten Wesen ausgeht, das nicht zu seelischer Dankbarkeit erschaffen ist, scheinen sie als Wonnen einzuschlürfen, an allen Abgründen die ästhetischen Werte bejahend. Ihre Gedankenwelt ist, mag er sie auch noch so sehr in einzelnen Zügen von der seinen differenzieren, die Gedankenwelt des Dichters (...). Man kann's auch – mit einem albernen Roman-Medizinerwort – Masochismus nennen. Aber er ist nun einmal der Boden künstlerischen Empfindens. Der „Besitz" der Frau, die Sicherheit des beatus possidens ist es, ohne die Phantasiearmut nicht glücklich sein kann. (26)

Diese Unterwerfung aus Liebe geht auch aus der stürmischen Beziehung Karl Kraus' zu Sidonie Nádherný von Borutin hervor, die er 1913 kennenlernt. Der erste Heiratsantrag im Jahr 1914 wird vermutlich aufgrund der perfiden Einmischung Rainer Maria Rilkes, eines anderen Freundes von Sidonie, abgewiesen. Trotz der schwierigen Umstände verläßt Kraus 1915 Wien, um der mit dem italienischen Grafen Carlo Guicciardini verlobten Sidonie nachzureisen. In Rom schreibt er ihr mehrere pathetische Briefe: „Sidi, noch einmal: in meiner letzten Stunde, die vor der Deinen schlagen wird, soll das verzerrte Gesicht vor mir stehen, das mir Deine Schönheit gezeigt hat – als eine Anklage, daß ich zu schwach, zu verliebt war, um diesem Elend früher ein Ende zu machen." (27) Die italienische Hochzeit Sidonies findet schließlich nicht statt. Sie bricht 1918 neuerlich mit Kraus, um den Arzt Max von Thun und Hohenstein zu heiraten (da, wie Rilke bereits früher anklingen ließ, der sehr katholischen Adeligen Nádherný von Borutin ein jüdischer Journalist nicht zusagen konnte). Nach der Trennung von ihrem Mann im Jahr 1921 versöhnt sie sich schließlich mit Karl Kraus.

Die zweite von Kraus inbrünstig verehrte weibliche Gestalt war die 1901 verstorbene Schauspielerin Annie Kalmar. In einem ihr gewidmeten Gedicht ist zu lesen: „Wie sich die Schöpfung in dem Bild erkannte, / so brannte sie danach, zurückzunehmen / das Wunderwerk aus einer Welt von Schemen, / um es erbarmungsvoller zu umarmen. // Denn Lust ist ohne Dank, und ohn Erbarmen / vernichtet sie die Schönheit, ihr gespendet, / erstickt den Glanz, der Menschliches geblendet, / und kehrt befriedigt in die Niederungen." (28)

Das Paradox überrascht: Karl Kraus, der die polygame Sexualität als höchstes Attribut der Weiblichkeit preist, verleiht der geliebten Frau engelhafte Züge und verteidigt sie gegen die Beschmutzung durch die männliche Begierde. Die Erotik ist die Berufung der Frau, aber die Sexualität des Mannes nimmt den Aspekt der Schuld an. An Sidonie, die sich allmählich von ihm löst, schreibt er: „Ich denke darum nicht um ein Haar Deines göttlichen Kopfes geringer von Dir, aber ich denke über mich nach und weiß, daß es irgendwie meine Schuld sein muß. Das bleibt hinter all Deinen müden, lieben, von mir und meinem Fieber erpreßten Versicherungen Gewißheit." (29)

Das erinnert durchaus an Weininger, bei dem es hieß: „Was der Mann durch die Schöpfung des Weibes, das ist durch die Bejahung des Koitus verbrochen hat und noch fortwährend verbricht, das bittet er dem Weibe ab als Erotiker." (30) Im Grunde empfängt für Karl Kraus der Mann (Geist) von der Frau (Geschlecht) die Inspiration und das schöpferische Genie, sollte sich aber darauf beschränken, das heißt: nicht mit seiner Muse schlafen.

Margarete Mitscherlich hat bemerkt, daß der Aufsatz Freuds „Über einen besonderen Typus der Objektwahl beim Mann" ganz genau auf Karl Kraus zutrifft. Freud definiert diesen Typus durch vier Merkmale: Er wählt eine Frau, die an einen oder mehrere andere Männer gebunden ist. Frauen, die keinen Geliebten (oder Gatten) haben, erwecken sein Verlangen nicht. Er liebt die Kokotte, die abenteuerlustige Künstlerin, ja sogar die Prostituierte, wendet sich jedoch von der keuschen Frau ab. Er verspricht der

Geliebten immer Treue und möchte sie „retten". „Der Mann ist überzeugt, daß die Geliebte seiner bedarf, daß sie ohne ihn jeden sittlichen Halt verlieren und rasch auf ein bedauernswertes Niveau herabsinken würde", schreibt Freud (31). Diese Ausrichtung der Libido ist durch eine weit über die Pubertät hinausreichende Mutterbindung bedingt. Das Bild der Mutter und das der Hure, die von diesem Männertypus streng getrennt werden, besitzen eine gemeinsame unbewußte Wurzel. Karl Kraus bestätigt diese Interpretation, wenn er Sidonie gegenüber Weiningers Kapitel „Mutterschaft und Prostitution" hervorhebt (32). Margarete Mitscherlich glaubt, daß die Lektüre dieses Freud-Aufsatzes um 1910 Kraus' feindliche Haltung zur Psychoanalyse determiniert hat (33).

„Es gibt keine Wollust, die an das Hochgefühl geistiger Zeugung heranreicht, und es gibt keine Trauer, die dem Zustand vergleichbar ist, in den der Künstler nach getanem Werk versinkt." (34) Karl Kraus beschreibt die literarische Arbeit ständig als Lustersatz und die Sprache als dirnenhafte und zugleich mütterliche Geliebte. Der dreizehnjährige Karl Kraus hat 1887 seine Pubertät als Sprachkrise erlebt. Sein Lehrer Heinrich Sedlmayer erzählt: „Im Frühjahr 1887, an einem Sonntagsnachmittage läutete bei mir die Türglocke. Ich öffnete, und Einlaß heischend stand vor mir der kleine schmächtige Tertianer Karl Kraus. Ich (...) lud ihn ein (...) und fragte nach seinem Begehr. ‚Ach, Herr Professor', klagte der Kleine, ‚mir ist es so leid, daß ich gar so schwach im Deutschen bin; möchten Sie mir nicht einen Rat geben, wie ich mich bessern könnte?' ‚Nun', erwiderte ich lächelnd, ‚da zensieren Sie sich ja selbst strenger, als ich Sie zensiere; ich könnte nicht sagen, daß ich mit Ihnen unzufrieden bin.' ‚Ach ja, wenn ein Gedicht zu memorieren oder eine Partie Grammatik zu lernen ist, das kann ich freilich; aber schreiben kann ich nicht; ich habe keinen Stil; und drum möchte ich Sie bitten, mir ein Aufsatzbuch zu empfehlen, aus dem ich den deutschen Stil lernen könnte.'" (35)

Kein einziger deutsch schreibender Schriftsteller hat den sprachlichen Purismus so weit getrieben wie Karl Kraus. Zahlreiche Seiten der „Fackel" befassen sich mit der Korrektur der in der Presse gefundenen Fehler. Die Ambivalenz seiner Beziehung zur Sprache geht aus zwei Zitaten aus dem Essay „Heine und die Folgen" (1910) hervor: „(...) die deutsche Sprache ist eine Gefährtin, die nur für den dichtet und denkt, der ihr Kinder machen kann." – „Heine war nur ein Draufgänger der Sprache; nie hat er die Augen vor ihr niedergeschlagen." (36) Karl Kraus beharrt auf der Sinnlichkeit der Sprache, als würde er eine Geliebte besingen, aber er schreibt als Puritaner der Form und kämpft gegen die Prostitution der Sprache in den Zeitungen: „Mit heißem Herzen und Hirne / naht' ich ihr Nacht für Nacht. / Sie war eine dreiste Dirne, / die ich zur Jungfrau gemacht." (37)

Karl Kraus liebte „Geschlecht und Charakter", weil er darin die paradoxe Mischung aus dem, was Freud als Dirnenverherrlichung bezeichnet – „Die geistig höchstentwickelten Frauen, alles, was dem Manne irgendwie Muse wird, gehört in die Kategorie der Prostituierten", schreibt Weininger (38) –, und Puritanismus findet: „Die Schönheit des Weibes ist nur sichtbar gewordene Sittlichkeit, aber diese Sittlichkeit ist selbst die des Mannes, die er, in höchster Steigerung und Vollendung, auf das Weib transponiert hat." (39)

In der ersten Nummer der „Fackel" von Anfang April 1899 wurde August Strindberg Arthur Schnitzler gegenübergestellt: „‚Die Gefährtin' ist ein seltsames Kunstproduct gewollter Psychologie. Die Scene gewährt einen Prospect auf das Grab einer Frau, und mit vertheilten Rollen wird ein Nachruf gesprochen, der zu ungeschickt abgefasst ist, um nicht peinlich zu wirken. Bei Strindberg hat der Hass eine Technik geschaffen, und wenn er es unternähme, gegen das frische Grab einer Frau zu polemisieren, so würde man eben dem Temperament bewilligen, was man Herrn Schnitzler und seiner umständlichen seelischen Obduction nicht verzeihen kann." Der letzte von außen kommende Beitrag stammte von Strindberg selbst: „Die Fackel" Nr. 349/350 vom 13. Mai 1912 veröffentlichte seinen Einakter „Eselsdorf". Ein seltsamer Zufall: Strindberg starb am 14. Mai 1912. Von Nummer 351 an nimmt die „Fackel" keine fremden Beiträge mehr auf, Kraus verfaßt sie im Alleingang.

Am 14. Juni 1912 hält Karl Kraus im großen Hörsaal des Anatomischen Instituts einen Nachruf auf Strindberg. Neben anderen Texten des Verstorbenen liest er dessen Nachruf auf Weininger, der in seinem großen Werk seinerseits „Gläubiger" (siehe auch im nächsten Absatz den diesbezüglichen Strindberg-Brief) als eine der besten Darstellungen des „seelenlosen Weibes" bezeichnet und „Der Vater" als Beleg für seine These der „Telegonie" zitiert hat, derzufolge „die Vaterschaft eine armselige Täuschung" sei. „Weiße Frauen, die einst von einem Neger ein Kind gehabt haben, gebären später oft einem weißen Manne Nachkommen, die noch unverkennbare Merkmale der Negerrasse an sich tragen." (40)

In der Nummer 144 der „Fackel" mit Strindbergs Nachruf auf Otto Weininger „Idolatrie, Gynolatrie" zitiert Karl Kraus zwei signifikante Briefe des schwedischen Dichters. Der eine war an dessen deutschen Übersetzer Emil Schering gerichtet und vom 21. Juli (1903) datiert: „Dr. Otto Weininger in Wien hat mir ‚Geschlecht und Charakter' gesandt; ein furchtbares Buch, das aber wahrscheinlich das schwerste von allen Problemen gelöst hat. Er zitiert ‚Gläubiger', aber er müßte ‚Vater' und ‚Fräulein Julie' kennen. Wollen Sie ihm sie senden? Ich buchstabierte, aber er setzte zusammen. Voilà un homme!" (Weininger kannte „Der Vater" und lobte das Stück als „mächtige Tragödie" – s. die Anmerkung auf S. 557 des „furchtbaren Buches".) Der zweite ist „ein Handschreiben Strindberg's" vom 1. Juli 1903 „aus dem Nachlaß Otto Weininger's": „Herr Doktor, Schließlich – das Frauenproblem gelöst zu sehen ist mir eine Erlösung und so – nehmen Sie meine Verehrung und meinen Dank!" (41) Die zahlreichen Anmerkungen in Strindbergs Exemplar von „Geschlecht und Charakter" zeugen von einer aufmerksamen Lektüre. Artur Gerber hat im „Taschenbuch" eine Antwort Strindbergs an ihn vom 22. Oktober 1903 wiedergegeben: „Ich habe den gestorbenen Freund verstanden, und danke Ihnen! Vor einigen Jahren, da ich dastand wie Weininger und die Absicht gehegt, weiterzugehen (...)" (42).

Karl Kraus hat seine Hölle: Strindberg und Weininger, und er hat sein grünes Paradies: Peter Altenberg – seine Großinquisitoren der Hexenfrau und seinen höfischen Minnesänger der Kindfrau. Bisweilen entzündet die „Fackel" den Scheiterhaufen der Misogynie, bisweilen glänzt sie fromm auf dem Altar der Gynolatrie. Denn die Fin de siècle-Frau hat zwei Gesichter, das der unheilvollen Salome und jenes der bleichen Ophelia. Karl Kraus zeigt, daß Antifeminismus und Undine-Kult sich bestens vertragen, ja sogar eins sein können.

„Gott hat das Weibchen geschaffen und der Mann das Weib gemacht“, heißt es bei Flaubert. Lulu verkörpert die ständig von der männlichen Phantasie entstellte Weiblichkeit. Der Maler Schwarz nennt sie Eva, der alte Doktor Goll Nelli, und Schön gibt ihr den Spitznamen Mignon. Man verkleidet sie als Pierrot, und ihre Liebhaber verehren das von Schwarz gemalte Porträt. Lulu wechselt die Masken und die Rollen, sie wird mythifiziert, aber auch mystifiziert. Die Männer werfen ihr die eigene Schwäche vor. Sie wird als großartige Hetäre angebetet und stirbt schließlich als heruntergekommene Prostituierte.

Wedekind schockierte den Bürger (und entfachte dabei dessen Begierde); Karl Kraus macht Lulu zum Archetyp seiner Heldinnen in „Sittlichkeit und Kriminalität“. Peter Altenberg ergänzt das Bild durch einige Schnörkel:

> Der Paradiesvogel ist wunderbar — — — nur darf man von ihm nicht erwarten, daß er Clavier spiele. Denn das thut er einmal nicht.
>
> *
>
> „Hättest Du mich besser erzogen!“ sagt Lulu zu Dr. Schön.
>
> Auf das Prokrustesbett seiner Bedürfnisse kann man jede Frau legen. Aber was hat man von dem verkrüppelten Rumpfe?!
>
> *
>
> (...)
>
> Jedem Vortheil, den ich für mich einem lebendigen Geschöpfe hienieden abringe, entspricht in unentrinnbar gleicher Größe ein Nachtheil. Ein kastriertes Thier wird sanft und lenkbar. Aber es ist ein „kastriertes Thier“! (43)

Durch die Polarität der Geschlechter wird die Frau bei Peter Altenberg zu einer wunderbaren Fremden, die aus anderen Welten in die Welt des Mannes herabgestiegen ist, was für sie Untergang und für ihn Erlösung bedeutet. Selten findet der unbekümmerte Altenberg so pathetische Töne wie im Nachruf auf Annie Kalmar, den weiblichen Mythos des ganzen „Fackel“-kreises:

WIE GENIES STERBEN.

(...) Sie wissen, dass es meine vom „Normalmenschen" als krankhafte Schrulle verspottete Lebensanschauung ist, der geistigen Genialität des Mannes die ästhetische Genialität der Frau vollkommen gleichzustellen und ebenso die Wirkungen dieser auf die Schar derjenigen, die in Unzulänglichkeiten dahinzuvegetieren verurtheilt sind. So wie sich die gesammte Menschheit gleichsam zu unerhörten Mütterlichkeiten, Zartheiten und Rücksichten organisiert dem geistigen Genie gegenüber, so hat sie dieselben zärtlichen und mütterlichen Betreuungspflichten gegen dieses gottähnliche Wesen „schöne und anmuthreiche Frau"!

Was ich hier schreibe, ist Grabschrift und Anklageschrift.

Die schönste, genialste, sanfteste, kindlichste Frau, die wie ein Gnadengeschenk des Schicksals in diese hintrauernde Welt der Unvollkommenheiten gesendet ward, hat sterben müssen. (...) die schändliche, feige Satanskralle infamer Lebenskünstler durfte die Lichtvolle in die dunkeln Abgründe reißen. Im labilen Gleichgewichte einer künstlerischen Persönlichkeit, brauchte sie desto dringender an jedem Tage und zu jeder Stunde tausend und abertausend selbstlose Helfer und Betreuer! Statt ihrer findet eine solche Ahnungslose, Unbewusste, an Abgründen ewig Heitere – Meuchelmörder, von sich selbst und mit ihrem eigenen bösen Reichthum gedungen! (44)

Die engelhafte Frau bleibt eine Fremde in der Welt der Männer, eine Fremde im Salon: „Die junge Dame, welche das in Nadelmalerei entworfen hat und stickt, hat einen Teint wie Muskatnuß, braune wellige feine Haare, malayischen Gesichtstypus, zarte lange Hände. Man möchte zu ihr sprechen: ‚Was machst Du in Europa, Du Wunderschöne?! Gehe doch spazieren in Waldungen mit Lianen und Orchideen, welche aus den Baumrinden wachsen – – –.'" (45) Eine Undine, der der Dichter an Seeufern oder am Ufer der Donau begegnet: „Sie fuhr langsam das Ufer entlang – – –. (...) Der Märchendichter würde sagen: ‚Und es raunte sich Geschichten zu, Geschichten – – –!'" (46)

Die weibliche Grausamkeit ist bei Altenberg kindlich, z. B. bei dem Mädchen, das kleine Fische fängt und ihnen amüsiert beim Sterben zusieht (47). Der Dichter übernimmt die Rolle des gutmütigen Beschützers der Kindfrau: „Entfern dich nicht! Denn wenn du mich verläßt, / erlischt dein eigener Zauber — — / und eine Welt ersteht, die dich brutal genießen will!" (48) Doch er kennt die Grenzen seines Weiblichkeitskults: „Die geliebte, schöne, anmutige, zartgegliederte Frau ist ein Teilchen, vielleicht sogar ein Teil der gesamten Weltenpracht. (...) August Strindberg, das Genie, spürte das zeitlebens, aber er jammerte darüber kläglich-hilflos, statt mit einem geistigen Siegfried-Schwertstreich das zu vernichten, aus seinem Seelenweg zu räumen, was den Lichthelden hindert in seiner lichten Bahn! ‚Du bist mein alles!' gehört vergangenen Zeiten an!" (49)

Die Polarität der Geschlechter teilt natürlich dem Mann die glänzende Rolle zu, der für die Frau ein Gott auf Erden ist: „Dem Manne zu seiner Kraft, zu seiner Größe, zu seinen Gluten, zu seinem Höchst-Funktionieren verhelfen, verhelfen wollen, verhelfen können, heißt ‚Frau' sein! Eine wirkliche Frau!" (50) „Ihre Seele liegt in mir! Ich bin es selbst, nicht sie! Ihr ‚Geist gewordener' schöner Leib bin ich. Und ihre ‚Form' ist meine ‚Gebilde gewordene' Seele. Wie wenn Gott-Canova meine Seele ausgemeißelt hätte zu lebendigem Stein, Materie, ist ihr Leib! Ich bin ihr Wesen, sie ist meine Form. Wir beide sind das Sein der Welt im ‚Paare' — — —." (51) Altenberg verwendet auf galante Weise den Weiningerschen Dualismus Mann—Form/Weib—Stoff. Der Kavalier der kleinen Mädchen, der Poet der Liebeserklärungen auf Postkarten, der den weiblichen Körper in zierliche Medaillons einschließt, zeigt sich noch weit patriarchalischer als Karl Kraus, der mit ein und derselben Leidenschaft die Frau anbetet und gegen sie wettert und schließlich die Waffen streckt, um sich der dark lady zu unterwerfen. Peter Altenberg hingegen bleibt unerschütterlich bei seiner gönnerhaften Herablassung. Seine Prosagedichte sind die lächelnde Rückseite von „Geschlecht und Charakter".

Der Feuilletonist Ludwig Speidel faßte in „Wiener Frauen und anderes Wienerische" den Mythos der Wiener Weiblichkeit zusammen: „Die Wiener Frauen tragen die Fülle ihres Geschlechtes mit einer Unbefangenheit, die sich vor dem öffentlichen Bekenntnis nicht scheut: Ich bin ein Weib! (...) Sie sind wie Blumen, die nicht anders können, als sich in ihren Reizen zu offenbaren." (52) In seinen Erinnerungen „Die Welt von gestern" sieht Stefan Zweig diese in der Wiener Bourgeoisie überspitzte Polarität der Geschlechter weitaus kritischer: „Überbetont war das sogenannte starke Geschlecht gegenüber dem schwachen Geschlecht auch in der Haltung, die man von ihm verlangte, der Mann forsch, ritterlich und aggressiv, die Frau scheu, schüchtern und defensiv, Jäger und Beute, statt gleich und gleich." (53)

Niemand hat das Drama der weiblichen Unterwerfung so deutlich in Roman und Theater erfaßt und dargestellt wie Arthur Schnitzler (54). Aber das Werk Schnitzlers zeigt, daß die männliche Phantasie mit den lautersten Absichten scheitert, wenn sie versucht, der noch utopischen Gestalt der emanzipierten Frau ein konkretes Antlitz zu verleihen. Der mondäne Held des Stückes „Anatol" (1891) teilt die weibliche Menschheit in zwei Typen: die böse Salondame und das süße Mädel.

Die Mutter, die Witwe, die Tochter aus gutem Haus, die Prostituierte, die Mondäne und das süße Mädel sind die Stereotypen des kleinen Wiener Theaters von Arthur Schnitzler. Die freie Frau wäre diejenige, die alle von den männlichen Konventionen festgeschriebenen Lebensformen überwunden hätte. Doch die von Schnitzler dargestellten Emanzipationsversuche enden fast alle tragisch. In „Die Braut" (1891) wird das Mädchen aus guter Familie zur Prostituierten, um der bürgerlichen Ehe zu entgehen. Berta Garlan in der gleichnamigen Novelle (1900) lehnt sich gegen ihr zurückgezogenes Witwendasein auf und erlebt schließlich nur die armseligen Abenteuer einer Emma Bovary. Marie Moser in „Der Ruf des Lebens" (1906) erreicht die Unabhängigkeit nur durch einen Vatermord. Therese Golowski in „Der Weg ins Freie" (1908) steht erfolgreich zu ihrem doppelten Außenseitertum als Jüdin und Kämpferin für die Sozialdemokratie. Sie kommt wegen Majestätsbeleidigung für zwei Monate ins Gefängnis. Doch sie gibt zu, daß sie von ihrem Kampf für die Freiheit enttäuscht ist: „Vielleicht ist das alles nur eine Flucht vor mir selbst." (55) Dionysia in „Die Hirtenflöte" (1912) ist enttäuscht von ihrem Abenteuer (Schnitzler dachte dabei vermutlich an Lou Andreas-Salomé) und kehrt zu ihrem Gatten zurück mit den Worten: „In der Beschränkung, die du mir zuerst bereitet und wo alles Pflicht wurde, war mir versagt, mich zu finden. Im Grenzenlosen, wohin du mich sandtest, und wo alles Lockung war, mußte ich mich verlieren. Ich weiß nicht, wer ich bin.“ (56)

In einer Novelle aus der Spätzeit, „Spiel im Morgengrauen“ (1926), zeigt Schnitzler eine ebenso unbefriedigende Möglichkeit weiblicher Emanzipation. Nach Jahren der Erniedrigung ist Leopoldine zur Geschäftsfrau geworden. Sie rächt sich an einem Geliebten, der sie einst wie eine Prostituierte behandelt hat, indem sie die Rollen umkehrt: Als er sie um Geld bittet, gibt sie es ihm als Bezahlung für eine Liebesnacht. Das Matriarchat als bloßer Rollentausch der Geschlechter?

In dem Stück „Das Märchen“ (1893) verliert Fanny Theren das Anrecht auf den Titel „Mädchen aus gutem Haus“, weil sie zwei nicht durch Heirat legitimierte Beziehungen hatte. Der Mann, den sie nun liebt, versteht zwar, daß die Konventionen, die eine Frau für ihre Jugendsünden bestrafen, ein „Märchen“ sind, ist aber dennoch zu feige, Fanny zu folgen. Sie wählt die glänzende, aber skandalöse Karriere der Schauspielerin und verläßt Wien. Dieses Stück erinnert daran, daß in Wien das Theater einer der wenigen Orte ist, an denen sich die Frau in einer dem Mann ebenbürtigen Weise durchsetzen kann. Man denke nur an die unzähligen Theaterchroniken Hermann Bahrs oder Karl Kraus', in denen Bühnengrößen wie Adele Sandrock, Annie Kalmar, Lotte Witt oder Eleonora Duse gefeiert werden. Doch auch die Schauspielerin ist nur die Verwirklichung eines männlichen Phantasmas: „Will man die Schauspielerin beurteilen, so muß man sie mit dem Maß des Weibes messen. (...) Was Hohlköpfe für den Ausfluß jener ‚Seele‘ halten, die sie überall dort spüren, wo nicht laut gesprochen wird, ist einfach die schauspielerische Sublimierung der Metritis“, verkündet Karl Kraus in der „Fackel“ Nr. 229 vom 2. Juli 1907.

Marcolina, die Heldin der Novelle „Casanovas Heimfahrt“ (1917) stellt in Schnitzlers Werk den einzigen Fall einer harmonisch gelungenen weiblichen Emanzipation dar. Aber ist es nicht bezeichnend, daß der Autor seine Gestalt im legendären Italien des 18. Jahrhunderts angesiedelt hat? Ein solcher Erfolg schien im Wien des beginnenden 20. Jahrhunderts unvorstellbar. Die Studentin und Voltaireanhängerin Marcolina verbindet körperliche

Schönheit mit einer glänzenden Intelligenz und einer umfassenden Bildung. Sie kann dem alten Casanova bei allen Gesprächsthemen standhalten. Sie weist die Annäherungsversuche des Libertins zurück und verteidigt die Freiheit ihres Liebeslebens. Die letzte, mit List erzwungene Eroberung Casanovas endet mit einer Erniedrigung. Die Macht des Verführers scheitert an der emanzipierten Frau.

In einem Brief an Schnitzler vom 15. Mai 1894 schreibt Lou Andreas-Salomé: „Auffallend ist es, wie schlecht der Mann überhaupt in Ihren Dichtungen wegkommt, – so schlecht, daß man versucht ist, an ein kleinwenig Verläumdung zu glauben. Gleichviel ob er sich als der verhältnismäßig Bravere oder Bösere giebt, – immer ist er, neben der Frau, der Uninteressantere (...)" (57). Kein Mann kann in den Werken Schnitzlers den Ansprüchen der Frau gerecht werden. Auch der Mann ist in der Konvention gefangen und wird, wie Leutnant Gustl, erdrückt von der Macht des Geldes, vom militärischen Gehorsam und von der politischen Autorität. Schnitzler, der menschlichste und klarsichtigste unter den großen Wienern, hat deutlich gezeigt, daß die Sache der Frauen Hand in Hand geht mit der Emanzipation des Mannes. Das erste Opfer des unbändigen Antifeminismus von „Geschlecht und Charakter" ist der Mann selbst, dem nur der Selbstmord bleibt.

In dem 1901 herausgegebenen „Handbuch der Frauenbewegung" (58) kommt die Österreicherin Marianne Hainisch auf die Ursachen für die relative Verspätung des österreichischen Feminismus zu sprechen: Das Konkordat von 1855 hatte den Sieg der katholischen Reaktion über die aufklärerische Tradition Josephs II. gebracht. Die wichtigsten Reformen zugunsten der Frauen waren in der kurzen Epoche des Liberalismus (vom österreichisch-ungarischen Kompromiß 1867 bis zum Sturz der Regierung Auersperg und der Übernahme der Regierung durch Graf Taaffe 1879) erreicht worden.

Die Frauenbewegung blieb gespalten. Die Frauen der Christlichsozialen Partei vertraten eine reaktionäre und in der Folge antisemitische Ideologie. Die bürgerliche Frauenbewegung hatte sich 1866 und dann 1890 im „Allgemeinen Österreichischen Frauenverein" organisiert, dessen wichtigste Anregerinnen Marianne Hainisch und Rosa Mayreder waren. Aber das Nationalitätenproblem spaltete die Bewegung genauso wie das Parlament. Die Feministinnen hatten keinerlei Unterstützung in den Provinzen des Reichs, in denen die vor allem von wohltätigen Adeligen betriebenen „Schirmherrschaften" dominierten. Der „bürgerliche" Feminismus befaßte sich hauptsächlich mit kulturellen Problemen und Erziehungsfragen (59). Er zog die traditionellen Rollen nicht in Zweifel, sondern kämpfte für eine „Veredelung des Geistes". Marianne Hainisch meinte sogar, die „Durchschnittskraft des Mannes auf geistigem wie physischem Gebiete sei eine weit höhere als die des Weibes (...)" (60). Der natürliche Weg einer emanzipierten Frau aus dem mittleren Bürgertum verlief über den Lehrerinnenberuf, also über eine Verlängerung der mütterlichen Funktionen – eine moderne Variante der Gouvernantenrolle. Zwischen 1878 und 1897 wurden die Frauen in Österreich zuerst am Gymnasium, dann an der Universität zugelassen, allerdings nicht an der Medizinischen Fakultät. Das Pamphlet des Chirurgen Eduard Albert „Die Frauen und das Studium der Medizin" (1895) enthielt alle frauenfeindlichen Argumente.

Aus einer Statistik des Jahres 1900 geht hervor, daß in Österreich 41% der unselbständig Erwerbstätigen Frauen waren. Von den weiblichen Berufstätigen waren 74% in der Landwirtschaft und nur 12,5% im industriellen Sektor beschäftigt. Von den Arbeiterinnen waren 53% unverheiratet, verwitwet oder geschieden. Nach der Heirat arbeiteten sie häufig zu Hause, vor allem wenn sie in der Textilindustrie, als Wäscherinnen oder in der Schuhmacherei beschäftigt waren. Diese Heimarbeiterinnen hatten eine schlecht bezahlte Tätigkeit, die, wenn Familie da war, nur einen geringen Zusatzlohn brachte und unter Mithilfe der Kinder und Alten erledigt wurde; die Fabriksarbeiterinnen betrachteten das oft als unlauteren Wettbewerb. In Wien beschäftigten zahlreiche „Zwischenmeisterinnen" jeweils mehrere Frauen in ihrer Wohnung.

Die Frauen- und Kinderarbeit wurde 1885 gesetzlich geregelt, die erste Arbeitsinspektorin 1906 ernannt. Fabriksarbeit bedeutete Emanzipation, weit mehr als Heimarbeit oder Dienstbotenanstellungen. Neue, „typisch weibliche" Berufe entstehen: Lehrerin, Telefonistin, Sekretärin, Krankenschwester. Die Ungleichheit der

Löhne für Männer und Frauen wird als natürlich angesehen. Bis 1917 sind Beamtentöchter, die heiraten, automatisch vom Beamtenberuf ausgeschlossen. Die Arbeiterfrauenbewegung der Sozialdemokratie kritisiert die bürgerlichen Feministinnen, weil diese ihrer Meinung nach Klassenkampf und Geschlechterkampf verwechseln. Diese Frauen „jubelten auf, wenn eine Frau irgendwo in der Welt Professor oder Ministerialrätin wurde (...). Daß es nicht um die Heraushebung einzelner Bevorrechteter, sondern um die Hebung der so schlecht gestellten Frauenarbeit überhaupt ging, übersahen sie", schreibt Käthe Leichter, die große österreichische Vorkämpferin der Arbeiterfrauen, in ihren Erinnerungen (61). Die österreichischen Feministinnen können sich innerhalb der Sozialdemokratie nur schwer durchsetzen, wird doch in der offiziellen Lehre die Emanzipation der Frau dem Kampf gegen den Kapitalismus untergeordnet. In „Der Ursprung der Familie, des Privateigentums und des Staates" (1884) erklärte Friedrich Engels, man müsse die Entwicklung einer neuen Menschheit abwarten, um die Befreiung der Frau zu verwirklichen.

Dabei scheint die Auflösung der traditionellen Familie im proletarischen Milieu bereits weit fortgeschritten zu sein. Die Österreicherin Therese Schlesinger notiert im Jahr 1910: „In den Arbeitervierteln der großen Städte wohnen dichtgedrängt verheiratete und unverheiratete Paare mit ihren Kindern nebeneinander, und deren Lebensführung und Kinderpflege ist so wenig voneinander unterschieden als die soziale Stellung, die ihnen die Legalität oder Illegalität ihrer Bindung anweist." (62) Die Polarisierung der Geschlechtscharaktere spiegelt nur im Bürgertum eine wirtschaftliche und rechtliche Realität wider (63). Dennoch bleibt die Arbeiterfrau in den traditionellen Rollen gefangen: Sie muß eine doppelte Last auf sich nehmen, ihre Lohnarbeit und den Haushalt mit den Kindern. Unter diesen Bedingungen ist die Teilnahme von Arbeiterinnen am politischen und gewerkschaftlichen Leben praktisch unmöglich. Bis 1914 verbietet übrigens das österreichische Gesetz über Vereinsbildungen die Mitgliedschaft von Frauen bei politischen Parteien. 1900 verzichtet Victor Adler darauf, die Forderung nach dem Wahlrecht der Frauen zu unterstützen (64). 1901 sind nur 4,5% der Gewerkschaftsmitglieder Frauen. Auf den Parteitagen der Sozialdemokratischen Partei ergreifen die „eingeladenen" Frauen kaum das Wort. Man organisiert die Frauen abseits in der Reichsfrauenkonferenz, die 1898 zum ersten Mal tagt. In ihren Erinnerungen „Jugendgeschichte einer Arbeiterin" spart Adelheid Popp nicht mit Kritik an den Männern der österreichischen Sozialdemokratie – „Wie sehr ich die politische Reife der Männer überschätzt hatte, erfuhr ich nur zu bald" (65) –, die zögerten, den Platz der Frauen und ihrer spezifischen Forderungen in der Arbeiterbewegung anzuerkennen.

Eine Theorie jedoch, die die antifeministische Ideologie auf die gegebene wirtschaftliche und soziale Infrastruktur allein zurückführt, kann nicht alles erklären. Im Österreich der Jahrhundertwende ist der Antifeminismus sowohl in der Bourgeoisie als auch im proletarischen Milieu eine Selbstverständlichkeit. Unter diesen Bedingungen kommt einer eigenen Frauenliteratur große Bedeutung zu: Könnte sie doch die männlichen Mythen berichtigen, ein gerechteres Bild der Weiblichkeit liefern und dem noch unbekannten Antlitz der emanzipierten Frau schärfere Konturen verleihen.

Um 1900 gibt es viele schreibende Frauen in Österreich. Man braucht nur die 1937 fertiggestellte, monumentale „Deutsch-Österreichische Literaturgeschichte" von Nagl, Zeidler und Castle zu konsultieren, um Dutzende, heute völlig in Vergessenheit geratene Essayistinnen, Romanautorinnen und Dichterinnen zu entdecken (66). Die ungeheure Produktion besteht zum Großteil aus „Damenwerken" für ein weibliches Publikum: Gedichtbände, in denen die Natur gefeiert wird, historische und Heimatromane, Bücher mit erbaulichen Weisheiten. Die Männer können sich unschwer über diese ungeschickte und stereotype Literatur lustig machen. In seiner Novelle „Sappho" (1906) behauptet Ferdinand von Saar, die schreibende Frau sei nur eine sexuell Frustrierte auf der Suche nach Kompensation im Reich der Phantasie.

Man darf natürlich nicht erwarten, in den Romanen der 1900 siebzigjährigen Marie von Ebner-Eschenbach, der großen Dame der österreichischen Literatur, kühne Ausblicke auf die weiblichen Lebensbedingungen zu finden. Dennoch enthält die großartige Novelle „Mašlans Frau" (1901) eine unerwartete Illustration des „Geschlechterkampfes". Die zwei Eheleute sind völlig zerstritten und leben getrennt im selben Dorf. Evi läßt Mašlan sterben, ohne ihn an seinem Totenbett aufzusuchen. Marie von Ebner-Eschenbach tadelt diese Starrköpfigkeit. Aber in der Erzählung trägt Evi den Sieg davon, die ihre Würde als Frau gerettet hat und alleinstehend ein untadeliges Leben führt, während ihr Gatte jämmerlich verfällt.

In dem damals berühmten Roman „Die arme Margaret" (1910) von Enrica von Handel-Mazzetti, Pflichtlektüre für alle braven Mädchen Österreichs dieser Zeit, wird der Geschlechtergegensatz bis zur Lächerlichkeit übertrieben. Die Autorin preist alle sogenannten typisch weiblichen Tugenden: Mutterinstinkt, Treue, Keuschheit, Opferbereitschaft, aber auch naive Unschuld, Unterwerfung und Nächstenliebe. In dieser historischen Darstellung der Wirren der österreichischen Gegenreformation kommt die reaktionäre Ideologie der Christlichsozialen Partei deutlich zum Ausdruck, der Enrica von Handel-Mazzetti nahesteht.

In der Tradition des aristokratischen und kosmopolitischen Liberalismus muß auch Bertha von Suttner genannt werden, die durch den Friedensnobelpreis im Jahr 1905 Weltruhm erlangte. Doch die Frauenfrage nimmt in ihrem der Sache des Pazifismus gewidmeten Werk nur geringen Raum ein. Die Schriften Bertha von Suttners sind literarisch belanglos. War sie, was ihr politisches Engagement betrifft, mehr als eine Schutzherrin großen Formats? Sie besaß jedenfalls ein großes Maß an idealistischer Naivität, und die Kriegsbegeisterung des Jahres 1914 lieferte den traurigen Beweis, daß ihre Bemühungen vergeblich waren.

Einige Frauen der österreichischen Bourgeoisie erreichten einen gewissen Erfolg, ohne daß man sie direkt mit der Frauenbewegung in Verbindung bringen könnte. Ein Beispiel dafür ist Marie Eugénie delle Grazie, deren „Sämtliche Werke" 1903 in neun Bänden erschienen. Um ihre literarische Karriere durchzusetzen, schlägt sie sich völlig auf die Seite der Männer und reproduziert deren schlimmste Klischees. Was soll man zum Beispiel von dieser Beschreibung halten? „Ein Paar (...), sie jung, schön, schlank und doch ‚mollert'; mit einem Geriesel von Seide um sich – aufdringlicher als es die wirklich vornehme Dame liebt (...). Der Bergère-Hut aus weißem Bast, die leicht im Wind aufflatternde Federnboa, der Schirm mit dem ‚Sezessionsgriff' (...). Die Lippen haben ein unnatürliches Korallenrosa. Aber die Zähne, die dahinter blitzen! Und in dem leicht vorgeschobenen Unterkiefer: welche Lebensgier und Raubtiergrazie! Die runden Augen der Wienerin, von jenem metallischen Blau, das zwischen grün und grau schillert (...)." In der Folge widersteht ein tugendhafter junger Mann dem abscheulichen Einfluß dieser femme fatale (67).

Der latente oder offene Antifeminismus fehlt also auch bei den Frauen nicht. „Geschlecht und Charakter" hatte ebenso viele Leserinnen wie Leser, und viele junge Mädchen fanden darin die Bestätigung von Ideen, auf die sie ihre Erziehung bereits vorbereitet hatte. P.J. Moebius zitiert im Anhang zu „Der physiologische Schwachsinn des Weibes" genußvoll eine beeindruckende Anzahl von Briefen, in denen Leserinnen ihre Zustimmung und Bewunderung zum Ausdruck bringen, und Weininger erwähnt die sehr überraschende Abhandlung Laura Marholms „Zur Psychologie der Frau" (1897), in der die Autorin behauptet, der einzige Lebenszweck der Frau bestünde in der Befriedigung der männlichen Begierden. In Berlin erscheint 1904 auch eine anonyme Broschüre mit dem Titel „Das Weib vom Manne erschaffen. Bekenntnisse einer Frau", in der die Thesen von „Geschlecht und Charakter" gestützt, ja verstärkt werden.

Die „bürgerliche" Frauenbewegung wird jedoch von einigen talentierten Schriftstellerinnen unterstützt. Einige von ihnen verdanken ihren Ruhm einem einzigen Buch, wie zum Beispiel Gabriele Reuter ihrem Roman „Aus guter Familie" (1895). Oder Else Jerusalem dem Buch „Der heilige Skarabäus" (1909), in dem sie das Thema von Karl Kraus' „Sittlichkeit und Kriminalität" aufgreift und das freudlose Leben der Freudenmädchen in einem Stil beschreibt, der bereits auf „Die freudlose Gasse", den Film von G.W. Pabst (nach dem Roman gleichen Titels von Hugo Bettauer), vorausweist. Andere wieder, wie Irma von Troll-Borostyáni, verfassen ein umfangreiches und vielseitiges Werk. Wenn Autorinnen sowohl Essays als auch Prosa schreiben, fällt oft ein Kontrast zwischen der relativen Kühnheit der reflektierenden Texte und der Resignation des erzählenden Werkes auf. Bei der Lektüre des Romans „Die Amazonenschlacht" (1897) von Marie Janitschek etwa fragt man sich, wohin die Hoffnungen des Feminismus verschwunden sind. Eine junge Frau aus der Provinz flieht vor ehelichem Zank und sucht die Freiheit in Berlin, verliert jedoch bald allen Enthusiasmus: „Freiheit? Was bedeutet dieser Begriff für die Frau? Ist nicht die Liebe und das Opfer ihre Freiheit? Ohne diese beiden zu leben heißt für sie: Verbannung, Trostlosigkeit, Öde." (68) Dabei wirken andere Texte Marie Janitscheks durchaus pessimistisch, was die Zukunft der Beziehungen zwischen Mann und Frau anlangt; zum Beispiel ihr Gedicht „Ein modernes Weib", das von einem Duell berichtet, in dem eine beleidigte Dame ihre Ehre verteidigt, und das mit den Worten schließt: „So wisse, daß das Weib gewachsen ist im neunzehnten Jahrhundert, sprach sie mit großem Aug', und schoß ihn nieder." (69)

Grete Meisel-Heß hat der Widerlegung von „Geschlecht und Charakter" eine siebzig Seiten lange Broschüre gewidmet. Aber in ihrer tugendhaften Entrüstung findet sie keine soliden Argumente und zollt Weininger manchmal sogar Anerkennung: „Solange sich Weininger in konstatierender Weise an das rein Wissenschaftliche hält, imponiert sein tiefgründiger Scharfsinn." Sie schließt allerdings mit dem Ergebnis, Weiningers Werk sei „mit allen Merkzeichen manischer Verblendung an den Tatsachen vorübergesaust" (70). Die Frauen müssen selbst gegen die Thesen Weiningers ankämpfen; aus der Broschüre Bruno Sturms „Gegen Weininger" (1912) geht hervor, daß auch die Männer, die am wenigsten mit „Geschlecht und Charakter" übereinstimmen, die antifeministischen Argumente gerne akzeptieren.

Die herausragendste österreichische Feministin ist damals zweifellos Rosa Mayreder. Ihr großer Essay „Zur Kritik der Weiblichkeit" (1905) ist ein energischer Gegenangriff auf Weininger. In ihrem Vorwort läßt sie erkennen, was den bürgerlichen Feminismus von der Arbeiterbewegung trennt: „Alle wirtschaftlichen Errungenschaften würden sehr wenig an dem innerlichen Verhältnis der Geschlechter ändern." (71) Ironisch wendet sie die Argumente der Frauenverächter gegen die Männer selbst: „Etwas an der Männlichkeit ist nicht in Ordnung." (72) Sie schlägt vor, die Beziehungen zwischen Mann und Frau künftig auf die Kameradschaft zu begründen, für die der Sport ein Beispiel liefere, zeigt die subjektiven Triebfedern der Misogynie auf und spricht von männlichen Frauenphantomen. Sie schließt mit der Vision einer „synthetischen Menschheit", in der die sexuellen Unterschiede auf schöpferische Weise vereint wären. Doch die erzählende Prosa auch Rosa Mayreders enthüllt, wie weit die Realität noch vom Ideal entfernt ist. Die Novelle „Sein Ideal" (73) zeigt einen Mann, der von seiner Heirat mit einer frivolen und ungebildeten Frau enttäuscht ist. Diese willigt jedoch nicht in die Scheidung ein. In der Novelle „Adam und Lilith" (74) zieht sie den Begriff der Kameradschaft in Zweifel, den sie in ihrem großen Essay entworfen hat.

Angesichts der vielen von Männern erdachten weiblichen Gestalten findet man in dieser Zeit nur wenige Frauen, die frei imaginieren. Die einen liefern eine Selbstkarikatur, indem sie die Gemeinplätze der männlichen Literatur allzu unterwürfig reproduzieren. Die anderen entwickeln eine Gegenideologie zur Misogynie, die man als Misandrie bezeichnen könnte. Auch für die Aufgeklärtesten bleibt die Figur der emanzipierten Frau eine Utopie, die von der Vorstellungskraft nicht auf lebendige Weise ausgefüllt werden kann. Die engagiertesten Essayistinnen werden in ihrer erzählenden Prosa zu Pessimistinnen. In der umfangreichen Frauenliteratur im Österreich der Jahrhundertwende findet sich nicht *ein* Pendant zur Gestalt der Marcolina aus Schnitzlers „Casanovas Heimfahrt".

VIII.
NOCH EINMAL FREUD UND WEININGER

Durch die Plagiatsaffäre allein können die Beziehungen zwischen „Geschlecht und Charakter" und der Psychoanalyse nicht erhellt werden. Soll man mit Karl Kraus meinen, daß Weininger eine Anti-Psychoanalyse entwickelt habe – und damit eine letzte Zuflucht für alle (falschen) Freunde der Frau, die den „pansexualistischen Reduktionismus" Freuds ablehnen? Soll man anderen Ansichten Glauben schenken, die behaupten, Weininger habe auf geniale Weise bestimmte grundlegende Ergebnisse der Psychoanalyse „vorweggenommen"? – Es besteht jedenfalls kein Zweifel darüber, daß sich der Erfolg von „Geschlecht und Charakter" auch aus der Nähe zu den Schriften Freuds erklärt. In den wenigen Anmerkungen, in denen Freud von Weininger spricht, gesteht er „Geschlecht und Charakter" keinerlei Bedeutung und zukunftsweisende Funktion zu, obwohl er doch sonst nie zögert, Dichtern und Philosophen seine Anerkennung auszusprechen, wenn dadurch das Ansehen der Psychoanalyse gestärkt oder eine abenteuerlich anmutende Behauptung gestützt werden kann.

Weininger: ein gefährlicher Schwärmer, ein spekulierender Narr, ein Frauenfeind, ein Antisemit! Was für eine Beleidigung für die Psychoanalyse, diesen jungen Angeber an ihr messen zu wollen! Dennoch ließen sich andere Psychoanalytiker dazu herab, Weininger ohne allzu große Verachtung zu lesen. Wilhelm Stekel zum Beispiel verfaßte im „Zentralblatt für Psychoanalyse" eine Rezension von „Über die letzten Dinge": „In dem Buch von Otto Weininger (...) findet sich folgende interessante Stelle: ‚Jede Krankheit ist Schuld und Strafe; alle Medizin muß Seelsorge werden. Es ist irgend etwas Unmoralisches, d.h. Unbewußtes, das zur Krankheit führt, und jede Krankheit ist geheilt, sobald sie vom Kranken selbst innerlich erkannt und verstanden ist.' Für die Psychoneurosen können wir diese Ausführungen bedingungslos bestätigen." (1)

Wir erinnern uns daran, daß Weininger die Menschheit in zwei Klassen einteilt: in männliche Individuen, deren höchste Erscheinungsform das Genie ist, und in die völlig von der Sexualität beherrschten weiblichen Menschen. Im Freudschen Vokabular könnte man sagen, daß die Frau, nach Weininger, durch ein übermächtiges „Es“ und einen Mangel an „Über-Ich“ gekennzeichnet ist, während das Genie sein „Es“ vollständig beherrscht. Mit anderen Worten: Der Mann ist das Über-Ich der Frau. Die Psychologie des Weibes beschränkt sich auf eine Erforschung der Triebe, die des Genies muß eine Abhandlung über die Sublimierung sein. Weininger verwandelt die seelischen Konflikte in einen Kampf zwischen Mann und Weib, das heißt, da jedes menschliche Wesen bisexuell ist, in ein inneres Ringen zwischen der männlichen und der weiblichen Substanz. Indem er verkündet, das Genie habe kein Unbewußtes, möchte Weininger es als reinen Geist darstellen; für ihn ist das Unbewußte mit dem Körper identisch. Der für die Weiningersche Weltanschauung charakteristische Dualismus operiert mit mehreren Paarbegriffen: Geist – Körper, männlich – weiblich, Bewußtsein – Unbewußtes, Freiheit – Sexualität, Sittlichkeit – Stofflichkeit. „Geschlecht und Charakter“ liest sich wie eine verzweifelte Reaktion gegen den überwältigenden Vorstoß von Theorien, die die Allgegenwart des Unbewußten und der Sexualität behaupten. Michel Foucault schreibt:

> Man erinnert oft an die zahllosen Prozeduren, mit denen uns das alte Christentum den Körper verabscheuenswert gemacht haben soll. Aber denken wir doch ein bißchen an all die Hinterlistigkeiten, mit denen man uns seit Jahrhunderten den Sex liebenswert, seine Erkenntnis begehrenswert und alles, was sich davon sagen läßt, kostbar macht; mit denen man uns zur Entfaltung all unserer Geschicklichkeiten aufreizt, um ihn zu erwischen, und mit denen man uns an die Pflicht bindet, ihm die Wahrheit zu entlocken; mit denen man uns Schuld einredet, weil wir ihn so lange verkannt haben. (2)

„Geschlecht und Charakter“ als „Anti-Psychoanalyse“ zu deuten, läuft auf eine starke Überschätzung des Werkes hinaus, bei dem es sich doch eher um Kulturkritik handelt. Angesichts einer Zivilisation, die uns glauben macht, daß jeder Ansatz zur Erforschung und Verbalisierung des Geschlechtlichen unsere Befreiung vorbereitet, verkündet Weininger, daß die menschliche Würde darin bestehe, den Körper zu beherrschen und die Triebe zum Schweigen zu bringen. Das wenige, das er von der Psychoanalyse weiß, benutzt er dazu, vor den Gefahren einer „Verweiblichung" der Kultur zu warnen.

Man könnte sich bereits meilenweit von Freud entfernt wähnen, aber einige Stellen aus Weiningers Werk bringen uns wieder zu ihm zurück, zum Beispiel dieses Fragment aus dem „Taschenbuch":

> Es gibt nur Psychotherapie, freilich nicht jene nur mangelhafte Psychotherapie von außen, wie wir sie heute haben, wo der fremde Wille eines Suggestors vollbringen muß, wozu der eigene allzu schwach ist, nicht eine heteronomische, sondern eine autonomische Hygiene und Therapie, wo jeder sein eigener Diagnostiker und damit eben auch schon Therapeutiker ist. Ein jeder muß sich selbst kurieren und sein eigener Arzt sein. Wenn er das will, wird ihm Gott helfen. Sonst hilft ihm niemand. (3)

Die Weiningersche Selbstanalyse läuft auf die Formel hinaus: „Werde genial!" Aber ist das nicht auch der wahre Beweggrund der analytischen Kur? Bei François Roustang etwa heißt es: „Die Heilung ist die Tat gewordene Genialität. (...) Die analytische Technik der freien Assoziation schließt notwendigerweise die Arbeitshypothese mit ein: Jeder Patient ist ein Genie. Diese Hypothese ist nicht ausgefallen. Die Romantiker der Jenaer Gruppe ließen bereits anklingen, daß das Genie übertragbar ist. Eine gewagte Annahme, der sich die Psychoanalyse nicht verschließen kann, denn eine Analyse zu einem guten Abschluß zu bringen setzt voraus, daß der Analysand, und nicht der Analytiker, ein Entdecker ist." (4)

In den Protokollen der Wiener Psychoanalytischen Vereinigung wird der Name Weininger oft erwähnt: Tausk vergleicht ihn wegen der Gleichsetzung von Logik und Ethik mit Platon; Federn macht darauf aufmerksam, daß Weininger den Einfluß der Lehren Kants auf die Psychologie in pathologischer Form zeige, und doch sei daran etwas Richtiges; Reik bemerkt, Weininger habe die Verwandschaft zwischen Sexualität und Tod vorausgeahnt. Einmal vergleicht Federn sogar Nietzsche und Weininger: Beide hätten eine analoge psychisch-sexuelle Veranlagung besessen. Federn fügt hinzu, daß Nietzsche in vielen Punkten ein Vorläufer der Psychoanalyse gewesen sei. Das hätte er besser für sich behalten, denn Freud reagiert sauer (könnte seine Gereiztheit nicht mit der Nennung des Namens Weininger zusammenhängen?): „Professor Freud betont vor allem sein eigentümliches Verhältnis zur Philosophie, deren abstrakte Art ihm so unsympathisch sei, daß er auf das Studium der Philosophie schließlich verzichtet habe. Auch Nietzsche kenne er nicht; ein gelegentlicher Versuch, ihn zu lesen, sei an einem Übermaß von Interesse erstickt." (5)

Freud scheint sein ganzes Leben hindurch, in all seinen Schriften, in seiner Korrespondenz und in dem, was von seinen Aussagen bekannt ist, die Erinnerung an Weininger zu verdrängen. Zuerst wegen der peinlichen Spuren, die die Affäre Fließ—Swoboda hinterlassen hat; aber wohl vor allem, weil „Geschlecht und Charakter" eine gefährliche Nachbarschaft darstellt. Hat man Freud nicht von Anfang an Phallokratie und Antifeminismus zum Vorwurf gemacht? (Bei der Veröffentlichung des Aufsatzes über Moses wird man ihm dann Lästerung des Judentums vorwerfen.) Freud vermeidet es, von Weininger zu sprechen, als könnte das Nebeneinander dem Ansehen der Psychoanalyse nur schaden.

Man könnte sagen, daß Weininger in wenigen Jahren den Weg zurücklegen wollte, für den Freud ein ganzes Leben benötigt. Der Sprung vom ersten, biologischen Teil von „Geschlecht und Charakter" zum zweiten, „psychisch-philosophischen", entspricht Freuds schrittweiser Abwendung von der experimentellen Beobachtung physisch-biologischer Prozesse und seiner Zuwendung zur Interpretation des Subjekts, des individuellen Lebens. Auffällig aber der Kontrast zwischen dem Zögern Freuds, über weibliche Sexualität zu schreiben, und der selbstmörderischen Hast, mit der Weininger definitive Antworten liefern möchte. „Als ob Freud bis zum letzten Augenblick vor dieser unmöglichen Aufgabe zurückgescheut sei." Und als ob das Schicksal Weiningers bestätigte, „daß das letzte Wort über die Frauen immer auch das letzte Wort überhaupt sein könnte. Denn weder der Tod noch das Geschlecht der Frau können sich anblicken." (6)

Als Weininger im Herbst 1901 Sigmund Freud den ersten Entwurf seines damals noch „Eros und Psyche" betitelten Buchs vorlegt, enthält sein Manuskript einen Abschnitt über die Hysterie, der als *captatio benevolentiae* beabsichtigt ist und Freud heftig ärgert. Weininger fügt seinen Essay über die Hysterie schließlich in das XII. Kapitel des zweiten Teils von „Geschlecht und Charakter" mit dem Titel „Das Wesen des Weibes und sein Sinn im Universum" ein. Die Hysterie erscheint ihm nun als eine Krise, in der sich das wahre Wesen des Weibes enthülle.

Er behauptet, dem Weg zu folgen, der durch die Arbeiten von Pierre Janet, Oskar Vogt und vor allem von Josef Breuer und Sigmund Freud vorgezeichnet ist. Er schlägt eine psychologische Theorie der Hysterie vor und lehnt alle im engeren Sinn physiologischen Erklärungen ab. Diese Frage ist im Jahr 1903 nicht entschieden. Viele Ärzte halten die Hysterie noch immer für ein spezifisch weibliches, mit Störungen der Gebärmutterfunktionen verbundenes Leiden. P.J. Moebius veröffentlicht 1895 einen Artikel über „Die gegenwärtige Auffassung der Hysterie" (7), in dem er behauptet, hysterische Störungen würden von bestimmten Vorstellungen ausgelöst und diese Störungen setzten einen gewissen „Grad der Entartung" voraus. In den „Studien über Hysterie" versucht Josef Breuer einen Kompromiß zwischen physiologischen und psychologischen Erklärungen, während Freud sich an eine psychogene Theorie hält, die von Weininger übernommen wird (8).

„Geschlecht und Charakter" entlehnt bei Freud auch noch die Idee von der entscheidenden Bedeutung der Sexualität für die Ätiologie der Hysterie. Diese wird definiert als Konflikt der Frau zwischen dem männlichen Standpunkt zur Sexualität, den sie sich völlig zu eigen gemacht habe, und dem Unbewußten, das ihr eigentliches Wesen darstelle (wie gesagt ist der Mann für Weininger das Über-Ich der Frau). Weininger liefert keine strenge Definition der Hysterie, sondern behauptet höchst allgemein, Frauen, die als Beweise der weiblichen Sittlichkeit angeführt würden, seien stets Hysterikerinnen.

Solche Passagen aus „Geschlecht und Charakter" eignen sich offensichtlich nicht für einen Vergleich mit der Psychoanalyse und erklären den negativen Eindruck, den das Manuskript bei Freud hinterließ. Weininger spricht nämlich die Sprache der Metaphysik: Die Hysterie sei eine „experimentelle Bestätigung der Kantischen Ethik", reine Heteronomie, Nullpunkt des Willens. Im Gegensatz zu allen allzu nachsichtigen modernen Psychologen weigert sich Weininger, mit der hysterischen Frau Mitleid zu empfinden. Freud hingegen hat sich nur außerstande gesehen, sich in den „psychischen Mechanismus einer Hysterie" bei einer Person zu vertiefen, die ihm gemein und widerwärtig vorkäme und die nicht bei näherer Bekanntschaft imstande wäre, menschliche Sympathie zu erwecken. Dennoch hat die Hysterikerin für Freud „immer etwas vom Verbrecher an sich" (9). Der männliche Therapeut muß ihr ihr Geheimnis wie ein Untersuchungsrichter entreißen. Freud stellt im Jahr 1906 fest, er müsse „eine Analogie zwischen dem Verbrecher und dem Hysteriker durchführen. Bei beiden handelt es sich um ein Geheimnis, um etwas Verborgenes. Aber, um nicht paradox zu werden, muß ich auch gleich den Unterschied hervorheben. Beim Verbrecher handelt es sich um ein Geheimnis, das er weiß und vor Ihnen verbirgt, beim Hysteriker um ein Geheimnis, das auch er selbst nicht weiß, das sich vor ihm selbst verbirgt. (...) Die Aufgabe des Therapeuten ist aber die nämliche wie des Untersuchungsrichters; wir sollen das verborgene Psychische aufdecken und haben zu diesem Zwekke eine Reihe von Detektivkünsten erfunden, von denen uns also jetzt die Herren Juristen einige nachahmen werden." (10) In diesem Abschnitt spricht Freud vom Hysteriker. Bekanntlich hält er die Hysterie nicht für eine ausschließlich weibliche Krankheit. Auch in der Weiningerschen Lehre ist dies denkbar: Aufgrund ihrer bisexuellen Veranlagung können auch die Männer hysterisch werden; sie verraten dadurch ihren verweiblichten Charakter.

Otto Weininger möchte die sittliche Häßlichkeit der Hysterikerin entlarven. Sie ist die durchschaute Prüde, die Simulantin, die Willenlose. Er sieht keinen Unterschied zwischen dem Normalzustand der Frau und der hysterischen Krise: Jede Verliebte ist für ihn eine kleine Hysterikerin. Das Weib, das keine Persönlichkeit besitzt, sondern nur wechselnde „Rollen" hat, genießt die prahlerische Inszenierung der Hysterie. Weininger möchte seinen Abscheu überzeugend formulieren, aber er kennt das heimtükkische Ansehen der Hysterie in einer dekadenten Welt. Denn: „Das hysterische Frauenzimmer ist die Probiermamsell der Erfolgs- und der Sozialethik" (11) in einer der Männlichkeit beraubten Kultur, wo die falschen Tränen als Seelengröße gelten und die Ausschweifung hemmungslos geworden ist. Die Hysterie könnte bedrohlich ansteckend wirken, und „Geschlecht und Charakter" entzündet einen Scheiterhaufen, durch dessen Feuer der Adel der Menschheit gerettet werden soll. Weiningers Ton gleicht dem eines Großinquisitors.

Das erste (englisch geschriebene) Buch über die Hysterie, „A Brief Discourse of a Disease Called the Suffocation of the Mother" (1603), stammt von Edward Jorden, dem Spezialisten für Hexenaffären am Hof Jakobs IV. von Schottland. Mehrere Zeitgenossen Otto Weiningers, wie etwa Charcot in seiner Studie „Les démoniaques dans l'art" (1887), erklären das Phänomen der mittelalterlichen Hexenjagd mit den modernen Forschungsergebnissen über die Hysterie. „Die Hexe" Michelets ist eine Verwandte der Hysterikerin. Aber eine bestimmte, am Ende des 19. Jahrhunderts entstehende „Wissenschaft" weist auf eine um positivistische Vorstellungen bereicherte Renaissance der Hexenjagd hin. Die Frau werde zur Hexe, hieß es im „Malleus maleficarum" (1494), weil sie weniger Seele habe (*femina = fe* [Glaube] *minus*). Nach P.J. Moebius befällt die Hysterie ungenügend ausgereifte Nervensysteme. Kraepelin vertritt die Ansicht, die Hysterie treffe nur entartete Seelen, die der Frauen und die der Juden, Opfer einer „langen Blutsverwandtschaft". Die Hysterikerin scheint vom Bösen beseelt wie die Hexe. Kraepelin spricht von „Wesen ohne Mitleid", von „Virtuosen des Egoismus" (12). Roland Jaccard meint, die Hysterie sei die ethnische Modekrankheit der Jahrhundertwende gewesen. „Unter ethnischer Krankheit verstehen wir, nach Georges Devereux, eine Krankheit, deren Symptome nicht erfunden, sondern vom kulturellen Milieu einer bestimmten Epoche geliefert werden. Es besteht kaum ein Zweifel darüber, daß die hysterischen Patienten Freuds heute eher eine Symptomatologie schizophrenen Typs verkörpern würden." (13)

Zur Zeit Weiningers ist die Hysterie in aller Munde. Die Schriftsteller bevölkern ihre Romane und Theaterstücke mit „hysterischen" Figuren. Diese Krankheit, heißt es später bei Breton, ist die „größte poetische Erfindung" des 19. Jahrhunderts. Für zwei Wiener Bewunderer Otto Weiningers, nämlich für Karl Kraus und Peter Altenberg, ist die hysterische Frau mit dem ewig Weiblichen identisch. „Wenn ein Weib einen Mann warten läßt, und er nimmt mit einer andern vorlieb, so ist er ein Tier. Wenn ein Mann ein Weib warten läßt, und sie nimmt mit keinem andern vorlieb, so ist sie eine Hysterikerin. Phallus ex machina – der Erlöser." (14) Peter Altenberg, dem der Hausarzt im Jahr 1882 eine Bestätigung ausstellte, in der er wegen nervöser Hypersensibilität als unfähig zur Ausübung eines Berufs eingestuft wurde, fühlt sich mit seiner hysterischen Schwester eng verbunden: „Mutter werden heißt also: zum einzig möglichen Frauenfrieden gelangen! Es ist also eine *physiologische Angelegenheit*. Diejenigen, die aber auch das Natur-gemäße nicht ‚zu Ruhe und Frieden' bringt auf Erden, die soll man als ‚leider Hysterische' tief mitleidsvoll behandeln wie andere Kranke, von denen man nichts erwartet, weil sie eben krank sind, also in der gesunden allgemeinen Welt nicht leistungsfähig irgendwie!" (15)

Die Originalität Weiningers in diesem Punkt besteht darin, daß er die Hysterie als ein verzweifeltes Aufbäumen gegen den Fluch der Sexualität und als ein pathetisches Streben nach Emanzipation definiert. Der Wahnsinn ist, nach der Formel Michel Foucaults, auch das Erlangen des Rechts, sich auszudrücken, gehört zu werden und im eigenen Namen zu sprechen. In einer Umgebung, in der das junge Mädchen und die Ehefrau ihr Leben lang sexueller Unterdrückung ausgesetzt sind, erscheint die Hysterie als Zuflucht, in der Triebe und Wünsche umgesetzt sind. Weiningers Interpretation der Hysterie als Konflikt zwischen der Natur (des Weibes) und der Kultur (des Mannes) kann man einen gewissen Scharfblick nicht absprechen.

Breuer beschreibt Bertha Pappenheim (alias Anna O.) als „einen kräftigen Intellekt, der auch solide geistige Nahrung verdaut hätte" und diese brauchte, nach Verlassen der Schule aber nicht erhalten habe; „das sexuale Element" sei „erstaunlich unentwickelt". Dieses Mädchen von „überfließender geistiger Vitalität" führe in der puritanisch gesinnten Familie ein höchst monotones Leben (16). Bekanntlich hat Breuer seine Patientin nicht geheilt. Sie wurde zur Behandlung in das Bellevue-Sanatorium in Kreuzlingen am Bodensee geschickt. Der Bericht eines Arztes dieser Anstalt erwähnt „die unangenehme Gereiztheit der Kranken ihrer Familie gegenüber, ihre abfälligen Urteile über die Wirkungslosigkeit der Wissenschaft". Durch das pathologische Spiel der

Hysterie kann sie sich auflehnen und ihre Freiheit erlangen (17). Ende der achtziger Jahre widmet sie sich der Sache des Feminismus. Sie stellt Nachforschungen über den Frauenhandel in Südosteuropa an und gründet 1904 den Jüdischen Frauenbund (18).

Ein anderes Beispiel für eine sich schließlich emanzipierende „große" Hysterikerin ist Blanche Wittmann, die „*prima donna* der Salpêtrière", die oft zur öffentlichen Vorführung der von Charcot definierten „drei Stadien der Hypnose" benutzt wurde. Sie wird als autoritär, launisch und hochmütig beschrieben. Nach ihrer Heilung im Hôtel-Dieu, wo sie von Jules Janet (dem Bruder Pierre Janets) mit mehr Erfolg behandelt worden war, kehrte sie in die Salpêtrière zurück, wo sie zuerst im Photolabor und dann im neu entstandenen Röntgenlabor angestellt wurde. Sie war eines der ersten Opfer des Röntgenkrebses und starb, nach Henri F. Ellenberger, „als Märtyrerin der Wissenschaft" (19).

In Arthur Schnitzlers Novelle „Fräulein Else" (1923) wird die gesellschaftliche Bedeutung der weiblichen hysterischen Krise deutlich hervorgehoben. Else ist ein Mädchen aus einer guten Wiener Familie jüdischer Herkunft. Genauso wie Anna O. füllt sie ihr Nichtstun in der Sommerfrische San Martino mit dem „privaten Theater" ihrer Träumereien aus. „Oder ich heirat' einen Amerikaner und wir leben in Europa. Villa an der Riviera. Marmorstufen ins Meer. Ich liege nackt auf dem Marmor." Vor einem Spiegel genießt Else narzißtisch ihren eigenen Körper: „Ach, kommen Sie doch näher, schönes Fräulein. Ich will Ihre blutroten Lippen küssen. Ich will Ihre Brüste an meine Brüste pressen. Wie schade, daß das Glas zwischen uns ist, das kalte Glas. Wie gut würden wir uns miteinander vertragen. Nicht wahr? Wir brauchten gar niemanden andern." – Ein Telegramm von Elses Eltern stört die Ferienruhe. Sie bitten ihre Tochter, bei einem in selben Hotel wie Else wohnenden Kunsthändler Geld zu borgen, andernfalls käme der tief verschuldete Vater ins Gefängnis. Der Händler stellt Else eine Bedingung: Sie muß sich vor ihm entkleiden. Auf brutale Weise wird sie sich der Beschränktheit ihrer Existenz bewußt: „Ach Gott, warum habe ich kein Geld? Warum hab' ich mir noch nichts verdient? Warum habe ich nichts gelernt? (...) Ihr wart es, könnt ich sagen, Ihr habt mich dazu gemacht, ihr alle seid Schuld, daß ich so geworden bin ..." – Ihr innerer Monolog wird nach und nach immer wahnhafter. Um dem Dilemma – Prostitution oder Selbstmord –, dem sie sich gegenübersieht, zu entkommen, flieht sie in die hysterische Krise: „Wenn einer mich sieht, dann sollen mich auch andere sehen.“ Sie zeigt sich nackt im Salon des Hotels und fällt in eine mehr oder weniger echte Ohnmacht. Sie nimmt die auf dem Nachttisch bereitgestellte Dosis Veronal zu sich und verliert das Bewußtsein. Ihr innerer Monolog endet mit den Worten: „Gib mir die Hand, Papa. Wir fliegen zusammen. So schön ist die Welt, wenn man fliegen kann. Küss' mir doch nicht die Hand. Ich bin ja dein Kind, Papa.“ (20)

Muß man annehmen, daß Else am Ende der Novelle stirbt? Stellen wir uns eher vor, daß sie aufwacht und das Schicksal von Anna O. erlebt: das einer am Ende einer „pathologischen Emanzipation“ befreiten Frau. – Otto Weiningers Verdienst ist es, hinter einem klinischen Objekt ein Modell kulturellen Protests ausgemacht zu haben: den Wahnsinn der sich gegen die patriarchalische Autorität auflehnenden Frau.

Wenn der „durchaus relative“ Wert der Psychoanalyse gezeigt werden soll, ist es üblich, in erster Linie auf die einzigartige Beobachtungsgabe Freuds hinzuweisen. Er habe wie kein anderer, mehr noch als Karl Kraus oder Arthur Schnitzler, den falschen Schein und die sexuelle Not einer Gesellschaft durchschaut. Man fügt sofort hinzu, Freud habe geirrt, wenn er die Schlußfolgerungen aus seinen Analysen für auf jede Gesellschaft und auf alle historischen Situationen anwendbar gehalten habe (21). Otto Weininger wird manchmal dasselbe Kompliment mit demselben Vorwurf gemacht: „Geschlecht und Charakter“ gebe mit grausamer Wahrheit die Karikatur der von der patriarchalischen Kultur des Fin de siècle herausgebildeten Weiblichkeit wieder, nehme aber durch die Verwechslung zwischen Akzidens und Essenz wahnhafte Züge an.

Freud jedoch hat es in Wirklichkeit energisch abgelehnt, die Psychoanalyse mit einer Weltanschauung gleichzusetzen (was seine Kritiker bequemlichkeitshalber tun): „Ich meine also, eine Weltanschauung ist eine intellektuelle Konstruktion, die alle Probleme unseres Daseins aus einer übergeordneten Annahme einheitlich löst, in der demnach keine Frage offen bleibt und alles, was unser Interesse hatte, seinen bestimmten Platz findet. (...) Wenn das der Charakter einer Weltanschauung ist, so wird die Antwort für die Psychoanalyse leicht. Als eine Spezialwissenschaft, ein Zweig der Psychologie, – Tiefenpsychologie oder Psychologie des Unbewußten, – ist sie ganz ungeeignet, eine eigene Weltanschauung zu bilden, sie muß die der Wissenschaft annehmen." (22) Mit derselben Energie weist Freud die Kritiken zurück, in denen die Psychoanalyse zum typisch wienerischen, für den Export ungeeigneten Produkt gestempelt wird: „Wir haben alle den interessanten Erklärungsversuch der Entstehung der Psychoanalyse aus dem Wiener Milieu vernommen; Janet hat es noch 1913 nicht verschmäht, sich seiner zu bedienen, obwohl er gewiß stolz darauf ist, Pariser zu sein, und Paris kaum den Anspruch erheben kann, eine sittenstrengere Stadt zu sein als Wien. (...) Nun, ich bin wahrhaftig kein Lokalpatriot, aber diese Theorie ist mir immer ganz besonders unsinnig erschienen (...)" (23).

Es mußte Freud ganz besonders ärgern, in einem 1909/10 erschienenen Pamphlet des Psychiaters Adolf Friedländer, eines vehementen Gegners der Psychoanalyse, dem wienerischen „Genius loci" gemeinsam mit Otto Weininger zugeordnet zu werden: „Ich möchte auf Weininger verweisen, dessen durch und durch pathologisches Buch (ich übersehe nicht die z.T. phänomenalen geistigen Leistungen, die darin enthalten sind) nur auf Wiener Boden entstehen konnte. Lange Zeit wurde von nichts anderem gesprochen als von diesem Buch, und zwischen Freud und Weininger bestanden enge wissenschaftliche Beziehungen. Es ließen sich hier viele Fäden aufdecken, die zu einem Literatenkreis führen, der neben aufdringlich Erotischem viel psychologisch Wertvolles erzeugte. Ich wollte dies nur erwähnen, weil ich der Meinung bin, daß diesen Autoren wirklich ein spezifisches Material zuströmt. Es wird aber auch von vornherein spezifisch durch die Beschäftigung mit den ‚populär' gewordenen Arbeiten dieser Ärzte." (24)

Der gegen Freud erhobene Vorwurf antifeministischer Phallokratie gehört seit einem halben Jahrhundert zum guten Ton. Wer schüttelt angesichts der berühmten Passage aus dem Jahr 1924 nicht den Kopf: „Auch das weibliche Geschlecht entwickelt einen Ödipuskomplex, ein Über-Ich und eine Latenzzeit. Kann man ihm auch eine phallische Organisation und einen Kastrationskomplex zusprechen? Die Antwort lautet bejahend, aber es kann nicht dasselbe sein wie beim Knaben. Die feministische Forderung nach Gleichberechtigung der Geschlechter trägt hier nicht weit, der morphologische Unterschied muß sich in Verschiedenheiten der psychischen Entwicklung äußern. Die Anatomie ist das Schicksal, um ein Wort Napoleons zu variieren." (25)

Freud kann noch so oft versichern, „daß mir bei der Schilderung des weiblichen Liebeslebens jede Tendenz zur Herabsetzung des Weibes fernliegt" (26) – hat nicht er selbst uns gelehrt, gerade dort, wo etwas verneint wird, mißtrauisch zu sein? –, die Ankläger der Psychoanalyse bleiben hart (27). Der Penisneid, der bei ihm das Frau-Werden determiniert, ist nur das Sinnbild des patriarchalischen Systems: Die Frau wird nach männlichen Werten gemessen. Die weibliche Sexualität ist auf die Alternative klitorale Lust (männlich) / vaginale Lust (weiblich) eingeschränkt. Die Ideologie der Fortpflanzung, die in der mütterlichen Funktion die Erfüllung des weiblichen Schicksals sieht, wird von Freud nicht in Frage gestellt. Die sexuelle Entwicklung der Frau ist, verglichen mit der des Mannes, die *via difficilior*, ein verschlungener Pfad voller Hinterhalte. Freud behauptet, es gäbe nur eine Libido, und ihr Modell sei männlich. Die Beziehungen zwischen Tochter und Mutter werden in Begriffen des männlichen Begehrens analysiert. Schließlich stellt er fest, die Frau sei nur begrenzt zur Sublimierung fähig.

Freud sieht die Kritik an seinen Theorien über die weibliche Sexualität voraus und entschärft sie im vorhinein, indem er alle Einwände gegen die Psychoanalyse in Begriffen des „Widerstands" interpretiert, der durch eine narzißtische Wunde verursacht sei. Bis zum Äußersten ist in diesem Punkt wohl Jacques Lacan gegangen: „Die Frau gibt es nur, soweit sie von der Natur der Dinge ausgeschlossen ist, die die Natur der Wörter ist, und man muß sagen, wenn es etwas gibt, worüber sie selbst sich im Moment ziemlich beklagen, so ist es genau das – nur, sie wissen nicht, was sie sagen, das ist der ganze Unterschied zwischen ihnen und mir." (28)

Wozu Otto Weininger in diese allzu hitzige Diskussion einbringen? Etwa um zu zeigen, daß sich mehrere Freudsche Schemata im enthüllenden Delirium Weiningers abzeichnen. Der Vergleich bleibt ambivalent, könnte man doch aus ihm Argumente sowohl für eine Neubewertung von „Geschlecht und Charakter“ als auch für die Beibringung eines kompromittierenden Zeugen im Prozeß gegen die Psychoanalyse beziehen. Eine andere Gegenüberstellung mag sich jedoch als verblüffend erweisen, nämlich die zwischen Jacques Lacan und Otto Weininger. Noch eine Affäre um einen entwendeten Brief? (29) Hat Lacan Weininger wiederholt?

Die Theorie der Bisexualität dient Freud wie auch Weininger als (nur zur Hälfte überzeugendes) Alibi, um sich dem Vorwurf der Misogynie zu entziehen. Man werde wohl bereitwillig zugestehen, „daß alle menschlichen Individuen infolge ihrer bisexuellen Anlage und der gekreuzten Vererbung männliche und weibliche Charaktere in sich vereinigen, sodaß die reine Männlichkeit und Weiblichkeit theoretische Konstruktionen bleiben mit ungesichertem Inhalt“ (30). Dazu Otto Weininger: „Es bedeutet im folgenden ‚der Mann‘ immer M und mit ‚der Frau‘ ist immer W gemeint, nicht ‚die Männer‘ oder ‚die Frauen‘.“ (31) Die These von der Bisexualität „ermöglicht Freud, den hartnäckigsten phallokratischen Diskurs zu wiederholen: Wenn ihr Frauen genauso intelligent seid wie die Männer, dann in Wirklichkeit deshalb, weil ihr männlicher seid als weiblich.“ (32) Jedes Individuum ist ein Gemisch aus männlich = Aktivität und weiblich = Passivität; und Freud räumt ein, daß der Penisneid bei der Frau und die Auflehnung gegen seine „passive und weibliche Haltung“ beim Mann parallele Themen sind, die dem entsprechen, was Alfred Adler als „männlichen Protest“ bezeichnet, während Freud den Begriff „Ablehnung der Weiblichkeit“ vorzieht.

Aber in der Entwicklung der Frau trete nach der phallischen eine Phase ein, in deren Verlauf „das Streben nach der Männlichkeit“ einen entscheidenden Verdrängungsprozeß erfährt. „(...) aus dem ungestillten Wunsch nach dem Penis soll der Wunsch nach dem Kind und nach dem Manne werden, der den Penis trägt. Ungewöhnlich oft aber werden wir finden, daß der Männlichkeitswunsch im Unbewußten erhalten geblieben ist und von der Verdrängung her seine störenden Wirkungen entfaltet.“ (33) Und Freud schließt daraus, „daß die Ablehnung der Weiblichkeit ja nichts anderes sein kann als eine biologische Tatsache, ein Stück jenes großen Rätsels der Geschlechtlichkeit". Im Grunde verläuft der normale Weg des Frau-Werdens nach Freud über ein notwendiges Sichabfinden mit der Passivität, während sich die Mann-Werdung durch eine siegreiche Auflehnung gegen die in der bisexuellen Natur angelegte weibliche Versuchung durchsetzt. In der metaphysischen Sprache Weiningers lautet das: Die Frau findet sich mit ihrer Natur ab. „Ordnung in wirre sexuelle Verhältnisse zu bringen, dazu kann (...) nur der Mann – donna è mobile – das Bedürfnis und die Kraft besessen haben." (34) – „Wir werden (...) darauf aufmerksam, daß ein Mann Weibliches in bestimmtem Maße in sich haben kann, ohne darum in gleichem Grade schon eine sexuelle Zwischenform darzustellen." (35) – „Der Mann hat auch das Weib, er hat auch Materie in sich, und kann diesen Teil seines Wesens sich entwickeln lassen, d.h. verkommen und entarten; oder er kann ihn erkennen und bekämpfen – (...). Das Weib aber hat keine Möglichkeit einer Entwicklung, außer durch den Mann." (36)

Bevor wir diesen Vergleich zwischen Weininger und Freud weiterverfolgen, sei noch einmal daran erinnert, daß es sich nicht um eine einfache Einflußbeziehung handelt. Bis auf die „Studien über Hysterie", die Weininger sehr aufmerksam gelesen hat, sind alle Texte Freuds über die Frau später entstanden als „Geschlecht und Charakter". Wir legen nur nahe, daß Freud, hätte er seinen jungen Vorgänger ernst genommen, sich als posthume Anerkennung mit etwa denselben Worten an Weininger hätte wenden können, mit denen er sich 1922 an Schnitzler wandte: „Ich meine, ich habe Sie gemieden aus einer Art von Doppelgängerscheu (...), Ihr Determinismus wie Ihre Skepsis (...), Ihr Ergriffensein von den Wahrheiten des Unbewußten (...), das alles berührte mich mit einer unheimlichen Vertrautheit." (37)

Weininger analysiert den „Penisneid" im XI. Kapitel des zweiten Teils von „Geschlecht und Charakter":

> Man hat es entweder nicht sehen oder nicht sagen wollen, man hat sich aber auch kaum noch eine ganz richtige Vorstellung davon gebildet, was das Zeugungsglied des Mannes für das Weib, als Frau wie schon als Jungfrau, bedeutet, wie es das ganze Leben der Frau zu oberst beherrscht. Ich meine nicht, daß die Frau den Geschlechtsteil des Mannes schön oder auch

> nur hübsch findet. (...) Sie empfindet ihn als das Gewisse, das Etwas, wofür sie gar keinen Namen hat: er ist ihr Schicksal, er ist das, wovon es für sie kein Entrinnen gibt. (...) Der Phallus ist das, was die Frau absolut und endgültig **unfrei** macht. (38)

Weininger ergänzt diese Stelle durch eine Anmerkung: „Zu der Wirkung des männlichen Geschlechtsteiles auf das weibliche Geschlecht vgl. eine Erzählung Freuds (Breuer und Freud, Studien über Hysterie, Leipzig und Wien, S. 113); vor allem aber die großartige Scene in Zolas Roman ‚Germinal' (...), wo die Frauen das Zeugungsglied des gemordeten und nach dem Tode kastrierten Maigrat erblicken." Und: „Erst lange, nachdem ich diese Stelle niedergeschrieben hatte, wurde ich darauf aufmerksam, daß fascinum, von dem fascinare sich herleitet, im Lateinischen (z.B. Horaz, Epod. 8, 18) nichts anderes als das männliche Glied bedeutet." (39)

Sarah Kofman bemerkt, daß neben „dem massivsten Diskurs Freuds: Penisneid, Kastration, Fetischismus, in ‚Zur Einführung in den Narzißmus' ein ganz anderer Weg eröffnet wird. Die Frau werde nicht mehr durch irgendeinen geburtsbedingten ‚Mangel' rätselhaft, sondern im Gegenteil durch ihre narzißtische Selbstgenügsamkeit und ihre Gleichgültigkeit." (40)

> Es stellt sich besonders im Falle der Entwicklung zur Schönheit eine Selbstgenügsamkeit des Weibes her, welche das Weib für die ihm sozial verkümmerte Freiheit der Objektwahl entschädigt. Solche Frauen lieben, streng genommen, nur sich selbst mit ähnlicher Intensität, wie der Mann sie liebt. Ihr Bedürfnis geht auch nicht dahin zu lieben, sondern geliebt zu werden, und sie lassen sich den Mann gefallen, welcher diese Bedingungen erfüllt. (41)

Freud vergleicht in der Folge die von der narzißtischen Frau ausgehende Verführung mit der des Kindes, der Katzen und der großen Raubtiere, die genauso selbstgenügsam und unerreichbar wirken. „(...) ja selbst der große Verbrecher und der Humorist zwingen in der poetischen Darstellung unser Interesse durch die narzißtische Konsequenz, mit welcher sie alles ihr Ich Verkleinernde von ihm fernzuhalten wissen." Der narzißtischen Frau gegenüber, präzisiert Freud, fühle sich der Mann unbefriedigt, zweifle an der Liebe, die sie ihm entgegenbringt, und beklage sich über ihr rätselhaftes Wesen. Die narzißtischen Frauen könnten die volle Objektliebe wiedergewinnen: „In dem Kinde, das sie gebären, tritt ihnen ein Teil des eigenen Körpers wie ein fremdes Objekt gegenüber, dem sie nun vom Narzißmus aus die volle Objektliebe schenken können." (42)

Auch in „Geschlecht und Charakter" findet man die Gestalt der narzißtischen Frau, vor der der Mann seine Gewißheiten verliert und einen Augenblick lang an seiner Überlegenheit zweifelt. Otto Weininger beschreibt sie als majestätsvolle und triumphierende *magna mater*:

> In diesem Mutter und liebender Frau Gemeinsamen offenbart sich uns das tiefste Wesen d i e s e s Weibestypus: es ist der fortlaufende Wurzelstock der Gattung, den die Mütter bilden, das nie endende, mit dem Boden verwachsene Rhizom, von dem sich der einzelne M a n n als Individuum a b hebt und dem gegenüber er seiner Vergänglichkeit inne wird. Dieser Gedanke ist es, mehr oder weniger bewußt, welcher den Mann selbst das mütterliche Einzelwesen, auch schon als Mädchen, in einer gewissen Ewigkeit erblicken läßt, der das schwangere Weib zu einer großen Idee macht (Z o l a). Die ungeheuere S i c h e r h e i t der Gattung, aber freilich sonst nichts, liegt in dem S c h w e i g e n dieser Geschöpfe, vor dem sich der Mann für Augenblicke sogar klein fühlen kann. (...) Wird er doch beim geliebten Weib dann ebenfalls zum K i n d e (...).
>
> Die Sicherheit der Gattung ist es, welche die Mutter mutig und unerschrocken macht im Gegensatz zur stets feigen und furchtsamen Prostituierten. (...) Die Mutter fühlt sich dem Manne stets überlegen, sie weiß sich als seinen Anker (...). (43)

Man trifft bei Weininger auf Stellen, in denen man nur ein einziges Wort durch sein Äquivalent ersetzen müßte, um eine sentimentale metaphysische Phrase in einen fesselnden psychologischen Einblick zu verwandeln. Man ersetze zum Beispiel am Schluß des Kapitels „Erotik und Ästhetik" das Wort „Seele" durch das Wort „Phallus":

> Vielleicht hat der Mann bei der Menschwerdung durch einen metaphysischen a u ß e r z e i t l i c h e n Akt das Göttliche, die Seele (= Phallus – d. Verf.) für sich allein behalten (...). Dieses

sein Unrecht gegen die Frau büßt er nun in den Leiden der Liebe, in und mit welcher er der Frau die ihr geraubte Seele wieder zurückzugeben sucht, ihr eine Seele schenken will, weil er sich des Raubes wegen vor ihr schuldig fühlt. (...) Die Aussichtslosigkeit eines solchen Rückgabeversuches, durch den er seine Schuld zu sühnen würde trachten wollen, könnte wohl erklären, warum es glückliche Liebe nicht gibt. (44)

Im Grunde ist der Mann der Frau gegenüber ein „chronischer Fetischist" (45). „Der Kastrationsschreck beim Anblick des weiblichen Genitales bleibt wahrscheinlich keinem männlichen Wesen erspart", schreibt Freud in „Fetischismus" (46) und fügt hinzu, daß er nicht erklären könne, warum bestimmte Männer nach diesem Schreck homosexuell, Fetischisten oder, nach Überwindung des Schrecks, normal heterosexuell würden. Otto Weininger denkt die männliche Liebe in Begriffen des Fetischismus. Es „läßt sich behaupten, daß kein Mann speziell das weibliche Genitale schön, vielmehr ein jeder es häßlich findet" – dieser Passus steht ebenfalls im Kapitel „Erotik und Ästhetik" (47). Lesen wir noch einmal die wichtigste Passage in Freuds Aufsatz über den Fetischismus:

Es ist nicht richtig, daß das Kind sich nach seiner Beobachtung am Weibe den Glauben an den Phallus des Weibes unverändert gerettet hat. Es hat ihn bewahrt, aber auch aufgegeben (...). Ja, das Weib hat im Psychischen dennoch einen Penis, aber dieser Penis ist nicht mehr dasselbe, das er früher war. Etwas anderes ist an seine Stelle getreten, ist sozusagen zu seinem Ersatz ernannt worden. (...) Als stigma indelebile der stattgehabten Verdrängung bleibt auch die Entfremdung gegen das wirkliche weibliche Genitale, die man bei keinem Fetischisten vermißt. (48)

So funktioniert der „Seelenersatz", den, nach Weininger, der Mann der Frau bietet: ein tröstlicher Ersatz, durch den das Entsetzen über das „seelenlose Weib" überwunden, niemals jedoch die ursprüngliche Häßlichkeit der Weiblichkeit vergessen werden kann.

Auf dem Höhepunkt seines metaphysischen Deliriums angelangt, läßt Weininger in fetten Lettern den auf monumentale Weise vom übrigen Text abgehobenen Spruch drucken:

Das absolute Weib hat kein Ich.

Und fügt gleich hinzu: „Dies ist, in gewisser Beziehung, ein Abschluß der Betrachtung, ein Letztes, wozu alle Analyse des Weibes führt. Und wenn auch diese Erkenntnis, so kurz und bündig ausgesprochen, hart und unduldsam, paradox und von allzu schroffer Neuheit scheint: es ist, in einer solchen Sache, von vornherein kaum wahrscheinlich, daß der Verfasser der erste sei, welcher zu dieser Anschauung gelangt ist (...)" (49). Siebzig Jahre später erzählt ein Psychoanalytiker, „der nicht zögert, sich bloßzustellen", eine Anekdote, die für Weininger nur kalter Kaffee gewesen wäre:

> Mitten während meiner Winterferien (...) war ich in Mailand und (...) gab einer Vorlesung für die Mailänder, die davon noch nie gehört hatten, diesen absolut irren Titel: „Die Psychoanalyse in ihrem Verhältnis zur Sexualbeziehung". Sie sind sehr intelligent. Sie haben so gut kapiert, daß noch am selben Abend in der Zeitung stand: „Für Dr. Lacan existieren die Frauen, *le donne*, nicht!" (50)

Zum Glück gibt es Leute, die sich die Mühe machen, den Schnitzer auszubessern, zum Beispiel Catherine Clément: „Einer der verbreitetsten Gemeinplätze, wenn von Lacan die Rede ist, betrifft seine Abneigung gegen Frauen, seine tiefe Misogynie: Er habe gesagt, sie existierten nicht." Dann zitiert sie zu seiner Verteidigung „berühmte Kämpferinnen der Frauenbewegung, die sich am Beginn ihrer Aktivitäten auf Lacan stützten; auch wenn sie später weitergedacht haben, so haben sie doch immer ihre theoretische Schuld abgestattet". Das kann man natürlich von Otto Weininger nicht behaupten. Catherine Clément gibt auch gleich die richtige Interpretation an: „Er hat nicht gesagt: Die Frauen existieren nicht. Er hat gesagt: *Die Frau existiert nicht*. Wenn sich die Feministinnen gegen den von den Männern konstruierten Mythos auflehnen, lehnen sie – sie eben auch – die Existenz eines ewigen Weibes, der Hälfte eines Ganzen, dessen Zentrum der Mann wäre, ab." (51) Das kann man ebenso von Otto Weininger sagen. Die Frau, gegen die er wettert, ist genau dieses Produkt des Patriarchats, das Lacan zu analysieren versteht. Für Weininger bleibt allerdings eine andere Frau unvorstellbar. Und gewiß auch für Lacan. Heißt es doch, immer noch in „Encore": „(...) diese Sache, die ich aus besten Gründen verabscheue, nämlich die Geschichte". Der Lacansche – oder Weiningersche – Diskurs sträubt sich, seine eigenen historischen Voraussetzungen zu interpretieren.

Von „Geschlecht und Charakter" bis zu „Encore" variieren die Themen kaum. Lacan spricht, „ich wette hundert zu eins, daß Sie es nicht erraten werden, von der Liebe, von nicht weniger" (52). Also spricht er notgedrungen auch von der Seele. Das Ergebnis liest sich wie ein Kommentar zu Weininger, der die Antithese Mann (Form) – Weib (Materie) aufstellte und gleich darauf präzisierte: „Das Weib ist nichts (...)". An dieser Stelle ist die Rede auch von der „Nullität" der Frauen und davon, daß die „völlige Umschaffung durch den Mann" auf des Weibes „Bloß-Materie-Sein, diesen Mangel jeder ursprünglichen Form", zurückgehe (53). Lacan weiß genauestens Bescheid über eine metaphysische Tradition:

> Betrachten wir z.B. nur die Begriffe aktiv und passiv, die alles beherrschen, was über die Beziehung zwischen Form und Materie gedacht wurde, diese so grundlegende Beziehung, auf die sich Platon und dann Aristoteles bei jedem Schritt beziehen, der die Natur der Dinge betrifft. Es ist sichtbar, greifbar, daß diese Aussagen nur von einem Phantasma gestützt werden, durch das sie versucht haben, Ersatz für das zu bieten, was sich auf keine Weise sagen läßt, nämlich die sexuelle Beziehung. (54)

Lacan gelangt zur Formel:

> *Man könnte sagen, je mehr der Mann der Frau gibt, ihn mit Gott zu verwechseln, das heißt mit dem, wodurch sie Lust empfindet, umso weniger haßt er*, und *umso weniger ist er* zugleich, und das heißt in dieser Geschichte: *Umso weniger liebt er.* (55)

Bei Otto Weininger wiederum ist zu lesen:

> Der reine Mann ist das Ebenbild Gottes (...).
>
> (...) Die Schönheit der Frau wird, auch rein erfahrungsgemäß, nur geschaffen durch die Liebe des Mannes: die Frau wird schöner, wenn ein Mann sie liebt, weil sie passiv dem Willen entspricht, der in seiner Liebe liegt. (...)
>
> (...) Erst indem der Mann seine eigene Sexualität bejaht, indem er das Absolute verneint, sich vom ewi-

> gen Leben ab-, dem niederen zukehrt, erhält das Weib Existenz. (...)
>
> (...) Die Liebe des Mannes ist sein kühnster, äußerster Versuch, das Weib als Weib sich zu retten, statt es als solches zu verneinen. (56)

Lacan und Weininger flankieren die Psychoanalyse als die zwei großen Offenbarer der Trennungen und Risse, mit einem Wort, des tragischen Pessimismus, den Freud, der lieber als geistiger Konstrukteur und weiser Abgeklärter gelten mochte, offenzulegen vermied. Der Wahn von „Geschlecht und Charakter" spricht von einem verlorenen Paradies; von einem Paradies etwa dieser Art: „Claude Lévi-Strauss und viel später Pierre Clastres sprechen aus, wie mächtig in allen Kulturen der Traum von einer Welt ohne Frauen ist, in der man unter sich – unter Männern also! – leben könnte; in einer ungeschlechtlichen Welt, unter Kriegern. In einer Kultur, in der das männliche Prinzip dominiert, ist die Androgynie nicht zwischen Mann und Frau geteilt. Sie ist Mann." (57) Und der Wahn Lacans denkt die Konsequenzen aus dieser Dominanz des männlichen Prinzips zu Ende, die „alle Formen einer Kultur in die Sackgasse der sexuellen Polarisierung" geführt hat (58).

IX.
EIN ANTISEMITISCHER JUDE

Übrigens, wenn ich etwas sein möchte, wär's ein preußischer Altadeliger.

Theodor Herzl

In des zweiten Teiles XII. Kapitel, in dem „Das Wesen des Weibes und sein Sinn im Universum" definiert werden, schien Weininger den Höhepunkt seiner rauschhaften Metaphysik und die Konklusion seines Buches erreicht zu haben. Doch das folgende mit der Überschrift „Das Judentum" – ein langer Einschub von an die 40 Seiten – hat eine der beeindruckendsten Summen des metaphysischen Antisemitismus zum Inhalt, bringt also eine neue Klimax: Weininger denunziert hier *in extremis* den anderen Aspekt des bisher in der Weiblichkeit ausgemachten „Untermenschentums".

Im Grunde ist „Geschlecht und Charakter" nichts anderes als ein aus unzähligen Abschweifungen bestehendes Stückwerk. Otto Weininger will sich auf allen Gebieten der Logik, der Ethik, der Ästhetik und der Genie-Psychologie die philosophische Tradition aneignen und diese neu denken. Sein Drang zum Allgemeinen geht Hand in Hand mit einem Abscheu vor Ausnahmen, die sein theoretisches Gebäude gefährden könnten. Darum erklärt er:

> Es könnte nicht wundern, wenn es manchem scheinen wollte, bei dem Ganzen der bisherigen Untersuchung seien „die Männer" allzugut davongekommen, und in ihrer Gesamtheit auf ein übertrieben hohes Postament gestellt. (...)
>
> Die Beschuldigung wäre ungerechtfertigt. Es kommt mir nicht in den Sinn, die Männer zu idealisieren, um die Frauen leichter in der Schätzung herabdrücken zu können. So viel Beschränktheit und so viel Gemeinheit unter den empirischen Vertretern der Männlichkeit oft gedeiht, es handelt sich um die besseren M ö g l i c h k e i t e n, die in jedem Manne sind, und als vernachlässigte von ihm schmerzlich-hell oder dumpf-gehässig empfunden werden; Möglichkeiten, die als solche bei der Frau weder in Wirklichkeit, noch in gedanklicher Erwägung irgend in

> Rechnung gelangen. (...) Es gibt, wie schon öfter hervorgehoben wurde, Männer, die zu Weibern geworden, oder Weiber geblieben sind (...). Und darum will ich es hier nochmals aussprechen: das höchststehende Weib steht noch unendlich tief unter dem tiefststehenden Manne.(1)

Er entdeckt allerdings einen ernsthaften Einwand:

> Es gibt nämlich Völkerschaften und Rassen, bei deren Männern, obwohl sie keineswegs als sexuelle Zwischenformen können gedeutet werden, man doch so wenig und so selten eine Annäherung an die Idee der Männlichkeit findet, wie sie aus der hier entworfenen Zeichnung derselben hervortritt (...).
>
> Wenn also auch das Prinzip der sexuellen Zwischenformen vielleicht Aussicht hätte, für eine Rassenanthropologie bedeutsam zu werden (indem über einige Völker ein größeres Quantum von Weiblichkeit insgesamt ausgestreut schiene), so muß doch zugegeben werden, daß die bisherigen Deduktionen zuvörderst auf den arischen Mann und das arische Weib sich beziehen.

Weininger fragt sich hier, was denn von den Chinesen „mit ihrer weiblichen Bedürfnislosigkeit und ihrem Mangel an jeglichem Streben" zu halten sei, wo es doch überdies „keine bloße Laune einer ganzen Nation" sein könne, daß sie „einen Zopf zu tragen pflegen", und es sei „ja auch ihr Bartwuchs nur ein äußerst spärlicher". Bei den Negern wiederum habe es „vielleicht kaum je ein Genie gegeben"; moralisch stünden diese „beinahe allgemein so tief", daß man in Amerika zu fürchten anfange, „mit ihrer Emanzipation einen unbesonnenen Streich verübt zu haben". Vor allen anderen aber nennt hier Weininger die Juden, das „Judentum", welches anthropologisch „mit den Negern wie mit den Mongolen" „eine gewisse Verwandtschaft zu besitzen" scheine; man erkenne das an den „so gern sich ringelnden" Haaren, an den „ganz chinesisch oder malaisch geformten" Gesichtsschädeln, an der „regelmäßig" auftretenden gelblicheren Hautfärbung (2).

Die anthropologische Frage nach der Entstehung des Judentums sei eine ungemein schwierige, fügt Weininger jedoch sofort hinzu, und „auch ein so interessanter Lösungsversuch wie der in den berühmten ‚Grundlagen des XIX. Jahrhunderts' von H.S. Chamberlain unternommene" habe sehr viel Widerspruch gefunden.

Weininger wird also bescheiden und vorsichtig, eine bei ihm durchaus ungewöhnliche Haltung: Um diese Frage zu behandeln, „besitze ich nicht das nötige Wissen; was hier in Kürze, aber bis zu möglichster Tiefe analysiert werden soll, ist nur die psychische Eigenheit des Jüdischen". Doch bedürfe „dieses Unternehmen einer um so größeren Objektivität, als die Stellung zum Judentum heute beinahe die wichtigste und hervorstechendste Rubrik des Nationales ist, welches ein jeder vor der Öffentlichkeit ausfüllt, ja allgemach der gebräuchlichste Einteilungsgrund der zivilisierten Menschen geworden scheint" (3).

Im ersten, biologischen Teil seines Buches hatte Weininger quasi im Vorübergehen die „jüdische Entartung" durch allzu häufig praktizierte Geldheiraten erklärt. Er hatte bereits eine Parallele zwischen der Frauenfrage und der Judenfrage hergestellt: Eine soziologische Perspektive wolle uns einreden, daß der Jude und das Weib Produkte einer historischen Entwicklung seien, die Untersuchung in „Geschlecht und Charakter" dringe jedoch bis zum von jeher gleichen Wesen vor (4). Weininger erklärt, das Kapitel über die Juden sei logischerweise Teil einer Psychologie der Geschlechter: „Es bereitet jedem, der über beide, über das Weib und über den Juden, nachgedacht hat, eine eigentümliche Überraschung, wenn er wahrnimmt, in welchem Maße gerade das Judentum durchtränkt scheint von jener Weiblichkeit, deren Wesen einstweilen nur im Gegensatze zu allem Männlichen ohne Unterschied zu erforschen getrachtet wurde." (5)

Antifeminismus und Antisemitismus treten oft gemeinsam auf: bei Tertullian, Kant (6) oder Schopenhauer, die Weininger neuerlich zitiert, aber auch bei Wagner (insofern dieser als misogyn gelten kann). Léon Poliakov kommentiert eine Stelle des Philosophen Eduard von Hartmann, der die „jüdische Literatur und die Frauenliteratur" gleichermaßen verachtet, und betont dabei, daß der Vergleich zwischen Juden und Frauen ein sehr alter Gemeinplatz antisemitischen Denkens ist (7). Sogar der Philosemit Friedrich Nietzsche stellt in der „Fröhlichen Wissenschaft" Frauen und Juden nebeneinander, letztere als „Volk der Anpassungskunst par excellence" und erstere als „zu allererst und -oberst Schauspielerinnen" (8).

Umgekehrt führt jede Überlegung über die Geschichte der Vorurteile und Verfolgungen der jüngeren Zeit zu derselben Parallele: Frauen und Juden trügen das Zeichen eines tausendjährigen Ausschlusses von der Macht, heißt es bei Horkheimer und Adorno in der „Dialektik der Aufklärung", die Hans Mayer in seiner Studie über die „Außenseiter" fortsetzt. In ähnlicher Weise analysiert Hannah Arendt das zweifache existentielle Außenseitertum, das die emanzipierte Jüdin Rahel Varnhagen zur Zeit der Romantik auf sich nahm (9). Simone de Beauvoir schreibt in ihrer Einleitung zum „Anderen Geschlecht": „Das ‚Ewigweibliche' spielt (...) die gleiche Rolle wie die ‚schwarze Seele' und der ‚jüdische Charakter'." (10)

Die Frau und der Jude nehmen in Weiningers Diskurs eine analoge Funktion ein: Sie verkörpern das Negative. Doch die Analogie hat ihre Grenzen: Man „könnte hier überaus leicht geneigt sein, dem Juden einen größeren Anteil an der Weiblichkeit zuzuschreiben, als dem Arier (...). Diese Meinung wäre irrig. Da indes eine Anzahl der wichtigsten Punkte, solcher Punkte, in denen das tiefste Wesen der Weiblichkeit zum Ausdruck zu kommen schien, beim Juden sich in einer merkwürdigen Weise ebenfalls und wie zum zweiten Male finden, ist es unerläßlich, Übereinstimmung und Abweichung hier genau festzustellen." (11) Der Unterschied, den Weininger dem Juden im Hinblick auf die Frau zugesteht, ist gewaltig: „Geschlecht und Charakter" will zeigen, daß die weibliche Emanzipation keinerlei Aussicht auf Verwirklichung besitzt, den Juden hingegen wird eine Chance zugestanden, das höhere Menschentum zu erreichen.

Am Schluß der Wagnerschen Schrift „Das Judentum in der Musik" hieß es: „Gemeinschaftlich mit uns Mensch werden, heißt für den Juden aber zu allernächst so viel als: aufhören, Jude zu sein. Börne hat dieß erfüllt. Aber gerade Börne lehrt auch, wie diese Erlösung nicht in Behagen und gleichgültig kalter Bequemlichkeit erreicht werden kann, sondern daß sie, wie uns, Schweiß, Not, Ängste und Fülle des Leidens und Schmerzen kostet. Nehmt rücksichtslos an diesem, durch Selbstvernichtung wiedergebärenden Erlösungswerke theil, so sind wir einig und ununterschieden! Aber bedenkt, daß nur Eines eure Erlösung von dem auf euch lastenden Fluche sein kann: die Erlösung Ahasvers, – der Untergang!" (12) Otto Weininger nimmt das Wort Richard Wagners tödlich ernst, er legt es als eine Anleitung zum heiligen Leben aus und überträgt das Schema auf die weibliche „Emanzipation“: „Freilich geht sie, als W e i b, so unter: aber nur, um aus der Asche neu, verjüngt, als der reine **Mensch**, sich emporzuheben.“ (13)

Otto Weininger ist ein Mystiker, bei dem Antifeminismus (d.h. Löschung des Weiblichen in sich selbst) und Antisemitismus eine „Transe“, ein erotisches Grenzerlebnis à la Georges Bataille, eine Selbsttötung als Übergang zu einer Neugeburt bedeuten. Das oberflächliche (verweiblichte, jüdische) Ich soll mit allen Mitteln überwunden und aufgelöst werden, um eine gottähnliche Individualität zu erzwingen. „Geschlecht und Charakter“ ist eine einzige Meditation über das Böse in der Welt, und böse ist für Weininger alles, was das Eine entzweit. Die Existenz des Weiblichen teilt das menschliche Sein in dürftige Hälften. Das jüdische Selbst erlebt Weininger als die Trennwand vom Ganzen des Volks, den jüdischen Geist als die Ursache der Subjekt-Objekt-Entfremdung.

Kurz gesagt, der Jude und die Frau erscheinen bei Weininger als die beiden Befürworter des Lebens, ja des Humanen schlechthin, der *conditio humana* mit ihren Bedingtheiten und ihrem Abfall vom Absoluten. Antifeminismus und Antisemitismus signalisieren die Weigerung zum bloßen Menschlichen, die Forderung des Nicht- und Übermenschlichen. Die Paarung von Frauenhaß und Judenhaß strukturiert sich ganz ähnlich auch bei Schopenhauer. Für ihn ist der Wille zum Leben das Böse, und die beiden Agenten des subjektivierten Weltwillens, von denen alles Unheil ausgeht, sind die Frau und der Jude: „Das Judentum hat zum Grundcharakter Realismus und Optimismus, als welche naheverwandt und die Bedingungen des eigentlichen Theismus sind; da dieser die materielle Welt für absolut real und das Leben für ein uns gemachtes angenehmes Geschenk ausgibt.“ (14)

Die Konstellation der Elemente Männlich, Weiblich und Jüdisch ist übrigens keineswegs konstant. Bei Georg Groddeck etwa wird das Jüdische dem Männlichen und Bösen gleichgesetzt, das Weibliche hingegen als fehlende Erfüllung phantasiert. Wer nun in dieser Tradition das Männliche abwertet, wie Groddeck, identifiziert es mit dem Jüdischen. Unveränderlich bleibt nur die erstaunliche Verbindung der Komplexe Mann/Weib und Jude/Nichtjude (15).

Weininger definiert: „Zuvor jedoch will ich genau angeben, in welchem Sinne ich vom Judentum rede. Es handelt sich mir nicht um eine Rasse und nicht um ein Volk, noch weniger freilich um ein gesetzlich anerkanntes Bekenntnis. Man darf das Judentum nur für eine Geistesrichtung, für eine psychische Konstitution halten, welche für **alle** Menschen eine **Möglichkeit** bildet, und im historischen Judentum bloß die grandioseste **Verwirklichung** gefunden hat."(16) Man sieht auf den ersten Blick, daß man Weininger nicht einfach als „Rassisten" abtun kann. Seine Argumentation hat fast nichts der Biologie zu verdanken. Darwins „Abstammung des Menschen" wird zwar bei den Chinesen und „Negern" erwähnt, doch noch im selben Kapitel spottet er später über die „lächerliche Theorie von der Affenabstammung des Menschen", die er als typisch für die jüdische „mechanistisch-materialistische Anschauung der Welt" ansieht(17).

Dieser Antisemitismus knüpft auch nicht direkt an die großdeutsche Bewegung an, in der das deutsche Volkstum verherrlicht wird. Das Thema bleibt universell, und der Begriff des Ariers ist nicht nur der pompöse Ausdruck für den Germanen (selbst wenn sich im Hintergrund Parsifal und Siegfried als Modelle abzeichnen). Weiningers Antisemitismus entspringt auch nicht irgendeiner Form von religiösem Eifer. Am Beginn des zweiten Teils von „Geschlecht und Charakter" führt Weininger aus, daß er nicht von „Männern und Frauen" spreche, sondern von der männlichen und der weiblichen Substanz und von den Ideen der Männlichkeit und Weiblichkeit. Genauso wird auch hier das Jüdische zu „der platonischen Idee des Judentums". Denn es „gibt Arier, die jüdischer sind als mancher Jude, und es gibt wirklich Juden, die arischer sind als gewisse Arier" (18). Weininger schlägt eine neue Erklärung des Antisemitismus vor: Diejenigen, die das Judentum hassen, sind am stärksten von ihm geprägt. Die menschlichen Eigenschaften, die man haßt, muß man erkennen, und damit auch in sich selbst erkennen. Nur die Philosemiten sind bar jeden Judentums. Sie wissen gar nicht, was das ist. Richard Wagner mußte wohl viel Jüdisches in sich haben, um zu einem so edlen und heftigen Judenhaß zu gelangen (genauso wie er auch, Weininger zufolge, aus den verborgenen Winkeln seines weiblichen Temperaments die geniale Inspiration für die Gestalt der Kundry schöpfte). „So erklärt es sich, daß die allerschärfsten Antisemiten unter den Juden zu finden sind." (19)

Weininger zeigt zuerst die Übereinstimmung zwischen der Frau und dem Juden. Auf zehn Seiten schreibt er, ohne neue Argumente einzubringen, dem Juden die Charakterzüge zu, die er gerade an der Frau entdeckt und mit peinlicher Genauigkeit dargestellt hat. Der Jude habe keine eigene Persönlichkeit, keinen moralischen Eigenwert. Man könne ihn als amoralisch bezeichnen. Jeder sich der Ausschweifung hingebende Mann habe etwas Jüdisches an sich, denn die Sexualität sei das natürliche Element des Juden. Er habe keine Seele und kenne kein Bedürfnis nach Unsterblichkeit. Da er selbst kein „Mikrokosmus" sei, verstehe er nichts von der Natur und neige spontan zu materialistischen Reduktionen. Die jüdische Wissenschaft zerlege, analysiere und zerstöre, was sie berühre. Es gebe kein jüdisches Genie. Spinoza zum Beispiel sei nur ein höchst mittelmäßiger Denker gewesen, nur deshalb stark überschätzt, weil einzig der große Goethe seine Werke eingehender gelesen habe.

Diese Polemik gehört nicht unmittelbar zum Rassenantisemitismus. Der letzte Teil von „Geschlecht und Charakter" ist vielmehr als eine Reaktion auf das Mechanistische, auf den Reduktionismus der modernen wissenschaftlichen Rationalität zu verstehen. Gegen „Spaltung" und „Atomisierung" beruft sich Weininger auf einen metaphysischen Zusammenhang der Dinge, dem er mit seiner Mikro- und Makrokosmostheorie näherzukommen versucht. Am Ende, vor allem in „Über die letzten Dinge" und im „Taschenbuch", mündet seine Philosophie vor allem in eine universelle, panpsychistische Symbolik. Aus dieser Sicht gehört „Geschlecht und Charakter" zur neu-romantischen Bewegung der Jahrhundertwende, die sich gegen die Übergewalt der Technik als Folge der naturwissenschaftlichen Entzauberung der Welt, also gegen das Schwinden aller „Weltzustände", auflehnt. So erklärt sich die überraschende Parallele, die Weininger zwischen dem Juden und dem Engländer zieht. Hier deutet sich an, daß Weiningers „Unbehagen in der Moderne" den Juden für eine Amerikanisierung der Zivilisation verantwortlich macht. In dieser Perspektive hat Hans Mayer die Weiningersche Kulturkritik sogar mit Adornos Polemik gegen den Positivismus verglichen (20).

Die antisemitischen Wutausbrüche Weiningers gipfeln, wie auch seine Kritik an der Weiblichkeit, in einer Kulturkritik der zeitgenössischen Epoche: „Unsere heutige Zeit läßt das Judentum auf der höchsten Höhe erblicken, die es seit den Tagen des Herodes erklommen hat. Jüdisch ist der Geist der Modernität, von wo man ihn betrachte. Die Sexualität wird bejaht (...)". „Unsere Zeit" ist „nicht nur die jüdischeste, sondern auch die weibischeste aller Zeiten (...)" (21). Nebenbei äußert Weininger auch seine Meinung zum Zionismus. Der Jude sei, genauso wie die Frau, asozial, bilde gelegentlich Gruppen, werde aber nie fähig sein, einen dauerhaften Staat oder eine dauerhafte Gesellschaft zu gründen. Er schließe sich lieber den Bewegungen an, die die Grundlagen des Rechtsstaates untergraben, das heißt dem Anarchismus und dem Kommunismus.

Nachdem Weininger die Parallelen zur Weiblichkeit erschöpfend behandelt hat, hebt er die unreduzierbare Originalität des Judentums hervor. Man könnte seine These in die Formel fassen: Die Frau ist ein einfaches Nichts, lebloser Stoff, dem der Mann Form verleiht. Der Jude hingegen verkörpert die Macht des Negativen, die mit dem Arier in eine schöpferische, dialektische Beziehung treten kann. Der Jude ist nach Weininger genauso wie Mephisto in der ersten Szene des „Faust" der „Geist, der stets verneint". Das Weib, das nur den Aberglauben kennt, ist areligiös, der Jude hingegen unfromm. „(...) der Jude glaubt gar nichts, er glaubt nicht an seinen Glauben, er zweifelt an seinem Zweifel. (...) Er nimmt sich nie ernst, und darum nimmt er auch keinen anderen Menschen, keine andere Sache wahrhaft ernst." (22) Daher ist die jüdische Religion auch nicht bestrebt, neue Anhänger zu gewinnen. Sie stelle übrigens kein Dogma dar, sondern nur eine erstarrte historische Tradition. Der Jude ist kein Zweifler, kein Ironiker, er lebt in der Ambiguität, in der Duplizität, in der Multiplizität. Aber dieser mephistophelische Jude erweist sich letzten Endes nur als armer Teufel: „Der Jude ist wahrhaftig das ‚Stiefkind Gottes auf Erden'; und es gibt denn auch keinen (männlichen) Juden, der nicht, wenn auch noch so dumpf, an seinem Judentum, das ist im tiefsten Grunde, an seinem Unglauben litte." (23)

Weininger hat nun die Grenzen des üblichen antisemitischen

Diskurses überschritten. Was er als jüdisch bezeichnet, ist eine existentielle Grundhaltung. Die „Sünde des Juden" gleicht hier der Sünde im Sinne Kierkegaards, die darin besteht, vor Gott oder mit der Vorstellung Gottes sich verzweifelt zu weigern, man selbst zu sein, oder es verzweifelt sein zu wollen (24). Doch der Jude kann durch ein Wunder gerettet werden: Weininger schlägt hier eine Interpretation der Geburt des Christentums vor, die den von Kierkegaard beeinflußten und dessen deutschem Übersetzer Theodor Haecker nahestehenden katholischen Philosophen Ferdinand Ebner tief beeindruckte. Das Wunder kann sich durch die Figur eines genialen Religionsstifters ereignen, „der ganz gottlos gelebt und dennoch zum höchsten Glauben sich durchgerungen hat" (25), und dabei eine „völlige Neugeburt", eine „‚Regeneration'" des Menschen vollbringt.

> Im Judentum waren zwei Möglichkeiten. Vor Christi Geburt lagen sie noch beisammen, und es war noch nicht gewählt worden. (...) Negation und Position, beide waren nebeneinander vorhanden. Christus ist der Mensch, der die stärkste Negation, das Judentum, in sich überwindet, und so die stärkste Position, das Christentum, als das dem Judentum Entgegengesetzteste, schafft. Aus dem Zustand vor dem Sein trennen sich Sein und Nicht-Sein. Jetzt sind die Lose gefallen: das alte Israel scheidet sich in Juden und in Christen, der Jude, wie wir ihn kennen, wie ich ihn beschrieben habe, entsteht **zugleich** mit dem Christen. (26)

Diese Ansicht Weiningers führt zur Definition der einzig möglichen Emanzipation, die dem Juden offensteht: im 20. Jahrhundert den Stiftungsakt Christi zu erneuern. Die Juden harren also des Genies, das sich unter ihnen erheben wird, um sie ans Licht zu führen. Das ist auch der Sinn von Weiningers Bekehrung im Sommer 1902. Hoffte er, daß „Geschlecht und Charakter" zum neuen Evangelium der zeitgenössischen Juden werden würde?

Offensichtlich steht der Jude für Weininger trotz allem höher als das Weib, dessen „Wiedergeburt" nur durch das Genie des parsifalhaften Mannes möglich ist, während der Jude die Kräfte für seine Erneuerung in sich selbst finden kann. Er ist also zugleich der Abschaum und das Salz der Erde: „Wenn also im Juden vielleicht noch immer die höchsten Möglichkeiten, so liegen doch in ihm die geringsten W i r k l i c h k e i t e n; er ist wohl der z u m M e i s t e n veranlagte, und doch zugleich der i n n e r l i c h d e s W e n i g s t e n m ä c h t i g e Mensch." (27) „(...) trotz der abträglichen Wertung des echten Juden kann nichts mir weniger in den Sinn kommen, als durch diese oder die noch folgenden Bemerkungen einer theoretischen oder gar einer praktischen Judenverfolgung in die Hände arbeiten zu wollen. (...) Losungen wie ‚Kauft nur bei Christen' sind j ü d i s c h, denn sie betrachten und werten das Individuum nur als Gattungsangehörigen (...)", betonte Weininger am Beginn des Kapitels (28). Er schließt es mit einer Formel, die einer bestürzenden Gegenprophezeiung gleicht:

> Zwischen Judentum und Christentum, zwischen Geschäft und Kultur, zwischen Weib und Mann, zwischen Gattung und Persönlichkeit, zwischen Unwert und Wert, zwischen irdischem und höherem Leben, zwischen dem Nichts und der Gottheit hat abermals die Menschheit die Wahl. Das sind die beiden Pole: es gibt kein drittes Reich. (29)

„Geschlecht und Charakter" liefert mit sicherem Instinkt die Synthese der intellektuellen Leidenschaften einer Generation. Der österreichische Antisemitismus, vor 1914 einer der heftigsten in Europa, ist genauso alt wie Otto Weininger. Arthur Schnitzler, der im Herbst 1879 an der Universität zu studieren begann, schreibt in seinen autobiographischen Notizen:

> *Antisemitismus*
> Im Gymnasium kaum Spuren. Der erste, der als Antisemit galt, oder, da es das Wort noch nicht gab, als Judenfresser, ein gewisser Deperis, der mit keinem Juden sprach, aber auch den christlichen Kollegen lächerlich erschien. (...)
> Auf der Universität Beginn. Im Ausschuß des medizinischen Unterstützungsvereines. Etc. (30)

Das kurze goldene Zeitalter der jüdischen Bürger der Habsburgermonarchie fällt in die Periode des Liberalismus. Ab 1867 sind sie endgültig emanzipiert. Ab diesem Zeitpunkt nimmt die jüdische Bevölkerung rasch zu, vor allem in Wien (1857 stellen die Juden 1,3% der Wiener Bevölkerung, 1890 12%) und in Budapest. In Galizien erreicht die jüdische Gemeinde 11% der Gesamtbevölkerung und lebt unter oft sehr ärmlichen Bedingungen (bis 1900 verhungern dort jährlich 5.000 Personen). Die massenhafte Einwanderung der armen Ostjuden und die Entstehung neuer, sozioökonomisch bedingter Ghettos in Wien (vor allem in der Leopoldstadt) verunsichert die alteingesessenen, assimilierten Wiener Juden. Diese spüren keine spontane Solidarität mit den Ostjuden, im Gegenteil, sie fürchten, daß eine solche Zuwanderung den ohnehin schon wütenden Antisemitismus unter den Massen noch verschärft. In „Juden auf Wanderschaft" hat Joseph Roth 1927 mit Verständnis und Zartgefühl das Los der armen Ostjuden in Wien geschildert, das uns mittlerweile wie eine Vorwegnahme unseres heutigen „Gastarbeiterproblems" erscheinen könnte.

Das jüdische Großbürgertum besitzt in Wien jedoch nahezu eine Monopolstellung in den Bankgeschäften und in der liberalen Presse. Auch viele erst kürzlich Eingewanderte spielen eine bedeutende Rolle in Handel und Handwerk. Um 1900 sind etwa 40% der Studenten der medizinischen Fakultät und 25% der juridischen Fakultät Juden. Die Juden haben sich überwiegend dem Liberalismus angeschlossen, der Antisemitismus ist dann auch mit einer antiliberalen und katholischen Reaktion verbunden (31). Das Nationalitätenproblem erklärt die ziemlich unterschiedliche Situation der Juden in den verschiedenen Gebieten der Donaumonarchie. Da die Verfassung den Juden nicht den Status eigener Nationalität gewährt, versuchen sie sich eher in die „historischen" Nationen (Deutsche, Polen, Magyaren u.a.) zu integrieren als in die unterworfenen, „nicht historischen" Nationen (etwa Tschechen, Slowaken, Ukrainer). Der Antisemitismus ist in ethnisch homogenen Gebieten stärker als in „gemischten" Gebieten, in denen die dominierende Nationalität die Juden gern als Verbündete benutzt. Er entwickelt sich vor allem in den „nicht historischen" Nationalitäten, in denen die Juden als Agenten der zentralen Macht angesehen werden. Im Grunde bilden die Juden eine der treuesten Stützen des labilen Gleichgewichts der Nationalitäten, das in der Verfassungsreform des Jahres 1867 gesetzlich verankert wurde. Deshalb ist der Kaiser ständig bestrebt, die Antisemiten zu mäßigen, und bedauert die Wahl Luegers zum Wiener Bürgermeister.

In der Hauptstadt der Monarchie hat der Antisemitismus aber

in erster Linie wirtschaftliche Ursachen. Die liberale Politik hat die Privilegien der Zünfte und Innungen abgeschafft und damit die Niederlassung zahlreicher Handwerker und Händler ermöglicht, deren Konkurrenz sich als bedrohlich erweist. Außerdem macht man eine jüdische Großbank für die Krise von 1873 verantwortlich. Die antiliberale Bewegung paktiert mit dem katholischen Antisemitismus, der von Leuten wie dem Chorherrn Rohling („Der Talmudjude", 1871) und dem Pater Joseph Deckert („Ein Ritualverbrechen nach den Protokollen von Zion", 1893) auf niedrigstem Niveau mit ideologischem Zündstoff versorgt wird. Baron Karl von Vogelsang (1818 - 1890), der Anführer der katholischen Reformisten, interessiert sich für wirtschaftliche Fragen und attackiert die Juden als Vertreter eines wilden Kapitalismus, der mit dem christlichen Ideal unvereinbar sei.

Karl Lueger (1844 - 1910), den Adolf Hitler als eines seiner politischen Vorbilder ansah, begriff, welchen Nutzen ein Volkstribun aus dem Antisemitismus ziehen konnte. Er beginnt seine Karriere in der Gemeindepolitik als Liberaler, schließt sich jedoch 1888 der Christlichsozialen Partei an, um von nun an gegen den Liberalismus und gegen die Sozialdemokratie zu kämpfen. Er benützt den Antisemitismus aus bloßem Opportunismus, wie eine Propagandawaffe. Kaiser Franz Joseph verweigert ihm zweimal die Bestätigung als Bürgermeister von Wien, muß sich jedoch nach einem neuerlichen triumphalen Wahlsieg Luegers 1897 beugen. Dieser vergißt übrigens in der Praxis tunlichst seine antisemitischen Großsprechereien, und die Wiener Juden haben unter seiner Amtsführung nicht allzusehr zu leiden.

Georg von Schönerer (1843 - 1921) errang zwar nie ähnlich große politische Erfolge wie Lueger, aber seine um 1880 entstandene politische Lehre weist in vielen Punkten auf den Nationalsozialismus voraus. („Mein Kampf" macht aus dieser ideologischen Schuld kein Geheimnis.) Der militante Wagnerianer und ausschließlich von der „großdeutschen" Kultur begeisterte Schönerer, der 1900 zum Protestantismus übertritt und den römischen Katholizismus fast genauso verachtet wie das Judentum, nimmt eine Weininger durchaus ähnliche Position ein.

Am 1882 veröffentlichten Linzer Programm des von Schönerer gegründeten „Deutschnationalen Vereins" haben auch zwei Juden mitgearbeitet, nämlich Heinrich Friedjung und Victor Adler, der spätere Begründer der Sozialdemokratischen Partei Österreichs. Das Programm stellt ein Gemisch aus einigen sozialistischen Ideen (Verstaatlichung der großen öffentlichen Dienstleistungsbetriebe, Erhöhung der Vermögenssteuer, Kampf gegen die Macht der Banken) und einem Plan zum Abbau der Habsburgermonarchie (Lösung der Deutschösterreicher aus ihrer Bindung an die anderen Nationalitäten und Vorbereitung einer Annäherung an das Deutsche Reich) dar.

Der Antisemitismus wird bald zum Hauptthema Schönerers, der in seinem Programm von 1885 verkündet, zur Durchführung der angestrebten Reformen sei die Beseitigung des jüdischen Einflusses auf allen Gebieten des öffentlichen Lebens unerläßlich. Dieser Fanatismus bringt den Deutschnationalen zwar einige Wahlerfolge ein, führt aber zur persönlichen Isolation Schönerers. 1891 verliert er vorübergehend seine staatsbürgerlichen Rechte und wird aus dem politischen Leben ausgeschlossen, weil er die jüdischen Redakteure einer Zeitung verprügelte, die vorzeitig den Tod Kaiser Wilhelms I. angekündigt hatten. – Von den Studentenbewegungen abgesehen, beeinflußt Schönerer die politische Entwicklung im Grunde kaum; er gewöhnt jedoch die öffentliche Meinung an einen Antisemitismus von beispielloser Brutalität.

Es wird oft vergessen, daß Houston Stewart Chamberlain (1855 - 1927) zwischen 1889 und 1909 Wahlwiener war. Weininger begegnet ihm in den Sitzungen der Wiener Gesellschaft für Philosophie, und „Die Grundlagen des 19. Jahrhunderts" (erschienen 1899 in Wien) haben „Geschlecht und Charakter" stark beeinflußt. Chamberlain hatte mit dem Studium der Pflanzenphysiologie im Labor des berühmten Gelehrten Julius von Wiesner begonnen, um schließlich den Weg einzuschlagen, der ihn, wie auch Weininger, vom Positivismus zur Weltanschauung und zur Verbreitung der Ideen Richard Wagners führte, den er 1882 zum ersten Mal traf. Er läßt sich von seiner jüdischen Frau scheiden, heiratet eine Tochter Wagners, wird zum persönlichen Freund Wilhelms II. und nimmt 1916 die deutsche Staatsbürgerschaft an. „Die Grundlagen des 19. Jahrhunderts" bilden eine wichtige Etappe in der Reihe der pseudo-philosophischen Gesamtdarstellungen von Spenglers „Untergang des Abendlandes" bis zu Rosenbergs „Mythus des 20. Jahrhunderts". In all diesen Werken findet man den gleichen lyrisch-metaphysischen Jargon, den gleichen schneidenden Ton in den kühnen Behauptungen und die gleiche enzyklopädische Inflation. Ein mehr oder weniger heftiger Antisemitismus bildet das Grundthema. Das Buch von Chamberlain beeindruckte nicht nur die breite Masse, sondern auch subtilere Denker. Karl Kraus zum Beispiel wirbt in der „Fackel" dafür, wo er auch mehrere Artikel Chamberlains veröffentlicht.

Otto Weininger hegt offensichtlich den Ehrgeiz, Chamberlain in nichts nachzustehen. Auch er versucht eine Synthese aus den Wagnerschen Rassentheorien und der Kantischen Ethik (Chamberlain veröffentlicht 1905 ein Buch mit dem Titel „Immanuel Kant, seine Persönlichkeit als Einführung in sein Werk"). Chamberlain beklagt die Rassenmischung und zeigt die Übel auf, die die Juden über die Deutschen gebracht hätten. Wie Lueger, der verkündete: „Wer a Jud ist, bestimm' ich", behauptet er, David und Christus seien Arier, Moses und der heilige Paulus hingegen Juden. Weiningers Theorie vom „Genie" Christi ist eine direkte Antwort auf Chamberlain.

„Der Verfasser hat hier zu bemerken, daß er selbst jüdischer Abstammung ist." (32) In der kleinen Fußnote kommt der Widerspruch zum Ausdruck, der den Leser Otto Weiningers mit Verblüffung erfüllt. In „Über die letzten Dinge" findet sich eine lange Ausführung über den „Selbsthaß":

> Man kann die Menschen einteilen in solche, die sich lieben, und solche, die sich hassen. (...) Der allgemeine Inhalt alles Innenlebens aber (...) ist erkennende Selbstbeobachtung und moralische Selbstbewertung. Da kann nun zweierlei sein: entweder der Mensch ist Pessimist von Geburt und glaubt nie recht an die Erlösung (...). Oder er kommt erlösungsgläubig auf die Welt, er ist zu ihr entschlossen, d.h. er ist ihrer immerhin auf Erden eher noch fähig. (...) der Philautische bejaht, der Misautische verneint sich und die Welt.
>
> (...) Dem Selbsthaß des misautischen Typus ist die Verneinung nie Selbstzweck, sondern nur Mittel, um das wahrhaft Liebenswerte und nichts vor diesem zu lieben. (...) Er kann nicht ein konkretes Weib lieben (...). (33)

Bis hierher erklärt Weininger die erste Komponente des „Selbsthasses“, der aus der radikalen Trennung von Seele und Körper entsteht, aus der Ablehnung jeglicher Körperlichkeit und Sinnlichkeit, vor allem der Sexualität. Nietzsche analysiert diese Verirrung des jüdisch-christlichen Denkens in der „Genealogie der Moral“: „(...) dieser Haß gegen das Menschliche, mehr noch gegen das Thierische, mehr noch gegen das Stoffliche, dieser Abscheu vor den Sinnen, vor der Vernunft selbst, diese Furcht vor dem Glück und der Schönheit, dieses Verlangen hinweg aus allem Schein, Wechsel, Werden, Tod, Wunsch, Verlangen selbst – das Alles bedeutet, wagen wir es, dies zu begreifen, einen Willen zum Nichts, einen Widerwillen gegen das Leben, eine Auflehnung gegen die grundsätzlichsten Voraussetzungen des Lebens (...).“ (34)

Weininger setzt seinen Kommentar zum Selbsthaß in einem anderen Ton fort:

> Der Mensch, der sich selbst am meisten gehaßt hat, dürfte Nietzsche gewesen sein. (...) Der Selbsthaß steht gewiß moralisch höher als die Selbstliebe. (...) Nur an einer Stelle wird Zarathustra hierüber aufrichtig: (...) „O Himmel über mir, du Reiner! ... fliegen allein will mein ganzer Wille, in dich hineinfliegen! Und wen haßte ich mehr als ziehende Wolken und alles, was dich befleckt! Und meinen eigenen Haß haßte ich noch, weil er dich befleckte! (...)“
>
> Gerade bei Nietzsche entsprang der Haß gegen sich selbst dem stärksten Willen zur Bejahung. In ihm konnte darum dieser Haß schöpferisch und tragisch werden. (...) Tragisch – denn er war nicht groß genug, um sich selbständig aus einer eigenen Kraft in Reinheit zu Kant durchzuringen, den er nie gelesen hatte. Darum ist er nie bis zur Religion gelangt (...). Was Nietzsche fehlte, war die Gnade (...). (35)

Demnach wäre Jesus der erste antisemitische Jude gewesen und sein Haß der Beginn der Weisheit. Indem Weininger seinen Selbsthaß unter die Patronanz Nietzsches stellt, entdeckt er die tiefe Komplizenschaft zwischen dem Juden und dem Deutschen, die bereits Heine aufgezeigt hatte: Der deutsche Intellektuelle leidet seit jeher an Deutschland, und dieses Leiden stellt eine Form des „Selbsthasses“ dar (36).

Der Essayist Theodor Lessing griff 1930 diesen Ausdruck Weiningers auf und verwendete ihn als Titel für sein Werk „Der jüdische Selbsthaß“, ein weitschweifiges, oft ungenaues Buch voll überraschender Anekdoten, das im Berliner Jüdischen Verlag in einer Reihe erschien, die sich weitgehend zionistischen Ideen widmete (37). Theodor Lessing (1872 - 1933) besaß ein gefürchtetes Talent: auf allen Seiten einstimmig Ärger zu erregen. 1910 veröffentlichte er einen bissigen Aufsatz gegen den Literaturkritiker Samuel Lublinski, einen Bewunderer Thomas Manns. Das Pamphlet enthielt persönliche und stellenweise offen antisemitische Angriffe gegen Lublinski. Thomas Mann verfaßte eine scharfe Antwort auf den im selben Jahr erschienenen Artikel Lessings: „Herr Lublinski ist kein schöner Mann, und er ist Jude. Aber ich kenne auch Herrn Lessing (wer kann für seine Bekanntschaften!), und ich sage nur so viel, daß, wer einen Lichtalben oder das Urbild arischer Männlichkeit in ihm zu sehen angäbe, der Schwärmerei geziehen werden müßte. Im Ernst: Nur der vermag die herausfordernde Unmöglichkeit des ‚Schaubühnen‘-Artikels völlig zu würdigen, der zufällig weiß, welch ein ‚Gebürtchen‘ als Autor dahintersteckt.“ (38)

Theodor Lessing war zwanzig Jahre (unbezahlter) Privatdozent an der Universität Hannover, bis seine Kollegen ein „Komitee zum Kampf gegen Theodor Lessing“ gründeten und ihm 1925 auf brutale Weise den Lehrauftrag entzogen, nachdem er einen scharfsinnigen und spöttischen Artikel über den „senilen Hindenburg“ veröffentlicht hatte. Für die Rechte war er nun ein Jude, den es zu beseitigen galt. Er wurde am 31. August 1933 in Marienbad in der Tschechoslowakei von drei SS-Agenten ermordet, die von Göring 80.000 Reichsmark als Belohnung erhielten.

Lessing besaß sowohl ein Gefühl für zugkräftige Titel als auch für Provokation. In seinen Werken „Geschichte als Sinngebung des Sinnlosen“ (1916) und „Untergang der Erde am Geist“ (1925) entwickelte er eine Weltanschauung, die der von Ludwig Klages verwandt ist. 1930, als in Deutschland der Antisemitismus wütete, veröffentlichte er „Der jüdische Selbsthaß“, sechs Aufsätze über diese einzigartige Verirrung, die der jüdische Antisemitismus darstellt. Lessing liefert sowohl eine theologische – „Auf die Frage: ‚Warum liebt man uns nicht?‘ antwortete seit alters die jüdische Lehre: ‚Weil wir schuldig sind.‘“ – als auch eine psychologische

Erklärung: „In dem jüdischen Menschen steckt sehr tief die Neigung: ein Unglück, das ihn trifft, als Sühne für eine Versündigung aufzufassen." (39) Der Humor der „jüdischen Witze" ist, so Lessing, der erste Schritt zum Selbsthaß.

Lessing ging sicher fehl, als er jene Variante des menschlichen Selbsthasses, die jede kulturelle Minderheit in einer feindlichen Umwelt befallen kann, als eine metaphysische, ewige Komponente des jüdischen Schicksals auffaßte. Parallel zum ungenau benannten „jüdischen Selbsthaß" habe ich im siebenten Kapitel des vorliegenden Buches Beispiele von „weiblichem Selbsthaß" gebracht. Nur eine sozialpsychologische, interaktionistisch verfahrende Analyse kann das heikle Problem „Selbsthaß" klären.

Lessing fügt eine historische Überlegung an: „Aber es muß gesagt sein, — so bitter diese Erkenntnis ist — daß just der Rückschlag das jüdische Volk errettet hat. Die Assimilation wäre in Westeuropa glatt weitergegangen. Sie wäre nach einigen Geschlechtern voraussichtlich vollendet worden, wenn nicht die Gegenwelle des Hasses gekommen wäre. (...) Dieser Haß aber brachte ihn zur Selbstbesinnung. Der Zionismus erstand: Der Keim einer Volkserneuerung. (...) Auch der Verfasser hat in seiner Jugend eine Zeitspanne ausschließlicher Hingabe an das ‚Deutschtum', ausschließender Abwehr gegen das ‚Judentum' durchlaufen. Wo wäre ein die Wahrheit suchender hochgesinnter junger Mensch, der im Zwielicht geboren und in die Wahlklemme zwischen Völker gestellt, nicht die selbe Fraglichkeit ausföchte? Es lebt kein Mensch aus jüdischem Blut, bei dem wir nicht wenigstens Ansätze zum ‚jüdischen Selbsthasse' fänden." (40) Als Beispiele nennt Lessing Hugo von Hofmannsthal, Franz Werfel, Jakob Wassermann, Rudolf Borchardt, Berthold Auerbach und Karl Kraus.

Dann befaßt er sich eingehend mit sechs Fällen: mit Paul Rée, der seine jüdische Abstammung wie eine heimliche Schande versteckte, mit Otto Weininger, mit drei seiner Zeitgenossen — dem Wiener Arthur Trebitsch (1879 - 1927), dem Prager Max Steiner (1884 - 1910) und dem Berliner Walter Calé (1881 - 1904) — und schließlich mit dem Fall Maximilian Harden (1861 - 1927). Die Auswahl Theodor Lessings mag willkürlich erscheinen. In der Studie über Walter Calé — ein junges Genie, das ebenfalls mit 23 Jahren Selbstmord beging und einen Aufsatz über Plotin, Novellen im Stil Gottfried Kellers und Gedichte in der Manier Hofmannsthals hinterließ – wird kein einziges Element genannt, das den Ausdruck „jüdischer Selbsthaß" rechtfertigen könnte.

Es besteht jedoch eine verblüffende Ähnlichkeit zwischen dem Schicksal Weiningers und dem Max Steiners, der drei Bücher hinterließ: „Die Rückständigkeit des modernen Freidenkertums" (1905), „Die Lehre Darwins in ihren letzten Folgen" (1908) und „Die Welt der Aufklärung" (1912 posthum veröffentlicht). Max Steiner studierte Naturwissenschaften und Philosophie in Prag und ließ sich 1903 in Berlin nieder. Anfangs ein engagierter Marxist, neigte er immer mehr zum Anarchismus Stirners und endete schließlich, nach seinem Übertritt, im katholischen Mystizismus. Er verehrte die Biologen und Philosophen Ernst Haeckel und Wilhelm Ostwald. „Fermente der Zersetzung" waren für ihn die jüdischen Philosophen Georg Simmel, Fritz Mauthner und Max Dessoir. Sein Buch über Darwin zeugt von einer etwas wirren Nietzschebegeisterung. Houston Stewart Chamberlain schrieb 1908 einen enthusiastisch zustimmenden Brief an Max Steiner, der zwei Jahre später, im Alter von 26 Jahren, Selbstmord beging.

Die Untersuchung des jüdischen Selbsthasses verdient einen besonderen Platz in der Geschichte des Antisemitismus. Es handelt sich um ein Phänomen, das für verschiedene Epochen, Gesellschaften und Individuen eine höchst unterschiedliche Bedeutung annimmt. Welcher Zusammenhang besteht zwischen der bekannten Empfindlichkeit von Karl Marx gegen die Juden und der antijüdischen Einstellung von Simone Weil (41)? Zitieren wir eine der vernünftigsten Interpretationen des „jüdischen Antisemitismus" zur Zeit Otto Weiningers. Hermann Broch schreibt in „Hofmannsthal und seine Zeit":

> Es gibt bekanntlich einen Kollektiv-Narzißmus, der – Hauptinstrument aller Politik – sich als Gruppenbewußtsein äußert, als „Nationalbewußtsein", als „Klassenbewußtsein" usw., und merkwürdigerweise wird er weit mehr von der passiven als von der aktiven Leistung her gespeist: bei herrschenden Gruppen, bei Eroberungsvölkern, bei stabilisierten Oberklassen, kurzum bei allen jenen, welche „stilsetzend" geworden sind, prävaliert „ästhetischer" Stolz (...). Bei den „Unterworfenen" dagegen ist es etwas komplizierter. Sie assimilieren den Stil der nationa-

> len, der ökonomischen oder sonstwelchen Oberklasse, um an deren Narzißmus teilzunehmen, indes, es gesellt sich hiezu noch außerdem der Stolz auf die geglückte Assimilationsleistung, und weil dem so ist, darf ihr Ausgangspunkt, die einstige Demütigungssituation, niemals vergessen werden: bei allen assimilierten Minoritäten zeigt sich dieser sonderbare „zweistufige" Narzißmus. (...) Desgleichen ist der seltsame „innere Antisemitismus" des assimilierten Judentums ein Phänomen des „zweistufigen Narzißmus"; selbst nach einer durch mehrere Generationen hindurch geglückten Assimilierung wird hier an der „ehrenvoll isolierten" Ausgangssituation festgehalten, wird das schon längst heimatlich vertraut gewordene Assimilationsmilieu seelisch in einer Distanz gesehen, die es zur Fremde macht: der Assimilierte empfindet sich damit als ein Auserwählter höhern Grades; er ist aus dem auserwählten Volk auserwählt worden. (42)

Die Familie Hofmannsthal stellt den Idealfall einer solchen gelungenen Assimilierung dar (durch den Kaiser geadelt, Übertritt zur katholischen Religion, großes Vermögen), aus der der Narzißmus der „zweistufigen Auserwähltheit" entspringt. – Was geschieht allerdings, wenn die brutale Rückkehr des Antisemitismus das Vertrauen des assimilierten Juden zunichte macht? Aufschlußreich ist diesbezüglich der Fall Arthur Schnitzler, der, ohne die jüdische Gemeinde offiziell verlassen zu haben, einem völlig assimilierten Milieu angehört: Er spürt keine Gemeinsamkeiten mit den vor kurzem aus Galizien Zugewanderten und auch nicht mit der jüdischen Tradition. Der Antisemitismus in seiner Umgebung zwingt ihn dazu, eine Rolle anzunehmen. „Es war nicht möglich, insbesondere für einen Juden, der in der Öffentlichkeit stand, davon abzusehen, daß er Jude war, da die andern es nicht taten, die Christen nicht und die Juden noch weniger. Man hatte die Wahl, für unempfindlich, zudringlich, frech oder für empfindlich, schüchtern, verfolgungswahnsinnig zu gelten", schreibt er in seinen autobiographischen Notizen (43). Damit beginnt eine bisweilen sorgenvolle Selbstbeobachtung, in der die ersten Keime von Selbsthaß auftauchen. Als er zum ersten Mal seine eigene Stimme aus einem Phonographen vernimmt, ist er „frappirt über den ausgesprochen nasal jüdischen Charakter" seines Organs (44).

Sehr aufschlußreich sind die Bekenntnisse der Romanfigur Heinrich Bermann in „Der Weg ins Freie“ (1908):

> Nur der einzelne vermag es zuweilen, durch persönliche Vorzüge mit den Widerlichkeiten seiner Rasse zu versöhnen. Aber daß ich den Fehlern der Juden gegenüber besonders empfindlich bin, das will ich gar nicht leugnen. Wahrscheinlich liegt es nur daran, daß ich, wir alle, auch wir Juden mein ich, zu dieser Empfindlichkeit systematisch herangezogen worden sind. Von Jugend auf werden wir darauf hingehetzt gerade jüdische Eigenschaften als besonders lächerlich oder widerwärtig zu empfinden, was hinsichtlich der ebenso lächerlichen und widerwärtigen Eigenheiten der andern eben nicht der Fall ist (45).

Als Antwort auf den Antisemitismus reden einige assimilierte Juden einer extremen Assimilierung das Wort, so zum Beispiel Walter Rathenau, der 1897, im Jahr des ersten Zionistenkongresses in Basel, unter dem Titel „Höre, Israel!“ einen aufsehenerregenden Aufruf in Maximilian Hardens Zeitschrift „Die Zukunft“ veröffentlicht (unterzeichnet mit dem Pseudonym W. Hartenau):

> Von vorn herein will ich bekennen, daß ich Jude bin. (...) Vereine habt Ihr gegründet, – zur Abwehr, anstatt zur Einkehr. (...) Der Staat hat Euch zu Bürgern gemacht, um Euch zu Deutschen zu erziehen. Ihr seid Fremde geblieben und verlangt, er solle nun die volle Gleichberechtigung aussprechen? (...) Aber ein Ende der Judenfrage ist die Taufe nicht. (...) Das Ziel des Prozesses sollen nicht imitirte Germanen, sondern deutsch geartete und erzogene Juden sein. (...) Seht Euch im Spiegel! (...) Habt Ihr erst Euren unkonstruktiven Bau, die hohen Schultern, die ungelenken Füße, die weichliche Rundlichkeit der Formen, als Zeichen körperlichen Verfalls erkannt, so werdet Ihr einmal ein paar Generationen lang an Eurer äußeren Wiedergeburt arbeiten. (...) so viel ist gewiß, daß zweitausend Jahre Elend ihre Spuren zu tief einbrennen, als daß sie sich mit Eau de Cologne abwaschen lassen. (46)

Walter Rathenau, Minister der Weimarer Republik, wurde 1922 von zwei rechtsextremistischen Offizieren ermordet. (Ernst von Salomon war der Mittäterschaft angeklagt.) Man warf ihm die allzu fügsame Durchführung des Versailler Vertrags vor, aber auch seine jüdische Abstammung.

Nur kurze Zeit nach diesem Mord fiel auch Rathenaus ehemaliger Freud, der Journalist Maximilian Harden, einem antisemitischen Attentat zum Opfer, bei dem er schwer verletzt wurde. Seine – von Lessing wiedergegebene – Anklagerede vor dem Gericht stellt ein bestürzendes Dokument dar:

„Ich bin als Jude geboren, aber ich habe immer sehr lockere Beziehungen zum Judentum gehabt. Ich bin vor mehr als vierzig Jahren als blutjunger Mensch zum Christenglauben übergetreten." Zum Schlusse der Rede ereignete sich eine tolle Farce. Harden warnte das Gericht, daß die Freisprechung seiner Mörder dem deutschen Volke im Auslande schaden werde. „Es wird eine Ermutigung und Herausforderung sein und allen denen recht geben, die Schlechtes von uns sagen." Plötzlich aber unterbrach er sich. „Nein! Ich bin im Ausdruck entgleist. Ich will sagen nicht von *uns*. Von *Ihnen*, Schlechtes von *Ihnen* sagen! Wenn Sie mich, weil ich als Judenknabe auf die Welt gekommen bin, nicht haben wollen, dann nicht! (...) Ich liebe den deutschen Menschen, aber ich dränge mich ihm nicht auf. (...) Wollen Sie diese Mietlinge der Mördergesellschaft freisprechen und auf dem Prytaneum zur Belohnung für patriotische Tat speisen, tun Sie's" – (47)

Auch der Wiener Theodor Herzl durchlief, bevor er zum wichtigsten Organisator der zionistischen Bewegung wurde, eine Phase der Euphorie über die perfekt gelungene Assimilierung. Er wurde 1860 in Budapest geboren und erhielt eine klassische, auf der deutschen Kultur aufbauende Erziehung. Im Hebräischen und in Religion hatte er die schlechtesten Noten. Als Student in Wien trat er der deutschnationalen Studentenverbindung „Albia" bei und schrieb Romane, Novellen und Theaterstücke, in denen es von blauäugigen, blonden Mädchen und preußischen Adeligen wimmelte. Im April 1883, als sich Schönerers Antisemitismus rasch unter den Studenten verbreitete, wurde er aus der „Albia" ausgeschlossen. Paul von Portheim, ein anderer, ebenfalls ausgeschlossener jüdischer Student, nahm sich das Leben. Zwölf Jahre später bekennt sich Herzl zur zionistischen Idee, ohne jedoch seine Begeisterung für die deutsche Kultur, insbesondere seine glühende Wagner-Verehrung, zu verleugnen. Zur feierlichen Eröffnung des zweiten Zionisten-Kongresses in Basel 1898 wählt er einen Ausschnitt aus „Tannhäuser". Die von dem Maler Lilien im Stil der Jahrhundertwende entworfene Postkarte des Kongresses zeigt einen germanischen Krieger in mittelalterlicher Rüstung inmitten einer orientalischen Landschaft. Herzl wollte Deutsch zur offiziellen Sprache des jüdischen Staates machen und träumte von prächtigen Aufführungen der Werke Wagners durch die künftige israelische Oper.

Zwischen der verzweifelten Assimilierungswut und der Emanzipationsbestrebung durch den Zionismus liegt die Kategorie der assimilierten Juden, die der Antisemitismus so tief erschüttert, daß sie ihn verinnerlichen und dem Selbsthaß erliegen. Arthur Schnitzler erzählt die Geschichte eines Freundes, des weltbekannten Schifahrers und Bergsteigers Louis Friedmann, der beschlossen hatte, „ledig oder doch kinderlos zu bleiben, um das verhaßte jüdische Blut nicht fortzupflanzen, das vom Vater her durch seine Adern floß" (48). Victor Adler, der Gründer der österreichischen Sozialdemokratie, hat ebenfalls akute Symptome eines „jüdischen Selbsthasses" gezeigt (49).

Arthur Trebitsch (1880 - 1927) war äußerst stolz darauf, dem Stereotyp des großen blonden Ariers so sehr zu entsprechen, daß er seine jüdische Abstammung verheimlichen konnte. Der vielseitige und höchst produktive Schriftsteller, Dichter, Philosoph und Essayist, Autor von etwa zwanzig Büchern und unzähligen Artikeln insgesamt mäßigen Niveaus, fühlte sich dazu berufen, die Welt vor der jüdischen Verschwörung zu retten. Er nahm Kontakt zu Ernst von Salomon und Ludendorff auf, forderte alle, die ihn als Juden bezeichneten, zum Duell und lud die „arischen Biologen" öffentlich ein, seinen Schädel zu vermessen. In seinen letzten Lebensjahren litt er an Paranoia — überall sah er Anzeichen einer jüdischen Verschwörung zu seiner Ermordung. Über Otto Weininger, der in seinen Schriften oft genannt wird, meint Arthur Trebitsch, dieser habe nicht die Kraft gehabt, sein ganzes Leben hindurch den *morbus judaicus* zu ertragen; er habe weder äußerlich noch innerlich genügend Selbstbewußtsein besessen, um dagegen immun zu werden. Deshalb habe er mit seinem unerträglichen Leben Schluß gemacht und den Juden in sich getötet (50).

Zum Schluß sei wieder aus der „Fackel" von Karl Kraus zitiert, dessen literarisches Genie allerdings oft mit recht verworrenen Ideen einherging und der der beste Verteidiger von Otto Weininger war. In der Nummer 165 vom 8. Juli 1904 gibt er einer Erklärung Karl Bleibtreus breiten Raum, in der es heißt:

„(...) Wahr ist dagegen, daß ich in der ‚Fackel', deren Bekämpfung der Korruption man schwerlich ‚jüdisch' nennen wird, den Philosophen Weininger, der aus Überzeugung Christ wurde und den deutschen Idealismus vertrat, für ‚deutscher' erklärte als viele Deutsche mit jüdischer Gesinnung." (...) Daß man das Judentum eines Disraeli und Konsorten vernichtend geißeln, dagegen die echtdeutsche Kultur eines Heine und Ferdinand Lassalle bewundern kann, daß man die schroffste Ablehnung des Judentums (wissenschaftlicher und geistig idealer Antisemitismus) nicht mit dem Maul- und Radauantisemitismus verwechseln will, der oft nur gemeinen materiellen Neid oder reaktionär-klerikale Tendenzen austönt, das geht natürlich über das Verständnis bornierter Parteiverbohrung. Die Parteijuden freilich sehen schärfer: sie fürchten nicht den Pöbelantisemitismus, von dem sie wahrscheinlich annehmen, daß man ihn zur Not mit klingenden zahlbaren Beweismitteln besänftigen könne, sondern den vornehmen Geistesantisemitismus (...). Sie hassen H.St. Chamberlain, aber nicht die ‚Deutsche Zeitung' und Herrn Masaidek.

Dies veröffentlichte also einer der wienerischsten Wiener Juden genau zu der Zeit, als Georg von Schönerer und Karl Lueger einen Vorgeschmack auf die NS-Ideologie in Österreich gaben.

Wie der Antifeminismus von Karl Kraus und Otto Weininger den Sinn einer Kulturkritik besitzt, die sich gegen das Gefällige der eigenen Modernität wendet, so zeugt, wie Michael Pollak gezeigt hat, der Antisemitismus dieser Wiener Intellektuellen von einer tiefgehenden „Unzufriedenheit mit der Oberflächlichkeit des geistigen Lebens" und von einer „politischen Identitätssuche" (51). Zur Frage eines jeden österreichischen Intellektuellen der Jahrhundertwende: „Sind wir Österreicher oder Deutsche?" kommt für den Juden noch ein zusätzliches Problem hinzu. „Wir sind ein Volk", behauptet Theodor Herzl; „wir sind ein psychologisch-metaphysischer Typus", sagt Weininger lieber. Der eine zieht die Konsequenzen aus dem Scheitern des Habsburger-Vielvölkerstaates, der andere aus dem Scheitern des Assimilationsgedankens der Aufklärung.

Lange Zeit waren Deutsche und Juden durch eine Schicksalsgemeinschaft verbunden. Die ersten Zionisten und die heftigsten Antisemiten sprachen deutsch. Die Assimilierung der Juden in das deutsche Kulturleben hatte vor dem Ersten Weltkrieg ein Ausmaß erreicht, wie man es wohl nur im heutigen Amerika antrifft. Die Assimilierung war so weit vorangeschritten, daß Felix Teilhaber 1911 ein Buch mit dem Titel „Das Verschwinden der Juden Deutschlands" verfassen konnte (52). Die Utopie einer harmonischen Symbiose zwischen Deutschen und Juden fand ihren deutlichsten Ausdruck in dem Buch des Neo-Kantianers Hermann Cohen „Deutschtum und Judentum", das 1916 erschien und in der Flut der chauvinistischen und großdeutschen Literatur unterging. Im Grunde verfolgt Hermann Cohen denselben Traum wie Otto Weininger: den einer Synthese von deutscher und jüdischer Tradition in einer erneuerten, von ihren archaischen, glaubensbedingten Zwistigkeiten befreiten Menschheit.

Bereits im Vormärz hatte sich die Haskala („aufgeklärtes Judentum") in Wien verbreitet. Eine hebräische Druckerei verlegte Bücher und Zeitschriften. Die „modernen" Juden hatten den „Wiener Ritus" in ihren Synagogen eingeführt, um das Nebeneinander von Christentum und Judentum im Zeichen der Vernunft selbstverständlich zu machen (53). Adolf Jellinek (1821 - 1893), seit 1865 Großrabbiner von Wien, schrieb regelmäßig in der liberalen Zeitung „Die neue Zeit". Er trat für eine Modernisierung der jüdischen Glaubenssätze ein, die auf alle archaischen oder nebensächlichen Merkmale und Traditionen verzichten sollten, um „Geist, Herz, Gerechtigkeit, Freiheit und Barmherzigkeit" in den Mittelpunkt der erneuerten jüdischen Frömmigkeit zu setzen (54). Die liberale Orientierung ging mit einer betonten Affinität zur deutschen Nationalität innerhalb der Habsburger-Monarchie einher. Noch 1877 verkündete Jellinek, die Juden Österreichs fühlten sich besonders mit den Deutschen verbunden und wünschten sich eine starke zentrale Obrigkeit in Cisleithanien.

Der besondere Pakt der jüdischen Emanzipation bzw. Assimilation mit dem Liberalismus überlebte die Niederlage der liberalen Partei. Die von assimilierten Juden geführte Wiener Presse verteidigte bis zur Vorkriegszeit (und auch nachher) eine liberale Weltanschauung. Karl Kraus hat in diesem Zusammenhang klargemacht, wie korrupt und heuchlerisch das liberale Credo eines Moriz Benedikt zu einer Zeit geworden war, da das geistige Erbe von Adolf Fischhof im Dienste der Hofburg-Ideologie, der Großfinanz und des Militärs pervertiert wurde.

Eine andere Zuflucht des jüdischen-liberalen Gedankenguts nach dem Zusammenbruch des österreichischen Liberalismus neben dem Pressewesen war der gesamte Bereich der „Bildung und Kultur". Die leidenschaftliche Hinwendung zu Kunst, Belletristik und Musik, die Carl E. Schorske als allgemeines Merkmal des Wiener Bürgertums hervorhebt, schuf für die assimilierte jüdische Bourgeoisie den geistigen Raum einer – Phantom gebliebenen, allseitig angezweifelten – Nation. Der Wiener Ästhetizismus, eine Radikalisierung des Programms „Bildung und Kultur" in der Form des l'art pour l'art, war, insbesondere in jüdischen intellektuellen Kreisen, eine Reaktion auf den Verlust politischer Makrostrukturen und sozialer Identifikations- und Integrationsmöglichkeiten, auf eine schwer erträgliche Marginalisierung durch den allseitigen Antisemitismus. Das Wagnerianertum Otto Weiningers ist eine Antwort auf die Situation des auf sich selbst zurückgeworfenen und in mancher Hinsicht unrettbaren Subjekts, eine Antwort auf das „moderne Problem" schlechthin: den Individualismus und die Auflösungstendenz der Gesellschaft. Das Wagnerianertum verspricht nichts geringeres, als daß der Staat und die Gesellschaft, überhaupt die Klüfte zwischen Mensch und Mensch einem „übermächtigen Einheitsgefühle" weichen, das an das „Herz der Natur" zurückführt (Nietzsche).

Weiningers „jüdischen Selbsthaß", der die Form des Wagnerkults annimmt, könnte man auch „Haß gegen die Illusionen der Aufklärung" nennen, er ist so etwas wie eine Rückzugsbewegung ins Irrational-Archaische. Wohlgemerkt, für Weininger ist die dank Wagner wiedergefundene mythische Gemeinschaft eine pangermanische, für Theodor Herzl, der ebenfalls von Wagner beeinflußt war, eine zionistische, deren utopisches Vorbild auf die biblische Mythologie zurückgeht. Herzl und Weininger standen vor demselben Problem. Der Zerfall der Habsburger-Monarchie machte für die Juden (ebenso wie für die Deutschen, die Tschechen, die

Kroaten usw.) die nationale Alternative besonders anziehend. Weininger wählt die germanische „Nationalität" und steht dadurch Georg von Schönerer nahe. Herzl wählt die jüdische Nation, die noch nicht wiederhergestellt ist. Herzls Nationalgefühl nährt sich mehr vom Wagnerianertum als von jüdischen Traditionen, die er nur sehr oberflächlich kennt. Ein Gutteil des modernen politischen Zionismus (und bei weitem nicht nur Herzls Ideen) geht auf eine romantische Inspiration zurück. Herders Ansichten über den Volksgeist und über die Sprache verdanken manche Zionisten ebenso entscheidende Anstöße wie Hegels säkularisiert messianistischer Geschichtsphilosophie.

Die eigentümliche Mischung von Deutschtümelei und jüdischer Besinnung im Zionismus hat Karl Kraus früh durchschaut. Die verhängnisvolle Dialektik von Antisemitismus und Judenverherrlichung, von Pangermanismus und Panzionismus zu entlarven, war das Anliegen von „Eine Krone für Zion", wo Kaiser Wilhelm und Bismarck die Pendants zu Theodor Herzl und Max Nordau abgeben. – Gewisse Entwicklungen des Zionismus, beispielsweise die Ideologie des ausgeprägt faschistischen Judenführers Wladimir Jabotinsky (1880 - 1940), übertrafen allerdings Karl Kraus' schlimmste Ahnungen. Auf dieses Niveau des jüdischen Chauvinismus heruntergekommen, ist der Zionismus als Dissimilationsbestrebung nichts anderes als eine unheimlich potenzierte Assimilation an die negativen Charakterzüge des Europäers im 20. Jahrhundert.

Das Ideal der Assimilierung erwies sich seit dem Beginn des 20. Jahrhunderts in Deutschland als gefährliche Illusion. Der „Selbsthaß", den Otto Weininger an den Tag legt, hat hier noch die Bedeutung eines Symptoms: Er zeigt, daß jede Idee der Assimilierung unweigerlich mit einer gewissen Verleugnung einhergeht, die, genauso wie die Verdrängung des Neurotikers, ständig das Gleichgewicht der Persönlichkeit bedroht. Er zeigt auch die unglaubliche Verblendung vieler Juden, die sogar bemüht waren, den Antisemiten Argumente zu liefern. Die deutschen Juden verschlossen bis zum letzten Augenblick die Augen vor der Entwicklung. Der Central Verein deutscher Staatsbürger jüdischen Glaubens, der 80% der deutschen Juden vertrat, erklärte 1913 offiziell: „Wir wollen die deutsche Judenfrage nicht international lösen. Auf dem Boden des deutschen Vaterlandes wollen wir als Deutsche an deutscher Kultur mitarbeiten und unserer Religion und unserer geheiligten Gemeinschaft treu bleiben (...). Von dem Zionismus aber, der ein deutsches Nationalgefühl leugnet, sich als Gast des fremden Wirtvolks und national nur als Jude fühlt, müssen wir uns trennen." (55)

Dank der Arbeiten Léon Poliakovs kann man heute die lange Geschichte des Antisemitismus überblicken. Die Geschichte des Verhaltens der Juden gegenüber dem Antisemitismus muß jedoch erst geschrieben werden. Man könnte gewiß feststellen, daß die Mehrheit der deutschen Juden immer zwischen einem furchtsamen Rückzug auf sich selbst und einem allzu vertrauensseligen Optimismus geschwankt hat, bis es zu spät war für einen wirksamen Kampf.

Kurt Tucholsky, der ebenfalls aus Verzweiflung in den Selbsthaß verfiel, konstatiert vier Tage vor seinem Selbstmord in einem Brief an Arnold Zweig: „Der Jude ist feige. Er ist selig, wenn ein Fußtritt nicht kommt. (...) Er duckt sich. (...) Wie! Nicht zu begreifen, daß im März 33 der Augenblick gekommen war, in umgekehrter Proportion auszuziehen. (...) Hat sich auch nur ein Rabbiner gefunden, der der Führer seines Volkes gewesen ist? (...) Und habe ich nicht mit eigenen Augen gelesen, daß die Gemeinschaft in Frankfurt, als die ersten Pogrome, ich glaube 1931, einsetzten, den Gläubigen empfahl, nach dem Gottesdienst gleich nach Hause zu gehn und Ansammlungen auf der Straße – auf ihrer Straße – lieber Zweig – zu vermeiden? So war es." Tucholsky fordert zu einer, wenn auch gefährlichen Selbstkritik auf. Man dürfe nicht bloß sagen: die anderen haben ... (56)

Im dritten Teil seiner „Réflexions sur la question juive" schrieb Sartre, die „jüdische Unruhe" entspringe „der Notwendigkeit, in der sich der Jude befindet, sich ständig zu befragen und schließlich für die Phantompersönlichkeit zu entscheiden (...), die niemand anderer ist, als er selbst, er selbst, so wie er für die anderen ist, daß aber viele unauthentische Juden den Nichtjuden spielen und letzten Endes die antisemitische Mythologie des Juden im allgemeinen auslösen" (57). Was aber ist ein authentischer Jude? Ist die zur Zeit Weiningers eröffnete Debatte über Sinn und Grenzen der Assimilierung abgeschlossen? Jedenfalls sei, mit einem

Ausdruck Sartres, noch einmal daran erinnert, daß „der Antisemitismus nicht ein jüdisches Problem ist: er ist *unser* Problem" (58).

In Israel gelangte Otto Weininger 1982 zu neuer Berühmtheit durch das Theaterstück von Yehoshua Sobol „Die Seele eines Juden. Die letzte Nacht Otto Weiningers", das im Stadttheater von Haifa uraufgeführt wurde. Das Skandalstück wurde im Jahr darauf auch bei den Festspielen in Edinburgh vorgestellt. Um die Ideen seiner Hauptfigur auf der Bühne anschaulich zu machen, erfand Sobol die Rolle des jungen Wiener Juden Berger, der angesichts des aufkommenden Antisemitismus zum Zionisten wird. Der Theater-Weininger sieht im Verhalten seines Freundes Berger einen Beweis mehr für seine Überzeugung, daß Juden nicht autonom, sondern unter dem Einfluß von Nichtjuden denken und handeln. Bergers laszive Freundin Clara versucht, Weininger zu verführen, und legt ihm nahe, zu ihr nach Palästina zu ziehen; gleichzeitig aber bleibt sie Bergers Geliebte. In ihrer Verlogenheit zeigt sich – sagt Weininger im Stück – der weibliche, heimtückische Charakter des Zionismus. Die Theaterfigur von Yehoshua Sobol hat insgesamt „wenig zu tun mit der historischen Figur des Wiener Juden Otto Weininger". Das Stück „wirft vielmehr ein grelles Licht auf die Frustrationen der heutigen israelischen Intelligenzia" (59).

Im Dezember 1941 gab Adolf Hitler in seinem Hauptquartier ein Urteil ab, das von seinem Adjutanten Martin Bormann aufgezeichnet wurde: „Dietrich Eckart hat mir einmal gesagt, er habe nur einen anständigen Juden kennengelernt, den Otto Weininger, der sich das Leben genommen hat, als er erkannte, daß der Jude von der Zersetzung anderen Volkstums lebt." (60) Die Kombination aus Antisemitismus und Antifeminismus ist für den Nationalsozialismus bezeichnend, aber auch, wie Maria-Antonietta Macciocchi gezeigt hat (61), für den italienischen Faschismus. Julius Evola, einer der wichtigsten Anreger der faschistischen Ideologie, rühmt in „Metafisica del sesso" „Otto Weininger, den einzigen Autor, der sich, in der Psychologie der Geschlechter, über die banalen Erklärungen der Schriftsteller erhoben hat" (62). Hitler kannte den Namen Weininger von seinen Wiener „Lehrjahren" her sehr gut, wie auch den Jörg Lanz von Liebenfels' (d.i. Adolf Josef Lanz), der am Anfang des Jahrhunderts über „Die Gefahren des Frauenrechts und die Notwendigkeit der mannesrechtlichen Herrenmoral" („Ostara, Briefbücherei der Blonden", Nr. 33, 1909) und über „Die entsittlichende und verbrecherische Weiberwirtschaft unserer Zeit" („Ostara", Nr. 58, 1912) geschrieben hatte. In der Nummer 101 von „Ostara" (1927) zieht ein gewisser Johann Waltari Wölfli, ein Industrieller und getreuer Schüler von Lanz von Liebenfels, die Bilanz aus dem Denken des „Meisters":

> Der Mensch heroischer Rasse ist der Schöpfer und Erhalter der Kultur. Alle großen Erfinder, Dichter, Künstler waren Menschen der blonden, heroischen Rasse. Es gibt kein einziges Genie, das der mongolischen oder negroiden Rasse angehört. (...) Die Ostara tritt für eine strenge Scheidung der Weiber in edle Zuchtmütter und Hetären ein. (...) Lanz von Liebenfels ist für Herrenmoral. Mann und Weib haben verschiedene sexuelle Rechte. Er ist daher für Vaterrecht. Das Mutterrecht ist ein Rückfall in den tierischen Zustand und mit Kultur unverträglich (...). Lanz von Liebenfels war der erste wissenschaftliche Antifeminist. (...) Blonde! Rüstet zur Wiedereroberung der Welt! Der Mann ist das Haupt und das Ziel des Weibes – wie Christus, der Gottmensch das Haupt und Ziel des Mannes ist. (63)

Rita Thalmann hat gezeigt, daß die Nationalsozialisten von Anfang an einen Männerbund bildeten, fern von jeglichem Familienleben und oft auch von regelmäßigen Beziehungen zu Frauen. Rosenberg greift im „Mythus des 20. Jahrhunderts" alte Ideen über die sexuelle Polarität auf und reiht sich damit in eine Tradition frauenfeindlicher Denker ein, „die von Schopenhauer über Nietzsche, Wagner und Chamberlain bis zu Weininger reicht". In „Mein Kampf" weist Hitler dem Rassenstaat die Aufgabe zu, von neuem die „Vorherrschaft der männlichen Kraft" zu errichten über „Frauen, die fähig sind, echte Männer zur Welt zu bringen". Die Devise der engagierten Nationalsozialistin Guida Diehl gleicht einer Parodie von „Geschlecht und Charakter": „Während der Mann durch die Bejahung seiner selbst zum menschlichen Wesen wird, wird es die Frau durch den Verzicht auf sich selbst." (64)

Bezeichnet man Otto Weininger als präfaschistischen Charakter, erinnert man damit in erster Linie daran, daß der Großteil des herrschenden Ideenguts der totalitären Staaten Europas aus einem bestimmten, in „Geschlecht und Charakter“ kondensierten Fin de siècle-Geist entwickelt wurde. Wien, schrieb Karl Kraus im Sommer 1914, sei eine „Versuchsstation für den Weltuntergang“. Otto Weiningers Kulturkritik artikuliert sich um Themen, denen eine verhängnisvolle Zukunft bestimmt war: Antifeminismus, Antisemitismus, Kritik des Liberalismus und des Rationalismus der Aufklärung, Heraufkommen einer neuromantischen und reaktionären Weltanschauung.

Definiert man Otto Weininger als präfaschistisch, wendet man auch die sexuelle Charakterologie gegen ihn, die begründet zu haben er sich rühmt. Wilhelm Reich, Erich Fromm und Herbert Marcuse haben gezeigt, daß der Faschismus die politisch organisierte Charakterstruktur des in der patriarchalischen Kleinfamilie erzogenen Kleinbürgers ist. Insbesondere Wilhelm Reich führt dies aus:

> Zur Erhaltung der autoritären Familieninstitution gehört nicht nur die wirtschaftliche Abhängigkeit der Frau und der Kinder vom Mann und Vater. Diese Abhängigkeit ist für die Unterdrückten nur unter der Bedingung erträglich, daß das Bewußtsein, ein geschlechtliches Wesen zu sein, bei Frauen und Kindern so gründlich wie möglich ausgeschaltet wird. (...) Die Gegenüberstellung von „Mutter“ und „Dirne“, wie etwa beim Philosophen Weininger, entspricht der Gegensätzlichkeit von Geschlechtslust und Fortpflanzung im Sinne des reaktionären Menschen. Der Geschlechtsakt um der Lust willen entwürdigt nach dieser Auffassung die Frau und Mutter, und „Dirne“ ist, wer die Lust bejaht und danach lebt. (65)

Klaus Theweleit schlägt in seiner Studie „Männerphantasien“ eine auf den Erkenntnissen der Psychoanalyse und der Sozialpsychologie aufbauende Analyse der „faschistischen“ Sensibilität vor. Er untersucht die umfangreiche autobiographische Literatur von Freikorps-Soldaten, von SS-, SA- und Wehrmachtsangehörigen, also die ersten Bücher Ernst Jüngers und Ernst von Salomons, die Erinnerungen von Lettow-Vorbeck, Rossbach, Hermann Ehrhardt, Rudolf Höss usw. (66): Die übertriebenen und prahlerisch soldatischen Haltungen dieser „Helden“ verdecken ein schwaches, labiles, ständig von der Rückkehr der verdrängten Triebe bedrohtes

Ich. Sie panzern ihren Körper mit Uniformen und Kampfanzügen und kämpfen gegen die Elemente, die sie beschmutzen und verschlingen könnten, gegen die „bolschewistische Flut", gegen „den jüdisch-kapitalistischen Schlamm" und gegen die „spartakistischen Massen" – die in ihren Phantasmen ständig mit Bildern aggressiver Weiblichkeit verschmelzen. In ihrer Begeisterung für männliche Disziplin, rassische Ordnung und heroischen Individualismus kommt „der Haß auf ihre nicht überwundene Sexualität" zum Ausdruck (um Weiningers scharfsinnige Formel über den Antifeminismus aufzugreifen). Was diese Männer schaffen, nachdem sie alles spontane Leben zerstört haben, ist strengen Gesetzen unterworfen: geometrische Monumentalarchitekturen, in denen die Individuen streng in Reih und Glied nach Geschlechtern geordnet marschieren.

Das Schwärmen vom heroischen und genialen Ich, der Haß auf das sexuelle Verlangen und der angsterfüllte Kampf gegen „den Rest an Weiblichkeit in ihm" machen Weininger zu einem Charakter faschistischen Typs. Hier stellt sich die unbequeme Frage, wodurch sich denn der faschistische Mensch vom „Nichtfaschisten" unterscheidet. Die faschistische Männlichkeit brachte die Vollendung der patriarchalischen Herrschaft, die am Ursprung unserer Zivilisation steht und deren Traditionen etwa die idealistische Philosophie, die künstlerischen Darstellungen der Polarität Mann–Frau und die wissenschaftliche Rationalität sind. Der faschistische Charakter findet sich in allen Epochen. Er schlummert in jedem Menschen, auch heute noch.

X.
OTTO WEININGER UND DIE NACHWELT

Meiner Meinung nach sind die österreichischen Gelehrten etwas vorschnell, und das gilt vor allem für Freud, der alles in bezug auf ein und dasselbe Prinzip betrachtet und niemanden die Stelle eines Gottes einnehmen läßt. Genauso ist es bei Otto Weininger in Hinsicht auf die Frauen: Er zieht sie geschlossen in den Schmutz, ob es sich nun um die Direktorin einer Schule handelt oder um Schülerinnen, um Kameradinnen aus derselben Provinz oder um Verwandte, um eine Geliebte oder um seine eigene Frau, um Kameradinnen aus der Provinz seiner Frau oder gar um seine eigene Mutter. (...) Aber ich kann euch sofort eine gute Nachricht verkünden: Weininger hat sich mit einem Pistolenschuß das Leben genommen.

Lu Xun

Die Bücher und die Persönlichkeit Otto Weiningers genießen im 20. Jahrhundert ungeheures Ansehen. Bei der Untersuchung dieses Phänomens sind allerdings zwei Vorsichtsmaßnahmen geboten. Da muß zunächst zwischem dem Bestsellererfolg von „Geschlecht und Charakter" und dem Einfluß unterschieden werden, den das Buch in unterschiedlichem Maß auf Künstler, Schriftsteller und Philosophen ausgeübt hat. Und zweitens darf man nicht vergessen, daß Antifeminismus wie Antisemitismus Weiningers, die heute so schockierend wirken und sein ganzes Werk in Verruf bringen, der ersten Generation seiner Leser weitaus weniger unvernünftig erschienen. Wurde nicht die Unterlegenheit der Frau von der Mehrheit der öffentlichen Meinung und der Intellektuellen als eine Selbstverständlichkeit aufgefaßt? Und bewirkten nicht erst die Verbrechen des Faschismus, des Nationalsozialismus, daß breiteren Schichten das Vorhandensein antisemitischer Gedanken als entsetzliche Schande bewußt wurde?

„Geschlecht und Charakter" erlebte zwischen 1903 und 1947 28 Auflagen und schließlich im Jahr 1980 eine Neuedition (1). Es wurde ins Englische, Italienische, Polnische, Ungarische, Russische, ins Dänische, Norwegische und Schwedische übersetzt. Die französische Übersetzung stammt erst aus dem Jahr 1975. Im ersten Jahrzehnt des Jahrhunderts folgten einander die Fortdrucke mit erstaunlicher Geschwindigkeit: Zwischen 1903 und 1910 erschienen nicht weniger als zwölf Auflagen! Die Gründe für diesen unmittelbaren Erfolg haben wir erwähnt: Die große Presse hatte die Neugierde des Publikums für den „Skandal Weininger" geweckt, und Karl Kraus hatte die intellektuelle Bürgschaft geliefert. Einige sahen in „Geschlecht und Charakter" ein nahezu pornographisches Werk, für andere wieder stellte es die beste Zusammenfassung der Psychologie der Geschlechter dar. Weininger galt bald als glänzender Freud-Schüler, bald als Gegner und Widerleger der Psychoanalyse. Die Liebhaber literarischer Essays schätzten die Originalität seiner Kulturkritik. Die Philosophiespezialisten interessierten sich für seinen Neo-Kantianismus und für seine Metaphysik. Man las „Geschlecht und Charakter", weil das Buch in Mode war. Man las es aber auch aus Ablehnung der Moden und um den eigenen Geist mittels einer neuen Moral zu härten. Für viele junge Leute blieb „Geschlecht und Charakter" mit ihrer Adoleszenzkrise verbunden, wie zum Beispiel für Georg Klaren, der in seinem Buch über Weininger erklärte: „Indem ich Weininger zu verstehen suchte, suchte ich mich zu verstehen, der ich gerade damals in das Lebensalter wuchs, das nicht nur für ihn, für uns Alle seine Probleme höchst aktuell macht." (2) Wie nachhaltig die Strahlungskraft der Lehren Weiningers im Bereich der sogenannten Trivialliteratur war, beweist die humoristische Wochenschrift „Die Muskete" (1905 - 1941), deren Gründer Wilhelm Freiherr von Appel (1875 - 1911) sich als Adept Weiningers sah (3).

In seiner Untersuchung „Generational Tension and Cultural Change" vertritt Carl E. Schorske die Ansicht, die „Epoche Freuds" vor 1914 sei durch drei sukzessive Wellen von Generationskonflikten bestimmt gewesen. Zuerst lehnen sich um 1870 die „Jungen" gegen die „Alten" auf: „Die über das Scheitern des Liberalismus verärgerte und frustrierte Universitätsjugend suchte nach einer anderen Form der Politik, aber auch nach neuen philosophischen und kulturellen Grundlagen, die den juridischen Rationalismus ihrer Väter ersetzen könnten. Der politische Aspekt dieser Suche führte die Studentenbewegung dazu, sich der neuen nationalistischen Rechten Georg von Schönerers anzuschließen. Die Studenten stützten sich auf Richard Wagner und die Jugendwerke von Nietzsche. Sie verkündeten die Überlegenheit der ‚dionysischen Kultur' über die ‚bürgerliche Vernunft' und über den wissenschaftlichen Geist." (4)

Um 1880 entsteht dann die Jung-Wien oder Jung-Österreich Bewegung, die sich, nach Schorske, „auf einem anderen Gebiet situiert: auf dem der Kunst. Die literarischen Vorbilder, die in den Augen der ‚Jungen' die Modernität verkörperten, waren Don Juans oder Ästheten, Männer der Sinnlichkeit und Sensibilität ohne soziale Funktion oder existentielle Verankerung. Aus psychologischer Sicht bestand die moderne Krankheit aus der Auflösung des Ich." Man denkt dabei natürlich an den jungen Hofmannsthal, den jungen Schnitzler und an Richard Beer-Hofmann. Die vor allem von Gustav Klimt getragene Sezession, eine Art österreichischer Jugendstil, verbindet das Thema der kulturellen Erneuerung und der Auflehnung gegen die Korruption, das von der völkischen Jugend um 1870 formuliert worden war, mit dem antihistorischen Modernismus der Jung-Wien Bewegung der achtziger Jahre. Schließlich kommt es zum dritten großen Generationskonflikt, zum Expressionismus.

Die Chronologie Schorskes, in der die üblichen Etikettierungen in eine gesellschaftspolitische Perspektive gebracht werden, schließt natürlich unzählige Überschneidungen und Verschiebungen im Detail nicht aus. Große Persönlichkeiten wie Hofmannsthal, Karl Kraus und Schnitzler bleiben über jeden Wechsel hinaus modern. Dem äußerst wandlungsfähigen Hermann Bahr gelingt das Kunststück, sich an die Spitze all dieser Bewegungen zu stellen. Nachdem er für die Ideen Schönerers gekämpft hat, veröffentlicht er 1890 einen Essay mit dem Titel „Fin de siècle", dann 1891 einen anderen mit dem Titel „Die Überwindung des Naturalismus". 1900 erscheint der Band „Secession", und 1916 gibt er eine Reihe von Artikeln unter dem Titel „Expressionismus" heraus.

Durch diese chronologische Abfolge kann die Modernität von

„Geschlecht und Charakter" deutlich erfaßt werden. Otto Weininger bringt alle intellektuellen Strömungen seiner Zeit zur Synthese: Nietzscheanertum, Wagnerianertum und Antisemitismus verbinden ihn mit den ersten „Modernen" nach 1870; seine Psychologie des seelenlosen, von der Sexualität beherrschten Weibes drückt die Quintessenz der Fin de siècle-Ästhetik der Jung-Wien Bewegung aus, sein Programm moralischer Erneuerung steht dem rechten Flügel der Sezession nahe; und schließlich legt er mit „Geschlecht und Charakter" auch eines der Manifeste expressionistischen Geistes vor. Darüber hinaus belegt die Weininger-Rezeption deutlich die Zukunftsträchtigkeit seines Werkes.

Unter der unscharfen Bezeichnung „österreichischer Expressionismus" hat man Persönlichkeiten wie Kokoschka und Schiele zusammengefaßt, die Dichter Trakl und Musil, die Komponisten Schönberg und Berg und den Philosophen Wittgenstein. „Sie unternahmen", heißt es bei Schorske, „eine Reise nach innen ins Land der Angst und der nackten existentiellen Wut. Dort, wo der Mensch des Fin de siècle Eros fand, stoßen die Expressionisten auf Thanatos. Ihr metaphysischer Zorn übersteigt übrigens den Rahmen eines Generationskonflikts: Schönberg liebte Mahler; Schiele bewunderte Klimt." (5) „Die Expressionisten", schreibt Jean-Michel Palmier, „träumen von einer ethischen Revolution, aus der der Mensch erneuert hervorginge" (6), und bleiben dadurch dem Geist der Sezession treu.

Für eine ganze Generation von „Modernen" bedeutet „Geschlecht und Charakter" ein entscheidendes Datum, eine Begegnung mit sich selbst: für Kafka (1883 geboren), für Musil (1880), für Alfred Kubin (1887), für den Romancier Albert Paris Gütersloh (1887), für die Dramatiker Anton Wildgans (1881) und Franz Theodor Csokor (1885). Man hat sogar bei James Joyce Spuren einer Weininger-Rezeption vermutet (7).

Eine Sonderrolle spielt Karl Kraus, der enge Beziehungen zu den Expressionisten der Zeitschrift „Brenner" Ludwig von Fickers unterhielt, des ersten Verlegers von Georg Trakl, der aber auch das Buch Carl Dallagos über Weininger herausbrachte. Karl Kraus kannte auch einige Berliner Expressionisten, vor allem die Dichterin Else Lasker-Schüler, eine Freundin Gottfried Benns und die erste Frau Herwarth Waldens, der die Zeitschrift „Der Sturm" betreute. Diese Kontakte erklären auch die Tatsache, daß in der ersten Nummer des „Sturm“ (1910/11) zwei Ausschnitte aus „Über die letzten Dinge“ erschienen, nämlich „Der Hund“, ein Fragment der „Metaphysik“, und „Sucher und Priester“, ein Fragment der „Charakterologie“. Unter den engen Freunden und Mitarbeitern der „Fackel“ findet man zahlreiche herausragende Weininger-Leser, die die Kraussche Interpretation von „Geschlecht und Charakter“ gleichsam an der Quelle schlürften: Alban Berg, Arnold Schönberg, Oskar Kokoschka, den Essayisten Egon Friedell, den Dichter Hugo Wolf und Ludwig Wittgenstein.

Das Werk Weiningers war für diese ganze Generation um 1880 geborener Künstler ein Dokument des „mal du siècle“. „Das natürliche Verlangen des Mannes nach Auseinandersetzung war nicht in Kriege oder Revolutionen abgeleitet und verlagerte sich deshalb in seine Beziehung zur Frau. Ihren Emanzipationswünschen stand seine Angst um die von ihr vermeintlich bedrohte Selbstständigkeit seiner Person entgegen. In August Strindbergs Romanen und Dramen, in Edvard Munchs Graphiken fand das ebenso seinen Niederschlag“, schreibt der österreichische expressionistische Dramatiker Franz Theodor Csokor (8 - B). Egon Friedell meint, daß in „Geschlecht und Charakter“ „bereits die Selbsterkenntnis des Menschen der Neuzeit“ dämmere, „indem dessen Dialektik, ihr Gift gegen sich selbst kehrend, in den Skorpionsstich flüchtet“ (9).

Bei einigen Autoren wird Otto Weininger als mehr oder weniger achtenswerte Verkörperung des Zeitgeistes erwähnt. Carl Sternheim zum Beispiel scherzt in den ersten drei Szenen seines 1915 erschienen Stückes „1913“ über „Geschlecht und Charakter“. Albert Paris Gütersloh spricht in ironischem Tonfall von Weininger: Nach einem Streit ruft eine Figur aus: „Ich muß sie (dieses Mädchen – d. Verf.) bis zu ihrem Grunde erforschen“, und vertieft sich in die Lektüre von „Geschlecht und Charakter“ (10).

In den bisher veröffentlichten Texten von Franz Kafka gibt es nur eine Stelle, an der der Name Otto Weininger vorkommt. Kafka schreibt im Frühjahr 1921 an Oskar Baum (11): „Von Dir habe ich fast gar nichts gehört, nur von Deinem Weininger-Vortrag gelesen (gibt es noch immer kein freies Manuskript, keine Korrektur dieses Aufsatzes?), Gerüchte über Kritikerstellen, sonst nichts.“

In einem am 7. Juni 1984 in Tübingen gehaltenen Vortrag hat Gerald Stieg darauf hingewiesen, daß Franz Kafka und Carl Dallago im Jahre 1912 für mehrere Tage am Garda-See zusammenkamen. Dallago arbeitete damals an seinem Weininger-Buch. Es scheint unmöglich, daß er dieses Thema im Gespräch mit Kafka nicht erwähnte. Kafka war also offensichtlich mit Weiningers Gedankenwelt vertraut. Schon Heinz Politzer hat Spuren der Weiningerschen Frauenangst im „Prozeß" ausgemacht. Gerald Stieg vertrat nun die Ansicht, solche Spuren fänden sich auch im „Schloß". Es schien ihm außer Zweifel zu stehen, daß viele Themen aus „Über die letzten Dinge", vor allem die Gedanken zur „Einsinnigkeit der Zeit", ihren Niederschlag im Aufbau dieses Romans gefunden hätten.

Alfred Doppler (B) hat dargelegt, wieviel Georg Trakl „Geschlecht und Charakter" verdankt. Der Dichter Hugo Wolf, nicht zu verwechseln mit dem gleichnamigen Komponisten (12), veröffentlicht in der „Fackel" Nr. 311/312 vom 23. November 1910 Gedichte, deren letztes den Titel „Die große Hure Babylon" trägt und sichtlich von Weininger inspiriert ist. Die ersten Bilder und die Texte von Oskar Kokoschka (z.B. das Stück „Mörder Hoffnung der Frauen" von 1907), aber auch, weit hoffnungsloser und verzweifelter, die Zeichnungen und Aquarelle Egon Schieles drücken die gleiche Haßliebe zu Frauen aus.

Die Bedeutung Weiningers für Musil wurde gezeigt (Karl Corino, B) und manchmal sogar übertrieben (Gisela Brude-Firnau, B). Musil brachte „Geschlecht und Charakter" das gleiche Interesse, aber auch die gleiche kritische Distanz entgegen wie der Psychoanalyse – „= Wien sowieso: Psychoanalyse (Freud) – Individualpsychologie (Alfred Adler) – Philosophisch spekulative Psychologie (Otto Weininger) – Experimentelle Psychologie (Karl und Charlotte Bühler)?" (13)

Im Vorwort von 1911 zu seiner „Harmonielehre" erwähnt Arnold Schönberg Weininger als den Typus des mutigen Denkers und Neuerers neben Strindberg und Maeterlinck. Alban Berg teilt diese Bewunderung. Er ist 18 Jahre alt, als Weiningers Selbstmord bekannt wird, und dieses Ereignis könnte ihn durchaus zu seinem eigenen Selbstmordversuch wenige Monate später angeregt haben. 1906 schreibt er an seinen Freund Watznauer: „Die Naturschönheit bietet mir Unvergänglicheres als alle philosophischen Systeme und grauen Theorien, und seien sie selbst von Weininger. Aber umgekehrt haben viele der von mir gelesenen Bücher in mir jene Naturverehrung (...) erweckt (...), von Goethe bis Altenberg. – Und was sich alles an Natur anschließt: die Bevorzugung des Natürlichen in allem – die Frau ohne Bücherweisheit – das Urteilen ohne Gesetzbuch – der Haß gegen die naturfeindlichste Einführung: ‚die Zeitung' – das und vieles andere verdanke ich wieder meistenteils der Lektüre von Goethe, Ibsen, Wilde, Kraus und Weininger!" (14) In einem Brief von 1907 an seine Frau heißt es: „Wozu pocht uns das Herz bei Nennung von Namen wie Strindberg, Oscar Wilde, Gerhart Hauptmann, und selbst Wedekind, Altenberg, Karl Hauer, Weininger, Wittels, Karl Kraus und Hermann Bahr – wenn wir nicht in uns das gleiche Streben und Verlangen haben, ihre mit der Feder festgehaltenen Ideale in wirkliches, greifbares Leben umzusetzen??!!" (15) Anklänge an Weininger lassen sich bis zur Gestaltung der Figur Lulu, Bergs zweiter Oper, erkennen (16).

Walter Serner (d.i. W. Seligmann, 1889 geboren, seit 1933 verschollen), der später als Dadaist berühmt wurde, schrieb 1911 in der von seinem Vater Berthold Seligmann herausgegebenen „Karlsbader Zeitung" in einem Essay über Karl Kraus:

> Dieser Vereinigung, die der Geist der Sprache mit der Sprache des Geistes einging, entsproß eine Kunst, deren Größe und Reinheit, deren Härte und Gewalt in ihrer primitiven Furchtbarkeit nicht ihresgleichen hat (...). Sie wurde zum Beschützer des Geschlechtes, der von Weininger unwiderlegbar erwiesenen Bisexualität und des Weibes, das von den eigenen Geschlechtsgenossinnen in Berufe gedrängt wird, die ihm sein höchstes Recht, Weib zu sein, versagen und es zwingen, in marternder Sehnsucht zu altern (...). Sie wurde zum Beschützer der Dirne, des Triumphes ihres Geschlechtes, des letzten Restes der natürlichen Ordnung (...). (17)

An anderer Stelle wird Weininger von Serner in die Reihe Tolstoi, Lichtenberg, Shakespeare, Dante, Grünewald, Daumier, Strindberg eingegliedert: „Strindberg, als er als Greis die Kirchenväter las und sterbend sogar die Beichte verlangte; und Weininger, als er nach einem qualvollen Glaubensweg das Böse in sich niederschoß. Sie alle und noch andere hatte das Kreuz zur letzten Antwort emporfinden lassen: hier ward es vollbracht". (18)

Der Maler, Zeichner und Dichter Alfred Kubin spricht in seinen Erinnerungen von der Zeit, in der er fieberhaft las: „Derleths ‚Proklamationen', Weiningers ‚Letzte Dinge', al Raschids ‚Hohes Ziel', Volkers ‚Siderische Geburt', Doms ‚Odyssee der Seele', Knoops ‚A und O', die ich aus vielen herausgreife, sind mir ebenso bedeutsame Einzelzeugen der Zeit wie die Ausgaben alter Kosmogonien und der Hang zur Beschäftigung mit okkulten Werken." (19) Alfred Kubin reiht also „Über die letzten Dinge" unter die okkultistischen und spiritistischen Lehren, die um 1900 eine Blütezeit erlebten. Mit der Erwähnung Derleths bringt er Weininger mit den „kosmischen" Dichtern um Stefan George in Verbindung, der mit seinem visionären Symbolismus und seiner Neigung zu Initiationsriten den Expressionismus vorbereitete. Bei George findet man eine ähnliche „modernistische Reaktion" gegen Impressionismus und Fin de siècle-Dekadenz wie bei Weininger.

Rudolf Steiner, der Begründer der Anthroposophie, hielt 1906 auf dem theosophischen Kongreß in Paris eine Reihe von Vorträgen, über die er später in seinen Memoiren berichtet:

> Im Pariser Zyklus von Vorträgen habe ich eine Anschauung vorgebracht, die eine lange „Reifung" in meiner Seele hat durchmachen müssen. Nachdem ich auseinandergesetzt hatte, wie sich die Glieder der Menschenwesenheit: physischer Leib, Ätherleib – als Vermittler der Lebenserscheinungen –, Astralleib – als Vermittler der Empfindungs- und Willenserscheinungen – und der „Ich-Träger" im allgemeinen zu einander verhalten, teilte ich die Tatsache mit, daß der Ätherleib des Mannes weiblich, der Ätherleib der Frau männlich ist. Damit war innerhalb der Anthroposophie ein Licht geworfen auf eine Grundlage des Daseins, die gerade damals viel behandelt worden ist. Man erinnere sich nur an das Buch des unglücklichen Weininger: *Geschlecht und Charakter* und an die damalige Dichtung. (20)

Die Zeitschrift der österreichischen Anthroposophen nimmt den 25. Todestag Otto Weiningers im Jahr 1928 zum Anlaß, ihm mit drei Aufsätzen über die Hälfte ihrer Oktobernummer zu widmen; allerdings ist daran kaum mehr als das kopfschüttelnde

Bedauern bemerkenswert, daß Weininger von Rudolf Steiners Lehre nicht geleitet und gerettet worden sei (21).

Dank den Arbeiten von Allan Janik und Stephen Toulmin (B) und dank der von William W. Bartley III neu erstellten Biographie (22) läßt sich deutlich ermessen, wie sehr Ludwig Wittgenstein vor der Entdeckung der englischen Philosophie von der Wiener Kultur geprägt war. Zahlreiche Anzeichen sprechen dafür, daß Wittgenstein die Schriften Weiningers, die er bis zum Ende seines Lebens in Erinnerung behielt, heftig bewunderte.

Es scheint aussichtslos, in den Schriften Wittgensteins nach präzisen Spuren eines „Einflusses" zu suchen. Jacques Bouveresse bemerkt: „Die Methode von Janik und Toulmin besitzt natürlich einen Nachteil: da im Wiener Milieu damals jeder jeden kannte und auf jedermann anspielte, kann man schwerlich signifikante Schlußfolgerungen daraus ziehen." (23) Eine äußere Parallele der beiden Philosophen ergibt sich aus ihrer Beschäftigung mit Ethik und ihrer existentiellen Unruhe (Obsession des Selbstmords, Versuchung der Homosexualität).

Ein Brief an Moore aus dem Jahr 1931 bringt Licht in das Urteil Wittgensteins über Weininger:

> Ich kann mir gut vorstellen, daß Sie Weininger nicht schätzen, schon wegen der abscheulichen Übersetzung und deshalb, weil W. Ihnen sehr fremdartig vorkommen muß. Es stimmt, er ist verschroben, aber er ist großartig und verschroben. Es ist nicht nötig oder vielmehr unmöglich, mit ihm übereinzustimmen, doch seine Größe liegt in dem, worin wir anderer Meinung sind. Sein gewaltiger Irrtum, der ist großartig. D.h. in etwa, wenn man dem ganzen Buch ein „~" hinzufügt, so spricht es eine wichtige Wahrheit aus.

Bewunderung für Weininger heißt hier nicht Billigung seiner Ideen, sondern Achtung für eine Art, sein Denken authentisch zu leben. In einem Brief an Engelmann vom 23. Oktober 1921 meint Wittgenstein, die Weisheit Tagores komme ihm vor wie aus dem Eisschrank. Tagore habe sie „nicht eigentlich selbst gefühlt" und treffe nicht den „Ton eines von der Wahrheit ergriffenen Menschen" (24). Es ist also die leidenschaftliche Aufrichtigkeit Weiningers und sein absoluter Anspruch, im Leben alle Konsequenzen aus seiner Theorie zu ziehen, die Wittgenstein beeindruckt haben.

Das schließt allerdings eine kritische Distanz nicht aus, wie sie aus einer Stelle in den „Vermischten Bemerkungen" hervorgeht: „Das jüdische ‚Genie'. Das jüdische Genie ist nur ein Heiliger. Der größte jüdische Denker ist nur ein Talent (ich z. B.). Es ist, glaube ich, eine Wahrheit darin, wenn ich denke, daß ich eigentlich in meinem Denken nur reproduktiv bin. Ich glaube, ich habe nie eine Gedankenbewegung erfunden, sondern sie wurde mir immer von jemand anderem gegeben. Ich habe sie nur sogleich leidenschaftlich zu meinem Klärungswerk aufgegriffen. So haben mich Boltzmann, Hertz, Schopenhauer, Frege, Russell, Kraus, Loos, Weininger, Spengler, Sraffa beeinflußt." (25) Diese Liste stammt aus dem Jahr 1931. Wittgenstein hatte aber auch schon heftige Kritik an Loos geübt (in einem Brief an Engelmann aus dem Jahr 1919) und ihm vorgeworfen, sich dem verschwommensten Illuminismus hinzugeben. Hätte er nicht auch von Weininger ähnliches sagen können?

Weininger zu lesen, bedeutete für Wittgenstein, ihn „leidenschaftlich" zu seinem „Klärungswerk aufzugreifen". Dabei stellt Weininger das absolute Extrem dessen dar, was in den „Philosophischen Untersuchungen" als „Verhexung durch die Sprache" bezeichnet wird. Wittgenstein ist fasziniert von ihm, weil er die tödliche Gefahr aufzeigt, die auf jedem Denken lastet, das in die Falle der Wörter gegangen ist.

Unmittelbar nach dem Ersten Weltkrieg war Otto Weininger zum Klassiker geworden, dessen Werke im Mittelpunkt aller Diskussionen standen. Im zweiten Band seiner Erinnerungen („Die Fackel im Ohr") erwähnt Elias Canetti die Popularität von Weiningers Werk und Namen im Wien der zwanziger Jahre: „Andere Burschen, die ich in diesem Kreise traf, gefielen sich im Hochmut der höheren Literatur: wenn es nicht Karl Kraus war, so waren es Weininger oder Schopenhauer. Pessimistische oder frauenfeindliche Sätze waren besonders beliebt, obwohl keiner von ihnen ein Frauen- oder Menschenfeind war." (26) Etliche Seiten später fügt Canetti hinzu:

Die jungen Menschen, mit denen ich umging, hatten eines miteinander gemein, sosehr sie sich in allem Übrigen voneinander unterschieden: sie interessierten sich nur für geistige Dinge. (...) Die Bücher, auf die es besonders ankam, waren solche, die viel Spielraum zur Diskussion ließen. Die Zeiten der Hauptwirkung Spenglers, deren Zeuge ich am Frankfurter Pensionstisch gewesen war, schienen vorüber (...). Ein pessimistischer Akzent war aber auch hier unverkennbar. Otto Weiningers „Geschlecht und Charakter" – obwohl schon vor 20 Jahren erschienen – kam noch in jeder Diskussion zur Sprache. (27)

Oswald Spengler selbst behandelt Weininger in seinem Buch „Der Untergang des Abendlandes", das für die Nachkriegsgeneration prägend war, im Kapitel über die Geschichte des Judentums, das er – aufgrund seiner sehr persönlichen Einteilung – in die Abteilung „Probleme der arabischen Kultur" aufnimmt. Neben Salomon Maimon erwähnt er „Otto Weininger, dessen moralischer Dualismus eine rein magische Konzeption und dessen Tod in einem magisch durchlebten Seelenkampf zwischen Gut und Böse einer der erhabensten Augenblicke spätester Religiosität ist. Etwas Verwandtes können Russen erleben, aber weder der antike noch der faustische Mensch ist dessen fähig." (28)

Ludwig Wittgenstein kommentiert diese Passage in den „Vermischten Bemerkungen" (Fragment von 1931): „Der Jude wird in der westlichen Zivilisation immer mit Maßen gemessen, die auf ihn nicht passen. Daß die griechischen Denker weder im westlichen Sinn Philosophen, noch im westlichen Sinn Wissenschaftler waren, daß die Teilnehmer der Olympischen Spiele nicht Sportler waren und in kein westliches Fach passen, ist vielen klar. Aber so geht es auch den Juden. Und indem uns die Wörter unserer Sprache als die Maße schlechthin erscheinen, tun wir ihnen immer Unrecht. Und sie werden bald überschätzt, bald unterschätzt. Richtig reiht dabei Spengler Weininger nicht unter die westlichen Philosophen (Denker)." (29)

Ferdinand Ebner, der eng mit Hermann Swoboda und Adolf Loos befreundete katholische Philosoph, veröffentlichte mit Unterstützung Ludwig von Fickers „Das Wort und die geistigen Realitäten"; das 16. Fragment ist Otto Weininger gewidmet. Ebner sieht in „Geschlecht und Charakter" den letzten Höhepunkt idealistischen Denkens, aus dem der Antifeminismus und der Antisemitismus resultieren. Dieser Denker des Dialogs, der Martin Buber nahesteht, kommt zu folgendem Schluß:

> Weil Weininger zu Christus, statt vor ihm alle Philosophie kurzerhand fahren zu lassen, durch sie in ein Verhältnis zu treten suchte, sah er in ihm einerseits die Idee der Gottwerdung des Menschen und andrerseits, im Hinblick auf den historischen Christus, ein Genie, das diese Idee – aber in seinen Augen vielleicht auch nur nahezu – realisiert hatte. (...) er kann aus der Icheinsamkeit seiner Existenz nicht heraus und in ein Verhältnis zum Du, zu Gott in seiner geistigen Realität, treten, er verharrt im Zustande seines Von-Gott-Abgefallenseins und verewigt ihn sogar. (30, B)

Manfred Durzak zufolge (B) waren Schopenhauer und Weininger die beiden Vorbilder des jungen Hermann Broch. Es ist versucht worden, den Einfluß von „Geschlecht und Charakter" auf Brochs große Romane auszumachen (G. Brude-Firnau, B). Jedenfalls erwähnt Broch Weininger häufig in seinen theoretischen Schriften. Am aufschlußreichsten ist vielleicht der 1914 im „Brenner" erschienene Text „Ethik", der von einer Kantlektüre aus der Perspektive Weiningers und H. St. Chamberlains „Immanuel Kant" zeugt. Broch interpretiert die Kantische Ethik als eine tragische Lehre von der menschlichen Einsamkeit, die er als „Weltanschauung des heroischen Skeptizismus" bezeichnet. Diese „dionysische" Sicht von Kant entlehnt er, wie auch die Kritik an Schopenhauer und Nietzsche, bei Weininger. Broch zufolge sei Kant seine Beschäftigung mit der Ethik am wichtigsten gewesen, weit wichtiger als die Arbeit an seinen kritischen Hauptwerken. „Weininger, der leidenschaftlichste Ethiker nach Kant, stand durchaus auf dem Boden seiner Morallehre, aber er mußte an ihrem furchtbaren néant zusammenbrechen, als er sie ins Dogmatische wandelte." (31)

Der Romancier Heimito von Doderer (1896 - 1966) war mit dem Psychologen Hermann Swoboda befreundet, der die Theorien seines Freundes Weininger über die physiologisch-psychische menschliche Periodizität weiterentwickelt hatte. Doderer war von den Swoboda-Weininger-Theorien überzeugt und überwachte darum, wie aus seinen Aufzeichnungen hervorgeht, die Periodizität seines eigenen Seelenlebens. In meiner früheren Arbeit „Melzer in Heimito von Doderers Roman ‚Die Strudlhofstiege'" (32) habe ich versucht, die Wirkung der psychologischen Theorien Otto Weiningers und Hermann Swobodas auf Doderers Romankunst darzustellen. Die Gesetze der psychisch-kosmischen Periodizität, in Weiningers Anthropokosmologie entworfen und in Swobodas „Siebenjahr" (1917) kodifiziert, strukturieren den chronologischen Aufbau von Doderers Roman. Der sogenannte Skandal auf der Strudlhofstiege fand am 22. August 1911 statt, der Krieg machte das Jahr 1918 für Melzer unfruchtbar, und am 22. August 1925 erlebte er schockartig den erlösenden Schwall der freisteigenden Erinnerung. Wie Otto Weininger in „Geschlecht und Charakter" stellt Heimito von Doderer die Theorie von Gedächtnis und Erinnerung in den Mittelpunkt der Charakterologie.

Besonders beeindruckt war Doderer von den Seiten in „Geschlecht und Charakter", die sich mit der Genialität befassen. Weininger bemerkt darin, daß die meisten Menschen zumindest einmal in ihrem Leben „genial" sind. Bei Doderer werden einige Figuren als „Genies in Latenz" bezeichnet, zum Beispiel Leonhard Kakabsa im Roman „Die Dämonen", in dessen Zentrum ein langes Zitat aus „Geschlecht und Charakter" als eine Art Schlüssel für Kakabsas Schicksal eingefügt ist (33). Auch Melzer ist ein solches „Genie in Latenz", dessen Genialität darin besteht, daß er (in Doderers Jargon) von der Apperzeptions-Verweigerung und der Befangenheit in einer zweiten Wirklichkeit, die eine verkehrte Einstellung zur Realität und die Unfähigkeit zu einer glücklichen Lebensform verursachen, zu einer geläuterten Mechanik des Geistes und „harmonia animae" gelangt, ein Vorgang, der einer psychotherapeutischen Selbstheilung gleichkommt. Dies ist Melzers „gradus ad parnassum". Es scheint „mir bedeutend, daß in ihm, dem Unbedeutenden, die gleichen metaphysischen Mechanismen nach ihren Gesetzen sich bewegten, wie bei den größten Schöpfungsprozessen im Menschen", kommentiert Doderer (34).

Im Zusammenhang mit Otto Weininger ist Doderers Auffassung von Erotik und Sexualität aufschlußreich. Sich der Intelligenz zu ergeben, schreibt er im Tagebuch, sei ein Vorgang, der erst die rechte Verstärkung finde, wenn der Prozeß auf der Ebene des Erotischen angelangt sei. Unbeherrschte Sexualität, verbunden mit bestimmten Frauenfiguren, führt in Doderers Romanen zur Verdummung des Mannes. Im Gegensatz dazu bietet geniali-

LV
LÖCKER VERLAG

Diese Karte habe ich folgendem Buch entnommen:

....

....

Bitte informieren Sie mich laufend über Ihre Neuerscheinungen aus den Gebieten:

.... ARCHITEKTUR
.... LITERATUR
.... LITERATURWISSENSCHAFT
.... ZEITGESCHICHTE
.... PSYCHOANALYSE
....

Absender nicht vergessen!

Abs.: ....

....

....

Postkarte

An den

LÖCKER VERLAG

Annagasse 3a
A-1015 Wien

sche Erotik grandiose Möglichkeiten der Apperzeption von Glück (35).

Schließlich decken sich bei Doderer die Themenkomplexe „Mechanik des Geistes“ und „Erotik versus Sexualität“. Sie zielen auf die Überwindung des Gegensatzes von Leib und Seele. Genie ist, nach Doderers wie auch nach Weiningers Auffassung, wer diesen Gegensatz überwindet. Merkwürdig, daß Weiningers Zugrundegehen in Doderers Nachruf auf ihn (siehe die Seiten 245 ff. des vorliegenden Buches) unter dem Stichwort „se ipsum sanans“ ins Herrlich-Positive gewendet wird. Man würde bei Doderer doch viel eher erwarten, daß er Weininger als perfekten Apperzeptions-Verweigerer, als Gefangenen einer verhängnisvollen zweiten Wirklichkeit und Opfer einer defekten Mechanik des Geistes auffaßt.

Der Ruf Otto Weiningers verbreitet sich rasch in allen Gebieten der Donaumonarchie, in Mitteleuropa und in Rußland (36). Der 1911 in Rumänien geborene E. M. Cioran entdeckt Weininger in der Zeit, „in der man sich Helden sucht“ (37). Der 1904 in Radzymin geborene Isaac B. Singer verbringt seine Kindheit in Warschau, wo er bis zum Jahr 1935 lebt. In seiner Novelle „A Friend of Kafka“ legt er einer seiner Figuren folgende Worte in den Mund:

> Wissen Sie, so jung Kafka auch war, er fiel den gleichen Hemmungen zum Opfer, die auch mir mein Alter vergällen. Sie blockierten ihn in allem, was er unternahm – in der Liebe wie in der Literatur. Er sehnte sich heftig nach Liebe und floh vor ihr. Er schrieb einen Satz und strich ihn sofort durch. So war auch Otto Weininger – verrückt und genial. Ich habe ihn in Wien kennengelernt, er gab ununterbrochen Aphorismen und Paradoxa von sich. Niemals werde ich einen seiner Lieblingssätze vergessen: „Gott hat nicht die Wanze erschaffen.“ Man muß Wien kennen, um diese Worte zu begreifen. Wer hat denn schließlich die Wanze erschaffen? (38)

Nikolaj Berdjaev veröffentlicht sein Buch „Der Sinn der Schöpfung“ zwischen 1911 und 1914 in Moskau und St. Petersburg. Er meint, Weininger habe deshalb die Unwirklichkeit der Frau behauptet, weil ihm die Praxis des religiösen Lebens gefehlt habe. Weiningers Auffassung der Erotik stürze ihn in die Mystik: In seinen Augen erlöse uns die Erotik von der Sünde der Sexualität. Etwas später erkennt Berdjaev an, daß man bei Weininger geniale Gedanken über die Genialität finde (39). – Vasilij V. Rozanov äußert sich enthusiastisch über Weininger in seinem aus Aphorismen und Fragmenten bestehenden Band „Gefallene Blätter", der zwischen 1913 und 1915 entsteht (40).

Der Einfluß Weiningers in Italien wurde besonders eingehend untersucht (41). Der junge Wiener trifft 1900 während des Internationalen Psychologiekongresses in Paris den Philosophen Giovanni Vailati. Steno Tedeschi, der an einem Grazer Gymnasium Naturgeschichte unterrichtete, veröffentlicht 1905 ein Porträt Weiningers in der Triestiner Zeitung „L'Independente". Vermutlich lenkt dieser Artikel die Aufmerksamkeit Italo Svevos (Steno Tedeschi ist sein Cousin) auf Weininger, der im Roman „La Coscienza di Zeno" (deutsch: „Zeno Cosini") erwähnt wird. Ein anderer Triestiner Schriftsteller, Umberto Saba, berichtet in „Storia e Cronistoria del Canzoniere", daß die Bücher Weiningers damals in Triest Furore machten. Hinweise darauf findet man bei Carlo Michelstaedter und Scipio Slapater. Im Oktober 1906 veröffentlicht Giuseppe Prezzolini in der Florentiner Zeitschrift „Leonardo" eine Rezension von „Geschlecht und Charakter". Paolo Mantegazza liefert 1905 eine sehr kritische Besprechung für die Zeitschrift „Archivio per l'Antropologia e l'Etnologia". Giulio Augusto Levi feiert 1910 in der (von Prezzolini geleiteten) Revue „La Voce" Weininger als „Gegengift gegen die Freudsche Psychoanalyse". Benedetto Croce hingegen schreibt im Febraur 1911 an Giovanni Gentile, er finde die Weininger-Mode entsetzlich. Der Turiner Verlag der Gebrüder Bocca veröffentlicht 1912 „Sesso e Carattere" und 1914 „Intorno alle cose supreme" („Über die letzten Dinge"). Die Übersetzung wird im Dezember 1912 in „La Stampa" von Giovanni Papini begeistert aufgenommen, der bei dieser Gelegenheit enthusiastisch die „männlichen Werte" und die „lateinische Gesundheit" feiert. In diesem Ton kündigt sich bereits die faschistische Wende an, wie auch in einem Artikel Giovanni Boines vom August 1914, in den alle antisemitischen Klischees einfließen.

Unter dem Faschismus wuchs die Berühmtheit Weiningers umso mehr, als die Freudsche Lehre der Zensur verfiel. Mussolini hatte „La Voce" gelesen und schätzte „Sesso e Carattere" (das

1933 und 1943 neu aufgelegt wurde). Viele an der faschistischen Universität von Bologna unterrichtende Intellektuelle zitierten gern Weiningers Buch, von dem sie vor allem den ersten, den „biologischen" Teil schätzten. Julius Evola, von jeher und auch heute noch der Prophet der italienischen „Neuen Rechten" (42), stimmt ab 1941 in seiner „Sintesi della dottrina della razza" einen Hymnus auf Weininger an und trägt so bis heute zur Verbreitung seines Ruhms bei.

Der „jüdische Selbsthaß" findet eine bestürzende Parallele bei G.A. Levi, Felice Momigliani und in „La Nostra Bandera", der 1934 in Turin gegründeten Zeitschrift der jüdischen Anhänger des Faschismus. Der antifaschistische Anarchist Camillo Berneri veröffentlicht 1936 in Paris auf französisch sein Buch „Le juif antisémite", in dem er den Freudschen Ansatz benützt.

Ein eigenes Kapitel bildet die Rezeption Weiningers durch Alberto Savinio und Giorgio de Chirico (43). Sogar der Ausdruck „pittura metafisica" könnte aus „Intorno alle cose supreme" entlehnt sein. Savinio eignet sich die provokanten Formulierungen Weiningers auf eine sehr persönliche Weise an.

1906 erscheint „Sex and Character" in England bei dem Verleger William Heinemann. Havelock Ellis, der Papst der englischen Sexualwissenschaft, hält aber Weiningers Theorien für völlig abwegig. Edward Carpenter hingegen wird zum lobenden Interpreten, vor allem in „The Intermediate Sex: A Study of Some Transitional Types of Men and Women" (1908), aber auch in den Neuauflagen von „Love's Coming of Age" (6. Auflage von 1909). Einer der wohl aufmerksamsten Leser von Otto Weininger ist D.H. Lawrence. Für ihn ist das Leben ebenfalls von den Prinzipien Männlich und Weiblich bestimmt, die allerdings in der Praxis nicht immer rein vorkämen. Auch die kulturelle Überlegenheit des männlichen Prinzips steht für Lawrence außer Frage. Er entlehnt bei Chamberlain und Weininger einiges an antisemitischen Meinungen und sieht in Christus den Ausdruck des „in Judäa unterdrückten männlichen Geistes". Die Ästhetik von Lawrence beruht auf dem Versuch, eine neue symbolische Beziehung zwischen Individuum und Kosmos zu definieren. Seine Theorie des Genies, der es nicht an messianischer Arroganz fehlt, scheint der Weiningers ziemlich nahezustehen. Nach 1914 ändert Lawrence jedoch seine

Haltung zu den Frauen und wird „gynophob". „Die Nostalgie in ‚Women in Love' ist die Sehnsucht nach einem goldenen Zeitalter der unbestrittenen und souveränen Autorität eines mystischen Führers, der sich im Chaos der Weiblichkeit und der Demokratie durchsetzt: die Nostalgie des für Weininger so wichtigen Wagnerschen Helden", heißt es bei Emile Delavenay (44). Später bekundet Lawrence eine heftige Bewunderung für „die Liebe zu den Kameraden" in der Art Walt Whitmans.

Ein besonderes Beispiel für die frühe Weininger-Rezeption in Amerika ist die Begeisterung Gertrude und Leo Steins für „Geschlecht und Charakter":

> Es war wohl Leo Stein, der als erster ein Exemplar von Otto Weiningers „Sex and Character" in einer Buchhandlung aufgabelte, obwohl es – wie beim Kauf von Bildern auch – unklar bleibt, ob Leo selbst oder er und Gertrude zusammen das Buch entdeckten und kauften. Jedenfalls waren sie unter den ersten in ihrem Bekanntenkreis, die es lasen, und das Buch blieb bis zum Ende des Winters, bis sie im Mai 1908 nach Florenz aufbrachen, der Mittelpunkt heftigster Diskussionen. Nach der ersten Begeisterung sandten sie Exemplare an alle, sogar an die alten Freunde in Amerika. Leo fand, daß Weininger ein klares Beispiel eines Genies sei, und da er Roché während dieses Winters regelmäßig etwa einmal in der Woche traf, benutzten sie Weiningers Buch eine Zeitlang als Ausgangspunkt, und Roché notierte an vielen Stellen seines Exemplars Leos Anmerkungen und Kommentare. Leo war einige Zeit empfänglich für Weiningers Antifeminismus (...). (45)

Es steht fest, daß Gertrude Steins Buch „The Making of Americans", das zur selben Zeit entstand, sehr stark von Weininger beeinflußt ist. Die Typologie in „Geschlecht und Charakter" entspricht ihrem eigenen Streben nach dem Aufbau einer neuen, synthetischen Charakterologie und ihrer Ablehnung der Experimentalpsychologie. Gertrude Steins Vorstellungen von „female roles" verraten den Einfluß von Weiningers Typologie („prostitute", „mother of all", „servant girl", „the lady", „the mistress", „the sister", „the spinster", usw.). Auch von Weiningers Ideal der überragenden Persönlichkeit, deren Genie sich über die Zeit hinweg in die Nähe des Unsterblichen stellt, ist Gertrude Stein sehr beeindruckt. Die Sehnsucht nach dem „completed individual" ist immer ein Grundthema ihrer Essays.

Um zu zeigen, wie außerordentlich berühmt Otto Weininger wurde, seien auch zwei Belege aus dem Fernen Osten zitiert. Zuerst von Lu Xun, dem wohl bedeutendsten chinesischen Autor unseres Jahrhunderts, ein Artikel, dem dieses Kapitel sein Motto verdankt (46). Dann der Roman „Schnee im Frühling" von Yukio Mishima; dort ist die Rede von dem Autor eines Buches mit dem Titel „Nationalismus und authentischer Sozialismus", den man für einen „japanischen Weininger" hielt, als er 23 Jahre alt war (47).

Die 1932 ausgelieferte 28. Auflage von „Geschlecht und Charakter" in Form einer kleinformatigen und um die Anmerkungen erleichterten, von Braumüller gemeinsam mit dem Berliner Verlag Kiepenheuer produzierten „Volksausgabe" ist die letzte vor dem Krieg. In der nationalsozialistischen Ära der dreißiger und vierziger Jahre ist das Werk Weiningers verpönt und verschwindet im Fegefeuer. Der Antisemitismus der Nazis ist zu massiv, um für einen antisemitischen Juden eine Ausnahme zu machen. „Geschlecht und Charakter" kommt auf den Index und wird aus den öffentlich zugänglichen Bibliotheken entfernt.

Nach dem Zweiten Weltkrieg scheint Otto Weininger in Vergessenheit zu geraten. Der Wiener Braumüller-Verlag versucht 1947, eine weitere Neuauflage der gekürzten „Volksausgabe" zu lancieren. Aber wer kümmert sich noch um Otto Weininger? Sein Antifeminismus und Antisemitismus wirken fehl am Platz. Als Günter Grass in seinem Roman „Hundejahre" das Pandämonium der deutschen Kultur Revue passieren läßt, erwähnt er Otto Weininger und dessen Bücher mehrmals als eine monströse Bizarrerie der deutschen Tradition (an anderer Stelle im Roman parodiert Grass das Denken und den Jargon Heideggers):

> Da schrieb im Jahre neunzehnhundertdrei ein junger altkluger Mann namens Otto Weininger ein Buch. Dieses einmalige Buch hieß „Geschlecht und Charakter", wurde in Wien und Leipzig verlegt und gab sich auf sechshundert Seiten Mühe, dem Weib die Seele abzusprechen. Weil sich dieses Thema, zur Zeit der Emanzipation, als aktuell erwies, besonders aber, weil das dreizehnte Kapitel des einmaligen Buches, unter der Überschrift

„Das Judentum", den Juden, als einer weiblichen Rasse zugehörig, gleichfalls die Seele absprach, erreichte die Neuerscheinung hohe, schwindelerregende Auflagen und gelangte in Haushalte, in denen sonst nur die Bibel gelesen wurde. (48)

Ein Patriarch der deutschen Literatur gedenkt Otto Weiningers weitaus lobender. Ernst Jünger erwähnt „Geschlecht und Charakter" mehrmals in seinem Tagebuch „Siebzig verweht"; und noch vor kurzem äußerte er sich in einem Interview über seine Bewunderung für Weininger (49).

Wie soll man das neu auftretende Interesse deuten, das 1975, auf Initiative von Roland Jaccard, zur ersten französischen Veröffentlichung von „Sexe et Caractère" (und 1981 zu der von „Des fins ultimes") führte? – Und in der Folge zur vollständigen Neuauflage von „Geschlecht und Charakter" (inklusive „Taschenbuch") und „Über die letzten Dinge" durch einen Münchner Verleger? Jean Améry hat sich über diese verspätete Rezeption gewundert (50). Zum Teil erklärt sich dieses Phänomen durch die eingehendere Beschäftigung mit dem kulturellen Umfeld der Psychoanalyse zur Zeit ihrer Entstehung und die Faszination für das Wien der Jahrhundertwende, in dem einige große Themen der europäischen Moderne ihren Ursprung haben. In Deutschland scheint das Interesse infolge der Rolle von „Geschlecht und Charakter" bei der Entwicklung der faschistischen Ideologie eher verständlich (51).

Aber muß die Weininger-Renaissance seit den siebziger Jahren nicht als Symptom einer Entwicklung mit tieferen Ursachen interpretiert werden? Ausgerechnet in den letzten Jahren, die durch ein allgemeines politisches Desengagement und einen oft betrüblichen Rückzug auf die Subjektivität gekennzeichnet sind, taucht der von Nietzsche angekündigte „Kampf der Geschlechter" wieder auf. Gabriel Matzneff in Frankreich und Thomas Bernhard in Österreich bestätigen diese Diagnose. Im Kapitel „Femmes" in „Les passions schismatiques" kommt Matzneff auf Weiningers Buch zu sprechen:

> Einst hätte mich die Lektüre Weiningers empört. Jetzt bin ich gezwungen, mir einzugestehen, daß er recht hatte und ich in meiner christlich-verliebten Chimäre dummes Zeug redete. Das Paar ist nicht mein Schicksal. Genauso wenig ist es das der neuen Eva, deren künftiges Gesicht Hélène Cixous, Xavière Gau-

> thier und Luce Irigaray leidenschaftlich entwerfen. Die sexistische Intoleranz ist nicht nur das Los der Phallokraten allein. Ein Mann, der die Frauen liebt (selbst, wenn er nicht nur sie liebt), mit ihnen verkehrt und sie gut kennt, ist gezwungenermaßen misogyn. (52)

Durchaus ähnlich beginnt der Schriftsteller Roland Jaccard, der sich E. M. Cioran verpflichtet fühlt, in „Les chemins de la désillusion" einen Dialog mit seinem „jungen Freund Dr. Otto":

> Bisweilen war er noch zynischer und kam, nachdem er Mitleid mit dem Schicksal der Frauen vorgespiegelt hatte, zu dem Schluß: „Es steht fest, daß für ihr Glück eine nahezu orientalische Abgeschiedenheit besser wäre als dieser Zustand der halben Abhängigkeit, in dem wir sie belassen. Wozu dient ihnen nach vierzig Jahren ihre Freiheit, es sei denn, um das anzubieten, was keiner will?" (53)

Dank Roland Jaccard widerfuhr Otto Weininger sogar die Ehre, in den Spalten von „Le Monde" aufzuscheinen, wo sich mehrere Artikel mit ihm befaßten (54). In „Exil oder Der braune Salon" hat der österreichische Schriftsteller Helmut Eisendle Otto Weininger auf sehr originelle Weise seine Anerkennung gezollt. Sein Roman besteht aus langen Gesprächen zwischen Figuren, die bekannte Namen tragen wie Kassner, Friedell, Kraus und Weininger. Die Stellungnahmen dieses fiktiven Weininger haben zwar fast nichts mit „Geschlecht und Charakter" zu tun, fühlen sich aber dafür in bemerkenswerter Weise in das historische Vorbild ein:

> Doch unser Kopf bietet eben mehr als Geist und Vernunft, er bietet auch Phantasie und Unvernunft. Das unterscheidet uns nicht zuletzt von anderen Lebewesen. Nicht die Intelligenz ist das Kriterium der menschlichen Existenz, sondern das Gegenteil: die Möglichkeit zur Unvernunft, zum Wahnsinn, zur Phantasie, zum Unsinn. Die Tiere sind vernünftig, abgrundtief vernünftig. (...) Ich spreche von meinen Ideen, von Ideen, die ich erfahren habe, die ich nach meinen Sinnen verwenden kann. Ich erwarte nicht, daß irgend jemand sie übernimmt, gleich verwendet wie ich. (...) Vielleicht möchte ich nur mein Denken erweitern, die Freiheitsgrade des Denkens erhöhen, der Phantasie freien Lauf lassen. Vielleicht liegt darin die Lösung von Problemen? Wer weiß es? (55)

In einer Darstellung der deutschen Literatur der letzten zehn Jahre schließt Fritz J. Raddatz auf „das Ende aller Liebesgeschichten" und auf die wachsende Isolierung der beiden Geschlechter, die sich nicht mehr verstehen, sondern bekämpfen (56). Eine Diagnose, die Adornos Ahnung in seinen „Minima Moralia" zu bestätigen scheint, wonach das objektive Auseinanderfallen der Gesellschaft subjektiv in der Tatsache erkennbar wird, daß der erotische Trieb zu schwach wird, um die sich selbst genügenden Monaden untereinander zu verbinden – als ob die Menschheit die physikalische Theorie vom Urknall imitiere.

In Thomas Bernhards Stück „Die Berühmten" (1976) hält ein Verleger folgenden Monolog:

> Ich bringe im Herbst ein Buch heraus / von einem amerikanischen Professor / der in Wirklichkeit ein Wiener ist / Eine phänomenale Schrift / Die ganze Zeit denke ich jetzt schon / wer von uns welcher Charakter ist / nach Sontheimer / so der Name des Wissenschaftlers / Ein Opus magnum / es ist alles sehr schlüssig in diesem Buch / das ich in einer Startauflage von achtzigtausend herausbringe / (...) Mit diesem Werk / das als ein Opus magnum bezeichnet werden muß / wird die Reihe Geschlecht und Charakter fortgesetzt / Übrigens hat mich Weininger auf die Idee gebracht / diese Reihe ganz einfach mit Geschlecht und Charakter zu bezeichnen / Weininger war wie alle großen Charakterforscher Wiener / Freud Weininger Sie wissen wovon ich rede (...). (57)

Ist das nun Lob oder Spott? Oder – mit Ria Endres (58) – direkt gefragt: Ist Thomas Bernhard misogyn? – Sagen wir es so: Otto Weininger könnte durchaus eine typische Bernhardsche Figur sein, einer dieser mit „Verstörung" geschlagenen Helden. Bei Thomas Bernhard philosophieren die Männer so lange, bis sie sich in der Leere ihrer aus jeder Realität, jedem Leben entwurzelten Wörter wiederfinden. Sie nehmen Schopenhauer zu sich wie einen Rauschpilz. „Und es ist ein stinkendes Museum, in das wir von den Philosophen, sobald wir uns mit ihren Philosophien beschäftigen, hineingeführt werden. Von allen Philosophien wird immer behauptet, daß sie Fenster aufmachten und Luft in das Museum hereinströmen ließen, frische Luft, frische Luft, Doktor. Aber in

Wahrheit ist es seit Kant keinem einzigen mehr gelungen, das Museum zu lüften, keinem einzigen, das versichere ich Ihnen." (59)

Im Dunkel des großen Geredes bringt ein Licht die Hoffnung zurück, das Licht des Genies. Genial werden bedeutet demnach für den Menschen den Zugang zu einer Kreativität ohne Kompromiß mit dem Leben, zu einer wahrhaftigen Schöpfung ex nihilo, einer Parthenogenese. Folglich steht die Natur bei Thomas Bernhard für Fäulnis, Häßlichkeit, Aggression und Krankheit, für einen heimtückischen Prozeß, bei dem etwas Äußeres in das Gehirn eindringt. „Das Gebirge ist gegen die Menschen; die Grausamkeit, mit der die hohen Gebirge die Menschen erdrücken (...), die Methoden des Grauens des in die Gehirne der Menschen vorgerückten Gesteins." (60) Die Natur besitzt die dämonische Macht des weiblichen Elements, und die Sexualität verleiht dem Willen zur Welt eine erbarmungslose Waffe, um das Individuum zu beherrschen. Sie erscheint als Obszönität, Brutalität und Regression, vor allem bei subalternen Figuren, Leuten aus dem Volk, wie etwa bei der Wirtin am Beginn des Romans „Frost". Die männlichen Helden bleiben dem gegenüber einsam und geschlechtslos.

„Mit dem Kopf wird kein Kind gemacht, sagt Öhler, und was ohne Kopf gemacht wird und vor allem was kopflos gemacht wird, gehört bestraft." (61) Der männliche Kopf ist ständig schwanger, aber diese Schwangerschaft bringt kein Werk zur Welt: „Wenn ich auch alles, was ich bis jetzt geschrieben habe, vernichtet habe, sagte er, habe ich doch die größten Fortschritte gemacht." (62) Gegen die Qualen der unbeschriebenen weißen Seite gibt es nur ein Mittel: Gehen, und diese wandernden Gedanken führen in den Wahnsinn.

Der Kopf ist die Zelle einer Irrenanstalt, eine Strafkolonie, wie der Ort in „Kalkwerk", an den sich Konrad zurückzieht, der eine wissenschaftliche Untersuchung über das Gehör unternimmt und seine verkrüppelte Frau als Versuchskaninchen für seine geistigen Vivisektionen benutzt. Die wissenschaftliche oder philosophische Beherrschung der Natur verläuft über Haß und Folter. Konrad träumt davon, seine Frau würde alle seine vorbereitenden Aufzeichnungen ins Feuer werfen. Sogar dieser an den Rollstuhl gefesselte Krüppel erweist sich als eine gegen den männlichen Intellekt entfesselte Naturkraft.

> Daß nicht wahr sei, was erwiesen ist, so Roithamer, weil es ganz einfach die Natur ist, daß das weibliche Geschlecht, was heute niemand auszusprechen wagt, weil es weiblich ist, gegen den Geist und nur aus dem Gefühl für das Gefühl und zwar gegen den Geist in allen seinen Möglichkeiten wie für das Gefühl aus dem Gefühl in allen Möglichkeiten, sagen sie, so Roithamer. (...) Ich selbst weiß aus Erfahrung, daß der *weibliche Mensch*, so Roithamer, weibliche Mensch unterstrichen, daß das weibliche Geschlecht über eine erste Willigkeit zum Geistigen nicht hinauskommt. (63)

Aus der Erzählung „Ja" geht jedoch hervor, daß Thomas Bernhards großes Anliegen nicht der Konflikt von Mann und Frau ist, sondern die verzweifelte Revolte gegen die „Welt als Wille" (64). „Ja" beginnt wie eine Liebesgeschichte:

> (...) hatte ich selbst, urplötzlich und wahrscheinlich sicher in dem lebensrettenden Augenblick von den beiden aus meiner deprimierenden, ja in Wahrheit schon existenzbedrohenden Niedergeschlagenheit herausgerissen, auf einmal in der Lebensgefährtin des Schweizers, wie sich sehr bald herausgestellt hatte, einer aus Shiraz gebürtigen Perserin, einen mich durch und durch regenerierenden Menschen und also durch und durch regenerienden Geh- und Denk- und also Gesprächs- und Philosophiepartner, wie ich ihn schon jahrelang nicht mehr gehabt hatte und wie ich ihn am allerwenigsten in einer Frau vermutet hätte. (65)

Der Erzähler befaßt sich mit der Erforschung der Antikörper, einer dieser wissenschaftlichen Arbeiten, die Körper und Seele der Bernhardschen Helden ruinieren. Die Perserin ist ebenfalls ein Antikörper. Sie versteckt sich unter einem abgetragenen schwarzen Pelzmantel, der sie von den Knöcheln bis zur Spitze des Kopfes einhüllt. Man erfährt, daß sie bereits an die sechzig ist. Der Erzähler spricht von ihr wie von einem Maskulinum. Beim ersten Waldspaziergang trägt sie einen Männerhut auf dem Kopf. Mann und Frau erfahren in „Ja" einen Augenblick des Vertrauens und der Kommunikation, nachdem sie beide ihre sexuellen Charakteristiken abgelegt haben. Die kurze Idylle klingt mit dem Liebestod-Motiv aus: „(...) und daß ich sie, die Perserin, ganz unvermittelt und tatsächlich in meiner rücksichtslosesten Weise gefragt hatte, ob sie selbst sich eines Tages umbringen werde. Darauf hatte sie nur gelacht und Ja gesagt." (66) Die Schlußfolgerung Weiningers – die dieser Christus in den Mund legt – liest sich wie ein Kommentar zu „Ja":

> (...) so lang werde der Tod währen, als die Weiber gebären, und nicht eher die Wahrheit geschaut werden, als bis aus zweien eins, aus Mann und Weib ein drittes Selbes, weder Mann noch Weib, werde geworden sein. (67)

Die Misogynie ist eine Konsequenz aus dem Einsperren des Ich in seine geistige Falle. Die Liebe sei eine der Natur völlig unbekannte Absurdität, sagt der Prinz von Saurau in „Verstörung", bevor er hinzufügt: „Immer wieder denke ich, daß ich alleingelassen bin. Und ich empfinde diesen Gedanken als den unappetitlichsten Gedanken: alleingelassen zu sein. Die Vereinsamung ist der Weg des Menschen in die Unappetitlichkeit hinein." (68) Das Theater Thomas Bernhards, in dem es keinen Dialog gibt, zeigt auf spektakuläre Weise das Auseinanderfallen jeglicher Soziabilität, die Vereisung jeglicher Kommunikation.

Thomas Bernhard stellt einen Endpunkt der Literatur des 20. Jahrhunderts dar, die unablässig das Thema der unaufhebbaren Einsamkeit vertieft. Elias Canetti beschreibt in der „Blendung" (69) den Zusammenhang zwischen dem Rückzug auf die Subjektivität und der Misogynie. Der Philosoph Kien ist ein „Kopf ohne Welt", das heißt eine „Welt im Kopf", was zur Auseinandersetzung zwischen dem Individuum und der „Welt ohne Kopf" führt. Die Gouvernante Therese, der Gegenpol zu Kiens Intellektualität, verkörpert die brutale, lebende, von primitiven Instinkten getriebene Welt.

Otto Weininger schlug als einer der ersten das große Thema der Moderne an: die existentielle Einsamkeit. Deshalb bringt er auch die Wahrheit der Psychoanalyse ans Licht, deren Philosophie, nach Lacan, auf die Feststellung hinausläuft, daß „die sexuelle Beziehung nicht existiert" (70).

ANSTELLE EINES SCHLUSSWORTS: FÜNF GRÜNDE, (DENNOCH) OTTO WEININGER ZU LESEN

Ein einsamer junger Mann wollte die Laster einer ganzen Gesellschaft, den Antifeminismus und Antisemitismus, auf sich nehmen und wendete sie so sehr gegen seine eigene Person, daß sein Selbstmord wie der Schlußpunkt seines Buches wirkt. „Geschlecht und Charakter“ ist kein widerwärtiges, es ist ein pathetisches Buch.

Otto Weininger verurteilen heißt ihn zum Sündenbock machen. Sein Werk wird zum Skandal, weil er bestimmte Konsequenzen des Idealismus, der Romantik und der Psychologie seiner Zeit ans Licht bringt und ins Absurde treibt. Hält man Weiningers Theorien für eine Extravaganz am Rande der Ideengeschichte, so verkennt man, daß sie solide Entsprechungen in der wissenschaftlichen, philosophischen und literarischen Tradition wie auch unter seinen Zeitgenossen haben. „Geschlecht und Charakter“ ist eine Provokation, die niemanden befriedigt. Sie schockiert die anständigen Gefühle, aber sie stört auch „vernünftige“ Frauenverachter (wie Paul Julius Moebius einer war) und die große Masse der Antisemiten durch das Übermaß, mit dem ihr Anliegen vertreten und damit ruiniert wird. Die Verteidiger Weiningers handeln, wie auch Karl Kraus, der erste unter ihnen, aus Lust am Paradoxon und an der Herausforderung.

Und wenn der Antifeminist Weininger recht hätte? Ist die Karikatur der Menschheit, auf die er „die Frau“ reduziert, nicht das wahrheitsgetreue Porträt dieses perfekten Produkts der „Schule der Frauen“, in die die patriarchalische Autorität die jungen Mädchen des bürgerlichen Fin de siècle in Europa – und heute im Orient und in Afrika – einsperrt? Doch Weininger verwechselte Kultur und Natur: Darin liegt sein Irrtum und seine Schuld.

Wenn wir den Baum nach seinen Früchten beurteilen, können wir feststellen, daß „Geschlecht und Charakter“ weniger geschadet als genützt hat. Auch wenn das Buch so manchen Jugendlichen dazu brachte, sich an pessimistischen und lächerlich arroganten Ideen zu erhitzen, so verstand es doch auch, vortreffliche Leser für sich einzunehmen: von Wittgenstein bis Cioran, von Georg Trakl bis Helmut Eisendle.

Heimito von Doderer

REDE AUF OTTO WEININGER

Herausgegeben und mit einer Vorbemerkung
von Wendelin Schmidt-Dengler

VORBEMERKUNG

Weiningers Werk hat Doderer ein Leben lang fasziniert. Die erste Stellungnahme findet sich früh, als er bekennt, er müsse sich nun vor allem der Lektüre von „Goethe, Kant, Schopenhauer, Schiller, Weininger“ (18. 11. 1920) widmen. Ein deutlicher literarischer Reflex begegnet bereits im Fragment „Jutta Bamberger“ (um 1923), in dem Weiningers Metamathematik der Geschlechter am Beispiel der maskulinen Jutta Bamberger und des femininen Sascha Slobedeff exemplifiziert wurde. Vergrößert und zugleich spezifiziert wurde der Einfluß Weiningers auf Doderer durch die Bekanntschaft mit Gütersloh (vor allem ab 1929) und Hermann Swoboda. Für die Beurteilung der Rolle der Frau bleibt Weininger bis in die spätesten Romane maßgebend.

Daß weibliches Denken sich in Heniden vollziehe, ist eine der Grundüberzeugungen Doderers, aus der er die „gottgewollte Verständigungslosigkeit“ zwischen Mann und Frau ableitet. Aus der von Weininger statuierten Polarität resultiert auch für Doderer der permanente Kampf und die fallweise Überlegenheit des einen oder anderen Geschlechtes. Die in „Geschlecht und Charakter“ zitierte Stelle des Pico della Mirandola wird zum Anlaß für das geistige Erweckungserlebnis des Arbeiters Leonhard Kakabsa in den „Dämonen“. Eine andere Hauptfigur, René Stangeler, die deutlich autobiographische Züge trägt, wird als eifriger Weininger-Leser und -Deuter auch für diesen Bildungsimpuls verantwortlich, auch wenn er „Geschlecht und Charakter“ aus einer anderen Perspektive sieht.

Doderer selbst, der von 1955 bis zu seinem Tod 1966 in der Währinger Straße 50 wohnte, verwies öfter auf die Nähe von Weiningers Sterbehaus. Er bezeichnete diesen Bezirk als eine „Central-Gegend der Wiener Geistesgeschichte. Weininger, Swoboda, Lucka.“ (26. 11. 1957)

Die Rede zum Gedächtnis Weiningers schrieb Doderer am Allerseelentag 1963. Aus ihr erhellt, wie sehr er Weininger als einen „Kirchenvater unserer Zeit“ (Gütersloh) verstand und damit Weiningers biologistischen Ansatz in einem fruchtbaren Mißverständnis zu einem theologischen umpolte.

Wendelin Schmidt-Dengler

Heimito von Doderer
REDE AUF OTTO WEININGER

Im Roman „Die Dämonen“ habe ich auf Seite 659 Otto Weininger „den glorreichen“ genannt. Dieses Epitheton geht über dasjenige hinaus, was man einem Künstler oder Philosophen, mag der in seiner Kategorie sich noch so vollkommen erfüllt haben, nachzurühmen pflegt. „Glorreich“ ist das Epitheton des Helden. Glorreich ist Achill, ist Alexander.

Glorreich war auch Otto Weininger. An der Schwelle dieses fragwürdigen Jahrhunderts steht er als ein Denkmal für die Realität des Geistes, dessen Starkstrom in ihm furchtbar genug war, um den Jüngling, der eben die Rennbahn des Ruhmes betreten hatte, durch einen Kurzschluß zu töten.

Es ist etwa ein halbes Jahr her, daß der letzte seiner intimen Freunde dahingegangen ist, der bekannte Psychologe Hermann Swoboda, der die Periodizitäten in unserem Leben – von denen jeder im Aderngeflechte ein dumpfes Wissen hat – erstmalig erforschte. Swoboda hat dem Tode Weiningers ein ganz ausgezeichnetes Buch gewidmet, das nicht allzu lange nach des Philosophen Ableben erschienen ist. Doch, wie mich dünkt, ist es allzusehr das Buch eines Psychologen. Dem Freunde Weininger kam Swoboda viel näher mit seinem luciden Essay „Versuch über den Denker und das Denken“, zu welchem Otto Weininger ganz offenbar sozusagen Modell gestanden hat.

Das Genie – auch ein psychologisches Genie – ist eine wesentlich a-psychologische Tatsache im Materiale der Psychik. Es agiert in solchem Material; und zwar in einem gewissermaßen fremden Interesse, nämlich in jenem der Geistes-Geschichte, welche durch das Auftreten des Genius einen ihrer Selbstheilungs-Processe accentuiert. Gegen die – noch sehr wenig erforschte – Mechanik des Geistes wird, so scheint es, bei jeder entschiedenen und consequenten Bewegung desselben immer auch gleichzeitig verstoßen. Diese Sache ist knifflicher, unbekannter und zugleich sozusagen nachgiebiger als unser Knochengerüst, das nur sehr begrenzte Verrenkungen erlaubt. Nun, jeder verstieß, ob der nun ein mittelalterlicher Aristoteliker oder ein Verkünder des élan vital war. Die Ausrenker erfordern dann wieder die Einrenker, und, wie bei allem Leben, ist's auch hier das Großartigste, mit welchem Aufwande von Genie es sich krank macht, um sich dann eben so kostspielig zu heilen: beide Processe noch dazu nicht selten unter derselben Haut (im selben Hautsack, wie Franz Blei seine eigene menschliche Person einmal benannt hat, nicht eben liebenswürdig, dafür aber bündig). „Se ipsum sanans repperit remedium malignitatis aevi." Sich selbst heilend, entdeckte er das Mittel gegen die Zeitkrankheit. Dieser Satz exponiert die wesentliche Biographie vieler bedeutender Geister, bedeutend, weil sie nicht selbst etwas waren oder sein wollten mit einer originalen oder nur originellen Psychik, sondern weil sie für etwas anderes dastanden und es bedeuteten, nämlich eine Aus- und Einrenkungsoperation im Reiche der Ideen. Se ipsum sanans repperit remedium malignitatis aevi. Das sind jene Geister, welche Otto Weininger die „Sucher" nennt (in Gegensetzung zu den „Priestern"). Die entschiedensten von ihnen verdunkeln zu Zeiten beinah ihren vorgeburtlichen Vorsprung und scheinen gleichsam aus einer Quelle freier Entschlossenheit zu entspringen, als ihr höchsteigenes Werk.

Wagen wir an diesem Tage heute zu ahnen, *was* Weininger fällte? Sie alle wissen, daß er – dies gehörte zur Zeit – das war, was man damals einen „Wagnerianer" nannte. *Doch* befremdet's, auch bei Ansehung des Zeitkolorits. War denn dieser Jüngling nicht viel mehr einer vom Geblüte jenes anderen Helden, in dessen Sterbehaus in der Schwarzspanierstraße er selbst seinem Leben ein Ende gesetzt hat? War er verirrt? Konnte der griechische, konnte der deutsche Idealismus – Weininger war Kantianer – ihn *nicht* über jene Schwelle reißen, an welcher der Tod ihn erwartet hat? Wäre er etwa in den entscheidenden Augenblicken eines ganz *anderen* Motors in seinem Denken bedürftig gewesen, der auf die Welt *zu* ihn bewegt hätte und nicht von ihr weg, einer philosophischen Sprengkapsel, deren *Kraft* es immer ferne lag, in die Realität dieser Welt und auch in unsere Fähigkeit, sie per analogiam entis zu erkennen, einen Zweifel zu setzen? Liegt nicht die Tragik Weiningers eben darin, daß die Moderne den Thomismus in seiner Größe um so viel später erst erkannt hat? Welch' ein Hinweis, daß an einer der zentralsten und größten Stellen seines Werkes das Wort unseres Herrn steht: „Denn ich werde mit euch sein bis an das Ende aller Tage."

Genug. Trügen wir noch die alte Tracht des Redners, wir verhüllten hier unser Haupt.

ANHANG

ANMERKUNGEN

I. DIE BIOGRAPHIE OTTO WEININGERS (S. 11 - 34)

1 Sigmund Freud, *Analyse der Phobie eines fünfjährigen Knaben*, in: Gesammelte Werke, Bd. 7, London 1941, S. 271, Anm. 1.
2 Ferdinand Probst, *Der Fall Otto Weininger.* Eine psychiatrische Studie, Wiesbaden 1904, S. 2f. (= Grenzfragen des Nerven- und Seelenlebens. Einzel-Darstellungen für Gebildete aller Stände, XXXI).
3 *Die Fackel*, Nr. 169, 23. November 1904, S. 6f.
4 Paul-Laurent Assoun, *Der perverse Diskurs über die Weiblichkeit*, in: *Otto Weininger.* Werk und Wirkung, hgg. von Jacques Le Rider und Norbert Leser, Wien 1984, S. 181ff.; S. 183 und S. 185f.
5 Ebenda, S. 190f.
6 Ebenda, S. 192; vgl. Nike Wagner, *Geist und Geschlecht.* Karl Kraus und die Erotik der Wiener Moderne, Frankfurt 1982, S. 168.
7 Carl G. Jung, *Die psychologischen Aspekte des Mutterarchetypus*, in: *Von den Wurzeln des Bewußtseins*, Zürich 1954, S. 89ff.
8 *Die Fackel*, Nr. 152, 16. Jänner 1904, S. 20.
9 Hermann Swoboda, *Otto Weiningers Tod*, Wien - Leipzig [2]1923, S. 10f.
10 Stefan Zweig, *Vorbeigehen an einem unauffälligen Menschen: Otto Weininger (1926)*, in: *Europäisches Erbe*, Frankfurt 1960, S. 223.
11 André Spire, *Quelques Juifs*, Paris 1913, S. 162.
12 David Abrahamsen, *The Mind and Death of a Genius*, New York 1946, S. 213. Die Zitate Rosa Boschan Weiningers aus ihren Briefen an Abrahamsen sind Rückübersetzungen aus dem Englischen.
13 Richard Weininger, *Exciting Years*, Hicksville, N.Y., 1978, S. 17.
14 Abrahamsen, *The Mind*, S. 206 und S. 207.
15 Weininger, *Exciting Years*, S. 16ff.
16 Abrahamsen, *The Mind*, S. 204.
17 Emil Lucka, *Otto Weininger, sein Werk und seine Persönlichkeit*, Wien - Leipzig 1905, S. 6, Anm. 1.
18 Hans Kohn, *Karl Kraus, Arthur Schnitzler, Otto Weininger.* Aus dem jüdischen Wien der Jahrhundertwende, Tübingen 1962, S. 30.
19 Unveröffentlichtes Dokument aus dem Archiv der Universität Wien, Philosophisches Dekanat, Rigorosenprotokoll Nr. 1516 aus dem Jahr 1902.
20 Ebenda.
21 Wiener Stadt- und Landesbibliothek, Handschriftensammlung, H.I.N. 107.897.
22 Swoboda, *Weiningers Tod*, S. 6.
23 Hermann Swoboda, Unveröffentlichte *Gedenkrede für Otto Weininger*, gehalten am 4. Oktober 1958 im PEN-Club; Wiener Stadt- und Landesbibliothek, Handschriftensammlung, H.I.N. 138.369.

24 *Die Fackel*, Nr. 613-621, Anfang April 1923, S. 158.
25 Abrahamsen, *The Mind*, S. 62f.
26 Ebenda, S. 124 und S. 212.
27 Otto Weininger, *Taschenbuch und Briefe an einen Freund*, hg. v. Artur Gerber, Leipzig/Wien 1919, S. 71. Die Briefe Otto Weiningers an Artur Gerber sowie Weiningers *Taschenbuch* sind (ohne Gerbers Vorwort) wiederveröffentlicht im Anhang von: Otto Weininger, *Geschlecht und Charakter*, München 1980, S. 627ff.
28 Weininger, *Taschenbuch*, S. 85.
29 Wiener Stadt- und Landesbibliothek, Handschriftensammlung, H.I.N. 107.640 und H.I.N. 137.074 (Transkription des Stenogramms).
30 Georg Klaren, *Otto Weininger*. Der Mensch, sein Werk und sein Leben, Wien-Leipzig 1924, S. 44.
31 Ebenda, S. 138.
32 Artur Gerber, *ECCE HOMO!*, in: Weininger, *Taschenbuch*, S. 6f.
33 Zweig, *Vorbeigehen*, S. 223f.
34 Probst, *Der Fall Weininger*, S. 14.
35 Otto Weininger, *Diskussionsbeitrag* zu: Paul M.-J. Joire, Nouvelles Méthodes dans l'étude de la psychologie, in: *IVème Congrès international de psychologie*, hg. von Pierre Janet, Paris 1901, S. 254. „(...) Il me semble qu'à force de vanter l'introduction de l'expérience en psychologie on a oublié une chose toute naturelle sur laquelle pourtant on devrait insister: on ne pourra jamais se passer de l'introspection (...). Même si nous arrivions au but idéal de la physiologie cérébrale, si nous parvenions à observer les processus microchimiques dans la cellule nerveuse par la radiographie et la photographie, l'observation intérieure n'en deviendrait pas pour autant superflue. Celle-ci doit marcher au pas avec les progrès de la physiologie du système nerveaux."
36 Swoboda, *Weiningers Tod*, S. 5.
37 Wiener Stadt- und Landesbibliothek, Handschriftensammlung, H.I.N. 107.672. Swoboda, *Weiningers Tod*, S. IXf., nennt Freuds Namen nicht, sondern spricht von „ein(em) Professor".
38 Swoboda, *Weiningers Tod*, S. X.
39 Ebenda, S. XI.
40 Ebenda, S. 107f.
41 Wiener Stadt- und Landesbibliothek, Handschriftensammlung, H.I.N. 107.902.
42 Wie Anm. 19.
43 Wie Anm. 19.
44 Weininger, *Taschenbuch*, S. 70: „Ein alter Spitzbube."
45 Vgl. Probst, *Der Fall Weininger*, S. 5.

II. DER SELBSTMORD (S. 35 - 58)

1 Gerber, *ECCE HOMO!*, in: Weininger, *Taschenbuch*, S. 11.
2 *Vgl. Die Fackel*, Nr. 144, 17. Oktober 1903, S. 18.
3 Zweig, *Vorbeigehen*, S. 224.
4 Margarethe Jodl, *Friedrich Jodl.* Sein Leben und Wirken, Stuttgart-Berlin 1920.
5 Weininger, *Taschenbuch*, S. 82.
6 Abrahamsen, *The Mind*, S. 215. Der von Abrahamsen erstmals publizierte Text, den dieser von Rosa B. Weininger erhalten hat, ist dort in englischer Übersetzung abgedruckt und wurde hier ins Deutsche rückübersetzt – mit Ausnahme des letzten Satzes, der bei Abrahamsen auf S. 67 faksimiliert wiedergegeben ist (vgl. S. 37).
7 Wiener Stadt- und Landesbibliothek, Handschriftensammlung, H.I.N. 107.909. Die im folgenden zitierten Briefe sind veröffentlicht in: Swoboda, *Weiningers Tod*, S. 101ff.; die Briefe an Gerber in: Weininger, *Taschenbuch*, Leipzig-Wien 1919, S. 69ff. sowie im Anhang von: Weininger, *Geschlecht und Charakter*, München 1980, S. 627 ff.
8 Weininger, *Taschenbuch*, S. 81f.
9 Swoboda, *Weiningers Tod*, S. 62f.
10 Zweig, *Vorbeigehen*, S. 224f.
11 *Die Zukunft*, August 1903. Vgl. Probst, *Der Fall Weininger*, S. 15.
12 Das Originalzitat lautet: „Credi: se un uomo come tu o io non è produttivo, non si deve aspettare il momento, che venga di nuovo, ma cercare la ragione; c'è sempre una c o l p a."
13 Otto Weininger, *Über die letzten Dinge.* Mit einem biographischen Vorwort von Dr. Moriz Rappaport (1907), Wien und Leipzig [8]1924, S. XXIIff. Weininger, *Über die letzten Dinge*, wurde ohne Vorwort Rappaports, jedoch vermehrt um Theodor Lessing, *Otto Weininger*, wiederveröffentlicht (München 1980).
14 Spire, *Quelques Juifs*, S. 192.
15 Jean Améry, *Hand an sich legen*, Stuttgart 1976, S. 13. Vgl. den Kommentar von Peter Kampits zu diesem Zitat in seinem Beitrag *Otto Weininger und das Sein zum Tode*, in: *Otto Weininger.* Werk und Wirkung, S. 170.
16 Probst, *Der Fall Weininger*, S. 7.
17 Dieser Hinweis stammt von Roland Jaccard; vgl. sein Vorwort zu: Otto Weininger, *Sexe et Caractère*, Lausanne 1975.
18 Verlassenschaftsabhandlung Dr. Otto Weininger, Bezirksgericht Josefstadt, Abt. Nr. VIII, 1208/1903. Die Abschrift ist hier unkorrigiert wiedergegeben, die Fehler stammen nicht von Otto Weininger – z.B. ist klar und geht aus dem weiteren Kontext auch hervor, daß Weininger nicht „Kurt Hamson" sondern Knut Hamsun geschrieben hatte.
19 Klaren, *Otto Weininger*, S. 12.
20 Ebenda, S. 28.

21 Otto Weininger, *Geschlecht und Charakter*. Eine prinzipielle Untersuchung, München 1980, S. 274. Im weiteren ohne Angabe des Autors zitiert.
22 Weininger, *Taschenbuch*, S. 42.
23 Gotthart Wunberg, *Der frühe Hofmannsthal*. Schizophrenie als dichterische Struktur, Stuttgart 1965.
24 Erschienen 1914 in der Zeitschrift *Imago*, zitiert nach: Jens Malte Fischer (Hg.), *Psychoanalytische Literaturinterpretationen*, Tübingen 1980, S. 171 ff.
25 Thomas Garrigue Masarŷk, *Der Selbstmord als sociale Massenerscheinung der modernen Civilisation*, Wien 1881, S. 172. Neuausgabe: München 1982.
26 Probst, *Der Fall Weininger*, S. 9. Leopold Weininger hat diese Äußerung in Abrede gestellt im Anhang von: Lucka, *Otto Weininger*, S. 155.
27 Allan Janik/Stephen Toulmin, *Wittgensteins Wien*, München 1984, S. 79 f.
28 Vgl. H.A. Krose, *Die Ursachen der Selbstmordhäufigkeit*, Freiburg i. Br. 1906.
29 Albert Camus, *L'homme révolté*, Paris 1951, S. 324.
30 *Geschlecht und Charakter*, S. 383.
31 Weininger, *Taschenbuch*, S. 27.
32 *Geschlecht und Charakter*, S. 593.
33 Zitiert von Moriz Rappaport in Otto Weininger, *Über die letzten Dinge*, S. XXIII.
34 Weininger, *Taschenbuch*, S. 27.
35 *Geschlecht und Charakter*, S. 233.
36 Ebenda, S. 381.
37 Notiz vom 10.1.1917, siehe Ludwig Wittgenstein, Schriften, Bd. 1, Frankfurt 1960, S. 185.

III. EIN „EXPERIMENTALROMAN" (S. 59 - 77)

1 Evelyne Sullerot (Hg.), *Le fait féminin*, Paris 1978, S. 23.
2 Ebenda.
3 Claude Alzon, *Femme mythifiée, femme mystifiée*, Paris 1978, S. 8.
4 *Geschlecht und Charakter*, S. 60 f.
5 Ebenda, S. 64.
6 Ernst Mach, *Die Analyse der Empfindungen*, Jena ^{6}1911, S. 10.
7 *Geschlecht und Charakter*, S. 7.
8 Mach, *Analyse*, S. 13 und S. 36.
9 Ernst Mach, *Erkenntnis und Irrtum*, Neuausgabe, Darmstadt 1976, S. 50.
10 *Geschlecht und Charakter*, S. 51 f.
11 Sigmund Freud, *Jenseits des Lustprinzips*, in: Gesammelte Werke, Bd. 13, London 1940, S. 61.
12 Mach, *Analyse*, S. 63.
13 *Geschlecht und Charakter*, S. V.

14 Helen Thompson Wolley, *A Review of Recent Literature on the Psychology of Sex*, in: *The Psychological Bulletin*, 7, 1910, S. 335.
15 *Geschlecht und Charakter*, S. 5.
16 Ebenda, S. 9.
17 Arthur Schopenhauer, *Die Welt als Wille und Vorstellung*, in: Sämtliche Werke, hg. von Wolfgang Frhr. von Löhneysen, Bd. 1, Stuttgart - Frankfurt 1960, S. 254.
18 Johann Wolfgang v. Goethe, *Morphologie*, in: Goethes Werke, Bd. 13, Hamburg 1955, S. 172.
19 Johann Wolfgang v. Goethe, *Glückliches Ereignis*, in: Goethes Werke, Bd. 10, Hamburg 1959, S. 540.
20 Gaston Bachelard, *Die Bildung des wissenschaftlichen Geistes*. Beitrag zu einer Psychoanalyse der objektiven Erkenntnis, Frankfurt 1978, S. 158.
21 *Geschlecht und Charakter*, S. 37.
22 Bachelard, *Bildung*, S. 204.
23 Jean Rostand, *La formation de l'être*. Histoire des idées sur la génération, Paris 1930, S. 199.
24 Ebenda, S. 175.
25 Ernst Haeckel, *Die Welträthsel*, Bonn 1900, S. 74.
26 Ebenda, S. 124.
27 Vgl. Ernst Cassirer, *Das Erkenntnisproblem in der Philosophie und Wissenschaft der neueren Zeit*, Bd. 4: *Von Hegels Tod bis zur Gegenwart (1832 - 1932)*, Stuttgart 1957, S. 185.
28 *Geschlecht und Charakter*, S. 38.
29 Ebenda, S. 46.
30 Bachelard, *Bildung*, S. 228.
31 Michel Foucault, *Sexualität und Wahrheit*, Erster Band: *Der Wille zum Wissen*, Frankfurt 1983, S. 58.
32 *Geschlecht und Charakter*, S. 64.
33 Ebenda, S. 73.
34 Robert Musil, *Beitrag zur Beurteilung der Lehren Machs*, Reinbek 1980, S. 74.
35 In: *IVème Congrès international de psychologie*, S. 254.
36 Ebenda, S. 365.
37 Théodule Ribot, *Sur les diverses formes du caractère*, in: *Revue philosophique*, 34, 1892, S. 480.
38 Foucault, *Sexualität und Wahrheit*, Bd. 1, S. 174.
39 *Geschlecht und Charakter*, S. 79.
40 Ebenda, S. 91.
41 Ebenda, S. 84.
42 Ebenda, S. 87f.
43 Ebenda, S. 91.
44 Karl R. Popper, *Conjectures and Refutations*, London [3]1969, S. 33.
45 Emile Zola, *Le roman expérimental*, in: Oeuvres critiques, vol. 1, Paris 1906, S. 126.

46 Hermann Bahr, *Liebe der Lebenden*. Tagebücher 1921/1923, Bd. 3, Hildesheim 1925, S. 94.
47 Zola, *Le roman expérimental*, S. 115.

IV. WEININGER UND DIE PLAGIATSAFFÄRE (S. 78 - 101)

1 James Hillman, *Le mythe de la psychanalyse*, Paris 1977, S. 189ff.
2 Paul Steiner, in: *Neue Freie Presse*, Wien, 10.10.1933.
3 H. Lorenz, *Dr. P. J. Moebius als Philosoph*, Diss. Erlangen, Wiesbaden 1899.
4 Paul Julius Moebius, *Über den physiologischen Schwachsinn des Weibes*, Halle [5]1903, S. 15 und S. 17. Zuerst erschienen in der Reihe „Sammlung zwangloser Abhandlungen aus dem Gebiete der Nerven- und Geisteskrankheiten", Bd. 3, Heft 3, Freiburg 1900; Neuausgabe: München 1977.
5 Ebenda, S. 19.
6 Ebenda, S. 29.
7 Vincent Brome, *Les premiers disciples de Freud*, Paris 1978, S. 16.
8 *Geschlecht und Charakter*, S. 499f.
9 Sigmund Freud, *Die Traumdeutung*, in: Gesammelte Werke, Bd. 2/3, London 1942, S. 172.
10 Wilhelm Fließ, *Der Ablauf des Lebens*, Leipzig und Wien 1906, S. 583.
11 Ebenda, S. 251.
12 Brome, *Les premiers disciples*, S. 16.
13 Ebenda, S. 17.
14 Richard Pfennig, *Wilhelm Fließ und seine Nachentdecker Otto Weininger und Hermann Swoboda*, Berlin 1906, S. 26ff. Oskar Rie (1863 - 1931) war ein mit Freud befreundeter Wiener Kinderarzt und der Schwager von Wilhelm Fließ.
15 Ebenda, S. 30f. Hervorhebung bei Pfennig.
16 Sigmund Freud, *Zur Psychopathologie des Alltagslebens*, in: Gesammelte Werke, Bd. 4, London 1941, S. 160.
17 Wilhelm Fließ, *In eigener Sache: gegen Otto Weininger und Hermann Swoboda*, Berlin 1906, S. 20.
18 Paul Roazen, *Animal, mon frère, toi*, Paris 1971, S. 107f.
19 Ebenda.
20 Ebenda, S. 110.
21 Zitiert nach: *Die Fackel*, Nr. 210, 31. Oktober 1906, S. 27.
22 Sigmund Freud, Briefe 1873 - 1939, hg. von Ernst L. Freud, Frankfurt 1960, S. 351f.
23 Abrahamsen, *The Mind*, S. 41 und S. 209 (beide Briefe in Faksimile).
24 Freud, Briefe 1873 - 1939, S. 248.
25 Thomas Szasz, *Karl Kraus and the Soul Doctors*, Louisiana University Press 1977, S. 21f.
26 Lou Andreas-Salomé, *In der Schule bei Freud*, Zürich 1958, S. 48f.

27 Vgl. David Bakan, *Freud and the Jewish Mystical Tradition*, Princeton 1958.

28 Allan Janik hat mich auf eine Rezension von Charlotte Perkins Gilman, *Review of Dr. Weininger's Sex and Character*, in: *The Critic*, 12, 1906, S. 414, aufmerksam gemacht, in der die Formel von der sexuellen Anziehung ernsthaft diskutiert wird; vgl. auch *Encyclopedia Britannica*, Bd. 22, London ¹¹1911, Artikel *Protozoa*, S. 486, wo Weiningers Ansichten über die geschlechtliche Charakteristik der einzelnen Zellen erwähnt werden. Bei William M. Johnston, *Österreichische Kultur- und Geistesgeschichte*, Wien - Köln - Graz 1974, S. 171, liest man, daß der Arzt Eugen Steinach dieselbe Theorie von den sexualitätsdurchdrungenen Protoplasmen für seine „Verjüngungstechnik" nutzbar machte. Angesichts der unzähligen Verrisse in medizinischen und psychologischen Fachzeitschriften sind das jedoch höchst kümmerliche Spuren einer ernsthaften „wissenschaftlichen Rezeption" von *Geschlecht und Charakter.*

V. DIE METAPHYSIK DES GENIES (S. 102 - 120)

1 Wiener Stadt- und Landesbibliothek, Handschriftensammlung, H.I.N. 107.892.

2 Swoboda, *Weiningers Tod*, S. 111.

3 *Geschlecht und Charakter*, S. IXf.

4 Swoboda, *Weiningers Tod*, S. 114.

5 *Geschlecht und Charakter*, S. 101.

6 Ebenda, S. 117.

7 Ebenda, S. 247.

8 Paris ²1967.

9 *Geschlecht und Charakter*, S. 107 f.

10 Ebenda, S. 277 f. und S. 270.

11 Ebenda, S. 204 f. und S. 530 f.

12 Alfred Fouillée, *Tempérament et caractère suivant les individus, les sexes et les races*, Paris 1895.

13 Edgar Zilsel, *Die Entstehung des Geniebegriffs*, Tübingen 1926.

14 Vgl. Pierre Grappin, *La théorie du génie dans le préclassicisme allemand*, Paris 1952; Wendelin Schmidt-Dengler, *Genius (1750 - 1830)*, München 1980.

15 Wilhelm Dilthey, *Die Einbildungskraft des Dichters*. Bausteine für eine Poetik, in: *Philosophische Aufsätze*. Eduard Zeller zu seinem fünfzigjährigen Doctor-Jubiläum gewidmet, Leipzig 1887, S. 351 und S. 387. Vgl. ders., *Dichterische Einbildungskraft und Wahnsinn*, Berlin 1886.

16 *Geschlecht und Charakter*, S. 385.

17 Friedrich Schlegel, Schriften und Fragmente, hg. von Ernst Behler, Stuttgart 1965, S. 81.

18 Friedrich Nietzsche, *Menschliches, Allzumenschliches*, Bd. 1, § 155, in: Sämtliche Werke. Kritische Studienausgabe, hgg. von Giorgio Colli und Mazzino Montinari, Bd. 2, München - Berlin - New York 1980, S. 146.
19 Friedrich Nietzsche, *Die fröhliche Wissenschaft*, § 361, ebenda, Bd. 3, S. 608f.
20 *Geschlecht und Charakter*, S. 210f.
21 Peter Kampits, *Otto Weininger und das Sein zum Tode*, in: *Otto Weininger*. Werk und Wirkung, S. 167ff.
22 Robert Reininger, *Friedrich Nietzsches Kampf und den Sinn des Lebens*, Wien - Leipzig ²1925, S. 183f.
23 *Geschlecht und Charakter*, S. 220.
24 Ebenda, S. 308.
25 Schopenhauer, *Die Welt als Wille und Vorstellung*, S. 238.
26 Ludwig Klages, *Vom kosmogonischen Eros*, Jena ³1930, S. 87f.
27 Ebenda, S. 30.
28 *Geschlecht und Charakter*, S. 137.
29 Ebenda, S. 177f.
30 Ebenda, S. 302.
31 Swoboda, *Weiningers Tod*, S. 114ff.
32 Zitiert nach: Johann Dvořak, *Edgar Zilsel und die Einheit der Erkenntnis*, Wien 1981, S. 98.
33 Jacques Derrida, *D'un ton apocalyptique adopté naguère en philosophie*, Paris 1983, S. 27ff.
34 Ebenda, S. 13.
35 Houston Stewart Chamberlain, *Die Grundlagen des 19. Jahrhunderts*, Bd. 2, München ¹⁴1922, S. 816.
36 Wiener Stadt- und Landesbibliothek, Handschriftensammlung, H.I.N. 107.656.
37 Swoboda, *Weiningers Tod*, S. 112.
38 *Geschlecht und Charakter*, S. 458.
39 Weininger, *Taschenbuch*, S. 28.

VI. LITERARISCHE UND PHILOSOPHISCHE TRADITIONEN (S. 121 - 141)

1 S. de Callias, *Florilège de l'antiféminisme*, Paris 1926.
2 Vgl. Hans Mayer, *Außenseiter*, Frankfurt 1975, S. 9 ff., bes. S. 29.
3 Simone de Beauvoir, *Das andere Geschlecht*, Reinbek 1968, S. 13.
4 Mayer, *Außenseiter*, S. 28.
5 Ebenda, S. 121.
6 Stefan Zweig, *Die Welt von gestern*. Erinnerungen eines Europäers, Wien 1948, S. 130f.
7 Hermann Broch, *Hofmannsthal und seine Zeit*, Frankfurt 1974, S. 80.
8 Max Horkheimer/Theodor W. Adorno, *Dialektik der Aufklärung*, Neuausgabe, Frankfurt 1980, S. 96ff.

9 Friedrich Schleiermacher, *Idee zu einem Katechismus für edle Frauen*, Wien 1929, S. X.

10 Lukas Vietor, *Schleiermachers Auffassung von Freundschaft, Liebe und Ehe*, Tübingen 1910; vgl. Gerhard Höhn, *Lucinde ou le nouveau (dé)règlement*, in: *Romantisme*, 20, 1978.

11 Immanuel Kant, *Metaphysik der Sitten*, in: Werke in sechs Bänden, hg. von Wilhelm Weischedel, Bd. 4, Wiesbaden 1956, S. 389 ff.

12 Immanuel Kant, *Anthropologie in pragmatischer Hinsicht*, in: Werke, Bd. 6, Frankfurt 1964, S. 657.

13 In: Sämtliche Werke, Bd. 1, München 1958, S. 432.

14 Mayer, *Außenseiter*, S. 73.

15 Kant, *Anthropologie*, S. 654.

16 Silvia Bovenschen, *Die imaginierte Weiblichkeit*, Frankfurt 1979, S. 70.

17 In: Werke in sechs Bänden, Bd. 6, S. 151.

18 *Geschlecht und Charakter*, S. 402.

19 Ebenda, S. 554.

20 Ferdinand Ebner, *Das Wort und die geistigen Realitäten*. Fragment 16: *Otto Weininger*. Geist und Sexualität. Die Juden. Christus, in: Schriften, hg. von Franz Seyr, Bd. 1 (Fragmente Aufsätze Aphorismen), München 1963, S. 289 ff.

21 Johann Gottlieb Fichte, *Grundlage des Naturrechts nach Principien der Wissenschaftslehre* (1796), in: Sämtliche Werke, hg. von J. H. Fichte, Bd. 3, Berlin 1845, S. 313.

22 Zitiert nach: Ricarda Huch, *Die Romantik*, Tübingen 1951, S. 437.

23 Ebenda.

24 Vgl. Georg Simmel, *Zur Philosophie der Geschlechter*, Leipzig 1911; Klages, *Vom kosmogonischen Eros*.

25 Novalis, *Das allgemeine Brouillon*, § 126, zit. nach: Schriften, hg. von J. Minor, Bd. 3, Jena 1923, S. 349.

26 Novalis, *Teplitzer Fragmente*, § 28, ebenda, S. 55.

27 Novalis, Fragmente und Studien 1799 - 1800, § 6, ebenda, S. 283.

28 Vgl. Bernhild Boie, *L'homme et ses simulacres*, Paris 1979.

29 E.T.A. Hoffmann, *Fantasie- und Nachtstücke*, Darmstadt 1978, S. 173.

30 Vgl. Frank Rothe, *Frank Wedekinds Dramen*, Stuttgart 1968.

31 Vgl. Georg G. Gervinus, *Geschichte der deutschen Dichtung*, Bd. 1, Leipzig ^{4}1853, S. 302.

32 Herbert Marcuse, *Marxismus und Feminismus*, in: *Zeit-Messungen*. Drei Vorträge und ein Interview, Frankfurt 1975, S. 18.

33 *Geschlecht und Charakter*, S. 451.

34 Arthur Schopenhauer, *Parerga und Paralipomena*, Bd. 2, in: Sämtliche Werke, Bd. 5, Stuttgart - Frankfurt 1965, S. 724.

35 Arthur Schopenhauer, *Die Welt als Wille und Vorstellung*, in: Sämtliche Werke, Bd. 2, Stuttgart-Frankfurt 1965, S. 775.

36 Vgl. *Materialien zu Bachofens „Das Mutterrecht"*, hg. von Hans-Jürgen Heinrichs, Frankfurt 1975.

37 *Geschlecht und Charakter*, S. 584.
38 Ebenda, S. 132.
39 Ebenda, S. 454.
40 Henry W. Brann, *Nietzsche und die Frauen*, Neuausgabe, Bonn 1978.
41 Nietzsche, *Menschliches*, Bd. 1, § 429, S. 281.
42 Nietzsche, *Die fröhliche Wissenschaft*, § 70, S. 428.
43 Friedrich Nietzsche, *Jenseits von Gut und Böse*, § 237, in: Sämtliche Werke. Kritische Studienausgabe, Bd. 5, S. 174.
44 Nietzsche, *Die fröhliche Wissenschaft*, § 71, S. 428.
45 Friedrich Nietzsche, *Der Antichrist*, § 57, in: Sämtliche Werke. Kritische Studienausgabe, Bd. 6, S. 240.
46 Friedrich Nietzsche, *Zur Genealogie der Moral*, Dritte Abhandlung, § 18, in: Sämtliche Werke. Kritische Studienausgabe, Bd. 5, S. 382.
47 Nietzsche, *Menschliches*, Bd. 1, § 378, S. 265.
48 Ebenda, § 390, S. 267.
49 Friedrich Nietzsche, *Also sprach Zarathustra*. Vom Freunde, in: Sämtliche Werke. Kritische Studienausgabe, Bd. 4, S. 72f.
50 *Friedrich Nietzsche, Paul Rée, Lou von Salomé*. Die Dokumente ihrer Begegnung, hg. von Ernst Pfeiffer, Frankfurt 1970, S. 274.
51 Nietzsche, *Genealogie der Moral*, Dritte Abhandlung, § 8, S. 355.
52 Friedrich Nietzsche, *Aus dem Nachlaß der Achtzigerjahre*, in: Werke in drei Bänden, hg. von Karl Schlechta, Bd. 3, München 1956, S. 780.
53 Ebenda, S. 795.
54 Ebenda, S. 806.
55 *Geschlecht und Charakter*, S. 314.
56 Gilles Deleuze, *Nietzsche und die Philosophie*, München 1976, S. 83.
57 Nietzsche, *Genealogie der Moral*, Dritte Abhandlung, § 14, S. 370.
58 Friedrich Nietzsche, *Ecce homo*. Warum ich so gute Bücher schreibe, § 5, in: Sämtliche Werke. Kritische Studienausgabe, Bd. 6, S. 306.
59 Nietzsche, *Zarathustra*. Von der verkleinernden Tugend, S. 213f.
60 *Geschlecht und Charakter*, S. 90.
61 Nietzsche, *Die fröhliche Wissenschaft*, § 68, S. 427.
62 Nietzsche, *Zarathustra*. Von alten und jungen Weiblein, S. 86.
63 Nietzsche, *Ecce homo*, § 5, S. 305.
64 Nietzsche, *Jenseits von Gut und Böse*, § 232, S. 172.
65 Friedrich Nietzsche, *Götzen-Dämmerung oder: Wie man mit dem Hammer philosophiert*. Streifzüge eines Unzeitgemäßen, in: Werke in drei Bänden, Bd. 2, München 1955, S. 991.
66 Nietzsche, *Aus dem Nachlaß der Achtzigerjahre*, S. 529.
67 Nietzsche, *Menschliches*, Bd. 2, § 286, S. 498.
68 Nietzsche, *Die fröhliche Wissenschaft*, § 362, S. 610.
69 Nietzsche, *Antichrist*, § 12, S. 178.
70 Nietzsche, *Jenseits von Gut und Böse*, § 238, S. 175.
71 Ebenda, § 239, S. 176.
72 Nietzsche, *Menschliches*, Bd. 1, § 259, S. 214.

73 Nietzsche, *Zarathustra.* Von alten und jungen Weiblein, S. 85.

74 Andere spitzfindige Nietzsche-Leser haben versucht, Nietzsches Antifeminismus ins Positive umzukehren. So vor allem Jacques Derrida (in: *Éperons.* Les styles de Nietzsche, Paris 1978): Nietzsches Angriffe richteten sich gegen die Stillosigkeit des Feminismus, und er selbst habe Stil als weiblich besetzt – meint Derrida. Wenn man Nietzsches Schreiben als eine Befreiung des Signifikanten aus dem „Phallogozentrismus" (Logozentrismus und Phallozentrismus hängen ja zusammen) auffaßt, dann kann man einer „Feminisierung" des Stils bei Nietzsche nachspüren, die eine Subversion der Zeichen gegen die Identitätslogik bedeutet. Derrida hebt den Anfang der Vorrede zu *Jenseits von Gut und Böse* hervor: „Vorausgesetzt, daß die Wahrheit ein Weib ist (...)" – Nietzsche sage hier, daß der männliche Trieb zur Wahrheit bzw. der philosophische Glaube an die Wahrheit nichts von der Wahrheit erfassen könne, die sich wie die Frau jedem Zugriff entziehe.

In verwandter Weise hat Sarah Kofman (in: *Nietzsche et la scène philosophique*, Paris 1979) den Abschnitt 339 *Vita femina* aus der *Fröhlichen Wissenschaft* mit Nietzsches Dionysmus in Verbindung gebracht – „Ja, das Leben ist ein Weib!", ruft hier Nietzsche aus. Schon Bachofen hatte betont, daß Dionysos der weibliche Gott sei. Nietzsches Bekenntnis zum Leben bedeute mithin auch Bekenntnis zur Weiblichkeit und eine Absage an die männlichen Werte.

So überzeugend diese Detailanalysen von Nietzsches Texten sein mögen, „es bleiben doch die erniedrigenden Verurteilungen und überkommenen Wesensbestimmungen. Sie lassen sich nicht einfach einholen, neutralisieren, bzw. durchkreuzen durch jene Behauptungen, die, wie Derrida meint, ‚auf der Seite der Frau stehen'", bemerkt Norbert Kapferer dazu (*Nietzsches philosophischer Antifeminismus*, in: *Mythos Frau.* Projektionen und Inszenierungen im Patriarchat, hgg. von Barbara Schaeffer-Hegel und Brigitte Wartmann, Berlin 1984, S. 88). Der Meinung von Norbert Kapferer möchte ich mich anschließen.

75 Andreas-Salomé, *In der Schule bei Freud*, S. 49f.

76 Rainer Maria Rilke, *Duineser Elegien*, Frankfurt 1975, S. 49.

VII. ANTIFEMINISMUS UM 1900 (S. 142 - 168)

1 Vgl. Jacques Le Rider, *Avant-propos*, in: Otto Weininger, *Des fins ultimes*, Lausanne 1981.

2 *Geschlecht und Charakter*, S. 375 und S. 456.

3 Weininger, *Über die letzten Dinge*, Wien ^{8}1924, S. 39 und S. 41, bzw. München 1980, S. 45 und S. 48.

4 *Geschlecht und Charakter*, S. 90 und S. 244.

5 Vgl. Richard Hamann/Jost Hermand, *Stilkunst um 1900*, Berlin 1967.

6 Ludwig Wittgenstein, *Tractatus logico-philosophicus*, No. 6.421, in:

Schriften, Bd. 1, Frankfurt 1960, S. 80. Vgl. Jacques Le Rider, *Modernisme/féminisme – modernité/virilité.* Otto Weininger et la modernité viennoise, in: *l'Infini*, 4, Paris 1983; ders., *Nachwort zum Fall Otto Weininger*, in: *Otto Weininger*. Werk und Wirkung, S. 96ff.

7 Vgl. Horst Fritz, *Die Dämonisierung des Erotischen in der Literatur des Fin de Siècle*, in: R. Bauer/E. Heftrich u.a. (Hgg.), *Fin de siècle*, Frankfurt 1977; vgl. auch Claude Quiger, *Femmes et machines*, Paris 1979.

8 Freud, Briefe 1873 - 1939, S. 314.

9 Vgl. Jens Malte Fischer, *Fin de siècle*, München 1978.

10 Felix Dörmann, *Neurotica*, Leipzig 1891, S. 95.

11 Arthur Holitscher, *Der vergiftete Brunnen*, Paris - Leipzig - München 1900, S. 182.

12 Wilhelm Arendt, *Drei Weiber*, Zürich 1891, S. 33.

13 Stanislaw Przybyszewski, *Totenmesse*, Berlin [2]1900, S. 50ff.

14 *Geschlecht und Charakter*, S. 85.

15 Otto Gross, *Von geschlechtlicher Not zur sozialen Katastrophe*, hg. von Kurt Kreiler, Frankfurt 1980, S. 16.

16 Karl Kraus, Briefe an Sidonie Nádherný von Borutin, 2 Bde., München 1974, Bd. 1, S. 243; Bd. 2, S. 193.

17 Vgl. ebenda, Bd. 2, S. 193, und *Die Fackel*, Nr. 229, 2. Juli 1907, S. 14.

18 Karl Kraus, *Sprüche und Widersprüche*, in: *Beim Wort genommen.* Werke, hg. von Heinrich Fischer, Bd. 3, München 1955, S. 13.

19 Ebenda, S. 13 und S. 14.

20 Ebenda, S. 39.

21 Ebenda, S. 13f.

22 Ebenda, S. 13.

23 Ebenda, S. 50.

24 Ebenda, S. 51.

25 Mayer, *Außenseiter*, S. 133.

26 *Die Fackel*, Nr. 182, 9. Juni 1905, S. 5f.

27 Kraus, Briefe an Sidonie, Bd. 1, S. 147.

28 Karl Kraus, *Worte in Versen*, in: Werke, Bd. 7, München 1959, S. 490.

29 Zit. bei Margarete Mitscherlich-Nielsen, *Sittlichkeit und Kriminalität*, in: *Text und Kritik*, Sonderband Karl Kraus, München 1975, S. 33.

30 *Geschlecht und Charakter*, S. 401f.

31 Sigmund Freud, *Über einen besonderen Typus der Objektwahl beim Mann*, in: Gesammelte Werke, Bd. 8, London 1943, S. 70.

32 Kraus, Briefe an Sidonie, Bd. 1, S. 243.

33 Mitscherlich-Nielsen, *Sittlichkeit*, S. 30f.

34 Kraus, *Sprüche*, S. 91.

35 Paul Schick, *Karl Kraus*, Reinbek 1965, S. 21.

36 Karl Kraus, *Heine und die Folgen*, in: *Untergang der Welt durch schwarze Magie.* Werke, Bd. 8, München 1960, S. 190 und S. 212.

37 Kraus, *Worte in Versen*, S. 450.

38 *Geschlecht und Charakter*, S. 297.
39 Ebenda, S. 325.
40 Ebenda, S. 307.
41 *Die Fackel*, Nr. 144, 17. Oktober 1903, S. 17.
42 Briefe August Strindbergs an Artur Gerber, in: *Geschlecht und Charakter*, München 1980, S. 650.
43 *Die Fackel*, Nr. 142, 3. Juli 1903, S. 18f.
44 *Die Fackel*, Nr. 81, Ende Juni 1901, S. 18f.
45 Zitiert bei Gisela von Wysocki, *Peter Altenberg*. Bilder und Geschichten des befreiten Lebens, München - Wien 1979, S. 75.
46 Ebenda, S. 82.
47 Peter Altenberg, *Zwölf*, in: *Das große Peter Altenberg-Buch*, hg. von Werner J. Schweiger, Wien 1977, S. 193.
48 Ebenda, S. 254.
49 Peter Altenberg, Ausgewählte Werke, hg. von Dietrich Simon, Bd. 2, München 1979, S. 167f.
50 *Das große Peter Altenberg-Buch*, S. 247.
51 Ebenda, S. 235.
52 Ludwig Speidel, *Wiener Frauen und anderes Wienerische*, Berlin 1910, S. 1.
53 Stefan Zweig, *Die Welt von gestern*, S. 109.
54 Vgl. Barbara Gutt, *Emanzipation bei Arthur Schnitzler*, Berlin 1978.
55 Arthur Schnitzler, *Der Weg ins Freie*, in: Gesammelte Werke. Die erzählenden Schriften, Bd. 1, Frankfurt 1961, S. 938.
56 Arthur Schnitzler, *Die Hirtenflöte*, in: Die erzählenden Schriften, Bd. 1, S. 40.
57 Lou Andreas-Salomé an Arthur Schnitzler, 15.5.1894, zit. nach: Gutt, *Emanzipation*, S. 113.
58 Helene Lange/Gertrud Bäumer (Hgg.), *Handbuch der Frauenbewegung*, Berlin 1901.
59 Edith Rigler, *Frauenleitbild und Frauenarbeit in Österreich*, Wien 1976.
60 Marianne Hainisch, *Die Brodfrage der Frau*, Wien 1875, S. 59; zitiert nach Rigler, *Frauenleitbild*, S. 71.
61 Käthe Leichter, *Leben und Werk*, hg. von Herbert Steiner, Wien 1973, S. 376.
62 Therese Schlesinger, *Sexuelle Ethik*, in: *Die neue Zeit*. Wochenschrift der Deutschen Sozialdemokratie, Jg. 28, 1. Bd., Stuttgart 1910, S. 281.
63 Vgl. Karin Hausen, *Die Polarisierung der Geschlechtscharaktere als Spiegelung der Dissoziation von Erwerbs- und Familienleben*, in: *Seminar Familie und Gesellschaftsstruktur*, hg. von Heidi Rosenbaum, Frankfurt 1978.
64 Zu diesen Fragen vgl. *Die Frau in der Arbeiterbewegung 1900 - 1939*. Internationale Tagung der Historiker der Arbeiterbewegung, ITH-Tagungsberichte, Bd. 13, Wien 1980.

65 Adelheid Popp, *Jugendgeschichte einer Arbeiterin* (1909); Neuausgabe: Wien 1964, S. 43.

66 Vgl. Sigrid Schmid-Bortenschlager/Hanna Schnedl-Bubeniček, *Österreichische Schriftstellerinnen 1880 - 1938*, Stuttgart 1982.

67 Marie Eugénie delle Grazie, *Tote Wasser*, in: Sämtliche Werke, Bd. 3, Leipzig 1903, S. 27.

68 Marie Janitschek, *Die Amazonenschlacht*, Leipzig 1897, S. 97.

69 *Deutsche Dichterinnen vom 16. Jahrhundert bis zur Gegenwart*, hg. von Gisela Brinker-Gabler, Frankfurt 1978, S. 239.

70 Grete Meisel-Heß, *Weiberhaß und Weiberverachtung*, Wien 1904, S. 7 und S. 64.

71 Rosa Mayreder, *Zur Kritik der Weiblichkeit*, Jena - Leipzig 1905, S. 2.

72 Ebenda, S. 103.

73 Rosa Mayreder, *Sein Ideal*, in: *Übergänge*, Dresden - Leipzig - Wien 1897, S. 197ff.

74 Rosa Mayreder, *Adam und Lilith*, in: *Übergänge*. Vgl. Hanna Schnedl-Bubeniček, *Studien zur Emanzipation in Texten von Rosa Mayreder*, in: *Das ewige Klischee*, hg. von einer Autorinnengruppe der Universität Wien, Wien - Köln - Graz 1981; *Totgeschwiegen*. Texte zur Situation der Frau von 1880 bis in die Zwischenkriegszeit, hgg. von Sigrid Schmid-Bortenschlager und Hanna Schnedl-Bubeniček, Wien 1982; Jacques Le Rider, *Les femmes écrivains face à l'antiféminisme fin de siècle viennois*, in: *Les femmes dans la littérature, littérature des femmes*. Association des Germanistes de l'enseignement supérieur, Actes du Congrès de Lille, Lille 1982, S. 67 ff.

VIII. NOCH EINMAL FREUD UND WEININGER (S. 169 - 188)

1 Wilhelm Stekel, Bemerkung zu *Otto Weininger: Über die letzten Dinge*, in: *Zentralblatt für Psychoanalyse*, Medizinische Monatsschrift für Seelenkunde, hg. von Sigmund Freud, 1. Jg., 2. Heft, Amsterdam 1964 (Lizenznachdruck der Ausgabe Wiesbaden 1911), S. 134.

2 Foucault, *Sexualität und Wahrheit*, Bd. 1, S. 189f.

3 Weininger, *Taschenbuch*, S. 28.

4 François Roustang, ... *Elle ne le lâche plus*, Paris 1980, S. 207.

5 *Protokolle der Wiener Psychoanalytischen Vereinigung 1906-1908*, hgg. von Hans Nunberg und Ernst Federn, Bd. 1, Frankfurt 1976, S. 338.

6 Sarah Kofman, *L'énigme de la femme*, Paris 1980, S. 23.

7 Paul J. Moebius, *Die gegenwärtige Auffassung der Hysterie*, in: *Monatsschrift für Gynäkologie und Geburtshilfe*, 1, 1895.

8 Josef Breuer/Sigmund Freud, *Studien über Hysterie*, Leipzig-Wien 1895.

9 Kofman, *L'énigme*, S. 77.

10 Sigmund Freud, *Tatbestandsdiagnostik und Psychoanalyse*, in: Gesammelte Werke, Bd. 7, London 1941, S. 8f.

11 *Geschlecht und Charakter*, S. 364.
12 Emil Kraepelin, *Psychiatrie*, Leipzig [4]1893, S. 492.
13 Roland Jaccard, *La folie*, Paris 1979, S. 73.
14 Kraus, *Sprüche*, S. 16.
15 Peter Altenberg, *Frauenerziehung*, in: *Mein Lebensabend*, Berlin 1919, S. 12f.; vgl. *Peter Altenberg.* Leben und Werk in Texten und Bildern, hg. von Hans Christian Kosler, Frankfurt 1984, S. 246.
16 Lucy Freeman, *Die Geschichte der Anna O.*, München 1973, S. 200ff.; Henri F. Ellenberger, *A la découverte de l'inconscient*, Villeurbanne 1974, S. 407ff.
17 Vgl. Freeman, *Geschichte der Anna O.*, S. 200ff.; Ellenberger, *A la découverte*, S. 407ff.
18 Freeman, *Geschichte der Anna O.*, S. 88.
19 Ellenberger, *A la découverte*, S. 87.
20 Arthur Schnitzler, *Fräulein Else*, in: Gesammelte Werke. Die erzählenden Schriften, Bd. 2, S. 324ff.
21 Vgl. etwa Jacques van Rillaer, *Les illusions de la psychanalyse*, Bruxelles 1980, S. 226: „Le concept freudien de féminité n'est qu'un avatar de la conception bourgeoise du XIXe siècle."
22 Sigmund Freud, *Über eine Weltanschauung*, in: Gesammelte Werke, Bd. 15, London 1940, S. 171.
23 Sigmund Freud, *Zur Geschichte der psychoanalytischen Bewegung*, in: Gesammelte Werke, Bd. 10, London 1946, S. 80.
24 Adolf Friedländer, *Hysterie und moderne Psychoanalyse*, in: *Psychiatrisch-Neurologische Wochenschrift*, 11, 1909/10; zitiert nach Michael Worbs, *Nervenkunst.* Literatur und Psychoanalyse im Wien der Jahrhundertwende, Frankfurt 1983, S. 27.
25 Sigmund Freud, *Der Untergang des Ödipuskomplexes*, in: Gesammelte Werke, Bd. 13, London 1940, S. 400.
26 Sigmund Freud, *Zur Einführung des Narzißmus*, in: Gesammelte Werke, Bd. 10, S. 156.
27 Vgl. etwa Luce Irigaray, *Speculum.* Spiegel des anderen Geschlechts, Frankfurt 1980.
28 Jacques Lacan, *Le Séminaire XX. Encore*, Paris 1975, S. 68.
29 Anspielung auf einen wichtigen Text Lacans mit dem Titel: *Das Seminar über E.A. Poes „Der entwendete Brief"*, in: Schriften, Bd. 1, Frankfurt 1975, S. 7 - 60.
30 Sigmund Freud, *Einige psychische Folgen des anatomischen Geschlechtsunterschiedes*, in: Gesammelte Werke, Bd. 14, London 1948, S. 30.
31 *Geschlecht und Charakter*, S. 108 (Anmerkung).
32 Kofman, *L'énigme*, S. 15.
33 Sigmund Freud, *Die endliche und die unendliche Analyse*, in: Gesammelte Werke, Bd. 16, London 1950, S. 97f.
34 *Geschlecht und Charakter*, S. 290.
35 Ebenda, S. 108.

36 Ebenda, S. 395.
37 Freud, Briefe 1873 - 1939, S. 339.
38 *Geschlecht und Charakter*, S. 338f.
39 Ebenda, S. 567.
40 Kofman, *L'énigme*, S. 59.
41 Freud, *Einführung des Narzißmus*, S. 155.
42 Ebenda, S. 155f.
43 *Geschlecht und Charakter*, S. 292f.
44 Ebenda, S. 341.
45 Ein Ausdruck von Paul-Laurent Assoun aus seiner Vorlesung „Psychanalyse et féminité" im Februar 1981 an der Universität Paris VIII.
46 Sigmund Freud, *Fetischismus*, in: Gesammelte Werke, Bd. 14, London 1948, S. 314.
47 *Geschlecht und Charakter*, S. 320.
48 Freud, *Fetischismus*, S. 313.
49 *Geschlecht und Charakter*, S. 240.
50 Lacan, *Séminaire XX. Encore*, S. 54.
51 Catherine Clément, *Vies et légendes de Jacques Lacan*, Paris 1981, S. 76.
52 Lacan, *Séminaire XX. Encore*, S. 16.
53 *Geschlecht und Charakter*, S. 394.
54 Lacan, *Séminaire XX. Encore*, S. 76.
55 Ebenda, S. 84.
56 *Geschlecht und Charakter*, S. 398ff.
57 Clement, *Vies et légendes*, S. 99ff.
58 Jacques Lacan, *La famille ...*, in: *Encyclopédie française (Larousse)*, Bd. 8, Paris 1948.

IX. EIN ANTISEMITISCHER JUDE (S. 189 - 219)

1 *Geschlecht und Charakter*, S. 403f.
2 Ebenda, S. 404f.
3 Ebenda, S. 405.
4 Vgl. ebenda, S. 112.
5 Ebenda, S. 409.
6 Zur Frage des „aufgeklärten Antisemitismus" vgl. Elisabeth de Fontenay, *Sur un soupir de Kant*, in: *Le racisme.* Mélanges Léon Poliakov, hg. von Maurice Olender, Bruxelles 1981; Le Rider, *Nachwort zum Fall Otto Weininger*, in: *Otto Weininger.* Werk und Wirkung, S. 96ff.
7 Léon Poliakov, *L'Europe suicidaire.* Histoire de l'antisémitisme, Bd. 4, Paris 1977, S. 19.
8 Nietzsche, *Die fröhliche Wissenschaft*, § 361, S. 609.
9 Hannah Arendt, *Rahel Varnhagen*, München 1959.
10 Beauvoir, *Das andere Geschlecht*, S. 17.
11 *Geschlecht und Charakter*, S. 409f.

12 Richard Wagner, *Das Judentum in der Musik*, in: Gesammelte Schriften und Dichtungen, Bd. 5, Leipzig 1872/1881, S. 107f.
13 *Geschlecht und Charakter*, S. 457.
14 Schopenhauer, *Parerga*, S. 447.
15 Wichtig in diesem Zusammenhang ist der Aufsatz von Roger Lewinter, *Antijudaïsme et bisexualité*, in: *Nouvelle Revue de Psychanalyse*, 7, Paris 1973.
16 *Geschlecht und Charakter*, S. 406.
17 Ebenda, S. 422; vgl. S. 586.
18 Ebenda, S. 407.
19 Ebenda.
20 Mayer, *Außenseiter*, S. 122.
21 *Geschlecht und Charakter*, S. 440f.
22 Ebenda, S. 431.
23 Ebenda, S. 436.
24 Sören Kierkegaard, *Die Krankheit zum Tode* (1849), in: Gesammelte Werke, 24. und 25. Abteilung, Düsseldorf 1954, S. 77ff.
25 *Geschlecht und Charakter*, S. 438.
26 Ebenda, S. 439.
27 Ebenda, S. 440.
28 Ebenda, S. 417f.
29 Ebenda, S. 441.
30 Arthur Schnitzler, *Jugend in Wien*. Eine Autobiographie, Wien - München - Zürich 1968, S. 329.
31 Victor Conzenius schrieb einen Überblick über die Historiographie des österreichischen Antisemitismus in: *De l'antijudaïsme antique à l'antisémitisme contemporain*, hg. von V. Nikiprowetzky, Lille 1979; vgl. auch den Abschnitt über das „Trio" Schönerer, Lueger, Herzl, in: Carl E. Schorske, *Geist und Gesellschaft im Fin de siècle*, Frankfurt 1982.
32 *Geschlecht und Charakter*, S. 406 (Fußnote).
33 Weininger, *Über die letzten Dinge*, Wien und Leipzig, ^{8}1924, S. 26ff.
34 Nietzsche, *Genealogie der Moral*, Dritte Abhandlung, § 28, S. 412.
35 Weininger, *Über die letzten Dinge*, S. 31f.
36 Vgl. Mayer, *Außenseiter*, S. 311ff.
37 Theodor Lessing, *Der jüdische Selbsthaß*, Berlin 1930 (Neuausgabe München 1984); vgl. auch Camillo Berneri, *Le juif antisémite*, Paris 1935, mit einer Studie über Otto Weininger.
38 Thomas Mann, *Der Doktor Lessing*, in: *Miszellen*. Das essayistische Werk, Bd. 8, Frankfurt 1968, S. 25.
39 Lessing, *Selbsthaß*, S. 13.
40 Ebenda, S. 23 und S. 40.
41 Vgl. Paul Giniewski, *Simone Weil ou la haine de soi*, Paris 1978.

Giniewski hat den Vergleich zwischen Simone Weil und Otto Weininger noch weiter getrieben in der Besprechung meines Buches unter dem Titel *Le mécanisme du Juif antisémite*, in: *Le Journal d'Israel*, 466,

Paris 1982. Mir scheint jedoch, daß dieser Parallele zutiefst unterschiedliche historische und soziokulturelle Situationen zugrundeliegen.

42 Broch, *Hofmannsthal und seine Zeit*, S. 79f.

43 Schnitzler, *Jugend in Wien*, S. 328.

44 Tagebucheintragung vom 19.3.1907.

45 Schnitzler, *Der Weg ins Freie*, S. 756.

46 *Die Zukunft*, März 1897.

47 Lessing, *Selbsthaß*, S. 202-204.

48 Peter Gay schildert den besonders dramatischen Fall des Musikers Hermann Levi, der sich Richard Wagner zu Füßen warf und ihm seine Dienste anbot, um die Schande, ein Jude zu sein, zu „büßen und zu sühnen". Vgl. Peter Gay, *Freud, Jews and Other Germans*. Masters and Victims in Modernist Culture, New York 1978.

49 Vgl. Leopold Spira, *Feindbild „Jud'"*. 100 Jahre politischer Antisemitismus in Österreich, Wien 1981, S. 35ff.

50 *Der brennende Mensch*. Das geistige Vermächtnis von Arthur Trebitsch, hg. von Roderich Müller-Guttenbrunn, Leipzig 1930, S. 203.

51 Michael Pollak, *Otto Weiningers Antisemitismus – eine gegen sich selbst gerichtete moralische Verurteilung des intellektuellen Spiels*, in: *Otto Weininger*. Werk und Wirkung, S. 109ff.

52 Vgl. Gershom Scholem, *Deutsche und Juden*, Frankfurt 1967; *Jews and Germans from 1860 to 1933*, hg. von David Bronsen, Heidelberg 1979.

53 Vgl. A. Drabek/W. Häusler/K. Schubert/K. Stuhlpfarrer/N. Vielmetti, *Das österreichische Judentum*, Wien - München 1974.

54 Vgl. Dennis B. Klein, *Assimilation and the Demise of Liberal Political Tradition in Vienna, 1860-1914*, in: *Jews and Germans*, hg. v. D. Bronsen.

55 Vgl. Rita Thalmann, in: *Juden in Deutschland*, hg. von P. v. d. Osten-Sacken, Institut Kirche und Judentum, Berlin 1980, S. 195.

56 Kurt Tucholsky, Ausgewählte Briefe, hgg. von Mary Gerold-Tucholsky und Fritz J. Raddatz, Reinbek 1962, S. 334ff.

57 Jean-Paul Sartre, *Réflexions sur la question juive*, Paris 1954, S. 95f.

58 Ebenda, S. 112.

59 Vgl. Zinovy Zinik, *The Origins of Self-Hatred*, in: *Times Literary Supplement*, September 1983, S. 960; *Der Spiegel*, 28, 1984, S. 120.

60 Adolf Hitler, *Monologe im Führerhauptquartier, 1941 - 1944*, aufgezeichnet von Heinrich Heims, hg. von Werner Jochmann, Hamburg 1980, S. 148.

Gewisse Leserreaktionen auf die französische Fassung meines Buches zwingen mich zur expliziten Formulierung dessen, was mir auf der Hand zu liegen schien: Es wäre absurd zu behaupten, Weininger habe Hitler „inspiriert". Man weiß nicht einmal, ob dieser je einen Blick in *Geschlecht und Charakter* geworfen hat oder ob er das Buch nur vom Hörensagen kannte. Gleichzeitig möchte ich präzisieren, daß ich durch die Definition Weiningers als präfaschistisch keine leichtsinnige Verkürzung des komplexen Prozesses nahelege, der von der Jahrhundertwende bis zu den zwanziger Jahren führt. Als vorfaschistisch betrachte ich Otto Weininger etwa im Sinne von Leo Löwenthals Studie über Knut Hamsun, die 1937 in der *Zeitschrift für Sozialforschung* erschien.

61 Maria-Antonietta Macciocchi, *Les femmes et la traversée du fascisme*, in: *Eléments pour une analyse du fascisme*, hg. von ders., Paris 1978.

62 Julius Evola, *Métaphysique du sexe*, Paris 1976, S. 211.

63 Vgl. hierzu Wilfried Daim, *Der Mann, der Hitler die Ideen gab*, München 1958 (erweiterte Neuausgabe: Wien 1985).

Karl Kraus hat immer aufrichtige Hochachtung für Lanz von Liebenfels empfunden, der seinerseits Kraus in einer vom *Brenner* veröffentlichten „Rundfrage" als den bezeichnete, der „den Ariogermanen wieder das Recht der öffentlichen Aussprache zurückgegeben" habe. Der sichtlich geschmeichelte Kraus zitiert dieses Urteil in der *Fackel* Nr. 381-83 vom 19. September 1913, S. 44ff. Als Kraus wegen dieser suspekten Sympathie als „Rassenantisemit" angegriffen wird, antwortet er auf einen Leserbrief in der *Fackel* Nr. 386 vom 29. Oktober 1913 unter dem Titel „Er ist doch ä Jud" (S. 1-8). Er rechtfertigt sich gegen den Vorwurf, aus Opportunismus „sein Judentum zu verleugnen", und drückt dabei wieder seinen Horror vor den zeitgenössischen „Eigenschaften der Juden" aus. Er unterscheidet zwischen einem „inferioren Antisemitismus" und dem Standpunkt Lanz von Liebenfels', den er als „Forscher, nicht Versammlungsredner" bezeichnet. Der Epilog zu diesem schmerzlichen Mißverständnis findet sich in der *Fackel* Nr. 889 vom Juli 1934 (S. 102). Kraus zitiert noch einmal, diesmal allerdings mit einem kritischeren Kommentar, das in der „Rundfrage" des *Brenner* erschienene Urteil und stellt die heikle Frage: „Was kann ein Autor dafür, daß seine Verteidigung der Menschheit, seine Parteinahme für Natur und Geist gegen die Zerstörermächte mißratener Intelligenz und unbeherrschter Technik, von einem Ariogermanentum, dessen Belange ihm fernliegen, in einer Art reklamiert wurde, als ob diesen sein Wirken nicht nur diente, sondern ausschließlich gälte?" – Eine Frage, die näherer Überlegung bedarf (und sich seit Nietzsche für zahlreiche europäische Denker stellt). Aber kam die Frage von Karl Kraus nicht viel zu spät? Und warum begnügte er sich mit dieser fatalistischen Resignation?

64 Zitiert in: Rita Thalmann, *Etre femme sous le IIIe Reich*, Paris 1982, S. 9.

65 Wilhelm Reich, *Die Massenpsychologie des Faschismus*, Köln 1972, S. 121.

66 Klaus Theweleit, *Männerphantasien*, 2 Bde., Frankfurt 1977 und 1978; vgl. auch den Kommentar Theweleits dazu, in: Bernd Nitzschke, *Männerängste, Männerwünsche*, München 1980.

X. OTTO WEININGER UND DIE NACHWELT (S. 220 - 243)

1 Anzeichen der erstaunlichen Breitenwirkung Otto Weiningers finden sich etwa in Karl R. Poppers Memoiren, wo er erwähnt, daß *Geschlecht und Charakter* in der Bibliothek seines Vaters unter den klassischen Standardwerken zu finden war (vgl. Karl R. Popper, *Ausgangspunkte*. Meine intellektuelle Entwicklung, Hamburg 1979, S. 7), und in Karola Blochs Lebenserinnerungen, wo sie erzählt, wie sie als junges Mädchen das Buch Weiningers „mit Empörung" zur Kenntnis genommen habe (siehe Karola Bloch, *Aus meinem Leben*, Pfullingen 1981, S. 27).

2 Klaren, *Weininger*, S. VIII.

3 Vgl. dazu Wendelin Schmidt-Dengler, *Literatur in der „Muskete"*, in: *Die Muskete*. Kultur- und Sozialgeschichte im Spiegel einer satirisch-humoristischen Zeitschrift. 1905 - 1941, Wien 1983, S. 35.

4 In: *Daedalus*, Vol. 10, 4, Herbst 1978.

5 Ebenda.

6 Jean-Michel Palmier, *L'expressionisme comme révolte*, Paris 1978, S. 31.

7 Richard Ellmann, *James Joyce*, New York 1959, S. 447.

8 Franz Theodor Csokor, Otto Weininger zu seinem 80. Geburtstag (B). – In diesem Kapitel wird durch (B) auf die Bibliographie der Werke über Weininger am Ende des Buches verwiesen.

9 Egon Friedell, *Kulturgeschichte der Neuzeit*, Bd. 3, München 1932, S. 453.

10 Albert Paris Gütersloh, *Die tanzende Törin*, Neuausgabe, München 1979, S. 51.

11 Franz Kafka, Briefe 1902 - 1924, in: Gesammelte Werke, hg. von Max Brod, Bd. 9, Frankfurt - New York 1958, S. 320.

12 Hugo Wolf, von dem die erwähnten Gedichte in der *Fackel* stammen, wurde am 19.4.1888 in Wiener Neustadt geboren, war Anwalt und veröffentlichte außer dem Roman *Geschäft und Liebe* (Wien 1914) Gedichte und Prosa auch in vielen anderen Zeitschriften (z.B. im *Brenner*, im *Simplicissimus* und in der *Schaubühne*); er starb am 27.5.1946 in New York. Vgl. die bio-bibliographischen Hinweise von Victor Suchy und Sigurd Paul Scheichl in: *Kraus Hefte*, 9, Januar 1979, bzw. 19, Juli 1981.

13 Robert Musil, Tagebücher, Bd. 2, Reinbek 1976, S. 630.

14 Alban Berg, *Bildnis im Wort*, hg. von Willi Reich, Zürich 1959, S. 11.

15 Ebenda, S. 16.

16 Vgl. Jacques Le Rider, *Weininger et la modernité* (B).

17 Walter Serner, *Über Denkmäler, Weiber und Laternen*. Frühe Schriften, in: Das Gesamte Werk, hg. von Thomas Milch, Bd. 1, München 1981, S. 117f.

18 Ebenda, S. 191 (freundlicher Hinweis von Andreas Puff-Trojan).

19 Alfred Kubin, *Aus meinem Leben*, München 1974, S. 53.

20 Rudolf Steiner, *Mein Lebensgang*, Dornach 1982, S. 344.

21 Herbert Hirschberg, *Otto Weiningers Geschick*. Zur 25. Wiederkehr seines Todestages; Hermann Poppelbaum, *Bemerkungen zu Otto Weiningers Tierpsychologie*; Ernst Müller, *Zeitproblematik bei Otto Weininger* – alle in: *Österreichische Blätter für freies Geistesleben*, Wien, 5. Jahr, 10. Heft, Oktober 1928, S. 4-18.

22 William W. Bartley III, *Wittgenstein*. Ein Leben, München 1983.

23 Jacques Bouveresse, *Vienne, début d'un siècle*, in: *Critique*, Aug.-Sept. 1975, S. 796.

24 Ludwig Wittgenstein, Briefwechsel mit B. Russell, G.E. Moore, J.M. Keynes, F.P. Ramsey, W. Eccles, P. Engelmann und L. von Ficker, hgg. von B.F. McGuiness und G.H. von Wright, Frankfurt 1980, S. 183 und S. 121.

25 Ludwig Wittgenstein, *Vermischte Bemerkungen*, Frankfurt 1977, S. 43.

26 Elias Canetti, *Die Fackel im Ohr*, München 1980, S. 90.

27 Ebenda, S. 135f.

28 Oswald Spengler, *Der Untergang des Abendlandes*, Bd. 2, München 1923, S. 396.

29 Wittgenstein, *Vermischte Bemerkungen*, S. 38.

30 Ebner, *Das Wort und die geistigen Realitäten*, S. 297.

31 Hermann Broch, Philosophische Schriften, Bd. 1, Frankfurt 1977, S. 248.

32 Jacques Le Rider, Mémoire de maitrise, Institut d'Etudes Germaniques der Universität Paris IV - Sorbonne, Juni 1975.

33 Heimito von Doderer, *Die Dämonen*, München 1956, S. 657.

In dem Roman *Die Strudlhofstiege*, München 1951, S. 269, kündigt Teddy Honegger an, daß er *Geschlecht und Charakter* wieder lesen werde, um mit Hermann Swoboda darüber zu diskutieren, von dem er sagt: „Er repräsentiert einen Gelehrten-Typus, der hoffentlich wieder einmal zeitgemäß werden wird."

34 Heimito von Doderer, *Tangenten*. Tagebuch eines Schriftstellers, 1940-1950, München 1964, S. 316.

35 Zu Doderers von Weininger beeinflußtem Frauenbild vgl. die Studie von Gisela Brude-Firnau (B).

36 Vgl. Jean-Michel Palmier, *La psychanalyse en Hongrie*, in: *Histoire de la psychanalyse*, hg. von Roland Jaccard, Bd. 2, Paris 1982, S. 151.

37 Emile Michel Cioran, *Lehre vom Zerfall*, Hamburg 1953, S. 194.

38 Isaac B. Singer, *A Friend of Kafka*, London 1972, S. 10f.

39 Nikolaj A. Berdjaev, *Le sens de la création*, Paris 1955, S. 246 und S. 450.

40 Vasilij V. Rozanov, *Fallen Leaves*, London 1929, S. 13f.

41 Alberto Cavaglion, *Otto Weininger in Italia*, Rom 1982; Alberto Cavaglion und Michel David, *Weininger und die italienische Kultur*, in: *Otto Weininger*. Werk und Wirkung, S. 37ff.

42 Vgl. Alberto Cavaglion, *Vecchia destra e „nuova destra"*. Il caso Otto Weininger, in: *Notiziero dell'Istituto Storico della Resistenza in Cuneo*, 21, Juni 1982.

43 Vgl. Wieland Schmied, *L'art métaphysique de Giorgio de Chirico et la philosophie allemande: Schopenhauer, Nietzsche, Weininger*, in: Katalog der Ausstellung Giorgio de Chirico im Centre Georges Pompidou, Paris 1983; André Pieyre de Mandiargues, *Otto Weininger und Italien*, in: *Otto Weininger.* Werk und Wirkung, S. 55ff.

44 Emile Delavenay, *D.H. Lawrence.* L'homme et la genèse de son oeuvre, Paris 1969, S. 527; vgl. ders., *D.H. Lawrence, Otto Weininger, and a rather raw Philosophy*, in: *D.H. Lawrence.* New Studies, hg. von Christopher Heywood, London 1984.

45 Leon Katz, *Weininger and „The Making of Americans"*, in: *Twentieth Century Literature*, 24, Heft 1, Gertrude Stein Issue, hg. von Edward Burns, 1978, S. 8f.

46 Übersetzt nach: Lu Xun, *Après s'être heurté au mur*, in: *Sous le dais fleuri*, Lausanne 1978, S. 224f. Die Überprüfung des chinesischen Originals, abgedruckt in: Lu Xun quanji, Bd. 3, Beijing 1982, S. 117, und dort datiert mit 15.9.1925, besorgte freundlicherweise Herr Dr. Wolfgang Kubin, Berlin. Der Text erschien erstmals in der zeitweise von Lu Xun herausgegebenen literarischen Wochenschrift *Yu si* unter dem (hier deutsch wiedergegebenen) Titel *Kommentar zu: Aufstand in der Mädchenschule* am 21. September 1925.

47 Yukio Mishima, *La mer de la fertilité – Neige de printemps*, Paris 1979, S. 285. (Eine deutsche Ausgabe ist soeben unter dem Titel *Schnee im Frühling*, München - Wien 1985, erschienen; es ist dies der erste Band der Romantetralogie *Das Meer der Fruchtbarkeit.*)

48 Günter Grass, *Hundejahre*, Darmstadt 1978, S. 29; vgl. die Studie von Wesley W. Blomster (B).

49 Jacques Le Rider, *Conversation avec Ernst Jünger*, in: *Repères.* Revue Suisse Romande, Lausanne, 2, 1982.

50 Jean Améry, *Deutschland – Frankreich.* Mißverständnisse und Vorurteile, in: *Neue Rundschau*, 87, 1976, S. 429.

51 In Israel gelangte Otto Weininger 1982 zu neuer Berühmtheit durch das Theaterstück *Die Seele eines Juden – Die letzte Nacht Otto Weiningers* von Yehoshua Sobol, das im Stadttheater von Haifa aufgeführt wurde und jetzt auch in Theatern des deutschen Sprachraums gezeigt wird. Das Stück wurde zum Skandal, erregte aber auch lebhaftes Interesse. Vgl. oben Kapitel 9, S. 216.

52 Gabriel Matzneff, *Les passions schismatiques*, Paris 1977, S. 72.

53 Roland Jaccard, *Les chemins de la désillusion*, Paris 1979, S. 47.

54 Zum Beispiel: *L'éternelle gagnante*, in: *Le Monde*, 1. November 1980. In Roland Jaccards Roman *Lou*, Paris 1982, ist eine Reihe von fiktiven Dialogen mit Otto Weininger nachzulesen.

55 Helmut Eisendle, *Exil oder Der braune Salon.* Ein Unterhaltungsroman, Salzburg 1977, S. 121.

56 Fritz J. Raddatz, *Kontaktsperre*, in: *Stichworte zur Situation der Zeit*, hg. von Jürgen Habermas, Bd. 2, Frankfurt 1979.

57 Thomas Bernhard, *Die Berühmten*, Frankfurt 1976, S. 102 f.
58 Ria Endres, *Am Ende angekommen*, Frankfurt 1980.
59 Thomas Bernhard, *Verstörung*, Frankfurt 1967, S. 164.
60 Thomas Bernhard, *Amras*, Frankfurt 1964, S. 81.
61 Thomas Bernhard, *Gehen*, Frankfurt 1971, S. 18.
62 Bernhard, *Verstörung*, S. 49.
63 Thomas Bernhard, *Korrektur*, Frankfurt 1975, S. 317.
64 Vgl. Jacques Le Rider, *Thomas Bernhard est-il misogyne?*, in: *Repères*, 4, 1982.
65 Thomas Bernhard, *Ja*, Frankfurt 1978, S. 11.
66 Ebenda, S. 148.
67 *Geschlecht und Charakter*, S. 457.
68 Bernhard, *Verstörung*, S. 183.
69 Elias Canetti, *Die Blendung*, Wien - Leipzig - Zürich 1936; vgl. Gerald Stieg, *Otto Weiningers „Blendung"*. Weininger, Karl Kraus und der Brenner-Kreis, in: *Otto Weininger*. Werk und Wirkung, S. 59 ff.
70 Vgl. Clément, *Vies et légendes de Jacques Lacan*, S. 79.

BILDNACHWEIS

S. 2: Nach einer Photographie der Zeichnung; Archiv Löcker Verlag / *S. 10:* Photogravure von R. Paulussen, Wien; Archiv Löcker Verlag / *S. 17:* Entnommen D. Abrahamsen, The Mind and Death of a Genius, New York 1946, Abb. nach S. 6 / *S. 19:* Entnommen ebendort, Abb. nach S. 18 / *S. 21:* Archiv Löcker Verlag / *S. 37:* Entnommen D. Abrahamsen, The Mind ..., S. 67 / *S. 47:* Entnommen O. Weininger, Taschenbuch und Briefe an einen Freund, Leipzig / Wien 1919, Frontispiz / *S. 49:* Photographie von Konstanze Zinsler / *S. 97:* Entnommen D. Abrahamsen, The Mind ..., S. 41 / *S. 98:* Entnommen ebendort, S. 209

NB: Die Qualitätsunterschiede der Wiedergaben entsprechen denjenigen der Vorlagen.

BIBLIOGRAPHIE

1. Werke von Otto Weininger

a. *Geschlecht und Charakter. Eine prinzipielle Untersuchung*

Erstausgabe: Wien und Leipzig, Mai 1903 (bei Wilhelm Braumüller, der auch die folgenden Nachauflagen besorgte).

Nachauflagen (lt. Angaben des Verlags): *2.:* November 1903; *3.:* Jänner 1904; *4.:* September 1904; *5.:* Oktober 1904; *6.:* Dezember 1904; *7.:* Mai 1905; *8.:* Februar 1906; *9.:* Jänner 1907; *10.:* Februar 1908; *11.:* Februar 1909; *12.:* Mai 1910; *13.:* Dezember 1911; *14.:* Mai 1914; *15.:* Februar 1916; *16.:* Februar 1917; *17.:* Mai 1918; *18.:* Jänner 1919; *19.:* Juni 1919; *20.:* März 1920; *21.:* Juli 1920; *22.:* April 1921; *23.:* März 1922; *24.:* Juli 1922; *25.:* Jänner 1923; *26.:* Februar 1925; *27.:* März 1926 (gekürzte „Volksausgabe"); *28.:* 1932 (gemeinsam mit Gustav Kiepenheuer, Berlin; Text der „Volksausgabe"); *29.:* April 1947 (Text der „Volksausgabe").

Neuausgabe: München 1980 (bei Matthes & Seitz; Text der Erstausgabe, vermehrt um „Otto Weiningers Taschenbuch", Briefe Otto Weiningers, Briefe August Strindbergs an Artur Gerber sowie um Beiträge von Annegret Stopczyk, Gisela Dischner und Roberto Calasso).

b. *Über die letzten Dinge*

Erstausgabe: Wien und Leipzig, Dezember 1903 (bei W. Braumüller, der auch die folgenden Nachauflagen besorgte).

Nachauflagen: 2.: Mai 1907 (überarbeitete, korrigierte und gekürzte Ausgabe, „Mit einem biographischen Vorwort von Dr. Moriz Rappaport"); *3.:* Februar 1912 (folgt wie alle weiteren der 2. Auflage); *4.:* Jänner 1918; *5.:* Juli 1919; *6.:* September 1920; *7.:* Juli 1922; *8.:* Dezember 1923; *9.:* Mai 1930.

Neuausgabe: München 1980 (bei Matthes & Seitz; Text der Erstausgabe, vermehrt um Theodor Lessing, *Otto Weininger*).

c. *Taschenbuch und Briefe an einen Freund*

Erstausgabe: Leipzig/Wien 1919 (bei E.P. Tal & Co. Herausgegeben und mit einem Vorwort „ECCE HOMO!" von Artur Gerber sowie mit Briefen August Strindbergs an den Herausgeber im Anhang).

Neuausgabe im Anhang der Neuausgabe von „Geschlecht und Charakter", München 1980 (siehe oben; ohne das Vorwort Artur Gerbers).

d. *Otto Weininger in „Die Fackel"*

(längere Weininger-Zitate, die unter seinem Namen oder unter von Karl Kraus formulierten Überschriften erschienen)

WEININGER, Otto: *Sucher und Priester.* (Zur Charakterologie.) [Vorabdruck aus „Über die letzten Dinge"; mit Fußnotenkommentar von Karl Kraus.] In: Nr. 145, 28. Oktober 1903, S. 26ff.
Ein Urteil über Georg Brandes. [Von Kraus kommentierter kurzer Auszug aus „Über die letzten Dinge".] In: Nr. 149, 12. Dezember 1903, S. 23f.
Psychologie des Volkstribuns. Aktuelle Gedanken aus Otto Weininger's „Geschlecht und Charakter". In: Nr. 167, 26. Oktober 1904, S. 2ff.
Zum hundertfünfzigsten Geburtstag Schillers und zum fünfzigsten der „Concordia". [Aus: „Über die letzten Dinge".] In: Nr. 290, 11. November 1909, S. 1ff.
Lueger. Nach Otto Weininger. In: Nr. 298-299, 21. März 1910, S. 1ff.
WEININGER, Otto: Brief an Karl Kraus vom 20.6.03. In: Nr. 568-571, Mai 1921, S. 48.
WEININGER, Otto: Verse. In: Nr. 613-621, April 1923, S. 158.

2. Bücher und Artikel über Otto Weininger sowie Auswahl anderer verwendeter Literatur

ABRAHAMSEN, David: *The Mind and Death of a Genius*, New York 1946.
Anonym: *Das Weib vom Manne erschaffen.* Bekenntnisse einer Frau, übs. aus d. Norwegischen, Berlin 1904.
AMÉRY, Jean: *Deutschland – Frankreich.* Mißverständnisse und Vorurteile, in: Neue Rundschau, 87, 1976, S. 429.
AMÉRY, Jean: *Hand an sich legen*, Stuttgart 1976.
ANTOINE, Eugen: *Erinnerungen an das Café Griensteidl*, in: Agathon Almanach, Wien 1948.
APFELBACH, Hans: *Der Aufbau des Charakters*, Wien-Leipzig 1924.
BACHELARD, Gaston: *Die Bildung des wissenschaftlichen Geistes.* Beitrag zu einer Psychoanalyse der objektiven Erkenntnis, Frankfurt 1978.
BAHR, Hermann: *Liebe der Lebenden.* Tagebücher 1921/1923, Bd. 3, Hildesheim 1925, S. 94.
BAUM, Oskar: *Otto Weininger*, in: Juden in der deutschen Literatur, hg. v. Gustav Krojanker, Berlin 1922.
BERNERI, Camillo: *Le juif antisémite*, Paris 1935.
BEYER, Alexander: *Geschlecht und Religion*, Wien-Leipzig 1923.
BIRÓ, Paul: *Die Sittlichkeitsmetaphysik Otto Weiningers*, Wien-Leipzig 1927.
BLEI, Franz: *Kundry.* Eine Bemerkung zu Geschlecht und Charakter, in: Freistatt, 5, 1903.
BLEIBTREU, Karl: *Otto Weininger's „Geschlecht und Charakter"*, in: Die Fackel, Nr. 157, 19. März 1904, S. 12ff.
BLOMSTER, Wesley W.: *The Documentation of a Novel: Otto Weininger and Günther Grass' „Hundejahre"*, in: Monatshefte, 61, 1969.
BLÜHER, Hans: *Werke und Tage*, München 1953.
BODMAN, Emanuel von: *Otto Weininger*, in: Wissen und Leben, 5, 1911.

BÖDEKER, Karl Bernhard: *Frau und Familie im erzählerischen Werk Franz Kafkas*, Bern-Frankfurt 1974.

BRANN, Hellmuth Walther: *Das Weib in Weiningers Geschlechtscharakterologie*, Bonn 1924.

BRANTZEG, N.: *Otto Weininger og „Peer Gynt"*, in: Vindvet, 3, 1949.

BREITNER, Burkhard, pseud. STURM, Bruno: *Gegen Weininger*, Wien-Leipzig 1912.

BROME, Vincent: *Sigmund Freud und sein Kreis*. Wege und Irrwege der Psychoanalyse, München 1969.

BROME, Vincent: *Les premiers disciples de Freud*, Paris 1978.

BRUDE-FIRNAU, Gisela: *Wissenschaft von der Frau?* Zum Einfluß von Otto Weininger auf den deutschen Roman, in: Die Frau als Heldin und Autorin. Neue kritische Ansätze zur deutschen Literatur, hg. v. Wolfgang Paulsen, Bern-München 1979.

BUBER, Martin: *Vom Geist des Judentums*, Leipzig 1916.

BUCI-GLUCKSMANN, Christine: *Figures viennoises de l'altérité*. Féminité et judaïté, in: L'écrit du temps, 5, 1984.

CALASSO, Roberto: *Der Philosoph und die „Kokotte"*, nachgestellter Beitrag in der Neuausgabe von „Geschlecht und Charakter", München 1980.

CAVAGLION, Alberto: *Otto Weininger in Italia*, Rom 1982.

CAVAGLION, Alberto: *Vecchia destra e „nuova destra": il caso Otto Weininger*, in: Notiziero dell'Istituto Storico della Resistenza in Cuneo, 21, Juni 1982.

CENTGRAF, Alexander: *Ein Jude treibt Philosophie*, Berlin 1943.

CIORAN, Emile Michel: *Lehre vom Zerfall*, Hamburg 1953, S. 194.

CORINO, Karl: *Ödipus oder Orest?* Robert Musil und die Psychoanalyse, in: Vom „Törleß" zum „Mann ohne Eigenschaften", Grazer Musil-Symposium, hgg. v. Uwe Baur und Dietmar Goltschnigg, München-Salzburg 1973.

CSOKOR, Franz Theodor: *Otto Weininger, zu seinem 80. Geburtstag*, in: Wort in der Zeit, 6, 1960.

DALLAGO, Carl: *Otto Weininger und sein Werk*, Innsbruck 1912.

DELAVENAY, Emile: *D.H. Lawrence, Otto Weininger and a rather raw Philosophy*, in: D.H. Lawrence. New Studies, hg. v. Christopher Heywood, London 1984.

DERRIDA, Jacques: *Éperons*. Les styles de Nietzsche, Paris 1978.

DERRIDA, Jacques: *D'un ton apocalyptique adopté naguère en philosophie*, Paris 1983.

DISCHNER, Gisela: *Freiheit auf dem Weg der Entsagung?* Zu Otto Weiningers „Geschlecht und Charakter", nachgestellter Beitrag in der Neuausgabe von „Geschlecht und Charakter", München 1980.

DOPPLER, Alfred: *Georg Trakl und Otto Weininger*, in: Peripherie und Zentrum, Salzburg 1971.

DURZAK, Manfred: *Hermann Brochs Anfänge*. Zum Einfluß Weiningers und Schopenhauers, in: Germanisch-romanische Monatsschrift, 17, 1967.

EBNER, Ferdinand: *Das Wort und die geistigen Realitäten.* Fragment 16: *Otto Weininger*. Geist und Sexualität. Die Juden. Christus, in: Schriften, hg. v. Franz Seyr, Bd. 1 (Fragmente Aufsätze Aphorismen), München 1963.

ECKERT, Daniel: *Otto Weininger und Ferdinand Ebner*, Ferdinand Ebner-Symposium, Wien, Dezember 1981.

EISSLER, Kurt R: *Talent and Genius: The Fictitious Case of Tausk contra Freud*, New York 1971.

Encyclopedia Britannica, Bd. 22, London [11]1911, Artikel *Protozoa*.

EWALD, Oskar: *Nachruf auf Weininger*, in: Der neue Merkur, 4, 1920/21.

FISCHER, Jens Malte (Hg.): *Psychoanalytische Literaturinterpretationen*, Tübingen 1980.

FLIESS, Wilhelm: *Der Ablauf des Lebens*, Leipzig - Wien 1906.

FLIESS, Wilhelm: *In eigener Sache: gegen Otto Weininger und Hermann Swoboda*, Berlin 1906.

FONTENAY, Elisabeth de: *Sur un soupir de Kant*, in: Le racisme, Mélanges Léon Poliakov, Brüssel 1981.

FOUCAULT, Michel: *Sexualität und Wahrheit*, Erster Band: *Der Wille zum Wissen*, Frankfurt 1983.

FREUD, Sigmund: *Analyse der Phobie eines fünfjährigen Knaben*, in: Gesammelte Werke, Bd. 7, London 1941.

GELLERT, Margarethe, pseud. MEISEL-HESS, Grete: *Weiberhaß und Weiberverachtung*, Wien 1904.

GERBER, Artur: *ECCE HOMO!*, in: Otto Weininger, Taschenbuch und Briefe an einen Freund, Leipzig - Wien 1919.

GILMAN, Charlotte Perkins: Review of Dr. Weininger's „Sex and Character", in: The Critic, 12, 1906.

GINIEWSKI, Paul: *Simone Weil ou la haine de soi*, Paris 1978.

GINIEWSKI, Paul: *Le mécanisme du Juif antisémite*, in: Le Journal d'Israel, 446, Paris 1982.

HAMANN, Walter: *Metaphysik der Liebe*, Wien - Leipzig 1918.

HANNAK, Jacques: *Geschlechtlichkeit.* Eine Paraphrase Weiningerscher Ideen, Wien 1918.

HATVANI, Paul: *Zum 10. Sterbetag Otto Weiningers*, in: Saturn, 3, 1913.

HENNECKE, Hans: *Der Hang zum Bösen*, in: Kritik, Gütersloh 1958.

HILLMAN, James: *Le mythe de la psychanalyse*, Paris 1977.

HIRSCHBERG, Herbert: *Otto Weiningers Geschick.* Zur 25. Wiederkehr seines Todestages, in: Österreichische Blätter für freies Geistesleben, Wien, 5. Jahr, 10. Heft, Oktober 1928.

HIRSCHMÜLLER, Albrecht: *Physiologie und Psychoanalyse in Leben und Werk Josef Breuers*, Bern 1978.

JACCARD, Roland: *Avant-propos*, in: Otto Weininger: Sexe et caractère, Lausanne 1975.

JAFFE, W.W.: *Studies in Obsession: Otto Weininger, Arthur Schnitzler, Heimito von Doderer*, Yale University, Phil. Diss., New Haven 1976.

JANIK, Allan: *Wittgenstein and Weininger*, in: Wittgenstein and his Impact on Contemporary Thought. Proceedings of the 2nd International Wittgenstein Symposion 1977, hg. v. E. und W. Leinfellner, Wien 1978.

JANIK, Allan: *Essays on Wittgenstein and Weininger*, Amsterdam 1985 (Studien zur österreichischen Philosophie, hg. v. Rudolf Haller, Bd. 9).

JANIK, Allan und Stephen TOULMIN: *Wittgensteins Wien*, München 1984.

JODL, Margarethe: *Friedrich Jodl.* Sein Leben und sein Wirken, Stuttgart - Berlin 1920.

JOHNSTON, William M: *Österreichische Kultur- und Geistesgeschichte*, Wien - Köln - Graz 1974.

JÜNGER, Friedrich Georg: *Otto Weininger*, in: Scheidewege, 2, 1972.

Jugend in Wien. Ausstellungskatalog, Deutsches Literaturarchiv, Marbach am Neckar 1974.

KAMPITS, Peter: *Zwischen Schein und Wirklichkeit.* Eine kleine Geschichte der österreichischen Philosophie, Wien 1984.

KATZ, Leon: *Weininger and „The Making of Americans"*, in: Twentieth Century Literature, vol. 24, 1, Gertrude Stein Issue, hg. v. Edward Burns, 1978.

KLAREN, Georg: *Otto Weininger.* Der Mensch, sein Werk und sein Leben, Wien - Leipzig 1924.

KLEIN, Viola: *The Feminine Character.* History of an Ideology, London 1946.

KOHN, Hans: *Eros and Sorrow*, in: Yearbook of the Leo Baeck Institute, 6, 1961.

KOHN, Hans: *Karl Kraus, Arthur Schnitzler, Otto Weininger.* Aus dem jüdischen Wien der Jahrhundertwende, Tübingen 1962.

KON, Janina: *Das Werk Otto Weiningers*, Diss., Wien 1919.

KRAUS, Karl: *Otto Weininger*, in: Die Fackel, Nr. 144, 17. Oktober 1903, S. 15ff., s.a. Lucka.

KRAUS, Karl: [Kommentar zu einer Zuschrift von Moriz Rappaport], in: Die Fackel, Nr. 152, 16. Jänner 1904, S. 19f., s.a. Rappaport.

KRAUS, Karl: [Fußnotenkommentar zur Erklärung Leopold Weiningers], in: Die Fackel, Nr. 169, 23. November 1904, S. 6ff., s.a. Weininger, Leopold.

KRAUS, Karl: *Philosoph*, in: Die Fackel, Nr. 176, 28. Februar 1905, S. 22ff.

KRAUS, Karl: *Schiller-Feier*, in: Die Fackel, Nr. 180-181, 6. Mai 1905, S. 39ff.

KRAUS, Karl: *Bisexueller*, in: Die Fackel, Nr. 210, 31. Oktober 1906, S. 26ff.

KRAUS, Karl: *Weib und Kultur*, in: Die Fackel, Nr. 213, 11. Dezember 1906, S. 5ff.

KRAUS, Karl: *Dieb*, in: Die Fackel, Nr. 216, 9. Jänner 1907, S. 23f.

KRAUS, Karl: *Kehraus.* [Mit Bemerkungen zu Otto Weininger.] In: Die Fackel, Nr. 229, 2. Juli 1907, S. 14.

KRAUS, Karl: *Mein Widerspruch*, in: Die Fackel, Nr. 298-299, 21. März 1910, S. 55f.

KRIZMANIĆ, Helga: *Emil Lucka und Otto Weininger*, Universität Graz, März 1969.

LACAN, Jacques: *Le Séminaire XX. Encore*, Paris 1975.

LE RIDER, Jacques: *Lulu de Wedekind à Berg.* Métamorphoses d'un mythe, in: Critique, 401, Oktober 1980.

LE RIDER, Jacques: *Avant-propos*, in: Otto Weininger, Des fins ultimes, Lausanne 1981.

LE RIDER, Jacques: *Antiféminisme et féminisme: autour d'Otto Weininger*, Diss., Université de Paris IV – Sorbonne, 1982.

LE RIDER, Jacques: *Le cas Otto Weininger.* Racines de l'antiféminisme et de l'antisémitisme, Paris 1982.

LE RIDER, Jacques: *Conversation avec Ernst Jünger*, in: Repères. Revue Suisse Romande, 12, Lausanne 1982.

LE RIDER, Jacques: *Les femmes écrivains face à l'antiféminisme fin de siècle viennois*, in: Les femmes dans la littérature, littérature des femmes. Association des Germanistes de l'enseignement supérieur, Actes du Congrès de Lille, Lille 1982.

LE RIDER, Jacques: *Controverse avec Allan Janik*, in: Austriaca, 16, Mai 1983.

LE RIDER, Jacques: *Modernisme/féminisme – modernité/virilité.* Weininger et la modernité viennoise, in: l'Infini, 4, Paris 1983.

LE RIDER, Jacques: *De la difficulté d'être un homme.* Autour d'Otto Weininger, in: Le genre humain, Sondernummer „Le masculin", Frühjahr 1984.

LE RIDER, Jacques: *Misères de la virilité à la Belle Epoque*, in: Le genre humain, Sondernummer „Le masculin", Frühjahr 1984.

LE RIDER, Jacques und Norbert LESER (Hgg.): *Otto Weininger.* Werk und Wirkung, Wien 1984.

LESCHNITZER, Adolf: *Saul und David*, Heidelberg 1954.

LESSING, Theodor: *Der jüdische Selbsthaß*, Berlin 1930. Neuausgabe: München 1984.

LESSING, Theodor: *Otto Weininger* (Auszüge aus „Der jüdische Selbsthaß"), als Anhang in der Neuausgabe von Otto Weininger, Über die letzten Dinge, München 1980.

LEVI, Giulio Augusto: *Dall'Alfieri a noi*, Florenz 1935.

LUCKA, Emil: *Otto Weininger, sein Werk und seine Persönlichkeit*, Wien-Leipzig 1905.

LUCKA, Emil: Zuschrift an Karl Kraus [unter dem Titel „Otto Weininger", mit Kommentar von Karl Kraus], in: Die Fackel, Nr. 144, 17. Oktober 1905, S. 15ff.

MAYER, Hans: *Außenseiter*, Frankfurt 1975.

MEYREDER, Rosa: *Zur Kritik der Weiblichkeit*, Jena-Leipzig 1905.
MEISEL-HESS, Grete: *Weiberhaß und Weiberverachtung*, Wien 1904.
MOEBIUS, Paul Julius: *Über den physiologischen Schwachsinn des Weibes*, Freiburg im Breisgau 1900 (Sammlung zwangloser Abhandlungen aus dem Gebiete der Nerven- und Geisteskrankheiten, Bd. 3). Neuausgabe: München 1977.
MOEBIUS, Paul Julius: *Geschlecht und Unbescheidenheit*, Halle 1904.
MÜLLER, Ernst: *Zeitproblematik bei Otto Weininger*, in: Österreichische Blätter für freies Geistesleben, Wien, 5. Jahr, 10. Heft, Oktober 1928.
MÜLLER-WALDBAUM, Wilhelm: *Die Welt als Schuld und Gleichnis*, Wien-Leipzig 1920.
NITZSCHKE, Bernd: *Männerängste, Männerwünsche*, München 1980.
NORDAU, Max: *Der Schuß im Nebel*, in: Vossische Zeitung, Oktober 1903.
PAPINI, Giovanni: *Stroncature*, Florenz 1924.
PERRELLI, Franco: *Strindberg e Weininger*, in: Strindberg nella cultura moderna, hg. v. Franco Perrelli, Rom 1983.
PFENNIG, Oskar: *Wilhelm Fließ und seine Nachentdecker Otto Weininger und Hermann Swoboda*, Berlin 1906.
PÖDER, Elfriede: *Spurensicherung. Otto Weininger in der „Blendung"*, in: Elias Canetti. Blendung als Lebensform, hgg. v. F. Aspetsberger und G. Stieg, Königstein 1985.
POLITZER, Heinz: *Franz Kafka*. Parable and Paradox, Ithaca, N.Y., 1962.
POPPELBAUM, Hermann: *Bemerkungen zu Otto Weiningers Tierpsychologie*, in: Österreichische Blätter für freies Geistesleben, Wien, 5. Jahr, 10. Heft, Oktober 1928.
PRAETORIUS, Numa: Rezension von „Geschlecht und Charakter", in: Jahrbuch für sexuelle Zwischenstufen, VI, 1904, S. 502-527.
PROBST, Ferdinand: *Der Fall Otto Weininger*. Eine psychiatrische Studie (Grenzfragen des Nerven- und Seelenlebens, Einzel-Darstellungen für Gebildete aller Stände, XXXI), Wiesbaden 1904.
PRZYBYSZEWSKI, Stanislaw: *Das Geschlecht*. Weininger's Manen gewidmet, in: Die Fackel, Nr. 239-40, 31. Dezember 1907, S. 1ff.
RAPPAPORT, Moriz: Zuschrift an Karl Kraus [mit Kommentar von Karl Kraus], in: Die Fackel, Nr. 152, 16. Jänner 1904, S. 19f.
RAPPAPORT, Moriz: Vorwort zur zweiten Auflage, in: Otto Weininger, Über die letzten Dinge, Wien und Leipzig 1907.
REICH, Wilhelm: *Die Massenpsychologie des Faschismus*, Köln 1972, S. 121.
ROAZEN, Paul: *Animal, mon frère, toi*. L'histoire de Freud et Tausk, Paris 1971.
ROSENBERG, Saul: *Friedrich Nietzsche und Otto Weininger*, Diss., Wien 1928.
SACHERS, Walther: *Anton Wildgans und Otto Weininger*, Diss., Wien 1954.
SACHS, Joseph: *The Jewish Genius*, o.O., 1939.

SAUDEK, Robert (Hg.): *Otto Weininger*. Gedanken über Geschlechtsprobleme, Berlin 1907.

SCHAEFFER-HEGEL, Barbara und Brigitte WARTMANN (Hgg.): *Mythos Frau*. Projektionen und Inszenierungen im Patriarchat, Berlin 1984.

SCHMIED, Wieland: *L'art métaphysique de Giorgio de Chirico et la philosophie allemande: Schopenhauer, Nietzsche, Weininger*, in: Katalog der Ausstellung Giorgio de Chirico im Centre Georges Pompidou, Paris 1983.

SCHNEIDER, Walter (Hg.): *Otto Weininger*. Genie und Verbrechen, Graz-Wien 1962.

SIMMEL, Georg: *Zur Philosophie der Geschlechter*, Leipzig 1911.

SPIRE, André: *Quelques juifs*, Paris 1913.

SPRANGER, Eduard: Rezension von „Geschlecht und Charakter", in: Jahresberichte für neuere deutsche Literaturgeschichte, Bd. 14, 1903.

STEKEL, Wilhelm: Bemerkung zu „Über die letzten Dinge", in: Zentralblatt für Psychoanalyse, Medizinische Monatsschrift für Seelenkunde, hg. v. Sigmund Freud, 1. Jg., 2. Heft, Amsterdam 1964 (Lizenznachdruck der Ausgabe Wiesbaden 1911).

STEINER, Rudolf: *Mein Lebensgang*, Dornach 1982, S. 344.

STOPCZYK, Annegret: Nachgestellter Beitrag in der Neuausgabe von „Geschlecht und Charakter", München 1980.

STRINDBERG, August: *Idolatrie, Gynolatrie*. Ein Nachruf ..., in: Die Fackel, Nr. 144, 17. Oktober 1903, S. 1 ff.

STRINDBERG, August: Brief an Karl Kraus vom 12. Oktober 1903, in: Die Fackel, Nr. 568-571, Mai 1921, S. 48.

STURM, Bruno: *Gegen Weininger*, Wien - Leipzig 1912.

SULLEROT, Evelyne (Hg.): *Le fait féminin*, Paris 1978.

SULLOWAY, Frank: *Freud, Biologist of the Mind*, New York 1979, S. 222-232.

SWOBODA, Hermann: *Die gemeinnützige Forschung und der eigennützige Forscher*. Antwort auf die von Wilhelm Fließ erhobenen Beschuldigungen, Wien-Leipzig 1906.

SWOBODA, Hermann: *Otto Weiningers Tod*, Wien-Leipzig 1911.

SWOBODA, Hermann: *Das Siebenjahr*. Untersuchungen über die zeitliche Gesetzmäßigkeit des Menschenlebens, Bd. I: Vererbung, Wien - Leipzig 1917.

THALER, Leopold: *Weiningers Weltanschauung im Lichte der Kantischen Lehre*, Wien 1935.

TREBITSCH, Arthur: *Antaios*, Wien 1910.

VICHYN, Bertrand: *1904: Dernier échange épistolaire entre Freud et Fliess*, in: Psychoanalyse à l'Université, Bd. 6, 24, September 1981.

WAGNER, Nike: *Geist und Geschlecht*. Karl Kraus und die Erotik der Wiener Moderne, Frankfurt 1982.

WEININGER, Leopold: Zuschrift an Karl Kraus, in: Die Fackel, Nr. 150, 23. Dezember 1903, S. 28 f.

WEININGER, Leopold: *Der Fall Otto Weininger*. Erklärung und Berichtigung. [Mit Fußnotenkommentar von Karl Kraus.] In: Die Fackel, Nr. 169, 23. November 1904, S. 6ff.

WEININGER, Richard: *Exciting Years*, hg. v. Rodney Campbell, Hicksville, N.Y., 1978.

WIDMANN, J.V.: Rezension von „Geschlecht und Charakter", in: Die Neue Freie Presse, 10. Oktober 1903.

WIDMANN, J.V.: Serie von sechs Artikeln, in: Berner Bund, 11.-17. September 1904.

WUNBERG, Gotthart: *Der frühe Hofmannsthal*. Schizophrenie als dichterische Struktur, Stuttgart 1965.

ZILSEL, Edgar: *Die Geniereligion*, Wien-Leipzig 1918.

ZINIK, Zinovy: *The Origins of Self-Hatred*, in: Times Literary Supplement, September 1983.

ZUNZER, Johann: *Philosophische Erläuterungen zu Otto Weininger*, Diss., Wien 1924.

ZWEIG, Stefan: *Vorbeigehen an einem unauffälligen Menschen. Otto Weininger (1926)*, in: ders.: Europäisches Erbe, Frankfurt 1960, S. 223.

NAMENREGISTER

Abrahamsen, David 12, 14, 16, 20, 25, 36, 40, 95, 97f., 252ff., 257, 274
Adler, Alfred 94, 133, 181, 225
Adler, Victor 163, 201, 210
Adorno, Theodor W. 124, 131, 140, 192, 195, 240, 259
Aischylos 121
Albert, Eduard 162
Alexander der Große 247
Al Raschid 227
Altenberg, Peter 129, 149, 155-158, 175f., 226, 264, 266
Alzon, Claude 60, 255
Améry, Jean 45, 238, 254, 273
Andreas-Salomé, Lou 100, 135f., 140, 159, 161, 257, 261f., 264
Anna O. s. Pappenheim, Bertha
Antonius, Caesar 117
Appel, Wilhelm von 221
Arendt, Hannah 192, 267
Arendt, Wilhelm 145, 263
Aristophanes 61
Aristoteles 69, 115, 187
Assoun, Paul-Laurent 12f., 252, 267
Auerbach, Berthold 205
Auersperg, Adolf von 161
Augustinus, Aurelius, Hl. 121, 124
Avenarius, Richard 23, 29, 31, 36, 62f., 102f.

Bachelard, Gaston 66f., 71, 256
Bachofen, Johann Jakob 133f., 260, 262
Bäumer, Gertrud 264
Bahr, Hermann 76f., 144, 160, 222, 226, 257
Bakan, David 258
Bakunin, Michail 133
Bartley, William W., III 228, 272
Bashkirtseff, Marie 146
Bataille, Georges 193
Baudelaire, Charles 144
Bauer, R. 263
Baum, Oskar 224
Beauvoir, Simone de 60, 122, 192, 259, 267
Bebel, August 78, 133
Beer-Hofmann, Richard 57, 146, 222
Beethoven, Ludwig van 24, 46, 57, 116
Behler, Ernst 258
Beneden, Edouard van 69
Benedikt, Moriz 213
Benn, Gottfried 223
Berdjaev, Nikolaj 233f., 272
Berg, Alban 147, 223ff., 271
Bergson, Henri 104
Bernard, Claude 77
Berneri, Camillo 235, 268
Bernhard, Thomas 238, 240-243, 274
Bettauer, Hugo 166
Biedl 22
Bierbaum, Otto Julius 24
Bischoff, Theodor Ludwig Wilhelm von 81
Bismarck, Otto von 117, 214
Bizet, Georges 139
Blau, Karoline s. Weininger
Blei, Franz 248
Bleibtreu, Karl 148f., 211
Bloch, Ernst 133
Bloch, Karola 271
Blomster, Wesley W. 273
Böhme, Jakob 115
Bölsche, Wilhelm 62
Börne, Ludwig 192
Boie, Bernhild 260
Boine, Giovanni 234
Boltzmann, Ludwig 22, 56, 229
Bonheur, Rosa 51
Borchardt, Rudolf 205
Bormann, Martin 216
Boschan, Rosa s. Weininger, Rosa
Bossuet, Jacques Bénige 121
Bouveresse, Jacques 228, 272
Bovenschen, Silvia 260
Boveri, Theodor 69
Boyle, Robert 65
Brandes, Georg 118
Brann, Henry Walter 135, 261
Breitner, Burkhard s. Sturm, Bruno

Breton, André 175
Breuer, Josef 18, 20, 83, 173, 176, 183, 265
Brinker-Gabler, Gisela 265
Broch, Hermann 8, 123, 206, 231, 259, 269, 272
Brod, Max 271
Brome, Vincent 257
Bronsen, David 269
Brude-Firnau, Gisela 225, 231, 272
Bruno, Giordano 115, 121
Buber, Martin 231
Bühler, Charlotte 225
Bühler, Karl 225
Burckhardt, Jacob 75
Burns, Edward 273
Byron, George Gordon Noel, Lord 137, 139

Calé, Walter 205
Callias, S. de 121, 259
Camus, Albert 255
Canetti, Elias 229, 243, 272, 274
Canova, Antonio 158
Carlyle, Thomas 108, 116f.
Carpenter, Edward 235
Casanova, Giacomo 161
Cassirer, Ernst 256
Castle, Eduard 164
Cavaglion, Alberto 272
Chamberlain, Houston Stewart 23, 118f., 144, 190, 201f., 206, 211, 217, 231, 235, 259
Charcot, Jean-Martin 110, 175, 177
Chevalier 89, 93
Chirico, Giorgio de 235, 273
Cioran, Emile Michel 35, 233, 239, 244, 272
Cixous, Hélène 238
Clastres, Pierre 188
Clément, Catherine 186, 267, 274
Cocteau, Jean 11
Cohen, Hermann 106, 212
Colli, Giorgio 259
Conzenius, Victor 268
Corino, Karl 225
Croce, Benedetto 234
Cromwell, Oliver 116f.
Csokor, Franz Theodor 223f., 271

Daim, Wilfried 270
Dallago, Carl 223, 225
Dante Alighieri 226
Darwin, Charles 59, 64, 69, 80, 194, 206
Daumier, Honoré 226
David 202
David, Michel 272
Deckert, Joseph 200
Delavenay, Emile 236, 273
Deleuze, Gilles 261
Deperis, Karl 198
Derleth, Ludwig 227
Derrida, Jacques 118, 259, 262
Descartes, René 69
Dessoir, Max 206
Deussen, Paul 50
Devereux, Georges 175
Diderot, Denis 32
Diehl, Guida 217
Dilthey, Wilhelm 103, 108, 110, 258
Disraeli, Benjamin 211
Doderer, Heimito von 8f., 231ff., 245ff., 272
Dörmann, Felix 145, 263
Doppler, Alfred 225
Dostojewskij, Fjodor M. 54, 107, 144
Drabek, A. 269
Durkheim, Emile 56
Durzak, Manfred 231
Duse, Eleonora 41, 160
Dvořak, Johann 259

Ebner, Ferdinand 113, 197, 230, 260, 272
Ebner, Viktor 22
Ebner-Eschenbach, Marie von 164f.
Eccles, W. 272
Echegaray, José 50
Eckart, Dietrich 216
Ehrenfels, Christian von 104
Ehrhardt, Hermann 218
Eisendle, Helmut 239, 244, 273
Ellenberger, Henri F. 177, 266
Ellis, Havelock 71, 235
Ellmann, Richard 271
Emerson, Ralph Waldo 117
Endres, Ria 240, 274
Engelmann, Paul 228f., 272
Engels, Friedrich 78, 133, 163

Escherich, Gustav 22
Euripides 121
Evola, Julius 216, 235, 270
Ewald, Oskar (= Oskar Friedländer) 15, 48
Exner, Franz 22
Exner, Sigmund 22

Fechner, Gustav Theodor 80, 103, 124
Federn, Ernst 265
Federn, Paul 171
Féré, Charles 71
Ferrero, Guglielmo 81
Feuerbach, Ludwig 32
Feyerabend, Paul 100
Fichte, Immanuel Hermann von 260
Fichte, Johann Gottlieb 106, 108, 116, 128, 260
Ficker, Ludwig von 223, 230, 272
Figdor, Wilhelm 22
Fischer, Heinrich 263
Fischer, Jens Malte 255, 263
Fischhof, Adolf 213
Flaubert, Gustave 156
Fließ, Wilhelm 28f., 59, 78f., 83-101, 116, 148, 172, 257
Förster, Bernhard 135
Förster-Nietzsche, Elisabeth 135
Fontenay, Elisabeth de 267
Foucault, Michel 74, 170, 176, 256, 265
Fouillée, Alfred 107, 258
Fouqué, Friedrich de la Motte- 130
Franz Joseph I. 200
Freeman, Lucy 266
Frege, Gottlob 229
Freud, Ernst L. 257
Freud, Sigmund 7, 11f., 18, 20, 27ff., 59, 64, 78f., 83-101, 116, 123, 133, 145, 152ff., 169-175, 178-183, 185, 188, 220f., 225, 234f., 240, 252f., 255, 257, 262f., 265ff., 269
Frey, Adelheid s. Weininger (-Frey)
Frey, Josef 16
(Frey-)Grünwald, Magdalene 16
Friedell, Egon 224, 239, 271
Friedjung, Heinrich 201
Friedländer, Adolf 179, 266
Friedländer, Oskar s. Ewald, Oskar
Friedmann, Louis 210
Friedrich II., der Große 116, 122
Fritz, Horst 263
Fromm, Erich 133, 218
Fuchs, Eduard 78

Galen 78
Gall, Franz Joseph 79, 81
Gasborg, Arne 50
Gauß, Carl Friedrich 86
Gauthier, Xavière 238f.
Gay, Peter 269
Gay-Lussac, Joseph Louis 65
Gentile, Giovanni 234
George, Stefan 227
Gerber, Artur 15, 25f., 33, 35f., 38ff., 44f., 48, 50, 155, 253f., 264
Gerold-Tucholsky, Mary 269
Gerstl, Richard 57
Gervinus, Georg Gottfried 131, 260
Gilman, Charlotte P. 258
Giniewski, Paul 268
Göring, Hermann 204
Goethe, Johann Wolfgang von 12, 62, 66f., 80, 108, 116, 195, 226, 246, 256
Gorki, Maxim 50
Grappin, Pierre 258
Grass, Günter 237, 273
Grazie, Marie Eugénie delle 165, 265
Groddeck, Georg 193
Gross, Otto 147, 263
Grünewald, Matthias 226
Grünwald, Magdalene s. Frey
Günderode, Karoline von 35
Gütersloh, Albert Paris 223f., 246, 271
Guicciardini, Carlo 151
Gutt, Barbara 264

Habermas, Jürgen 273
Haeckel, Ernst 68ff., 206, 256
Haecker, Theodor 197
Häusler, Wolfgang 269
Hainisch, Marianne 161f., 264
Halévy, Daniel 121
Hamann, Richard 262
Hamsun, Knut 39f., 145, 254, 270

Handel-Mazzetti, Enrica von 165
Harden, Maximilian 205, 208f.
Hartmann, Eduard von 191
Hatschek, Berthold 22
Hauer, Karl 226
Hauptmann, Gerhart 24, 133, 145, 226
Hausen, Karin 264
Hebbel, Friedrich 142, 144
Heftrich, E. 263
Hegel, Georg Wilhelm Friedrich 214, 256
Heidegger, Martin 113, 237
Heims, Heinrich 269
Heine, Heinrich 153f., 203, 211, 263
Heinrichs, Hans-Jürgen 260
Helmholtz, Hermann 63, 86, 103
Henking 68
Herbart, Johann Friedrich 63, 103
Herder, Johann Gottfried 108, 214
Hermand, Jost 262
Herscheles, Leo 48
Hertwig, Oscar 68
Hertz, Heinrich Rudolf 229
Herzig, Josef 22
Herzl, Theodor 189, 209ff., 213f., 268
Hesiod 121
Heywood, Christopher 273
Hieronymus, Hl. 121
Hildebrandt, Kurt 142
Hillman, James 257
Hindenburg, Paul von 204
Hirschberg, Herbert 272
Hirschfeld, Magnus 71, 95
Hitler, Adolf 7, 200, 216f., 269f.
Höfler, Alois 22f.
Höhn, Gerhard 260
Höss, Rudolf 218
Hoffmann, E.T.A. 27, 130, 260
Hoffmann, V. 78
Hofmannsthal, Hugo von 55, 57, 130, 146, 205ff., 222, 255, 259, 269
Holitscher, Arthur 145, 263
Homer 72
Horaz 183
Horkheimer, Max 124, 131, 133, 140, 192, 259
Hornig, Dieter 8
Horwicz, A. 103
Huch, Ricarda 260
Hugo, Victor 139
Husserl, Edmund 106
Huysmans, Joris Karl 144

Ibsen, Henrik 22, 31, 40, 55, 131, 142ff., 148, 226
Irigaray, Luce 239, 266

Jabotinsky, Wladimir 214
Jaccard, Roland 8, 175, 238f., 254, 266, 272f.
Jäger, Gustav 22
Jakob IV. von Schottland 175
James, William 103
Janet, Jules 177
Janet, Pierre 28, 74, 173, 177, 179, 253
Janik, Allan 228, 255, 258
Janitschek, Marie 166f., 265
Jean Paul 111
Jellinek, Adolf 212
Jerusalem, Else 166
Jerusalem, Wilhelm 23, 44
Jesus Christus 117, 124, 142, 197, 202f., 217, 231, 235, 243, 260
Jochmann, Werner 269
Jodl, Friedrich 22f., 30ff., 35f., 53f., 65, 254
Jodl, Margarethe 30, 254
Johnston, William M. 258
Joire, Paul M.-J. 28, 253
Jones, Ernest 83
Jorden, Edward 175
Joseph II. 161
Joyce, James 223, 271
Jünger, Ernst 218, 238, 273
Jung, Carl Gustav 13, 94, 108, 133, 252

Kafka, Franz 223ff., 233, 271f.
Kalmar, Annie 148, 152, 156, 160
Kampits, Peter 113, 254, 259
Kant, Immanuel 20, 23, 34, 40, 50, 62, 66, 74, 80, 105-108, 111ff., 116-119, 124, 126ff., 132, 139, 143, 171, 173, 191, 202f., 231, 241, 246, 260, 267

Kapferer, Norbert 262
Kassner, Rudolf 23, 239
Katz, Leon 273
Kaufmann, Isidor 2
Keller, Gottfried 206
Kepler, Johannes 86
Kerner, Justinus 128
Keynes, John Maynard 272
Kierkegaard, Sören 113f., 197, 268
Kiernan, Jas. G. 89, 93
Klages, Ludwig 108, 115f., 129, 133, 204, 259f.
Klaren, Georg 26, 54, 221, 253f., 271
Klein, Dennis B. 269
Kleist, Heinrich von 35, 129f.
Kleopatra 117
Klimt, Gustav 222f.
Knoop, Gerhard Ouckama 227
Kofman, Sarah 59, 183, 262, 265ff.
Kohn, Hans 20, 27, 252
Kokoschka, Oskar 147, 223ff.
Kosler, Hans Christian 266
Kraepelin, Emil 71, 175, 266
Krafft-Ebing, Richard von 22, 71, 89, 91, 93
Kralik, Richard 50
Kraus, Karl 8, 12, 14f., 20, 25, 35, 42, 44, 46, 50, 54, 96, 99, 117, 144, 147-156, 158, 160, 166, 169, 175, 178, 202, 205, 210f., 213f., 218, 221-224, 226, 229, 239, 244, 252, 257, 263, 266, 270f., 274
Kreibig, Josef Clemens 23
Kreiler, Kurt 263
Krose, H. A. 255
Kubin, Alfred 223, 227, 271
Kubin, Wolfgang 273
Kühn, Sophie von 129
Kues, Nikolaus von 115
Kuhn, Thomas 100f.

Lacan, Jacques 124, 180f., 186ff., 243, 266f., 274
Lagarde, Paul 118
Lampa, Anton 22
Langbehn, Julius 118
Lange, Helene 264
Lanz von Liebenfels, Jörg 216f., 270
Lasker-Schüler, Else 223
Lassalle, Ferdinand 211
Lawrence, D.H. 235f., 273
Leibniz, Gottfried Wilhelm 115
Leichter, Käthe 163, 264
Le Rider, Jacques 252, 262f., 265, 267, 271-274
Leser, Norbert 252
Lessing, Theodor 55, 203ff., 209, 254, 268f.
Lettow-Vorbeck, Paul von 218
Levi, Giulio Augusto 234f.
Levi, Hermann 269
Lévi-Strauss, Claude 188
Lévy-Bruhl, Lucien 44
Lewinter, Roger 268
Lichtenberg, Georg Christoph 226
Lieben, Adolf 22
Liebermann, Max 24
Lilien, Ephraim Mose 210
Liliencron, Detlev von 24
Löhneysen, Wolfgang von 256
Löwenfeld, Leopold 14, 20, 33, 36
Löwenthal, Leo 270
Lombroso, Cesare 81, 108
Loos, Adolf 144, 147, 229f.
Lorenz, H. 257
Lotze, Hermann 115
Lu Xun 220, 237, 273
Lublinski, Samuel 204
Lucka, Emil 15, 20, 39, 45, 246, 252, 255
Ludendorff, Erich von 210
Lueger, Karl 117, 199f., 202, 211, 268
Luther, Martin 124
Lwoff, André 59

Macciocchi, Maria-Antonietta 216, 270
Mach, Ernst 23, 29, 31f., 55, 62ff., 74, 77, 101, 102f., 145, 255f.
Maeterlinck, Maurice 146, 225
Mahler, Gustav 223
Mahler, Otto 56
Maimon, Salomon 230
Mandiargues, André Pieyre de 273
Mann, Thomas 7, 122, 133, 135, 142, 204, 268
Mantegazza, Paolo 234
Marchal, Paul 68

Marcuse, Herbert 131, 218, 260
Marholm, Laura 166
Maria Theresia 122
Marx, Karl 32, 206
Masaidek, Franz Friedrich 211
Masarýk, Thomas Garrigue 56, 255
Matzneff, Gabriel 238, 273
Maupassant, Guy de 145
Mauthner, Fritz 206
Mayer, Eduard von 78
Mayer, Hans 121f., 124, 127, 192, 195, 259f., 263, 268
Mayreder, Rosa 162, 167f., 265
Mazingue, Etienne 8
McClung 68
McGuiness, B.F. 272
Meisel-Heß, Grete 167, 265
Mendel, Gregor 69
Mendelssohn-Schlegel, Dorothea 125
Mertens, Franz 22
Mesmer, Franz Anton 70f.
Metellus, Quintus 121
Meysenbug, Malwida von 136
Michelangelo Buonarotti 72
Michelet, Jules 77, 175
Michelstaedter, Carlo 234
Milch, Thomas 271
Minor, Jakob 260
Mishima, Yukio 237, 273
Mitscherlich-Nielsen, Margarete 152f., 263
Moebius, August Ferdinand 79
Moebius, Paul Julius 29, 45, 59, 65, 78-83, 110, 123, 148, 166, 173, 175, 244, 257, 265
Moeller van den Bruck, Arthur 144
Mohammed 124
Moll, Albert 71, 94
Momigliani, Felice 235
Mommsen, Theodor 133
Monod, Jacques 59
Montgomery 68
Montinari, Mazzino 259
Moore, George Edward 228, 272
Moreau de Tours 108
Morgan, Lewis 133
Moses 202
Motte-Fouqué, Friedrich de la s. Fouqué
Mounier, Emmanuel 107
Müller, Adam 130
Müller, Ernst 272
Müller-Guttenbrunn, Roderich 269
Müllner, Lorenz 22f., 30f., 33, 65
Munch, Edvard 224
Musil, Robert 73, 223, 225, 256, 271
Mussolini, Benito 234

Nádherný von Borutin, Sidonie 147, 151ff., 263
Naegeli, C. von 69
Nagl, Johann Willibald 164
Napoleon I. 116f., 180
Natorp, Paul 105
Nerval, Gérard de 35
Newton, Isaac 70, 101
Nietzsche, Elisabeth s. Förster-Nietzsche
Nietzsche, Friedrich 12, 23, 26, 41, 50, 79f., 111-114, 116, 121, 131, 133-141, 142, 171f., 191, 203, 206, 213, 217, 222, 231, 238, 259, 261f., 267f., 270, 273
Nikiprowetzky, V. 268
Nitzschke, Bernd 270
Nordau, Max 110, 214
Novalis 111, 129, 260
Nüll, Eduard van der 57
Nunberg, Hans 265
Nußbaum, M. 68

Obersteiner, Heinrich 22
Oken, Lorenz 129
Olender, Maurice 267
Oppenheimer, Süß 122
Origenes 124
Osten-Sacken, P. v. d. 269
Ostwald, Wilhelm 206
Overbeck, Franz 137

Pabst, G.W. 166
Palmier, Jean-Michel 223, 271f.
Panizza, Oskar 144
Papini, Giovanni 147, 234
Pappenheim, Bertha („Anna O.") 176, 178, 266
Paracelsus 115
Parmenides 78

Paulmier 68
Paulus, Hl. 121, 202
Paulussen, R. 274
Petzoldt, Joseph 103
Pfeffer, Wilhelm 71
Pfeiffer, Ernst 261
Pfennig, Richard 86f., 90, 92f., 95, 99, 257
Pico della Mirandola 115, 246
Platon 61, 86, 115, 171, 187
Plotin 205
Poe, Edgar Allan 266
Poliakov, Léon 118, 191, 215, 267
Politzer, Georges 104
Politzer, Heinz 225
Pollak, Michael 211, 269
Pomeranz, Cäsar 22
Pompadour, Marquise de 122
Popp, Adelheid 164, 265
Poppelbaum, Hermann 272
Popper, Karl R. 76, 256, 271
Popper-Lynkeus, Josef 67, 145
Portheim, Paul von 209
Prezzolini, Giuseppe 234
Probst, Ferdinand 11f., 14, 20, 27, 33, 41, 56, 86, 96, 148, 252-255
Przybyszewski, Stanislaw 146, 263
Puff-Trojan, Andreas 271
Puschmann 12
Pythagoras 121

Quiger, Claude 263

Raddatz, Fritz J. 240, 269, 273
Ramsey, F.P. 272
Rank, Otto 55
Rappaport, Moriz 14f., 23, 45, 50, 148, 254f.
Rathenau, Walter 208f.
Rathke, Heinrich 68
Reclus, Elisée 133
Rée, Paul 136f., 205, 261
Reich, Wilhelm 133, 218, 270
Reich, Willi 271
Reik, Theodor 171
Reininger, Robert 44, 114, 259
Reuter, Gabriele 166
Ribot, Théodule 28, 74, 256
Rickert, Heinrich 103f.
Rie, Oskar 89, 91, 257
Rigler, Edith 264
Rilke, Rainer Maria 133, 141, 151, 262
Rillaer, Jacques van 266
Ritter, Johann Wilhelm 128
Roazen, Paul 257
Roché 236
Rohling, August 200
Rosenbaum, Heidi 264
Rosenberg, Alfred 201, 217
Rossbach, Gerhard 218
Rostand, Jean 68, 256
Roth, Joseph 199
Rothe, Frank 260
Rousseau, Jean-Jacques 80, 127
Roustang, François 171, 265
Rozanov, Vasilij V. 234, 272
Rudolf, Erzherzog, Kronprinz 57
Rüdinger 81
Russell, Bertrand 229, 272

Saar, Ferdinand von 57, 164
Saba, Umberto 234
Sade, Donatien-Alphonse-François, Marquis de 124f.
Salomé, Lou von s. Andreas-Salomé
Salomon, Ernst von 208, 210, 218
Salten, Felix 144
Sand, George 51, 139
Sandrock, Adele 160
Sartre, Jean-Paul 215f., 269
Savinio, Alberto 235
Schaeffer-Hegel, Barbara 262
Schaffer, Josef 22
Schaukal, Richard von 57
Scheichl, Sigurd Paul 271
Schelling, Caroline s. Schlegel-Schelling
Schelling, Friedrich Wilhelm Joseph 74, 108, 115, 126
Schering, Emil 77, 155
Schick, Paul 263
Schiele, Egon 223, 225
Schiller, Friedrich 66, 114, 126, 246
Schlechta, Karl 261
Schlegel, August Wilhelm 125
Schlegel, Dorothea s. Mendelssohn
Schlegel, Friedrich 111f., 125f., 258
Schlegel-Schelling, Caroline 125ff.

Schleiermacher, Friedrich 125f., 260
Schlesinger, Therese 163, 264
Schmid-Bortenschlager, Sigrid 265
Schmidt-Dengler, Wendelin 9, 245f., 258, 271
Schmied, Wieland 273
Schnedl-Bubeniček, Hanna 265
Schnitzler, Arthur 20, 24, 57, 144, 154, 159ff., 168, 177f., 182, 198, 207, 210, 222, 252, 264, 266, 268f.
Schönberg, Arnold 57, 144, 147, 223ff.
Schönerer, Georg von 200f., 209, 211, 214, 222, 268
Scholem, Gershom 269
Schopenhauer, Arthur 61, 65, 74, 80, 108ff., 113, 115f., 121, 124, 131ff., 137, 142, 191, 193, 217, 229, 231, 240, 246, 256, 259f., 268, 273
Schorske, Carl E. 213, 221ff., 268
Schreber, Daniel Paul 12
Schrenck-Notzing, Albert von 71
Schubert, Kurt 269
Schumann, Robert 80
Schurtz, Heinrich 78
Schweidler 22
Schweiger, Werner J. 264
Seldmayer, Heinrich 153
Seligmann, Berthold 226
Seligson 78
Serner, Walter 226, 271
Seyr, Franz 260
Shaftesbury, Anthony Ashley Cooper, (3.) Earl of 108
Shakespeare, William 107, 226
Simmel, Georg 129, 206, 260
Simon, Dietrich 264
Sinéty 68
Singer, Isaac B. 233, 272
Slapater, Scipio 234
Sobol, Yehoshua 216, 273
Sokrates 52
Speidel, Ludwig 158, 264
Spengler, Oswald 201, 229f., 272
Spinoza, Baruch 74, 118, 195
Spira, Leopold 269
Spire, André 15, 45, 252, 254
Spranger, Eduard 58, 108
Sraffa, Piero 229
Steenstrup, Johann Japetus Smith 69
Stein, Gertrude 236, 273
Stein, Leo 236
Steinach, Eugen 258
Steiner, Herbert 264
Steiner, Max 205f.
Steiner, Paul 257
Steiner, Rudolf 227f., 271
Stekel, Wilhelm 169, 265
Stern, L. William 103
Stern, Wilhelm 74
Sternheim, Carl 224
Stieg, Gerald 225, 274
Stirner, Max 206
Stöhr, Adolf 22, 44
Strauss, Richard 24
Strindberg, August 13, 22, 42, 46, 51f., 57, 77, 122, 125, 129, 142, 147, 149, 154f., 158, 224ff., 264
Stuhlpfarrer, Karl 269
Sturm, Bruno (= Burkhard Breitner) 167
Suchy, Viktor 271
Sullerot, Evelyne 59f., 255
Suttner, Bertha von 51, 165
Sutton 68
Svevo, Italo 234
Swoboda, Hermann 15, 23, 25, 27ff., 31, 38ff., 48, 76, 84-101, 102f., 116f., 119f., 172, 230ff., 246, 247, 252ff., 257ff., 272
Szasz, Thomas 99, 148, 257

Taaffe, Eduard von 161
Tagore, Rabindranath 228
Tausk, Viktor 171
Tedeschi, Steno 234
Teilhaber, Felix 212
Teltscher, Rudolf 50
Tertullian 124, 191
Thalmann, Rita 217, 269f.
Theweleit, Klaus 218, 270
Thomas von Aquin 121
Thun und Hohenstein, Max von 151
Toldt, Karl 22
Tolstoi, Leo N. 43, 226
Toulmin, Stephen 228, 255

Trakl, Georg 57, 147, 223, 225, 244
Trebitsch, Arthur 205, 210, 269
Troll-Borostyáni, Irma von 166
Tucholsky, Kurt 215, 269

Uchatius, Franz von 57

Vailati, Giovanni 234
Varnhagen, Rahel 192, 267
Verdi, Giuseppe 45
Vetsera, Maria 57
Vielmetti, N. 269
Vietor, Lukas 260
Vogelsang, Karl von 200
Vogt, Oskar 74, 173
Volker zu Alzey 227
Voltaire 122, 145, 160

Wagner, Cosima 135
Wagner, Gustav Friedrich 132
Wagner, Nike 252
Wagner, Richard 12, 40, 110, 112f., 124, 131, 134, 139, 142, 144, 191f., 194, 201f., 209f., 213, 217, 222, 236, 268f.
Wagner-Jauregg, Julius von 22
Walden, Herwarth 223
Wartmann, Brigitte 262
Wassermann, Jakob 50, 205
Watznauer, Hermann 225
Wedekind, Frank 20, 24, 122, 131, 144, 150f., 156, 226, 260
Wegscheider, Rudolf 22
Weil, Simone 206, 268
Weininger, Leopold (Leon) 14ff., 17, 33, 46, 48, 50, 123f., 255
Weininger, Richard 15, 18, 20, 46, 48, 50, 252
Weininger, Rosa Boschan 16, 18, 20, 25, 252, 254
Weininger, Salomon 16
(Weininger-)Blau, Karoline 16
Weininger(-Frey), Adelheid 16, 19
Weischedel, Wilhelm 260
Weismann, August 68, 103
Werfel, Franz 205
Westphal, Carl 71
Whitman, Walt 236
Widmann, Josef Viktor 44
Wiesner, Julius von 201
Wilde, Oscar 56, 130, 144, 226
Wildgans, Anton 223
Wilhelm I. 201
Wilhelm II. 201, 214
Windelband, Wilhelm 106
Witt, Lotte 160
Wittels, Fritz 95, 226
Wittgenstein, Ludwig 8, 46, 57f., 144, 223f., 228ff., 244, 255, 262, 272
Wittmann, Blanche 177
Wölfli, Johann Waltari 217
Wolf, Hugo 224f., 271
Wolley, Helen T. 256
Worbs, Michael 266
Wright, G.H. von 272
Wunberg, Gotthart 255
Wundt, Wilhelm 63, 103
Wysocki, Gisela von 264

Zeidler, Jakob 164
Zeller, Eduard 258
Zenge, Wilhelmine von 129
Zilsel, Edgar 118, 258f.
Zinik, Zinovy 269
Zinsler, Konstanze 274
Zola, Emile 76f., 80, 144, 183f., 256f.
Zweig, Arnold 215
Zweig, Stefan 15, 27, 41, 46, 123, 159, 252ff., 259, 264

Lieferbar im Buchhandel
Bücher aus dem Matthes & Seitz Verlag, München

Otto Weininger *Geschlecht und Charakter*
Im Anhang Weiningers Tagebuch, Briefe August Strindbergs sowie Beiträge aus heutiger Sicht.

Otto Weininger *Über die letzten Dinge*
Mit einem Kommentar von Theodor Lessing

Mit diesen beiden Bänden liegt das Gesamtwerk Otto Weiningers wieder vor.

Lieferbar im Buchhandel
Bücher aus dem Matthes & Seitz Verlag, München

Außerdem sind im Buchhandel folgende Werke wieder lieferbar:

Theodor Lessing *Der jüdische Selbsthaß*
Mit einem Essay von Boris Groys.

Richard von Krafft-Ebing *Psychopathia sexualis*
Im Anhang zahlreiche Beiträge von heute.

Paul Möbius *Über den psychologischen Schwachsinn des Weibes*
Mit Abbildungen und einem Kommentar.

Lou Andreas-Salomé *Die Erotik*

Hans Christian Kosler *Peter Altenberg.*
Leben und Werk in Texten und Bildern.

Maxi Freimann *Über den psychologischen Schwachsinn des Mannes*

Archiv der Universität Wien

Curriculum Vitae

Ich wurde geboren zu Wien am 3. April 1880 als Sohn des Goldarbeiters Leopold Weininger, absolvierte die Volksschule im VI. und VII. Bezirke Wiens, das Untergymnasium im I., das Obergymnasium im VIII. Bezirke Wiens.

Die Maturitätsprüfung legte ich im Juli des Jahres 1898 ab und inscribierte mich im folgenden Herbste an der philosophischen Facultät in Wien. Hier wendete sich mein centrales Interesse bald den philosophischen und psychologischen Problemen zu, und ich hörte Geschichte der Philosophie bei den Herrn Professoren Jodl und Müllner, Logik und Psychologie bei Herrn Professor Jodl, Experimental-Psychologie bei Herrn Professor Stöhr, Paedagogik bei Herrn Dr. Höfler. Andererseits betrieb ich mathematische Studien bei den Professoren Mertens und Escherich, und Physik und Chemie sowohl theoretisch als praktisch bei den Herren Boltzmann, Exner, Lampa, Schweidler, Jäger, Lieben, Herzig, Wegscheider, Pomeranz.

Daneben habe ich zoologische und botanische